此书由大连大学文学院资助出版

编委会

名誉主编：马庆株

主　　编：吴礼权　李　索

编　　委（按姓氏音序排列）

蔡基刚（复旦大学）　　　　　　曹　炜（苏州大学）

陈宏俊（大连理工大学）　　　　陈毅平（暨南大学）

德力格尔（内蒙古赤峰学院）　　刁晏斌（北京师范大学）

段曹林（海南师范大学）　　　　高日晖（大连大学）

古屋昭弘（［日］早稻田大学）　郭伏良（河北大学）

李宝贵（辽宁师范大学）　　　　李　索（大连大学）

刘乃仲（大连理工大学）　　　　马庆株（南开大学）

朴正九（［韩］首尔大学）　　　孙银新（北京师范大学）

孙玉文（北京大学）　　　　　　唐子恒（山东大学）

温科学（广西大学）　　　　　　吴礼权（复旦大学）

肖书文（华中科技大学）　　　　徐正考（吉林大学）

杨光荣（四川大学）　　　　　　杨文全（西南交通大学）

张春泉（西南大学）　　　　　　张祖立（大连大学）

祝敏青（福建师范大学）

语言服务书系·修辞研究

修辞研究

（第二辑）

主编　吴礼权　李　索

暨南大学出版社
JINAN UNIVERSITY PRESS

中国·广州

图书在版编目（CIP）数据

修辞研究. 第二辑／吴礼权，李索主编. —广州：暨南大学出版
社，2017.12
（语言服务书系·修辞研究）
ISBN 978 - 7 - 5668 - 2251 - 2

Ⅰ.①修…　Ⅱ.①吴…②李…　Ⅲ.①修辞学—研究　Ⅳ.①H05

中国版本图书馆 CIP 数据核字（2017）第 277043 号

修辞研究（第二辑）
XIUCI YANJIU（DIERJI）
主编：吴礼权　李　索
··

出 版 人：徐义雄
策划编辑：杜小陆
责任编辑：刘　晶　黄海燕
责任校对：徐晓越
责任印制：汤慧君　周一丹

出版发行：暨南大学出版社（510630）
电　　话：总编室（8620）85221601
　　　　　营销部（8620）85225284　85228291　85228292（邮购）
传　　真：（8620）85221583（办公室）　85223774（营销部）
网　　址：http：//www.jnupress.com
排　　版：广州良弓广告有限公司
印　　刷：佛山市浩文彩色印刷有限公司
开　　本：787mm×960mm　1/16
印　　张：21.5
字　　数：394 千
版　　次：2017 年 12 月第 1 版
印　　次：2017 年 12 月第 1 次
定　　价：68.00 元

（暨大版图书如有印装质量问题，请与出版社总编室联系调换）

写在前面的话

马庆株　吴礼权

中国修辞学发展的历史源远流长，但修辞学的研究在不同的时代呈现出不同的面貌。在古代，修辞学是文学批评的附庸（当然，古代的文学批评也算得上一门独立的学科）；在现代，由于吸收借鉴了欧美与日本现代修辞学的理论及其学术体系，中国修辞学在 20 世纪 30 年代已开始逐步建立自己的学科体系。

修辞学在中国现代成为一门独立的学科后，虽然在发展期间有过挫折（如在"文革"时期），但总体上是不断进步的，相关领域的研究不断被拓展，成就是显而易见的。如汉语修辞学史、汉语修辞史、修辞哲学、修辞心理学等的研究，就是学术界公认最有成效的。在学术研究队伍的建设方面，20 世纪 90 年代开始有了长足的进步，一大批经过专业训练的修辞学博士相继进入汉语修辞学教学与研究行列，为中国修辞学研究的规范化与科学化奠定了坚实的基础。特别是 2010 年 12 月在复旦大学召开的中国修辞学会年会上成立的第九届理事会，与 2014 年 12 月在苏州大学召开的中国修辞学会年会上成立的第十届理事会，特别注重对修辞学研究队伍的建设。经过七年的努力，新一代修辞学研究者相继成长起来。20 世纪 50 年代和 60 年代出生的中年学者近些年来在修辞学研究方面不断有新成果，卓然有成；70 年代和 80 年代出生的青年学者也已经成长起来，在学术研究中崭露头角。

众所周知，学术团体是学术界的天下公器，是组织学术界同仁切磋讨论学术的机构。中国修辞学会正是秉持着这样的理念，近些年来不断努力组织全国修辞学界的青年同仁开展一系列修辞学研讨活动。自 2013 年开始，每年都组织召开一次全国性的修辞学学术年会，包括一次国际学术会议。每次学术年会都有丰硕的学术成果，中青年学者的交流更加密切。为了充分展示这些交流切磋的学术成果，自 2016 年开始，中国修辞学会与大连大学文学院合作编辑出版连续出版物《修辞研究》。《修辞研究》第一辑已于 2016 年 9 月由暨南大学出版社出版发行。《修辞研究》第一辑，共遴选发表了近些年的年会论文 22 篇。这些论文出自北京大学、复旦大学、武汉大学、南开大学、吉林大学、山东大学、四川大学、北京师范大学、大连理工大学等著名高校的知名中年学者之手，学术分量很重，因此在学术界引起良好反响。

《修辞研究》第二辑，马上就要与大家见面了。这一辑除了继续发表知名中年学者的论文外，还秉持着培养学术新人的理念，甄选了一些青年学者的论文予以刊发。在编排上，第二辑延续第一辑的思路，共"古代汉语修辞""现代汉语修辞""修辞学理论""国外修辞学""比较修辞学""少数民族语言修辞"六个版块，计 26 篇论文。

目　录

修辞学理论

国外修辞学

比较修辞学

少数民族语言修辞

学术动态

古代汉语修辞

谈《史记》"俎豆醴进"的"进"

孙玉文①

（北京大学中文系　北京　100871）

摘　要： 本文根据《史记索隐》"（进）音进"，证明《史记·孝武本纪》中"而五帝独有俎豆醴进"的"进"，在《史记索隐》所据本中，本不作"进"，"进"为讹字；从不同角度，试图论证这个讹字"进"的原字是"薦"。

关键词： 史记；俎豆醴进；讹字；薦

《史记·孝武本纪》："泰一所用，如雍一畤物，而加醴枣脯之属，杀一犛牛以为俎豆牢具。而五帝独有俎豆醴进。"其中后一句中"俎豆醴进"的"进"，在《史记索隐》（以下简称《索隐》）所据本中，本不作"进"，"进"当为"薦"的讹字。今试说明之。

这里"俎豆醴进"的"进"，《索隐》有注释，中华书局顾颉刚等点校本作："音进。《汉书》作'进'。颜师古云：'具俎豆酒醴而进之。一曰进谓杂物之具，所以加礼也。'"2014 年版修订本的点校本也如此点断。这种点断无疑没错，但是新旧两种点校本均未对这个"进"给出校勘记，未免有些美中不足。

一

在由北京大学中文系部分师生组成的《史记》读书会上，刘翔宇同学发现：《史记·孝武本纪》的这个"进"，《索隐》说"音进。《汉书》作'进'"，不合注解的体例，司马贞不可能用"进"字给原文的"进"注音，因为注音字和被注字不可能同字。《索隐》后面说"《汉书》作'进'……"云云，则是司马贞阐述自己将"俎豆醴进"的"进"注音为"进"的理由。因此，司马贞所据《史记》"俎豆醴进"的"进"以及《索隐》被注字"进"的原文，不可能是"进"字。今本《史记》原文及

---

①　作者简介：孙玉文（1962—　　），湖北黄冈人。北京大学文学博士。现为北京大学教授、博士生导师。兼任中国修辞学会副会长，中国训诂学研究会常务理事。

旧注俱作"进"，当是出于后人在整合不同版本用字歧异时所作的调整。诸家注音，是根据他所见的本子的用字作出来的，后人要将各家的本子整合成一个定本，也只能选择一个本子的用字作为正文，因此出现了注释的文字跟《史记》正文不一的情况。

宋代开始，人们就试图将《史记》不同本子整合为一，并且以裴注为主，将三家注整合到一起。王鸣盛《十七史商榷》卷一《史记一》有"《索隐》《正义》皆单行"条："《索隐》三十卷，张守节《正义》三十卷，见《唐志》，皆别字单行，不与正文相附，今本皆散入（原注：明监板及震泽王氏、莆田柯氏刻并同）。惟常熟毛晋既专刻《集解》外，又别得北宋刻《索隐》单行本而重翻刻之，是小司马本来面目。自识云：'倘有问张守节《正义》者，有王震泽行本在。'震泽本亦非唐本三十卷之旧，亦是将司马氏、张氏注散入裴本中者，但必出自宋人，故毛氏云然，张氏三十卷本，今不可得而见矣。"现在看来，这种整合在处理异文方面有时候考虑欠周。

《史记》中的用字，后人整合不同版本用字歧异而改动的远不止这一处。例如《秦楚之际月表》"其后乃放弑"《索隐》："后乃放杀。杀音弑，谓汤放桀、武王放纣也。"可见《索隐》所据本作"杀"。《礼书》"郊畴乎天子，社至乎诸侯，函及士大夫"《集解》："函，音含。"《索隐》："唅，音含。含谓包容。诸侯已下至士大夫得祭社，故《礼》云'大夫成群立社曰置社'，亦曰里社也。邹诞生音唅徒滥反，意义亦通，但不见古文，各以意为音耳。今按：《大戴礼》作'导及士大夫'，导亦通也。今此为'唅'者，当以导与蹈同，后'足'字失'止'，唯有'口'存，故使解者穿凿也。"可见，至少《索隐》所见《史记》"函及士大夫"的"函"是写作"唅"的。金琪然同学查阅了《史记》的不同版本，发现北宋景祐监本作"函"，《集解》的注释当是据此作出的；毛氏汲古阁本《史记索隐》作"唅"，《索隐》是根据正文的"唅"字作出的。点校本采用了景祐本及《集解》，没有采用汲古阁本，同时也用了《索隐》的注释，造成《索隐》的注释文字跟正文不一。再如《礼书》："故至备，情文俱尽；其次，情文代胜；其下，复情以归太一。"这里的"情"字，有的本子作"请"，所以《集解》引徐广："古'情'字或假借作'请'，诸子中多有此比。"像这种情况，笔者建议《史记》的点校本在将来的修订中都加以注明；不然《史记》的注释就跟正文对接不上，注释里出现的被释字在正文中没有出现，显得很突兀，有时还容易让人误解。

这种情况，点校本二十四史修订本有后人注意到了，并作了校勘记，这种做法值得肯定。例如《惠景间侯者年表》"诸侯子弟若肺腑"《索隐》："柿府二音。柿，木札也。附，木皮也。以喻人主疏末之亲，如木札出于木，树皮附于树。《诗》云'如涂涂附'《注》云'附，木皮也'。"（按：《诗·小雅·角弓》"如涂涂附"郑笺："附，木桴也。"孔疏："桴谓木表之粗皮也。"）校勘记："柿府二音？'府'，疑当作'附'。耿本、黄本、彭本、柯本、凌本、殿本作'肺音柿，腑音附'，可证。若作'府'，则下文'附，木皮也'突兀不可解。"这对理解《史记》原文及注释很有帮助。可惜，全书这样的校勘记还是少了些。

假定这个换作"进"的字为×，《索隐》从两个相关的理由证明它"音进"。第一个是，所引《汉书》这一段话见《郊祀志上》，原文正作"进"字。第二个是，颜师古在解释《郊祀志上》的这个"进"的字义时，除了将"进"解释为"具俎豆酒醴而进之"，还列出另一种解释。颜师古的两种解释，被解释的字都是"进"字。这说明，《汉书》的这个"进"字，早已写作"进"，可能《汉书》的原文就如此。《史记》在流传中，将这个×改为"进"，可能是据《汉书》及颜师古的注而改动的。另外，《史记·封禅书》也有与《孝武本纪》中这段类似的文字："太一，其所用如雍一畤物，而加醴枣脯之属，杀一狸牛以为俎豆牢具。而五帝独有俎豆醴进。"其中，相当于×的这个字，正写作"进"，因此，《索隐》以为这个×要"音进"。

二

"有俎豆醴进"的"进"原文当为何字？今试考之。这个×在上下文中要"音进"。从词义上说，它应该有"进献"的意思，而且可以用在将祭品进献给鬼神的场合。因此，要考得这个×的原字，需要在具有"进献"义的词中找。

"某音某"这个术语，在隋唐以前不尽是纯粹用来注音的，有时也有训诂的作用，甚或只有训诂的作用。其作用，一是单纯注音，例如《史记·五帝本纪》"治五气，蓺五种"《正义》："种音肿。"此例甚多，此不备举。二是易字，例如《五帝本纪》"淳化鸟兽虫蛾"《正义》："蛾音鱼起反，又音豸。豸音直氏反。"这是说"蛾"又作"豸"。《礼书》"或言古者太平，万民和喜，瑞应辨至"《正义》："辨音遍。"三是求语源，例如《诗·小雅·沔水》"不可弭忘"《释文》注："忘音亡。"可能意在揭示"忘"来源于"亡"。

前两种情况居多，其中第二种情况很值得注意。易字有改错字的，有破假借的，有选择异文的。选择异文也很复杂，有确定同义异文的上下文用字的，也有不同义的异文上下文用字的。被注字和注音字可以读音相同或相近，例如《史记·礼书》"寝兕持虎，鲛韅弥龙，所以养威也"《索隐》："弥亦音弭，谓金饰衡轭为龙。"弥、弭音近。有的相差很远，例如上面《五帝本纪》"蛾"字《正义》"又音豸"；再如《后汉书·段颎传》"颎复追击于鸾鸟"李贤注："鸟音爵。"有时候，注家不直接将所易的字用"音某"的形式注出来，而是采取更曲折的办法，注出所易之字的读音。要理解它，需要善于联想。例如《五帝本纪》"鲧负命毁族"《正义》："负音佩，依《字通》。负，违也。族，类也。鲧性很戾，违负教命，毁败善类，不可用也。《诗》云'贪人败类'也。"表面上是注音，其实是将"负"字易为"背"字，作"违背"讲，违背的"背"《广韵》蒲昧切，跟"佩"同音。

因此，这个×可以与"进"字的读音相同、相近，也可以相远。但是《史记索隐》说这个字"音进"，这就给了我们一个已知条件：在古书中，这个×最好应该有作"进"讲的其他例证。

查《广韵》《集韵》即刃切，除了"进"字，没有其他字作"奉献、送上"讲，因此《索隐》给×注音"进"，这个×在作"奉献、送上"的意义上没有"音进"的读音，这里"音进"是一个易字的术语。

三

有了这些音、义的线索，我们就可以尝试找出讹作"进"的那个×的原字了。《广雅·释诂二》列有 16 个作"进也"讲的词："供、奉、献、御、奏、晋、渐、跃、前、陛、敕、奋、揖、篡、薦、许，进也。"其中"晋、跃、前、陛、奋"是前进、行进的"进"，"敕、揖、篡"作"进也"讲很生僻；"献、御、奏、许"有"进献"的意思，但很难见到用在进献给鬼神的场合，"御"在《史记》中很少能见到作"进献"讲的用例，"许"的这一用法古书用例甚为罕见；《史记》"供"作"进献"讲的例子很少，只用了 10 次，"共"字主要作别的用途。"奉"在《史记》中有作"进献"的用例，但如果《孝武本纪》原文是"五帝独有俎豆醴奉"，就断无改为"进"的理由，因为那样的易字十分罕见。《史记》易字是有版本、语言上的条件的。只有认为原文作"薦"字，才是最好的选择。因此，《史记》中那个×最有可能是"薦"字。

四

《史记》中"荐"作"奉献、送上"讲例证甚多。例如《孝武本纪》："于是以荐五畤，畤加一牛以燎。"又："天子使使验问巫锦得鼎无奸诈，乃以礼祠，迎鼎至甘泉，从行，上荐之。"集解引如淳："以鼎从行，上至甘泉，将荐之于天也。"又《孝武本纪》："皇帝始郊见泰一云阳，有司奉瑄玉嘉牲荐享。"《封禅书》："天子使使验问巫得鼎无奸诈，乃以礼祠，迎鼎至甘泉，从行，上荐之。"《集解》引徐广："上言'从行，上荐之'，或者祭鼎也。"《平准书》："王侯宗室朝觐聘享，必以皮币荐璧，然后得行。"又："今王侯朝贺以苍璧，直数千，而其皮荐反四十万，本末不相称。"《晋世家》："太子于是祭其母于曲沃，上其荐胙于献公。"《梁孝王世家》："到正月朔旦，奉皮荐璧玉贺正月，法见。"《司马相如列传》："上帝垂恩储祉，将以荐成。"《集解》引徐广："以众瑞物初至封禅处，荐之上天，告成功也。"因此，认为《孝武本纪》的"五帝独有俎豆醴进"的"进"原文作"荐"，施之《史记》，文从字顺。

古书中，"荐"和"进"形成异文的例子是有的。尽管《广韵》《集韵》即刃切都没有合适的字，但《古今韵会举要》提供了线索。即刃切"进"下说："通作'荐'，《列子》：'王荐而问之。'"按：《列子·汤问》："道有献工人名偃师，穆王荐之。"张湛注："荐，当作进。"这个"荐"是"进用"义，据张湛注，本字当是"进"字。这说明古书中确有"荐"改读为"进"的。类似的例子如，《礼记·祭义》："亨孰膻芗，尝而荐之，非孝也。"《大戴礼记·曾子大孝》："故烹熟鲜香，尝而进之，非孝也。"这是"进献"义，既可写作"进"，也可写作"荐"。因此，"荐"完全有可能被改作"进"字。

五

"荐"作"奉献、送上"讲，跟"进"本来是同义词，但二者读音不同。《左传·昭公十五年》："诸侯之封也，皆受明器于王室，以镇抚其社稷，故能荐彝器于王。"杜预注："荐，献也。"《礼记·祭义》："其荐之也敬以欲。"郑玄注："荐之，谓进熟也。"《荀子·礼论》："几筵馈荐告祝，如或飨之。"杨倞注："荐，进黍稷也。"这个意义的"荐"，古人更多地是用"进"来作解释，这也说明"进"和"荐"是同义词，《仪礼·士昏礼》："赞者荐脯醢。"郑玄注："荐，进也。"《左传·宣公十四年》：

"诔而薦贿，则无及也。"杜预注："薦，进也。"《淮南子·时则训》："薦鲔于寝庙。"高诱注："薦，进也。"这些"薦"字，都要按其常音来读。根据《说文》艸部，"薦"本义是"兽之所食艸"。它还有"草垫子""垫"等意思，后两个意思的本字应该是《说文》的"荐"字，艸部："荐，薦席也。"段玉裁认为"荐"可以发展出"进献、奉献"的意思，他注释说："凡注家云'薦，进也'者，皆'荐'字假借字。荐者，藉也，故引申之义为进也，陈也。"而"进"自身也可以发展出"进献、奉献"的意思，这样就跟"薦（实即'荐'）"形成同义词，读音也近似。这个意义的"薦"跟"进"是同源词，王力先生《同源字典》正将"薦"和"进"处理为同源词。

"薦"一般只有在假借为"搢绅"的"搢"字时才读"进"的音。《韩非子·五蠹》："坚甲厉兵以备难，而美薦绅之饰。"《史记·孝武本纪》："薦绅之属皆望天子封禅改正度也。"《索隐》："薦音搢。搢，挺也。言挺笏于绅带之间。事出《礼·内则》。今作'薦'者，古字假借耳。《汉书》作'搢绅'。"《盐铁论·褒贤》："不过旬月，而齐鲁儒墨薦绅之徒肆其长衣。长衣，官之也。"张之象注引徐广："薦绅，即搢绅也，古字假借。"薦，文部；搢，真部。韩非子、司马迁，都是三晋的后裔，可能当地方言中真文二部太相近了，所以有此假借。《汉语大词典》将"薦"通"搢"的用法也列在"作甸切"一读下面，这是不准确的。"薦"既然有"进"的读音，又有相同的词义，那么《史记·孝武本纪》和《封禅书》或作"薦"，或作"进"，《汉书·郊祀志上》写作"进"都是可以理解的。

六

既然在"进献、奉献"的意义上，"薦"和"进"是两个不同的词，"薦"不能读作"进"，那为什么《索隐》要注成"音进"呢？其实，《索隐》已经给了我们原因："《汉书》作'进'。颜师古云：'具俎豆酒醴而进之。一曰进谓杂物之具，所以加礼也。'"这里列了两个原因：一是《汉书·郊祀志》写作"进"；二是有人将"进"理解为"杂物之具"，这个意思只能读"进"，后作"賮"，因此《索隐》认为"俎豆醴薦"的"薦"要改读为"进"字。

其实还有一个重要理由。表示"进献、奉献"的意思，《史记》多用"薦"，也用"进"。例如《孝武本纪》："乃令祠官进畤犊牢具，五色食所胜。"《封禅书》："乃令祠官进畤犊牢具，色食所胜。"《孝武本纪》"泰一……俎豆醴进"的"进"原来写作"薦"，这段话在《封禅书》中也出现了："太一，其所用如雍一時物，而加醴枣脯之属，杀一狸牛以为俎豆牢具。而五帝独有俎豆醴进。"但写作"进"。这大概也是要读"薦"为"进"的原因之一。可能最早裴骃所见《史记》的本子已经改作"进"了。

On Jin（进）of Zu Dou Li Jin（俎豆醴进）in *Historical Records*

Sun Yuwen

(*Department of Chinese Language and Literature, Beijing University, Beijing*, 100871)

Abstract: The author tries to prove that "jin"（进）, one of the sacrificial rites of the Five Emperors in *Historical Records*: *the Record of Xiaowu*, was, in fact, not written as "jin"（进）originally. It has been used wrongly. The paper moves on to try to prove that wrongly used "jin"（进）should be "jian"（薦）at the very beginning.

Key Words: *Historical Records*; Zu Dou Li Jin; Wrongly – written words; Jian

《五灯会元》中的比拟句式[①]

卢烈红[②]

（武汉大学文学院/湖北语言与智能信息处理研究基地　武汉　430072）

摘　要：《五灯会元》使用了较多比拟句。"如"字句占优势地位，"似"字句有较多用例，"相似"是使用最多的比拟助词，少量比拟式充当状语、定语。该书体现了唐宋比拟句式的新面貌，也显现了唐宋比拟助词使用的特点。

关键词：《五灯会元》；比拟句式"似"字句；比拟助词"相似"

比拟句式既是语法学关注的格式，也是修辞学关注的对象。关于汉语的比拟句式，学术界已获得一些基本共识：

1. 比拟式和比较句是两种不同的句法现象

"第一，比较在同类事物之间进行，比拟在不同类事物之间进行。第二，比较是在参与比较的两项中作出异同高下的权衡与仲裁，比拟是甲喻乙；比较主要是述实，比拟主要是想象。"（李崇兴，丁勇，2008）

2. 比拟式应该有形式标志，形式标志包括像义动词和比拟助词

这两种标记可以同时出现，也可以只出现一种（李崇兴，丁勇，2008）。汉语的比拟式一般有比拟助词，也有不用比拟助词的（江蓝生，1999；王琴，2008）。其典型格式是：本体＋像义动词＋喻体＋比拟助词。

江蓝生（1999）对先秦至明代汉语比拟式的发展历程进行了概貌式梳理，其文章指出：先秦的比拟式常见的比拟助词有"然""者"，构成"如/若……然""似……者"式；两汉的比拟式跟先秦基本相同，偶见"若……焉"式；魏晋南北朝出现了新的比拟助词"馨"，构成"如……馨"式；唐宋时出现了新的比拟助词"相似"。本文选取南宋禅宗语录《五灯会元》，对书中的比拟式进行具体深入的考察，揭示该书比拟式的使用特点和在汉语比拟式发展史上的地位。

[①]　本文系教育部人文社会科学研究规划基金项目"禅宗语录句法史"（09YJA740087）阶段性成果。

[②]　作者简介：卢烈红（1959—　），湖北黄梅人。文学博士。现为武汉大学文学院教授、博士生导师，汉语言文字学学科带头人，武汉大学文学院黄侃研究所所长，《长江学术》副主编。兼任中国修辞学会副会长，中国语言学会理事，中国训诂学研究会常务理事，湖北省语言学会副会长兼秘书长。

一、"似"字句

"似"字句指含有"似"字的比拟式，"似"或充当像义动词，或与"相"组合为"相似"充任比拟助词。"相似"是唐宋时期逐渐发展起来的比拟助词，因此这类比拟式是《五灯会元》中体现唐宋时期比拟式新面貌的一类。《五灯会元》中共有"似"字比拟式289例，按是否使用比拟助词"相似"可分为两大类：

（一）使用比拟助词"相似"

《五灯会元》中使用比拟助词"相似"的比拟式共43例，大部分使用全式，格式为：本体+像义动词+喻体+比拟助词；小部分使用简式，即句中不出现像义动词，格式为：本体+喻体+比拟助词。比拟式中的本体，或在本句出现，或承前省略，或为语境所隐含。

《五灯会元》中"本体+像义动词+喻体+相似"这种全式的比拟式共37例，句中像义动词有"如""似""有若""是"4个。

1. 本体+如+喻体+相似

以"如"为像义动词的共28例，在全式中使用次数最多。喻体可以是名词或名词性短语，也可以是动词性短语，还可以是主谓短语。例如：

（1）夜夜抱佛眠，朝朝还共起。起坐镇相随，语默同居止。纤毫不相离，如身影相似。（《五灯会元》卷二，双林善慧大士）

（2）若能一生心如木石相似，不被阴界五欲八风之所漂溺，即生死因断，去住自由。（《五灯会元》卷三，百丈怀海禅师）

（3）如羊相似，乱拾物安向口里。（《五灯会元》卷四，赵州从谂禅师）

（4）师曰："汝当时作么生会？"曰："某甲当时如在灯影里行相似。"（《五灯会元》卷十一，南院慧颙禅师）

（5）雪峰和尚为人，如金翅鸟入海取龙相似。（《五灯会元》卷十三，曹山光慧禅师）

（6）直得水洒不着，风吹不入，如个无孔铁锤相似。（《五灯会元》卷十六，法昌倚遇禅师）

例（5）以主谓短语"金翅鸟入海取龙"为喻体。

2. 本体+似+喻体+相似

这种格式共7例。格式中有两个"似"，前一个"似"是像义动词，

后一个"似"与"相"组合成"相似",居句末,充任比拟助词。例如:

(7) 师同明和尚到淮河,见人牵网,有鱼从网透出。师曰:"明兄俊哉!一似个衲僧相似。"明曰:"虽然如此,争如当初不撞入网罗好!"(《五灯会元》卷十五,奉先深禅师)

(8) 大丈夫儿,须是当众决择,莫背地里似水底按葫芦相似,当众引验,莫便面赤。(《五灯会元》卷十九,杨岐方会禅师)

(9) 参禅学道,大似井底叫渴相似,殊不知塞耳塞眼,回避不及。(《五灯会元》卷二十,石头自回禅师)

例(7)"一"是完全的意思,"一似个衲僧相似"是说从渔网逃脱的鱼完全像衲僧。

3. 本体 + 有若 + 喻体 + 相似

这种格式仅1例,句中的像义动词是双音的"有若",如下:

(10) 山僧二十余年,挑囊负钵,向寰海之内,参善知识十数余人,自家并无个见处,有若顽石相似。(《五灯会元》卷十九,保宁仁勇禅师)

4. 本体 + 是 + 喻体 + 相似

这种格式亦仅1例,句中的动词为"是",这里的"是"相当于像义动词,如下:

(11) 才见老和尚开口,便好把特石蓦口塞,便是屎上青蝇相似,斗嗺将去,三个五个,聚头商量,苦屈兄弟。(《五灯会元》卷十五,云门文偃禅师)

"本体 + 喻体 + 相似"是简式,句中不出现像义动词,共6例。例如:

(12) 汝今既已剃发披衣,为沙门相,即便有自利利他分。如今看着,尽黑漫漫地墨汁相似。自救尚不得,争解为得人?(《五灯会元》卷七,玄沙师备禅师)

(13) 皆是粥饭将养得汝,烂冬瓜相似变将去,土里埋将去。(《五灯会元》卷七,玄沙师备禅师)

(14) 古人留下一言半句,未透时撞着铁壁相似,忽然一日觑得透后,方知自己便是铁壁。(《五灯会元》卷十九,白云守端禅师)

例（13）特别值得注意，"烂冬瓜相似"在句中作状语。二十卷《五灯会元》中其他"似"字比拟式都作谓语，作状语的仅此一例。

（二）不使用比拟助词"相似"

《五灯会元》中的这类比拟式，句末没有比拟助词"相似"，也没有其他比拟助词，共246例。具体可分为3种情况：

1. 本体 + 似 + 喻体

这种格式只有本体、像义动词"似"、喻体3项。例如：

（15）身似临崖树，心如念水龟。（《五灯会元》卷二，双林善慧大士）

（16）师劈胸与一踏。山曰："力直下似个大虫。"自此诸方称为岑大虫。（《五灯会元》卷四，长沙景岑禅师）

（17）仰山问："佛之与道，相去几何？"师曰："道如展手，佛似握拳。"（《五灯会元》卷五，石室善道禅师）

（18）少林冷坐，门人各说异端，大似众盲摸象。（《五灯会元》卷十八，黄龙道震禅师）

前两例喻体是体词性成分，后两例喻体是谓词性成分，例（18）喻体"众盲摸象"是主谓短语。

2. 本体 + 比拟属性 + 似 + 喻体

这种格式中出现了一项比拟属性，位居像义动词和喻体之前。比拟属性有的学者称为"比拟结果"（高育花，2016），一般由形容词性成分充当。例如：

（19）曰："如何是炭库里藏身？"师曰："我道汝黑似漆。"（《五灯会元》卷五，投子大同禅师）

（20）德山老人一条脊梁骨硬似铁，拗不折。（《五灯会元》卷七，德山宣鉴禅师）

（21）碧潭清似镜，蟠龙何处安？（《五灯会元》卷十三，紫陵匡一禅师）

这三例，比拟属性分别由"黑""硬""清"表达。

3. 本体 + 似 + 喻体 + 比拟属性

在这种格式中比拟属性居喻体之后。例如：

（22）佛也安，祖也安，衲僧肚皮似海宽。（《五灯会元》卷十六，智海本逸禅师）

（23）涧水如蓝碧，山花似火红。（《五灯会元》卷十六，云峰志璇禅师）

（24）性似寒潭彻底清，是何境界？（《五灯会元》卷十七，兴国契雅禅师）

（25）坦然归去付春风，体似虚空终不坏。（《五灯会元》卷十八，性空妙普庵主）

例（22）和（23）比拟属性分别由"宽""红"表达；例（24）表达比拟属性的是形容词性短语"彻底清"；例（25）表达比拟属性的是动词短语"终不坏"。

二、"般"字句

"般"字句指以"般"和"一般"为比拟助词的比拟式，这也是唐宋时期新出现的一类比拟格式。《五灯会元》中"般"未见作比拟助词的，"一般"作比拟助词的也仅见1例，如下：

（26）古德尚云，犹如梦事寱语一般。且道据甚么道理便恁么道？（《五灯会元》卷十，龙华慧居禅师）

这一例，像义动词"犹如"与比拟助词"一般"配合使用。

三、"许"字句

"许"字句是以"许"为比拟助词的比拟式，这也是体现唐宋比拟式新面貌的一类格式。《五灯会元》中"许"字比拟式共11例，具体可分为两种情况：

1. 本体＋像义动词＋喻体＋许

这种情况有3例，句中有像义动词与"许"配合使用，像义动词有"若""如"。例如：

（27）汝但无事于心，无心于事，则虚而灵，空而妙。若毛端许，言之本末者，皆为自欺。（《五灯会元》卷七，德山宣鉴禅师）

（28）才起一念追求如微尘许，便隔十生五生。（《五灯会元》卷十八，荐福道英禅师）

（29）若有一疑如芥子许，是汝真善知识。（《五灯会元》卷十八，圆通道旻禅师）

2. 本体＋喻体＋许

这种情况有8例，句中无像义动词。例如：

（30）尽十方世界，无一微尘许法，与汝作见闻觉知，还信么？（《五灯会元》卷十，罗汉智依禅师）

（31）放光动地，触处露现，实无丝头许法可作隔碍。（《五灯会元》卷十，般若敬遵禅师）

（32）三乘十二分教，横说竖说，天下老和尚纵横十字说，与我拈针锋许说底道理来看，怎么道，早是作死马医。（《五灯会元》卷十五，云门文偃禅师）

（33）适寒夜孤坐，拨炉见火一豆许，恍然自喜曰："深深拨，有些子。平生事，只如此。"（《五灯会元》卷十九，龙门清远禅师）

这里特别值得注意的是，前三例比拟式"一微尘许""丝头许""针锋许"作定语，这体现了比拟式句法功能的拓展。

四、"像"字句

"象""像"用于比拟式作像义动词晚于"如""若""似"。《五灯会元》没有以"象"为像义动词的比拟式，以"像"为像义动词的比拟式仅见1例，如下：

（34）头圆像天，足方似地。（《五灯会元》卷十六，惠林宗本禅师）

这一例，"像""似"对举，均充当比拟式中的像义动词。

五、"如"字句

"如"字句是指像义动词为"如"或"犹如""譬如""如同"的比拟式。这里的"如"字句不包含上文已经讨论过的"如……相似"28例、

"犹如……一般"1例、"如……许"2例。《五灯会元》中"如"字比拟式数量较多，我们抽查其第十卷，得"如"字比拟式27例，由此估算，二十卷的《五灯会元》全书应有"如"字比拟式500例左右，其中"犹如"除去1例"犹如……一般"，有27例，"譬如"有23例，"如同"有5例。具体情况主要有三种：

1. 本体 + 像义动词 + 喻体

"如"字句这种格式用例最多。例如：

（35）身如聚沫心如风，幻出无根无实性。（《五灯会元》卷一，尸弃佛）

（36）古圣方便犹如河沙，祖师道非风幡动，仁者心动，斯乃无上心印法门。（《五灯会元》卷十，天台德韶国师）

（37）若向这里辨得缁素，许你诸人东西南北，如云似鹤。（《五灯会元》卷十五，鹿苑圭禅师）

（38）诸人向这里承当得，尽是二头三首，譬如金屑虽贵，眼里着不得。（《五灯会元》卷十五，育王怀琏禅师）

（39）无言时，亲露机锋，如同电拂。（《五灯会元》卷十九，华严祖觉禅师）

这五例，句中的像义动词有"如""犹如""譬如""如同"；喻体前三例是体词性的，后两例是谓词性的，第四例且是复句形式。

2. 本体 + 比拟属性 + 像义动词 + 喻体

（40）问："如何是沙门眼？"师曰："黑如漆。"（《五灯会元》卷十，天台德韶国师）

（41）阇维舌根不坏，柔软如红莲华，藏于普贤道场。（《五灯会元》卷十，报恩永安禅师）

（42）长江莹如练，清风来不歇。（《五灯会元》卷十六，慧林若冲禅师）

（43）日头东畔出，月向西边没。来去急如梭，催人成白骨。（《五灯会元》卷十六，千明广禅师）

这四例，表达比拟属性的依次是"黑""柔软""莹""急"，居像义动词前。

3. 本体+像义动词+喻体+比拟属性

（44）尧仁况是如天阔，应任孤云自在飞。（《五灯会元》卷十五，育王怀琏禅师）

（45）一得永得，辰锦朱砂如墨黑。（《五灯会元》卷十八，万年昙贯禅师）

（46）乡里三钱买一片鱼鲊，如手掌大。（《五灯会元》卷十八，大沩鉴禅师）

这三例，比拟属性依次用"阔""黑""大"表达，居句末。

六、"若"字句

"若"字句指像义动词为"若""犹若"的比拟式。这里的"若"字句不包含上文已经讨论过的"有若……相似"1例（全书"有若"比拟式仅此1例）、"若……许"1例。我们抽查《五灯会元》第十卷，得"若"字比拟式1例，由此估算，二十卷的《五灯会元》全书"若"字比拟式不多，20例左右。具体情况主要有两种：

1. 本体+像义动词+喻体

（47）彼即褰衣蹑波，若履平地。（《五灯会元》卷四，黄檗希运禅师）

（48）四时若箭，两曜如梭。（《五灯会元》卷十七，兜率从悦禅师）

（49）举古举今，犹若残羹馊饭。（《五灯会元》卷二十，慧通清旦禅师）

这三例，第一例的喻体"履平地"是谓词性成分，后两例喻体"箭""残羹馊饭"皆为体词性成分。

2. 本体+比拟属性+像义动词+喻体

（50）茶毗日，祥云五色，异香四彻，所获舍利璨若珠玉。（《五灯会元》卷三，汾州无业国师）

（51）殿阁凌空，丽若神仙洞府。（《五灯会元》卷十六，长芦应夫禅师）

（52）总似今日，灵山慧命，殆若悬丝；少室家风，危如累卵。（《五

灯会元》卷十六，雪峰思慧禅师）

这三例，比拟属性分别由形容词"璨""丽""殆"表达，居像义动词"若"之前。

七、"犹"字句

"犹"字句指像义动词为"犹"的比拟式。这里的"犹"字句不包括28例"犹如"比拟式和4例"犹若"比拟式。《五灯会元》有"犹"字比拟式6例，例如：

（53）释其旨趣，自浅之深，犹贯珠焉。（《五灯会元》卷四，白居易侍郎）

（54）去妙悟而事空言，其犹逐臭耳。（《五灯会元》卷十六，报恩觉然禅师）

（55）先行不到，若须弥立乎巨川；末后太过，犹猛士发乎狂矢。（《五灯会元》卷十七，万杉绍慈禅师）

这三例，喻体分别是"贯珠""逐臭""猛士发乎狂矢"，都是谓词性的。

《五灯会元》比拟式使用情况总结如下：

类别				数量	小计	合计
"似"字句	使用比拟助词"相似"	本体+像义动词+喻体+相似	本体+如+喻体+相似	28	43	289
			本体+似+喻体+相似	7		
			本体+有若+喻体+相似	1		
			本体+是+喻体+相似	1		
		本体+喻体+相似		6		
	不使用比拟助词"相似"	本体+似+喻体		246	246	
		本体+比拟属性+似+喻体				
		本体+似+喻体+比拟属性				
"般"字句	本体+像义动词+喻体+一般			1	1	1

（续上表）

类别		数量	小计	合计
"许"字句	本体＋像义动词＋喻体＋许	3	11	11
	本体＋喻体＋许	8		
"像"字句	本体＋比拟属性＋像＋喻体	1	1	1
"如"字句	本体＋像义动词＋喻体	500（估数）	500（估数）	500（估数）
	本体＋比拟属性＋像义动词＋喻体			
	本体＋像义动词＋喻体＋比拟属性			
"若"字句	本体＋像义动词＋喻体	20（估数）	20（估数）	20（估数）
	本体＋比拟属性＋像义动词＋喻体			
"犹"字句	本体＋像义动词＋喻体	6	6	6

根据表中的数据和前文的分析，我们可以对《五灯会元》的比拟句式得出如下认识：

1. "如"字仍是使用最多的像义动词

朱冠明（2000）指出，"如"从先秦起一直就是很常用的比喻词。据杨翠（2012：67）统计，从《诗经》《左传》到《敦煌变文集》《祖堂集》，绝大多数文献"如"都多于"若""似"，是数量位居第一的像义动词。《五灯会元》中，"如"字句使用频率最高，与其他像义动词比，优势很明显。此后，元代，《小孙屠》《宦门子弟错立身》《琵琶记》《直说通略》《通制条格》《元典章》《直说大学要略》《大学直解》八种文献，"如"字句使用频率居首位（李崇兴、丁勇，2008）；明代，《水浒传》《金瓶梅》，"如"压倒"若""似"位居第一（杨翠，2012：67）；清代，《儒林外史》《红楼梦》《儿女英雄传》《官场现形记》《老残游记》，"如"字句的使用频率均超过"似"字句、"像"字句（朱冠明，2000）。由此可见，"像"字成为最主要的像义动词是比较晚的事情。

2. 较多使用了"似"字句

朱冠明（2000）指出，"似"作为像义动词，《论衡》《百喻经》《世说新语》各仅有1例，王梵志诗有25例，寒山诗有22例，白居易诗中用例非常多，它是从唐代开始被大量运用的。《五灯会元》中，"似"字句的使用频率仅次于"如"字句，这体现了唐宋时期比拟句式的新面貌。值得注意的是，书中较多使用了比拟助词"相似"，有全式，也有简式；多与"如"配合，也有与"似"配合的。比拟助词"相似"虽然魏晋南北朝已出现（魏培泉，2009），但较多使用是在唐宋时期。且据李思明（1998）、杨翠（2012：70）的统计，元代以后，比拟助词方面有两点变化：一是新的比拟助词"似""也似""似的""也似的"兴起；二是"似""般"两系比拟助词相较，"般"（"一般""般"）由晚唐宋代居少数变为占多数。根据这些情况来看，《五灯会元》较多使用比拟助词"相似"，既体现了唐宋比拟助词的新面貌，也显现了唐宋比拟助词使用的特点。换句话说，以比拟助词论，唐宋是以"相似"为代表的时代，元以后进入以"似""也似""似的""也似的""一般""般"为代表的时代。

附带说一句，《五灯会元》还没有"一样"充当比拟助词的比拟式。

3. 句法功能的变化

从句法功能的角度看，比拟式从先秦到唐宋"几乎清一色作谓语"，金、元时期，比拟式开始较多充当定语、状语（江蓝生，1999：173）。《五灯会元》中，"似"字句中有1例（例13）作状语，"许"字句有3例（例30~32）作定语，虽然数量不多，但体现了六朝之后、金元之前比拟式句法功能开始拓展的状况，值得注意。尤其是定语用例在唐宋时期文献中并不多见，因此这三例定语用例更显珍贵。

4. "若"字句、"犹"字句已经衰落

"若""犹"在先秦的《尚书》《庄子》《孟子》《荀子》中是很常用的像义动词（杨翠，2012：67）；"犹"在东汉以后开始从口语中淡出，"若"在晚唐开始从口语中淡出（朱冠明，2000）。《敦煌变文集》中，"若"使用71次，"犹"使用47次；《祖堂集》中，"若"使用25次，"犹"使用54次（杨翠，2012：67）。《五灯会元》中，"若""犹若"加上"有若……相似"1例、"若……许"1例，共22例左右，"犹"包括28例"犹如"比拟式和4例"犹若"比拟式，共38例，《五灯会元》的篇幅比《敦煌变文集》和《祖堂集》都大，这样看来，《五灯会元》中"若"字句、"犹"字句较之《敦煌变文集》和《祖堂集》是进一步衰落了。

参考文献

1. 方吉萍. 《五灯会元》比拟句式研究［D］. 温州：温州大学，2012.

2. 高育花. 元代汉语中的平比句和比拟句［J］. 长江学术，2016（3）.

3. 江蓝生. 从语言渗透看汉语比拟式的发展［J］. 中国社会科学，1999（4）.

4. 李崇兴，丁勇. 元代汉语的比拟式［J］. 汉语学报，2008（1）.

5. 李思明. 晚唐以来的比拟助词体系［J］. 语言研究，1998（2）.

6. 王琴. 元曲中的比拟句考察——兼论比拟句的历史发展［J］. 修辞学习，2008（2）.

7. 魏培泉. 中古汉语时期汉文佛典的比拟式［J］. 台大文史哲学报，2009（70）.

8. 杨翠. 比拟句的历时研究 [D]. 苏州：苏州大学，2012.

9. 于立昌，夏群. 比较句和比拟句试析 [J]. 语言教学与研究，2008 (1).

10. 张美兰.《祖堂集》语法研究 [M]. 北京：商务印书馆，2003.

11. 朱冠明. 比喻词的历时更替 [J]. 修辞学习，2000 (5 – 6).

On the Comparative Sentence Patterns in
Wudenghuiyuan（五灯会元）

Lu Liehong

(*College of Chinese Language and literature*, *Wuhan University/*
Hubei's Research Base of Language and Intelligent Information Processing, *Wuhan*, 430072)

Abstract：There were a lot of comparative sentences in *Wudenghuiyuan* （五灯会元）. The sentences containing "ru"（如）were dominant. There were a lot of sentences containing "si"（似）. "Xiang si"（相似）was the most frequently used comparative auxiliary word. A small amount of comparative patterns served as adverbial or attribute. The book reflected the new look of the comparative sentence patterns in Tang and Song Dynasties, and also showed the characteristics of the use of comparative auxiliary words in Tang and Song Dynasties.

Key Words：*Wudenghuiyuan* （五灯会元）; Comparative sentence patterns; the sentence containing "si"（似）; The comparative auxiliary word "xiang si"（相似）

论对偶辞格的形成基础

罗积勇①

（武汉大学文学院　武汉　430072）

摘　要：中国先民在对外在世界和自身的观察中形成了对立统一的观念，对比的娴熟运用导致对偶的自然产生；而以偶为美的美学偏好从另一个方向促成了对偶辞格的产生和发展；最重要的是，汉语和汉字的独特性为对偶辞格的产生提供了可能。

关键词：对偶；对称；美学；传统文化

对偶是指将字数相等的相连两个句子或两个语段调整成为词性对品、结构对应、节奏对拍的语言表达形式的修辞方式。由两句组成的对偶中上句称出句，下句称对句；由两段组成的对偶中，每段称为一边或单边，上、下段可分别称为上联、下联。

对偶的类型主要有：平行对、流水对；正对、反对；工对、宽对；独句对、隔句对。另外，在对偶辞格的发展过程中，还出现了借对、交股对、一边自对等特殊对偶样式。但不管怎么变化，都保持着词性对品、节奏对拍的基本特征。

我们可以从对偶辞格的形成基础来理解其基本特征长久不变的缘由。

一、哲学基础

对立统一是构成客观世界的一个基本规律，世界上的一切事物都是相互对立而存在的，它们互相对立而又处在同一整体中，失去一方，另一方也就不复存在。对此，中国先哲们很早就有相关的表述，如《老子》第二章："有无相生，难易相成，高下相倾，音声相和，前后相随。"

天地万物既然"一分为二"而又"合二而一"，构成对立的统一，那么，文章自然也应如此。刘勰在《文心雕龙·丽辞》中写道："造化赋形，支体必双，神理为用，事不孤立。夫心生文辞，运裁百虑，高下相须，自然成对。"事不孤立，对立相生，这便是对偶的哲学基础。对偶起源于先

---

① 作者简介：罗积勇（1961— ），湖南衡南人。武汉大学文学博士。现为武汉大学文学院教授、博士生导师，兼任中国修辞学会副会长。

民对不同但相关事物的对比性观察与表达，而对同一事物的不同方面的观察次之。

据现有的文献资料，对偶的起源可以追溯到商代后期。1998 年第 2 期的《语文研究》发表了胡性初的《甲金文修辞论释》一文。文中举了两例甲骨文对偶，能够确定的至少有一例，即《联簋》："丕显王作省，丕肆王作庸。"内容系歌颂武王以文王做榜样并能光大其功业。

我们通过观察，发现先秦人无论是叙事还是论理，都喜欢对比。而最初的对偶，便是在这种对比中自然产生的。

叙事如《诗经·小雅·谷风》："将恐将惧，置予于怀；将安将乐，女转弃予。""忘我大德，思我小怨。"《论语·宪问》："古之学者为己，今之学者为人。"论理，如《老子》第五章："天地不仁，以万物为刍狗；圣人不仁，以百姓为刍狗。"《论语·宪问》："往者不可谏也，来者犹可追也。"为了说服对方，也常采用对比的论说方式。例如：

十月，晋阴饴甥会秦伯，盟于王城。秦伯曰："晋国和乎？"对曰："不和。小人耻失其君而悼丧其亲，不惮征缮以立圉也，曰：'必报雠，宁事戎狄？'君子爱其君而知其罪，不惮征缮以待秦命，曰：'必报德，有死无二。'以此不和。"秦伯曰："国谓君何？"对曰："小人戚，谓之不免；君子恕，以为必归。小人曰：'我毒秦，秦岂归君？'君子曰：'我知罪矣，秦必归君。贰而执之，服而舍之，德莫厚焉，刑莫威焉。服者怀德，贰者畏刑，此一役也，秦可以霸。纳而不定，废而不立，以德为怨，秦不其然。'"秦伯曰："是吾心也。"改馆晋侯，馈七牢焉。（《左传·僖公十五年》）

历来的《左传》选本都认为此篇是说辞中十分精彩的一篇，原因就在于借君子与小人的对比来开喻秦穆公：君子以君子之心度秦伯之腹，小人则以小人之心度秦伯之腹，那么，秦伯您到底是做君子，还是做小人呢？

先秦文献中有许多精彩的对偶就是因为这种普遍的对比偏好而自然形成的。

二、美学基础

1. 以偶为美植根于文化

古代中国人仰观天、俯察地，再反观于人类社会，于是逐渐形成了许多互相对立而又互相依存的观念组合，如天地、阴阳、大小、高低等。这些观念彼此相持，缺一则单，单则不完美；二合则全，全则完美。而在古人眼里，客观世界的事物也多成偶数出现，如一年有四季，方位有四方、六合，动物有四肢，人有男女，动物有雌雄。因此，中国人就逐渐形成了一种观念，认为偶数是符合世界上客观事物存在的自然形态的。由此认为偶数就是美，就是善，就是吉祥。这种观念对中国文化产生过深远的影响，人们对很多东西都喜欢用偶数来表示。如相传为伏羲氏所画的代表客观世界基本事物的图形是八卦；讲人才是八元、八恺；记时间用的是十天干、十二地支，配合组成六十花甲。这些均是偶数。在中国文化中，有些系列概念产生时并非偶数，并不对称，但古人却有办法将原本不对称的安排成为对称的结构。如五行、五方产生时均非对称之物，古人便以"土"居"中"，木、火、金、水分列东南西北四方，这样便成了一个对称稳定的结构。可见中国人以偶为美、为善、为吉祥的这种强势观念，是对偶辞格得以形成并备受青睐、广为流行的心理基础。

2. 对称与均衡

陈望道在《修辞学发凡》中论及对偶的篇幅虽不多，但有一句很精辟的话："对偶所以成立，在形式方面实在是普通美学上的所谓对称。"而在《美学概论》中，陈望道主要解说了形体上对称的特点，并点明了它与"反复"相比，"稍嫌繁复"。而关于对偶中反复的特点，朱承平在《对偶辞格·前言》中称为"重复"，论之颇详："偶句的重复不是词语的重复和句子的重复，而是基本结构和行文规则的重复。这种重复，具体表现在字数相等、词性相对、词义类别相同，以及附带产生的句式结构对应等方面；就连平仄声调的交错对立，也能在一种规律性变化中获得循环往复的雷同效应。"又说："这种重复以相同不变的有定规则驾驭着万万千千内容迥异、变化不同的各色词语。"[①] 不难看出，对偶的重复实际上是形式的重复，它以出句之末、对句之始的那个地方作为中点，然后重复。这便是对称。

对偶方式多种多样。所有的对偶方式是否都可用对称来说明其美学基础呢？像流水对、宽对和一边自对，该如何解释呢？我们知道，平行对属两端对举，不但在词性、结构、节奏等形式层面对称，而且其对应字词的语义特征也是对举的，可以区隔的。在流水对方面，在形式层面仍是对称的或基本对称的，只在语义层面不是对举和可区隔的，而是一气而下的。如杜甫《闻官军收河南河北》："即从巴峡穿巫峡，便下襄阳到洛阳。"又如张众甫《送李观之宣州谒袁中丞赋得三州渡》："古渡大江滨，西南距要

---

① 朱承平. 对偶辞格：前言 [M]. 长沙：岳麓书社，2003：4.

津。自当舟楫路，应济往来人。"再如王之涣《登鹳雀楼》："欲穷千里目，更上一层楼。"

流水对语义层面这种一气而下，配上形式层面的基本对称，便形成一种带有流动感的对称。这种对称具有独特的魅力，德国科学家赫尔曼·外尔在其《对称》一书就曾以佛教中的万字符"卐"来作代表①。

至于宽对和一边自对的美学基础与对称是什么关系，这里可以引进另一个概念——均衡。陈望道《美学概论》："均衡是左右的形体不必相同，而左右形体的分量却是相等的一种形式。"②宽对和一边自对实际上是既有完全对称的部分，也有不对称部分，但这些不对称部分的分量是相当的，或者说，它们并不会给人以打破平衡的感觉。比如，孟浩然《临洞庭湖赠张丞相》之颈联："欲济无舟楫，端居耻圣明。"这里，"端"与"欲"对不上，但"欲济""端居"均是谓词性词组，且句子后半部对偶工整，仍然符合均衡原则。又比如，隔句对中局部采用一边自对时，首先，上段和下段中这些一边自对的部分的小句数相同、字数相等；其次，它们虽不互对，但自相对偶。这些都使其分量相当，足以产生均衡效果。一边自对的例子，如宋代王禹偁《天道如张弓赋》："张其弓，挟其矢，体由基之所长；天道远，人道迩，非禅灶之能量。"这个对子中，下边"天道远，人道迩"并不与上边"张其弓，挟其矢"对偶，而它们是各自在同一边对偶，即"挟其矢"对"张其弓"，"人道迩"对"天道远"。

事实上，无论是在现实中，还是在语言运用中，纯粹的对称是比较少见的，常见的情形是在形式组合的一致和重复中，加入不一致的因素而又不致破坏平衡。黑格尔称这种美质为"平衡对称"，他说："如果只是形式一致，同一定性的重复，那就还不能组成平衡对称。要组成平衡对称，就须对大小、地位、形状、颜色、音调之类定性方面有所差异，这些差异还要以一致的方式结合起来。只有把彼此不一致的定性结合为一致的形式，才能产生平衡对称。"③

3. 繁多的统一

对偶的美感，还基于"繁多的统一"这一美的形式原理。陈望道《美学概论》认为"美的对象最好一面有着鲜明的统一，同时构成它的要素又是异常的繁多"，统一与多样有机地结合为一体，才会"既没有统一之流

---

① 赫尔曼. 对称 [M]. 冯承天，陆继宗，译. 上海：上海科技教育出版社，2002：65 - 67.
② 陈望道. 美学概论 [M]//陈望道. 陈望道学术著作五种. 上海：复旦大学出版社，2005：99.
③ 黑格尔. 美学：第 1 卷 [M]. 朱光潜，译. 北京：商务印书馆，1996：174.

弊的单调板滞，也没有繁多之流弊的厌烦与杂乱"①。对偶的出句、对句之间，词性对品，结构对应，节奏对拍，表现出一种基于反复的对称美。但这种对称中的反复一般并不是词汇的重复，更不是意思的重复，于是，所指层面的不重复与词性、结构、节拍等抽象性质层面的重复，构成了第一重"繁多的统一"。而在叠音字对、双声叠韵对和诗歌中的格律对中，声、韵或声调上的反复、对称与前述词性、结构、节拍上的反复、对称互相交错，齐头并进，这便构成又一重"繁多的统一"。总体效果是头绪多而不乱，像一首交响曲。

三、语言基础

汉语的语素以单音为主，且具声调；汉语词汇多义兼容，同义手段丰富；汉语的句法具有很大的灵活性；而汉字又有方块形制、个体自立的特点。诸如此类，构成了对偶形成的语言基础。

单音节的汉字大多数情况下代表一个汉语词，古汉语中更明显。有时是作为合成词的一个语素，也是有语素义的。那么这就使汉语对偶中的词义对当、词性对品成为可能。

再说汉语单音字的语音。汉语的每个字都是由声、韵、调三个部分组成。汉语声调与"格律对"的形成关系最大。汉语声调主要是由音高及其变化再加音长等因素构成的，很早的时候就有平、上、去、入四种声调，后又在文学实践中分为平仄两类。这样，在对偶时，人们不但追求上下句字数和节拍的一致，而且在此基础上进一步追求节奏点上的平仄交替，这实际上又多了一种节奏，大体是一种音高节奏。这种对偶句读起来抑扬顿挫，低昂舛节，非常和谐悦耳。

古汉语有大量的单音节词和语素见义的双音节词，还有少量联绵词，有利于对偶中出句、对句间的音步与节奏的对应。

即便一些非单音、非双音的专有名词，也有许多方法把它们调配成单音节、双音节词，转换为平声字或仄声字。例如人的姓名，名字有单名，有双名，加上姓就成为双音节或三个音节，如果是复姓，就有四个音节。而且人的姓名是固定不变的，如何调节字数，如何调谐平仄，就有困难。好在中国人的姓名称呼具有多样性，有姓、有名、有字、有号，可以单称姓，单称名，单称字或号，还可以称他的官名、籍贯、绰号、排行。这就

---

① 陈望道. 美学概论［M］//陈望道. 陈望道学术著作五种. 上海：复旦大学出版社，2005：103.

给作者在创作时以极大的自由，可以根据需要加以挑选和改造，以便符合偶对与格律的要求。

由此可见，汉语中的异名同实为对偶调字数、配平仄提供了很大方便。对此，笔者有切身的体验：

湖北省汉川沉湖镇福星集团以制造钢丝绳起家，如今乃全国有名企业，投资文化，打造福星公园。当地有一"天官赐福"的传说，讲的是：明代周天官说服皇帝，花钱为当地治水患。所谓"天官"实为吏部尚书。明代废相，皇帝直接统领六部（吏、户、礼、兵、刑、工），又以《周礼》六官（天官、地官、春官、夏官、秋官、冬官）称之。

笔者随湖北省楹联学会到此地考察，其间，笔者出一上联：

六官天最大；

一位同仁立对：

五行土占先。

但"行"字当从而平，不合律。"五德"为"五行"的别称。古人以五方（东南西北中）与五行相配，五方之"中"刚好对应五行之"土"，故曰"土居中"。这样，一副合格的短联就出炉了："六官天最大，五德土居中。"

实际上，就一般词汇而言，汉语同义词特别多，这同样给作者调平仄和寻求更好的表达提供了广阔的天地。例如依与倚，说与言，为与是、乃，一般与一样等。

汉语中还有一类很特别的词，那就是联绵词和叠音词。它们都是双音词。两个字声母相同的，叫双声联绵词，如参差、踌躇、萧森、寥落；两个字韵母相同的，叫叠韵联绵词，如徘徊、盘桓、嵯峨、峥嵘；两个字重叠的，叫叠音词，如堂堂、正正、萧萧、滚滚。使用联绵词、叠音词，能够增加作品的音韵美，使对子音韵铿锵。这实际上也是一种小范围的节奏运用。中国古代作家早已发现了这类词的这个特点。远在汉代，作家们就在辞赋里大量使用这类词来增加其音韵美。从此，联绵词就引起了作家们的注意并在写作时加以使用，在辞赋、诗、词、曲、对联等作品中使用得更加普遍。

汉语属于词根语，它的词汇基本没有形态变化，这一点也为对偶大开方便之门。如动词没有时态、人称的变化，代词没有主格、宾格的变化。一个词不会因为语法环境不同而加缀、去缀。如高兴一词，可作谓语，也可作定语，还可作状语。无论用作何种语法成分，其词形都不变。这种词汇当然极容易使句子整齐对称。

与汉语词基本无形态变化相关，汉语句法结构也很少有标示成分，有人说它采用的是意合法。汉语的意合性为对偶提供了方便。意合法造成同形异构，这是假平行对得以成立的基础。

汉语文字是方块字，即每个字所占空间相等，它对应的词或语素也是单音节的。这样，它就如同方方正正的砖块，可以用数目相同的两堆砖头垒砌成任何两个建筑物，而使它们的样子完全相同。不像拼音文字，每个词拼写的长短参差不齐，包含的音节也无定数，很难使两段相对的文字完全对称。如清·李祓题武汉晴川阁的一联云："沱潜既导；江汉朝宗。"此联上下联各四字，共八字，不但所占空间相等，而且音节数也完全相同，非常整齐对称。如果把它译成英文，因每个词拼写的字母多少不一，就很不对称了。试看：

River of Tuo and Qian had been dredged；
River of Yangtze and Han flow into the sea.

这两句话就变得长短不一，完全不对称了。所以汉语言文字与对偶天然结缘。

总之，汉语特别是古代汉语这些简约灵活的特点，在世界所有语言中实属罕见。它为对偶辞格产生和发展提供肥沃土壤。

参考文献

1. 陈望道. 修辞学发凡 ［M］//陈望道. 陈望道学术著作五种. 上海：复旦大学出版社，2005.

2. 朱承平. 对偶辞格 ［M］. 长沙：岳麓书社，2003.

3. 蒋绍愚. 唐诗语言研究 ［M］. 郑州：中州古籍出版社，1990.

On the Formation Basis of Antithesis

Luo Jiyong

(*College of Chinese Language and Literature*，*Wuhan University*，*Wuhan*，430072)

Abstract：Ancient Chinese formed the concept of opposition and unification. Antithesis comes into being as a result of skilled application of contrast and comparison. Aesthetic preference for being even also helps to bring about antithesis. Most important is that Chinese and its uniqueness make it possible for antithesis to emerge.

Key Words：Antithesis；Symmetry；Aesthetics；Traditional culture

文言虚词"于"运用中的修辞因素新探

李 索 张 琪 闫美玲①

（大连大学文学院 大连 116622）

摘 要： 动词或动词性结构后面引进动作行为发生的处所时，介词"于"的使用与否同所在句子音节的奇偶有关，若句子已为偶数音节，则一般不再加"于"，若是奇数音节，则以加"于"构成偶数音节为常。在此基础上，笔者对《论语》中的"於（于）"字进行了全面考察，发现：①无论是及物动词还是不及物动词后面，介词"于"的使用均与句子音节的奇偶有关。②除四例"之于某"的固定结构外，其余178例"于"字出现在"主谓/谓+于字结构""述宾+于字结构""状中+于字结构"和"于字结构+谓语"四种格式中，其中出现最多的是"主谓/谓+于字结构"，113例；最少的是"述宾+于字结构"，14例。178例"于"中，用后构成偶数音节的148例，占83%。可见，"于"字的使用与音节趋偶性相关，构成偶数音节是"于"字运用的重要的修辞因素。

关键词： 于；修辞；音节；《论语》

《说文·亏部》："亏（wū），於也。象气之舒。"《系传》："今隶变作于。"② 段注："以於释亏，亦取其助气。《诗》《书》用亏字，凡《论语》用於字，盖于、於二字在周时为古今字也。凡言於，皆自此之彼之词，其气舒于。"③ 据段注，"于""於"为古今字，且"于"字上古就是虚词。"虚词在各种语言中都占极重要的地位，而在汉语中尤其显得重要。""这是因为汉语就其语法来说是属于分析型的，它'缺少严格意义的形态变化'。""这样，汉语的虚词就要担负更为繁重的语法任务，起着更为重要的语法作用。"④ 古代汉语中，尤其是上古汉语中，虚词"于"可以出现在动词前，但更多的是出现在动词谓语后面，主要功能是表示动作行为施行

① 作者简介：李索（1954— ），河北辛集人。四川大学文学博士，辽宁省高校教学名师。现为大连大学文学院教授、硕士生导师，汉语言文学学科带头人。兼任中国修辞学会副会长、秘书长，辽宁省语言学会副会长。

张琪（1993— ）陕西人。现为大连大学汉语言文字硕士研究生。

闫美玲（1993— ），河北人。现为大连大学汉语言文字学硕士研究生。

② 许慎. 说文解字［M］. 北京：中华书局，1963：101.

③ 段玉裁. 说文解字注［M］. 上海：上海古籍出版社，1981：204.

④ 陆俭明. 现代汉语语法研究教程［M］. 北京：北京大学出版社，2003：186.

时所涉及（或旁及）的对象，发生的处所、方向，动作行为的原因、结果、时间，引进主动者，在形容词谓语后表示比较等①。然而在文献语言中，有些"于"字的运用取舍仅从语法的角度往往无法给出确切的解释。

比如，在动词或动词性结构后面引进动作行为发生的处所时，介词"于"有时用，有时不用②。

（1）吾闻出于幽谷、迁于乔木者。（《孟子·滕文公上》）
（2）今者臣来，过于淄上。（《孟子·滕文公上》）
（3）孟尝君就国于薛。（《战国策·齐策》）

但很多时候却不用"于"。

（4）未闻下乔木而入于幽谷者。（《孟子·滕文公上》）
（5）故民入川泽、山林，不逢不若。（《左传·宣公三年》）
（6）有荷蒉而过孔氏之门者。（《论语·宪问》）
（7）过我门而不入我室。（《孟子·尽心下》）

例（1）、（2）、（3）是正常用法，"于"引进"迁""过""就"的处所。例（4）处所相同，却不说"下于乔木"；例（4）"入于幽谷"，例（5）动词相同，却不说"入于川泽"；例（6）谓语动词同例（2），都是"过"，后面的词组都表示"过"的处所，却又不用"于"，不作"过于孔氏之门"；例（7）也不作"过于我门""不入于我室"，同样不用"于（於）"。表达同样的语意，介词"于（於）"却可用可不用。为什么会出现这种现象呢？

对此，杨树达认为，"于"字照理应有，在此是省略了。王力则认为"语法即语言习惯，每个民族、每个时代都有不同的语法"，不应该认为是"省掉"了③。但为什么会有此"习惯用法"，这种习惯有规律可循吗？单从语法上并不易说清楚，而如果从古汉语修辞的角度分析，往往有"柳暗花明"之感。

---

① 何乐士，敖镜浩，王克仲，等. 古代汉语虚词通释［M］. 北京：北京出版社，1985：732 – 737.

② "于""於"二字作为介词，功能相同，不同文献使用不一，为行文方便，一律使用"于"字。

③ 王力. 谈谈怎样读书［M］//王力. 王力论学新著. 南宁：广西人民出版社，1983：306.

一、"述/述宾 ± 于 + 地点名词/词组"结构中"于"字的使用与音节奇偶有关

如前所述，介词"于"的主要语法功能是与名词、代词或名词性词组构成介词结构充作状语或补语。语意上一是引进动作行为发生的时间、处所、原因及关涉的对象；二是引进动作行为的主动者；三是引进性质状态比较的对象。但上古文献中，除去引进主动者的"于"字一般不可少外，其他功能的"于"字在某种条件下都可不用①。这种述语之后意义上似当有"于"字却不用的情况，学术界关注最多的是"述/述宾 ± 于 + 地点名词/词组"的句式（当年"至于某地、到于某地"，是述宾结构，还是述补结构，曾引起大讨论）。马建忠最早从语法的角度谈到这个问题。《马氏文通·动字·内动字与转词》："记所经之处，后乎动字而无介焉。""记所至之处，后乎内动，无介字者常也，然有介以于字者。""记所在之处，介以于字者常也，不介者有焉。""至外动字或受动字，其后记所在之处，亦概以于字为介。"

但也有"无介字者"，即不用"于"的情况。例如：

《左传·昭公四年》："复田江南，许男与焉。"不作"复田于江南"。

《史记·魏其武安侯列传》："魏其谢病，屏居蓝田南山之下。"不作"屏居蓝田南山之下"②。

为什么加"于"或不加"于"？马氏并未具体解释，但举过一个很好的例子：

《史记·樊哙传》："东攻秦军于尸，南攻秦军于犨。"

《汉书·樊哙传》："东攻秦军尸乡，南攻秦军于犨。"

两句意思完全相同，句式也一致，只是"于"字的使用情况不一。表示地名的"尸""犨"是单字时，则加"于"字；双字时（如"尸乡"），则不加"于"字。为什么会这样呢？马氏认为："曰'尸'曰'犨'，两地名皆单字，皆加'于'字以足之。至'尸乡'则双字矣，不加'于'字者，殆为此耶？"又说："'东攻秦军'四字，如续以单字地名则五之，不偶矣。然未敢拘为定例也。"③

显然，马氏认为"于"用还是不用，是由句子音节的奇偶决定的，如

---

① "引进主动者"，偶尔也有不用"于"的。如《庄子·逍遥游》："不夭斤斧，物无害者。无所可用，安所困苦哉！"

② 吕叔湘，王海棻. 马氏文通读本［M］. 上海：上海教育出版社，1986：287–291.

③ 吕叔湘，王海棻. 马氏文通读本［M］. 上海：上海教育出版社，1986：292.

果是奇数音节，往往要加上"于"字，以凑成偶数音节，所谓"偶语易安"；反之，如果已是偶数音节，就不用"于"字，以免形成"奇字难适"的情况。

马氏的说法带有一定的普遍性。

1. 述语部分（含宾语）和后面表处所的词语均为偶字的，往往不加"于"字

（1）韩厥执絷马前，再拜稽首，奉觞加璧以进。 （《左传·成公二年》）

（2）民扶老携幼，迎君道中。（《战国策·齐策》）

（3）见人方引婴儿而欲投之江中。（《吕氏春秋·察今》）

（4）是年，吾佐戎徐州。（韩愈《祭十二郎文》）

（5）为亭于堂之北而凿池其南。（苏轼《喜雨亭记》）

（6）刑天与帝争神，帝断其首，葬之常羊之山。（《山海经·刑天》）

（7）翱翔蓬蒿之间，此亦飞之至也。（《庄子·逍遥游》）

分析上述七例的音节构成，可以发现，前五例，其述语、宾语均为单音节词，述宾结构后面的词语，均为双音节，正好为四音节（偶数）、两音步节奏，满足了音律节奏的需要。例（6）"常羊之山"为四音节，与"葬之"构成六音节，三音步节奏。例（7）动词为双音节，与"蓬蒿之间"构成六音节、三音步节奏。若加"于"字，反而成为奇数音节，破坏了音节的均衡平稳，故不加"于"字。

2. 如果述宾结构后面的词语是奇字，或述宾结构本身是奇字，加"于"则成为常例

（8）孟尝君就国于薛。（《战国策·齐策》）

（9）吾再逐于鲁，伐树于宋，削迹于卫，穷于商周，围于陈蔡之间。（《庄子·山木》）

（10）覆杯水于坳堂之上，则芥为之舟。（《庄子·逍遥游》）

（11）庄子钓于濮水。（《庄子·秋水》）

（12）为亭于堂之北而凿池其南。（苏轼《喜雨亭记》）

例（8）、（9）中，"薛、鲁、宋、卫"均为单音节，故加"于"字。例（10）"坳堂之上"为双音节，但"覆杯水"为奇数，故加"于"字。例（11）"濮水"为双音节，但动词"钓"为单音节，故加"于"字。例

320000000000000000000

（12）前半句"为亭"和"堂之北"间加"于"字，而后半句"凿池"和"其南"因为已是偶数音节，故不加"于"字。前后部分形成鲜明对比。

二、《论语》中介词"于"的使用大多与音节奇偶有关

为了进一步检验上述观点（介词"于"的使用以音节奇偶为取舍）的可靠性，我们对《论语》中的"于（於）"字句进行了考察，其分布情况如下表[①]：

论语"于（於）"字分布表

条件	主谓/谓+于字结构	述宾+于字结构	状中+于字结构	于字结构+谓语	"之于"结构	说明
例句	卫灵公问陈于孔子；施于有政。	而谋动干戈于邦内。	当仁，不让于师。	唐、虞之际，于斯为盛	吾之于人也，谁毁谁誉？	
偶数音节	99	10	27	12	暂不计	
奇数音节	14	4	4	8	暂不计	
合计	113	14	31	20	4	182

通过分析发现，《论语》中无论是及物动词还是不及物动词后面，介词"于"的使用都与句子音节的奇偶有关系。例如：

1. 近

（1）有子曰："信近于义，言可复也；恭近于礼，远耻辱也。"（《学而》）

"信近于义""恭近于礼"，加"于"形成四音节，两音步。

（2）子曰："刚毅木讷，近仁。"（《子路》）

"近仁"本身是偶数音节，加"于"反而变偶为奇，故不加。

2. 入

（1）由也升堂矣，未入于室也。（《先进》）

两句上下对称，合起来是偶数音节。所以"升堂"不作"升于堂"，"入于室"不作"入室"。

（2）子入太庙，每事问。（《八佾》）

"子入太庙"本身即偶数音节，所以不加"于"，不作"入于太庙"。

（3）君命召，不俟驾行矣。入太庙，每事问。（《乡党》）

也不作"入于太庙"，因为两个三字句，亦呼应成偶数音节。

3. 改

（1）三年无改于父之道，可谓孝矣。（《学而》）

加"于"成偶数音节。

（2）吾闻诸夫子：孟庄子之孝也，其他可能也；其不改父之臣，与父之政，是难能也。（《子张》）

"其不改父之臣，与父之政"为偶数音节，故"改父之臣"，不作"改于父之臣"。

4. 见

（1）樊迟退，见子夏，曰："乡也吾见于夫子而问知。"（《颜渊》）

"见子夏"与"樊迟退"构成偶数音节，故不作"见于子夏"；"吾见于夫子而问知"，加"于"才成偶数音节，便于口述。

（2）孺悲欲见孔子。（《阳货》）

欲见孔子，不作"欲见于孔子"，不加"于"。

（3）子见南子，子路不说。（《雍也》）

不作"子见于南子"，不加"于"。

三、其他情况

《论语》中，以音节奇偶为"于"字取舍标准的情况，不仅仅限于"述/述宾±于+地点名词/词组"句式中，范围要宽得多，情况也更加复杂。

如表所示，《论语》中共有"于（於）"182例。除四例"之于"固定格式以外，按其语法分布可分为四大类：

（一）主谓/谓+于字结构

（1）季氏旅于泰山。（《八佾》）
（2）子曰："君子喻于义，小人喻于利。"（《里仁》）
（3）子曰："君子笃于亲，则民兴于仁。"（《泰伯》）
（4）子食于有丧者之侧，未尝饱也。（《述而》）
（5）哀公问社于宰我。（《八佾》）

例（1）加"于"为六音节、三音步；例（2）前后两句各五字，两两相对，合成偶数音节；例（3）前后两句各五个音节，合在一起，构成偶数音节；例（4）加"于"字正好凑足八个音节、四个音步；例（5）为用"于"字后非偶数音节者。

《论语》中"主谓/谓+于字结构"共113例，加"于"字后，构成偶数音节的有99例，占87.6%。

（二）述宾+于字结构

（1）子曰："不然，获罪于天，无所祷也。"（《八佾》）
（2）有美玉于斯，韫椟而藏诸？（《子罕》）
（3）问人于他邦，再拜而送之。（《乡党》）

（4）子曰："从我于陈、蔡者，皆不及门也。"（《先进》）

（5）子曰："'相维辟公，天子穆穆'，奚取于三家之堂？"（《八佾》）

例（1）"获罪于天"，四音节、两音步；例（2）前后两句相对，构成偶数音节；例（3）前后两句相承，也是偶数音节；例（4）加"于"构成六音节；例（5）加"于"后构成奇数音节。《论语》中，"述宾＋于字结构"共14例，用"于"以后，偶数音节10例，占71.4%。

（三）状中＋于字结构

（1）三年无改于父之道，可谓孝矣。（《学而》）

（2）己所不欲，勿施于人。（《颜渊》）

（3）子曰："由也升堂矣，未入于室也。"（《先进》）

（4）躬自厚而薄责于人，则远怨矣！（《卫灵公》）

（5）迩之事父，远之事君。多识于鸟兽草木之名。（《阳货》）

《论语》中，"状中＋于字结构"共31例，用"于"以后，偶数音节27例，占87.1%。

（四）于字结构＋中心语

（1）食夫稻，衣夫锦，于女安乎？（《阳货》）

（2）唐、虞之际，于斯为盛。（《泰伯》）

（3）季康子问："仲由可使从政也与？"子曰："由也果，于从政乎何有？"曰："赐也可使从政也与？"曰："赐也达，于从政乎何有？"曰："求也可使从政也与？"曰："求也艺，于从政乎何有？"（《雍也》）

（4）必不得已而去，于斯三者何先？（《颜渊》）

（5）不义而富且贵，于我如浮云。（《述而》）

例（1）和（2）加"于"构成四音节。例（3）"于从政乎何有"为六音节结构，整段话三问三答，工整对称，节奏鲜明。特别是问句中"仲由"双音节，则不加"也"；"赐""求"单音节，则加"也"字构成双音节。孔子回答时，"仲由"则称"由"但加上"也"字以构成双音节，与"赐也""求也"相对。语音修辞特色突出。例（4）加"于"构成六音节。例（5）加"于"构成五音节，奇数音节，但"于"字在此不可省，省去易导致句意理解错误。

《论语》中，"于字结构＋中心语"共20例，用"于"以后，偶数音节12例，占60%。上述四项，共178例，用"于"后构成偶数音节148例，占83%。

由上述分析可见，《论语》中介词"于"的使用确实与音节奇偶安排有密切关系。甚至可以说，行文中，句子音节的奇偶是影响"于"字使用的重要因素。

需要说明的是，先民最早不可能按照语法、修辞的要求事先设计好语言，然后再说话，而是按照当时的语言习惯自然而然地说出来。所以初期音律节奏的安排是人们不自觉的行为，音节趋偶性的表达其实是一种"天籁"，只是这种安排契合了汉语的特色，符合汉民族追求整齐对称不偏不倚的审美情趣，所以人们觉得说起来顺口，听起来悦耳，能够更好地完成交际任务，实现表达交流需求，然后才成为人们效仿的对象和评价的标准。所以，我们看到，《论语》中大部分"于"字的使用与音节趋偶性相关，修辞因素明显，但也有部分例外，这是符合语言运用和发展的实际的。究其主要原因，至少有三点：

一是主观因素的影响。即语言的运用受使用者自身的影响，不同的人使用语言习惯不同、表达同一种事物，选用的词语和句式均不相同。《马氏文通》中曾将《史记》与《汉书》中介词"于"的使用情况作了一个对比，发现记述同一件事情，"于"字用否差异很大[①]。

二是客观因素的影响。不同文体、不同时代对语音修辞的认识不同、要求不一，对"于"字的选择运用也不相同。

三是有些动词、形容词带补语时必须加"于"，否则句意表达不清，在这种情况下，介词"于"则不能省。因为首先要保证表达清晰、意义明确，音节奇偶的修辞因素则退居其次了。例如：

子夏曰："富哉言乎！舜有天下，选于众，举皋陶，不仁者远矣。汤有天下，选于众，举伊尹，不仁者远矣。"（《颜渊》）

两处"选于众"中的"于"均不可省。

"季氏富于周公，而求也为之聚敛而附益之。"（《先进》）

---

① 吕叔湘，王海棻. 马氏文通读本［M］. 上海：上海教育出版社，1986：292－293.

去掉"于"字则句意不明。

孔子于乡党，恂恂如也，似不能言者。(《乡党》)

去掉"于"字，则不成句。

要之，节奏鲜明、富有音乐性是汉语的重要特色之一，鲜明的节奏可以通过音色（押韵）、音高（平仄）、音长（音步）的安排调整来实现。在大多数情况下，两个音节合起来构成一个音步。由于每个音节的时长和两个音节间的音顿（时间停延）大致相等，音长和音顿相互对立交替出现便构成了"单音节音长＋音顿＋单音节音长＋音顿"的音步节奏。在古代汉语尤其是先秦古代汉语中，单音词占多数，往往一个字就是一个词。这种"单音形式"尽管使用起来灵活简洁，但从韵律节奏的角度看，往往不如"双音词"更容易直接构成音顿律节奏（意义与节奏形式一致），音节更平稳。古人在言语活动中也体会到了"奇字难适""偶语易安"的特点，于是就通过不同的方式和手段给"奇字"增加一个字，使它变成"偶语"，以收到音节平稳、节奏鲜明的表达效果①。或许这正是上古汉语中"于"字的取舍受音节奇偶影响的根本原因。

New Insights into Rhetorical Use of Yu（于），a Function Word of Classic Chinese

Li Suo, Zhang Qi, Yan Meiling

(*Department of Literature*, *Dalian University*, *Dalian*, 116622)

Abstract: In classical Chinese, when the location of an action is needed to be placed after the verb or the verb structure, whether the function word "yu"（于）should be used depends on whether the number of the sentence syllables is even or odd. If it is odd, "yu"（于）should be used to make the syllable number even. The paper does a comprehensive research into the character "yu"（于）in *The Analects of Confucius*, and finds out that the use of "yu"（于）is relevant to whether the syllable number is even or not, and that to form even

---

① 吴洁敏. 汉语节奏的周期及层次 [J]. 中国语文, 1992 (2)；吴洁敏. 汉语节奏中的套叠现象 [J]. 杭州大学学报（哲学社会科学版）, 1991 (3).

number of syllables is an important rhetorical factor in the use of the Chinese character "yu" （于）.

Key Words：Yu（于）; Rhetoric; Syllable; *The Analects of Confucius*

快慢反义聚合的词义演变①

徐时仪②

（上海师范大学人文与传播学院　上海　200234）

摘　要："迅""速""疾""驶""捷""急""快"和"迟""徐""缓""慢"这些词及其组合的词语形成汉语表达快慢概念的反义词语类聚。先秦时"迅""速""疾"与"迟""徐"为表达快慢反义类聚中的主导词，至汉代"疾"与"迟"成为通语。"快"与"慢"本义都属于心理概念域，由心理和行为状态隐喻隐射到速度域，宋代后渐成为快慢概念反义聚合中的主导常用词。表达速度概念的反义词语类聚的古今演变动因既有文白的兴替，又有雅俗的交融，从中也可略窥汉语由古至今文白此消彼长与雅俗相融的发展演变机制。

关键词：快；慢；反义类聚

　　词汇系统由一个个概念词语类聚互相关联构成，同一概念的词语类聚相当于一个词汇场。③"快慢"是从古到今与人们的生活密切相关的表速度的概念。汉语"快慢"义的反义词类聚中"快"类词的主导词是"迅""速""疾"和"快"，"慢"类词的主导词为"迟""徐""缓"和"慢"。

一、"迅""速""疾""捷""急""驶""紧""遄""亟""骤""趣""遽""促"与"迟""徐""缓"

　　1. 迅、速、疾

　　上古至中古表达快概念的词语主要有"迅""速""疾"。

　　"迅"有快速义。如《六韬·军势》："迅电不及瞑目。"检《说文·辵部》："迅，疾也。""迅"为"卂"的后出字。《说文·卂部》："卂，疾

──────────

　　①　本文是国家社会科学基金项目"古白话词汇研究"（13BYY107）、上海高校高峰学科建设计划资助（中国语言文学）阶段性成果，原刊于《汉语史学报》第十八辑，上海教育出版社出版。

　　②　作者简介：徐时仪（1953—　），上海人。文学博士。现为上海师范大学人文与传播学院教授、博士生导师。兼任中国修辞学会常务理事，中国训诂学研究会常务理事，上海辞书学会理事。

　　③　徐时仪.《朱子语类》知晓概念词语类聚考探［J］. 上海师范大学学报（哲学社会科学版），2012（5）.

飞也。从飞而羽不见。"段玉裁注："飞而羽不见者，疾之甚也。此亦象形。"①"速"亦有快速义。如《论语·子路》："欲速则不达，见小利则大事不成。"检《说文·辵部》："速，疾也。""迅""速"同义并列组成复合词。如晋·葛洪《抱朴子·内篇》卷十四："凌曆飙飞，暂少忽老，迅速之甚。"求那跋陀罗《杂阿含经》卷四十七："命行无常，迅速如是。"佛念译《出曜经》卷三："若复少壮盛年老迈俱同此日，共有损减之逝昼夜不停，命变形羸气衰力竭，速迅於彼如少水鱼者。"宋·黄仲元《四如讲稿》卷三："是心上发念思量要恁地，或不要恁地底，最是粘滞牵惹不速迅分晓底物。"

"疾"，本义为病。《说文·疒部》："疾，病也。从疒，矢声。"段玉裁注："矢能伤人。矢之去甚速，故从矢会意。"王国维在《观堂集林·毛公鼎铭考释》指出："疾之本字，象人亦下着矢形，古多战事，人箸矢则疾矣。"②"疾"的甲、金文形体是个会意兼形声字，"疾"字的造意似指人中箭而受伤，由造意而泛指外界的致病因素侵入人体而使人生病，故《释名》云："疾，疾也。客气中人急疾也。""矢"所表的音亦有"急"义。《释名》云："矢，指也。言其有所指向迅疾也。"同音字"亟""急"等都有此语义。文字未产生之前，原始先人用"矢、亟、急"音指生病，盖健康的人生病时有突然变得不健康的感觉，由健康到生病的变化很快，段玉裁注《说文》亦云："经传多训为急也，速也。此引申之义，如病之来多无期无迹也。"③"疾"有急剧而猛烈义。如《易·说卦》："动万物者，莫疾乎雷；桡万物者，莫疾乎风。"引申有快速义。如《荀子·劝学》："顺风而呼，声非加疾也而闻者彰。"考《方言》卷二："速，逞，摇，扇，疾也。"《说文·辵部》："速，疾也。""迅，疾也。"据扬雄所记，"速，逞，摇，扇"为方言，"疾"则至迟在汉代已成为表快速义的通语。

2. 捷、急、驶、紧、遄、亟、骤、趣、遽、促

表"快速"义的词还有"捷、急、驶、紧、遄、亟、骤、趣、遽、促"等。

捷，本作"疌"，有"迅速、敏捷"义。《说文·止部》："疌，疾

---

① 王凤阳《古辞辨》认为"迅"最初指鸟类的疾飞。"在古人的观念中，飞鸟的速度是高速度，所以'迅'在表示速度上快于'速'。"王凤阳. 古辞辨［M］. 北京：中华书局，2011：965.

② 王国维. 观堂集林［M］. 北京：中华书局，1959.

③ 徐时仪. 也谈"疾"与"病"［J］. 辞书研究，1999（5）.

也。"段玉裁注："凡便捷字当用此。捷，猎也。非其义。"① 又作"疌"。《说文·宀部》："疌，居之速也。"《尔雅·释诂上》："疌，速也。"《诗经·郑风·遵大路》："无我恶兮，不疌故也。"后通作"捷"。《荀子·君子》："亲疏有分，则施行而不悖；长幼有序，则事业捷成而有所休。"

"急"有心性躁急义，引申有"迫切紧急"义，又由心性域隐射到行动域而有快速义。《史记·秦始皇本纪》："项羽急击秦军，虏王离，邯等遂以兵降诸侯。"

"驶"本义指马行疾速，由具象而抽象泛指疾行，引申又有"疾速"义。如陶渊明《和胡西曹示顾贼曹诗》："不驶亦不迟，飘飘吹我衣。"《搜神记》卷十四："其去甚驶，逐之不及，遂便入水。"汪维辉《东汉—隋常用词演变研究》指出："表示'速度快'，在东汉魏晋南北朝有两个常用的口语词'快（駃）'和'驶'。'驶'的产生可能略早于'快'。""'快'可能比'驶'具有更浓厚的口语色彩。""文言词'迅、速、疾'等则已在口语中退居次要地位。"②

"紧"本义是丝缠绕得紧密。《说文·臤部》："紧，缠丝急也。"引申描述受到拉力而呈现的紧张状态。如傅毅《舞赋》："弛紧急之弦张兮，慢末事之委曲。"由形容具象的紧张状态而抽象有精神上和情势上的急迫状态。如《楚辞·九思·怨上》："望江汉兮濩渃，心紧絭兮伤怀。"宋以后又从心理状态域隐射到速度域，产生行动上的急迫迅疾义。柳永《木兰花》："香檀敲缓玉纤迟，画鼓声催莲步紧。"关汉卿《五侯宴》第三折："走的紧来到荒坡佃，觉我这可扑扑的心头战。"现代汉语中"紧"除主要表"不松弛"义外，也有表"急迫迅疾"的速度义。③

"遄"有"疾速"义。如《左传·定公十年》："《诗》曰人而无礼，胡不遄死。"据《尔雅·释诂》："遄，疾也。""遄，速也。"

"亟"有"赶快"义。如《诗·豳风·七月》："亟其乘屋，其始播百谷。"郑玄笺："亟，急。"据《说文·二部》："亟，敏疾也。"

"骤"本义指马奔驰。《说文·马部》："骤，马疾步也。"引申有"快速"义。如《朱子语类》卷十："学者读书，须是于无味处当致思焉。至于群疑并兴，寝食俱废，乃能骤进。"

"趣"本义为快走。《说文·走部》："趣，疾也。"引申有"快速"义。如《晏子春秋·内篇·谏上》："请趣召祝史祠乎泰山则可。"

① "捷"有"战胜"义。《诗·小雅·采薇》："一月三捷。"毛传："捷，胜也。"《说文·手部》："猎也，军获得也。从手，疌声。"

② 汪维辉. 东汉—隋常用词演变研究［M］. 南京：南京大学出版社，2000：371.

③ 《现代汉语词典》释为"动作先后密切接连；事情急"。

"遽"本义为"驿车、驿马"。《说文·辵部》："遽，传也。"引申有"快速"义。如《左传·僖公二十四年》："仆人以告，公遽见之。"

"促"有"迫近"义。《说文·人部》："促，迫也。"引申有"快速"义。如《六度集经》卷二："卿促持去，更索余处不须住此。"《三国志·魏志·武帝纪》："太祖乃自力劳军，令军中促为攻具，进复攻之，与布相守百余日。"

3. 迟、徐、缓

上古至中古表达慢概念的词语主要有"迟""徐""缓"。

"迟"的初义是走得慢。如《诗·小雅·采薇》："行道迟迟。"考《说文·辵部》："迟，徐行也。从辵，犀声。"引申有"缓慢"义。如《庄子·养生主》："每至于族，吾见其难为，怵然为戒。视为止，行为迟，动刀甚微。"

"徐"的初义是安稳地慢走。如《六韬》卷四："陈毕，徐行。"引申有"缓慢"义。如《管子》卷五《外言》："众胜寡，疾胜徐，勇胜怯，智胜愚。"

"缓"的本义是"宽绰、舒缓"。《说文·糸部》："纾，缓也。"① 《广韵·缓韵》："缓，舒也。"由空间上的"宽绰"引申有时间上的"滞延推迟"义。如《孟子·滕文公上》："民事不可缓也。"又从时间域隐喻映射有速度范畴，着重于松弛、宽松的"缓慢"。如《史记·单田列传》："齐人未附，故且缓攻即墨以待其事。"

二、"快"与"慢"

宋代"快"与"慢"渐成为表达快慢反义类聚中的主导词。

1. 快

"快"有"舒适、畅快"义。如宋玉《风赋》："有风飒然而至，王乃披襟而当之，曰：'快哉此风！'""快"的"畅快"义在性格上为爽快，在情绪上为愉快。人在愉悦兴奋时情绪高昂亢奋，而人在心情好的状态下行动也敏捷快速，形成由情绪概念至速度概念的隐喻映像而激活有快速义。如东汉·安世高译《大安般守意经》卷上："即自知喘息快，即自知喘息不快。"晋·张华《博物志》卷二："蛴螬以背行，快于用足。"考《正字通·心部》："快，可怪切，音块。《说文》喜也，《广韵》称心也。"

---

① 《说文·素部》："繠，繛也。从素，爱声。缓，繠或省。"徐灏注笺："绰与缓皆取义于缠约之宽裕。引申为宽缓之称。"

"又俗谓急走曰快,急性曰快性,疾走曰快走,快对缓言,非快字本意。"据《正字通》所释,可证"快"的快速义来自俗语义。检《说文·心部》"快,喜也。"段玉裁注:"引申之义为疾速,俗字作駃。"考《说文·马部》:"駃騠,马父蠃子也。"段玉裁注:"谓马父之骡也。"《玉篇》:"駃騠,马也。生七日超其母。""駃"也引申有"行走迅速"义。如东汉·昙果共康孟详译《中本起经》卷上:"其水深駃,佛以神力,断水令住,高出人头,使底扬尘,佛行其中。"后"快"取代"駃"表"疾速"义,至唐代渐成为常用义而沿用至今。

从认知科学的概念整合理论看,"快"的"疾速"义的形成是把来自性格、情绪与速度认知域的框架结合的一系列认知活动,体现了一个动态的概念整合过程:

输入空间1:心理空间中的愉快概念,隐喻有轻松灵敏义。

输入空间2:心理空间中心情愉快就行动敏捷的概念。

类属空间:行动敏捷形成速度快捷。

整合空间:真实的具体可见的敏捷和心理情绪的、抽象不可见的敏捷整合为一个表"疾速"的速度新概念。

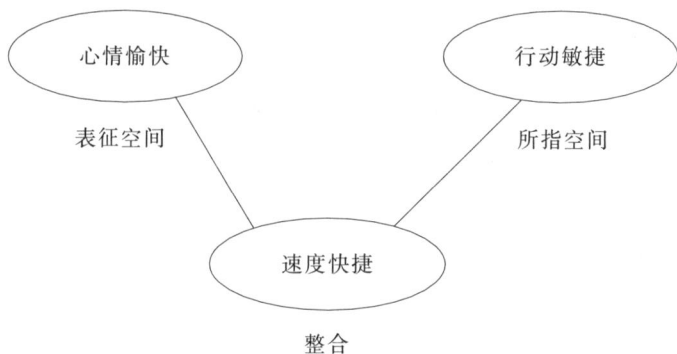

输入空间1是表征空间,输入空间2是所指空间,表征空间映射和所指空间映射的合并形成了概念整合产生新的所指。在新的整合空间中,情绪概念和行动概念这两个心理空间相互映射,整合成行动敏捷的新的心理空间,进而形成了表速度"快捷"义的新概念。

2. 慢

"慢"从曼得义,有散漫不拘义。《释名·释言语》:"慢,漫也,漫漫心无所限忌也。""慢"的"散漫不拘"义在心理状态上为懈怠,在行为状态上为迟缓。如《易·系辞上》:"上慢下暴,盗思伐之矣。"孔颖达疏："小人居上位必骄慢，而在下必暴虐。"① 例中"慢"有"傲怠不敬"义。又如《诗·郑风·大叔于田》："叔马慢忌，叔发罕忌。"毛亨传："慢，迟。"郑玄笺："田事且毕，则其马行迟。"例中"慢"有"迟缓"义。检《说文·心部》："慢，惰也。"又《说文》："趢，行迟也。"桂馥义证："反快为慢。"段玉裁注："今人通用慢字。""慢"由心理上的轻慢引申出行为上的轻慢而从状态域隐射到速度域，二者因消极懈怠的相似性而发生隐喻映射，与"趢"通用表"迟缓"义。唐宋后"慢"表速度慢义使用渐多。如白居易《琵琶行》："轻拢慢捻抹复挑，初为霓裳后六幺。"《朱子语类》卷二十一："慢看不妨，只要常反复玩味圣人旨要，寻见着落处。""慢"往往与"急、紧"对举。如周去非《岭外代答》卷十《蛊毒》："广西蛊毒有二种：有急杀人者，有慢杀人者。急者顷刻死，慢者半年死。"《朱子语类》卷二："如以一大轮在外，一小轮载日月在内，大轮转急，小轮转慢。虽都是左转，只有急有慢，便觉日月似右转了。"又卷三十六："若做得紧，又太过了；若放慢做，又不及。"沿至元代，"慢"的"迟缓"义渐成为常用义。②

从认知科学的概念整合理论看，"慢"的"迟缓"义的形成是把来自心理状态、行为状态与速度认知域的框架结合起来的一系列认知活动，体现了一个动态的概念整合过程：

输入空间1：心理空间中的轻慢概念，隐喻有消极懈怠义。

输入空间2：心理空间中心理状态轻慢就行动迟缓的概念。

类属空间：行动迟缓形成速度迟缓。

整合空间：真实的具体可见的行动消极懈怠和抽象不可见的心理状态消极懈怠整合为一个表"迟缓"的速度新概念。

---

① 《史记·淮阴侯列传》："王素嫚无礼，今拜大将如呼小儿耳，此乃信所以去也。"颜师古曰："嫚与慢同。"

② 王秀玲《浅谈"慢"常用义之演变》指出，唐代以前，傲慢、怠慢为"慢"常用义项，因其书面色彩浓厚且地位稳固，在唐代出现频率仍占主导地位："慢"之"缓慢"义项出现虽早，大量使用却是在唐诗和宋元话本中。元代此义项无论是在书面语当中，还是在实际语言中都已占绝对优势，成为其常用义。此后，地位日渐巩固，并沿用至今。"慢"古之常用义"傲慢""怠慢"自唐宋起使用范围日趋缩小，到明清时期，这一义项已基本趋于消亡。王秀玲.浅谈"慢"常用义之演变 [J]. 语言研究，2003（2）.

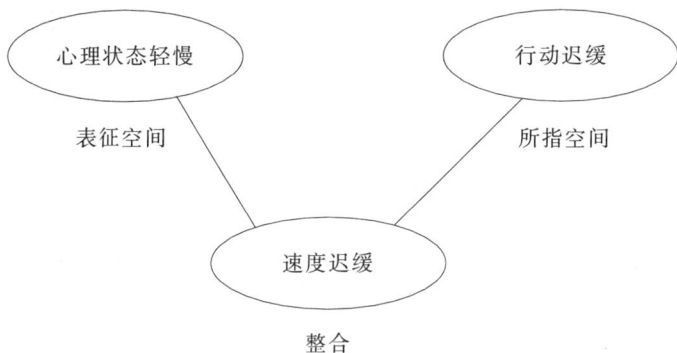

输入空间 1 是表征空间，输入空间 2 是所指空间，表征空间映射和所指空间映射的合并形成了概念整合产生新的所指。在新的整合空间中，心理状态概念和行动概念这两个心理空间相互映射，整合成行动迟缓的新的心理空间，进而形成了表速度"迟缓"义的新概念。

三、"速""迅""疾""迟""徐""缓"与"快""慢"

"速""迅""疾"多与"迟""徐""缓"反义对举。如《荀子》卷一《修身》："与其折骨绝筋终身不可以相及也，将有所止之，则千里虽远，亦或迟或速，或先或后，胡为乎其不可以相及也?"例中"迟"与"速"反义对举。《尉缭子》卷四《勒卒令》："其往有信而不信，其致有迟疾而不迟疾。"《文子·符言》："水流下不争疾，故去而不迟。"例中"迟"与"疾"反义对举。《庄子·天道》："斫轮，徐则甘而不固，疾则苦而不入。"《六韬》卷三："一喜一怒，一予一夺，一文一武，一徐一疾者，所以调和三军制一臣下也。"例中"徐"与"疾"反义对举。《吕氏春秋》第八卷《仲秋纪》："凡兵欲急疾捷先，欲急疾捷先之道，在于知缓徐迟后，而急疾捷先之分也。"例中"急疾捷先"与"缓徐迟后"反义对举。《司马法》卷上："军旅之固，不失行列之政，不绝人马之力，迟速不过诚命。"例中"迟"与"速"反义对举。葛洪《抱朴子·外篇·辞义》："骋迹有迟迅，则进趋有远近。"例中"迟"与"迅"反义对举。

"快"多与"迟""缓""慢"反义对举。如《太平经》："春夏秋冬，各有分理，漏刻上下，水有迟快，参分新故，各令可知，不失分铢。"《抱朴子·内篇·应物》："若欲服金丹大药，先不食百许日为快。若不能者，正尔服之，但得仙小迟耳。"例中"快"与"迟"反义对举。又如《搜神记》卷四："妇曰:'不可得不烧。如此，君可快去，我当缓行。日中，必火发。'"例中"快"与"缓"反义对举。再如《朱子语类》卷四十三:

"古者教人有礼乐，动容周旋，皆要合他节奏，使性急底要快也不得，性宽底要慢也不得，所以养得人情性。"例中"快"与"慢"反义对举。

据初步统计，《论衡》《颜氏家训》《世说新语》《祖堂集》《朱子语类》《元杂剧三十种》《清平山堂话本》和《红楼梦》中"迅""速""疾""快（駃）"用例大略如下：①

	《论衡》	《颜氏家训》	《世说新语》	《祖堂集》	《朱子语类》	《元杂剧三十种》	《清平山堂话本》	《红楼梦》
迅	7/12	0/0	2/2	3/7	15/18	0/2	0/1	1/4
速	9/14	3/5	6/6	46/51	82/88	4/29	3/6	20/31
疾	37/150	1/18	2/21	10/26	22/150	17/55	1/6	6/45
快（駃）	0/9	0/3	2/10	6/12	50/175	17/83	16/37	417/539

《论衡》《颜氏家训》《世说新语》《敦煌变文集》《祖堂集》《朱子语类》《金瓶梅》和《红楼梦》中"迟""徐""缓"与"慢"用例大略如下：②

	《论衡》	《颜氏家训》	《世说新语》	《敦煌变文集》	《祖堂集》	《朱子语类》	《金瓶梅》	《红楼梦》
迟	16/24	2/3	12/22	2/2	16/24	40/134③	6/115	8/109
徐	2/20	2/15	90/185	14/14④	0/1	47/163⑤	5/101	3/4
缓	2/9	0/3	3/6	13/13	1/1	47/200	4/4	18/25
慢	0/4	0/8	0/4	1/26	5/9	47/180	211/228	166/183

据我们粗略查检，《论衡》中"快"皆表心情愉快，"慢"皆表轻慢；

---

① 此据《中国基本古籍库》并参赵永超《古代汉语"快速"语义场研究》（浙江大学硕士学位论文，2010年）一文所作粗略统计。"/"前为表"快"义出现次数，"/"后为总出现次数。
② 此据《中国基本古籍库》并参王秀玲《浅谈"慢"常用义之演变》（《语言研究》2003年第2期）一文所作粗略统计。"/"前为表"慢"义出现次数，"/"后为总出现次数。
③ 其中"迟迟"5例。
④ 其中"徐徐"3例。
⑤ 其中"徐徐"7例。

《祖堂集》中"快""慢"表速度义渐占一半左右；《红楼梦》中"快""慢"已大多为表速度义。唐宋前表"快"义多用"迅""速""疾"，表"慢"义多用"迟""徐""缓"，其中"迟"多表"晚"义。又据王秀玲《浅谈"慢"常用义之演变》一文统计，唐代以前"慢"多与"敬"对举，而与傲、骄、矜、倨、惰、悟等同义词连用。《全唐诗》中"慢"用作"缓慢"义已开始多次出现，大约是用作"傲慢""怠慢"义的两倍。《全宋词》中"慢"用如"缓慢"义比用如"傲慢""怠慢"总数多出几倍。宋话本《错斩崔宁》《西山一窟鬼》《菩萨蛮》《至诚张主管》中"慢"有9例，除1例用于"怠慢"词中，其余均取其"缓慢"义项。元杂剧《窦娥冤》《倩女离魂》《西厢记》《荆钗记》《拜月亭》《赵氏孤儿》《琵琶记》中"缓""徐"已罕用，而"慢"有13例，除4例作"傲慢""怠慢"解外，9例为"缓慢"义，还有"慢慢"14例，"慢腾腾"3例，作语素构成"轻慢""违慢"2例。《元曲》中用作"缓慢"义的"慢"有35例，"慢慢"16例，"漫腾腾"4例，作语素构成合成词5例。《宋史》中表"缓慢"义的词"缓"有134例，而"慢"用作"缓慢"义有162例，用作"傲慢""怠慢"的语素义构成合成词12例。① 由此可见唐以后表"缓慢"义的"慢"渐取代"迟""徐""缓"的发展趋势。

据《中国基本古籍库》，"迅徐、徐迅、急迟、迟急、快迟、急徐、徐捷、捷缓、缓捷、捷慢、慢捷"尚未构成反义并列复合词，"疾徐""疾迟""速迟""快慢"等反义并列复合词的历代出现用例数据大致如下：

	先秦	秦汉	三国	晋代	南北朝	隋唐五代	宋辽金	元代	明代	清代	民国	合计
疾徐	3	16	1	9	5	72	435	99	680	1 203	21	2 544
徐疾	18	2	1	0	1	25	43	13	130	171	1	405
疾迟	0	0	0	0	1	15	50	17	96	123	1	303
迟疾	4	14	1	8	89	136	113	159	871	1 769	59	3 223
速迟	0	0	0	1	0	2	10	1	36	53	0	103
迟速	13	21	3	41	50	204	1 020	272	2 050	3 423	41	7 138
迅迟	0	0	0	0	0	0	0	0	0	2	0	2

---

① 王秀玲. 浅谈"慢"常用义之演变［J］. 语言研究，2003（2）.

（续上表）

	先秦	秦汉	三国	晋代	南北朝	隋唐五代	宋辽金	元代	明代	清代	民国	合计
迟迅	0	0	0	1	0	0	0	0	8	4	0	13
迟快	0	0	0	0	0	0	2	0	4	2	0	8
快慢	0	0	0	0	0	0	0	0	0	38	0	38
慢快	0	0	0	0	0	0	0	0	0	1	0	1
徐急	0	0	0	0	0	0	0	0	0	3	0	3
急缓	3	3	0	3	3	20	104	31	237	164	4	572
缓急	21	90	4	29	49	252	4 390	821	11 204	11 961	242	29 063
急慢	0	0	0	0	0	4	116	39	338	88	1	586
慢急	0	0	0	0	0	1	5	1	3	3	0	13
捷徐	0	0	0	0	0	0	0	0	0	1	0	1
迟捷	0	0	0	0	0	0	1	0	4	2	0	7
捷迟	0	0	0	0	0	0	1	0	0	0	0	1

《中国基本古籍库》的数据虽然包括一些专用名词，且有些并不是复合词，难免有些误差，但由于总量庞大，还是能略窥表达快慢的词语变化，先秦已出现"徐疾""迟速""疾徐""迟疾""缓急""急缓"反义并用，历代沿用，唐以后多用"迟速""缓急"，清代始见"快慢"反义并用。

据《中国基本古籍库》，"疾"与"徐、迟"，"速"与"迟"，"迅"与"迟"，"急"与"迟、缓、慢"，"捷"与"迟、缓、慢"，"快"与"迟、慢"，在同一句中并用的历代例据如下：①

	先秦	秦汉	三国	晋代	南北朝	隋唐五代	宋辽金	元代	明代	清代	合计
疾徐	29	81	8	34	54	265	1 099	272	1 866	3 225	6 933
疾迟	13	76	9	43	146	482	726	352	2 050	3 754	7 651
速迟	20	35	8	54	87	381	1 710	468	3 692	7 040	13 495

---

① 其中有一些是人名、地名等专用名词，尚不是精确统计。

（续上表）

	先秦	秦汉	三国	晋代	南北朝	隋唐五代	宋辽金	元代	明代	清代	合计
迅迟	0	0	0	1	1	5	29	5	66	592	699
急迟	1	14	1	6	19	131	407	143	1 168	1 876	3 766
急缓	48	209	10	102	137	721	6 160	1 312	16 044	18 281	43 024
急慢	0	4	0	0	5	37	305	119	699	447	1 616
捷迟	0	1	2	0	3	15	44	4	137	318	524
捷缓	0	2	1	2	0	3	40	9	91	165	313
捷慢	0	0	0	0	0	2	9	1	16	27	55
快迟	0	1	0	0	1	1	68	39	252	411	773
快慢	0	0	0	0	0	0	11	4	55	152	222

　　据《中国基本古籍库》，先秦至宋代多用"疾"与"徐、迟"和"急"与"缓"对举，也有"速、急"与"迟"对举，沿用至明清。隋唐五代多用"疾"与"迟"对举，宋以后多用"速"与"迟"对举。秦汉始见"快"与"迟"和"急"与"慢"对举，宋以后多用。"快"与"慢"对举始见于宋。如《朱子语类》卷四十三："古者教人有礼乐，动容周旋，皆要合他节奏，使性急底要快也不得，性宽底要慢也不得，所以养得人情性。"杨万里《雨后至溪上》："快泻深陂金玉声，慢处回头萦作漩。"元明后"快"与"慢"反义对举渐多。如杨景贤《马丹阳度脱刘行首》第二折："你道他走的慢连催了两遭，哥哥也，你便做行的快也跳不出六道。"无名氏《金水桥陈琳抱妆盒》第二折："刘皇后云：'这厮，我放你去，就如弩箭离弦，脚步儿可走的快；我叫你转来，就如毯上拖毛，脚步儿可这等慢，必定有些蹊跷。'"《水浒传》卷四十一："今日你要快死，老爷却要你慢死。"《二刻拍案惊奇》卷三十三："富家子道：'有不是处且慢讲，快与我开开门着。'"《隋史遗文》卷十一："知节的马慢，他的马快。"

　　由此可略窥表达快慢反义类聚中主导词的演变发展趋势。①

---

　　① 徐时仪. 软硬反义聚合的词义演变［J］. 上海师范大学学报（哲学社会科学版），2016（2）.

四、“迅”“速”“疾”“驶”“捷”“急”“快”“駃”与“迟”“徐”“缓”“慢”的构词

《汉语大词典》是我国第一部大型汉语词典，以“古今兼收，源流并重”为编纂原则，广泛收列古今汉语中的词语、熟语、成语、典故和较常见的百科词，大致反映了汉语词语和词义发展变化的历史脉络。《汉语大词典》所收“迅”“速”“疾”“驶”“捷”“急”“快”“駃”与“迟”“徐”“缓”“慢”的构词组合如下：

1. 迅

据《汉语大词典》，“迅”的双音组合见于先秦的有：迅风，迅电，迅雷。

见于汉代的有：迅疾，迅流，迅猋，遄迅。

见于三国的有：迅节，迅迈。

见于晋代的有：迅足，迅急，迅捷，迅驾，迅激，迅趋，迅翼，迅骛，迅飙，奋迅，震迅，飘迅，飙迅。

见于南北朝的有：迅羽，迅雨，迅征，迅商，迅景，迅澓，迅翮，爽迅，猋迅，振迅，轻迅，云迅。

见于唐代的有：迅快，迅駃，迅拔，迅波，迅速[①]，迅动，迅湍，迅濑。

见于宋代的有：迅敏，迅逸，迅猛，迅晷，迅笔，迅驶。

见于元代的有：迅指，迅檝，暴迅。

见于明代的有：迅行，迅往，遒迅。

见于清代的有：迅悍，迅厉，迅霆，迅奋，愤迅，电迅。

见于现代的有：迅步，迅即，迅忽，迅烈，迅跑，猛迅，疾迅，趫迅，爽迅。

有些尚是词组，可不收，如迅行、迅跑、迅风、迅雨、迅波。趫迅，无书证。

四音组合见于先秦的有：迅雷风烈。

见于现代的有：迅电流光，疾风迅雷。

六音组合见于唐代的有：迅雷不及掩耳。

共计收录双音组合 69 个，四音组合 3 个，六音组合 1 个。

---

① 晋代已见。如葛洪《抱朴子·内篇》卷十四：“凌晷飙飞，暂少忽老，迅速之甚。”其同素异序词“速迅”亦有“快捷”义，南北朝时已见。如佛念译《出曜经》卷三：“若复少壮盛年老迈俱同此日，共有损减之逝昼夜不停，命变形羸气衰力竭，速迅于彼如少水鱼者。”《汉语大词典》未收。

2. 速

双音组合见于先秦的有：速朽，速成，速速，速驾，速战，促速，戚速，拙速，疾速，迟速。

见于汉代的有：速决，速疾，速熟，急速，神速。

见于三国的有：烦速。

见于晋代的有：速易，速殄，速效，速捷，速达，佻速，邀速，电速。

见于南北朝的有：速装，速锐，速断，速藻，速严，淹速，辩速。

见于唐代的有：速化，速甓，严速，妙速，机速，敏速，星速，时速，忽速，轻速，赡速，躁速，迅速，迫速，逡速，逸速，遄速，诡速。

见于宋代的有：速忙，速胜，速就，速斗，峻速，忽速，荒速。

见于元代的有：速急，作速，火速，慌速。

见于明代的有：速快，速便，即速。

见于清代的有：速即，速刻，速率。

见于近代的有：速销。

见于现代的有：速件，速度，速途，速记，速滑，速算，速写，全速，加速，从速，暴速，快速，赶速，飘速，飞速，高速。

三音组合见于金代的有：速报司。

见于现代的有：速印机，速成班，速决战，速食店，方便面，速报神，速写画，速写图。

四音组合见于先秦的有：兵闻拙速。

见于南北朝的有：兵贵神速。

见于唐代的有：公私要速。

见于宋代的有：进锐退速。

见于元代的有：慌慌速速。

见于现代的有：速度滑冰，速效肥料，速战速决，十万火速，马工枚速，加速运动，变速运动，等速运动，高速公路。

有些尚是词组，可不收，如速朽、速殄、速达、速斗。有些是名物词，如速印机、方便面、速度滑冰、速效肥料、加速运动、等速运动、变速运动。马工枚速，飞速，无书证。

共计收录双音组合83个，三音组合9个，四音组合14个。

3. 疾

双音组合见于先秦的有：疾力，疾行，疾走，疾言，疾雨，疾呼，疾风，疾速，疾徐，疾视，疾驰，疾雷，疾据，疾战，疾趋，疾击，疾颠，疾驱，厉疾，便疾，健疾，力疾，劲疾，奋疾，暴疾，捷疾，舒疾，跳疾，迟疾，讯疾，驵疾，齐疾。

见于汉代的有：疾步，疾枯，疾马，疾流，剽疾，行疾，敏疾，漂疾，急疾，趢疾，轻疾，躁疾，迅疾，速疾，闲疾，风疾，飘疾。

见于晋代的有：疾进，疾博，疾霆。

见于南北朝的有：疾响，遄疾。

见于唐代的有：疾急，徐疾，整疾，趫疾，飙疾。

见于宋代的有：疾足，疾径，疾骑，欻疾，悍疾。

见于元代的有：疾忙，疾快，疾便，快疾。

见于明代的有：警疾。

见于清代的有：疾声，促疾，激疾，慓疾，跻疾。

见于近代的有：疾捷。

见于现代的有：疾迅，疾路，駃疾。

三音组合见于宋代的有：疾雷将。

四音组合见于先秦的有：疾风暴雨，疾风迅雷，疾风甚雨。

见于汉代的有：疾走先得，疾足先得，高材疾足。

见于晋代的有：疾雨暴风。

见于南北朝的有：疾言遽色。

见于唐代的有：疾风劲草。

见于宋代的有：高才疾足。

见于元代的有：疾言厉色。

见于明代的有：疾言厉气，疾言倨色，疾声厉色。

见于清代的有：疾言怒色，马迟枚疾。

见于现代的有：暴风疾雨，手疾眼快。

五音组合见于汉代的有：疾风知劲草。

见于唐代的有：疾风彰劲草。

见于宋代的有：疾风扫秋叶。

六音组合见于先秦的有：疾雷不及掩耳。

见于汉代的有：疾雷不及塞耳，疾霆不暇掩目。

见于晋代的有：疾雷不暇掩耳。

有些尚是词组，可不收，如疾枯。駃疾，无书证。

共计收录双音组合 78 个，三音组合 1 个，四音组合 18 个，五音组合 3 个，六音组合 4 个。

4. 驶

双音组合见于晋代的有：驶风。

见于南北朝的有：驶马，驶流。

见于唐代的有：驶雨，驶河，驶景，清驶。

见于宋代的有：驶步，驶足，驶卒，湍驶，轻驶，迅驶，飙驶。

见于明代的有：雄驶。

见于现代的有：驶浪，流驶。

共计收录双音组合 17 个。驶浪，无书证。

5. 捷

双音组合见于先秦的有：捷疾，捷捷，捷敏，捷给，捷黠。

见于汉代的有：巧捷，敏捷，拳捷，给捷，趫捷。

见于三国的有：刚捷，机捷，权捷，狡捷，猛捷，跻捷。

见于晋代的有：才捷，轻捷，迅捷，速捷，辩捷。

见于南北朝的有：捷急，捷慑，干捷，富捷，朗捷，悟捷，谐捷。

见于唐、五代的有：捷急，儇捷，劲捷，妍捷，腾捷，惯捷，逞捷，骁捷。

见于宋代的有：捷足，径捷，慧捷，矫捷，超捷，豪捷，迈捷，雄捷，黠捷。

见于元代的有：捷得，健捷，儇捷，工捷，闲捷。

见于明代的有：佻捷，俊捷，枭捷，明捷，急捷，目捷，翘捷，遒捷，警捷，辨捷，斗捷。

见于清代的有：捷便，獧捷。

见于近代的有：便捷，快捷，疾捷，灵捷。

见于现代的有：利捷，神捷，惊捷。

四音组合见见于宋代的有：终南捷径。

见于元代的有：眼明手捷。

见于清代的有：捷足先得，捷足先登，避烦斗捷，高才捷足。

见于现代的有：高材捷足，直捷了当，简捷了当。

共计收录双音组合 70 个，四音组合 9 个。

6. 急

双音组合见于汉代的有：急言，急速，急疾，急就，遄急。

见于晋代的有：急迫，迅急。

见于南北朝的有：急手，急进，舒急。

见于唐、五代的有：急流，急棹，急景，急战，疾急。

见于宋代的有：急忙，急足，急景，急递，急脚，径急，莽急，紧急。

见于元代的有：急早，急急，作急，速急。

见于明代的有：急先，急促，急捷，急骤，着急。

见于清代的有：急骑。

见于近代的有：急步。

见于现代的有：急口，急电，急遽①，急激，骤急。

三音组合见于宋代的有：急先锋。

见于元代的有：急飕飕。

见于明代的有：急忙忙。

见于现代的有：急口令，急行军。

四音组合见于晋代的有：急于星火。

见于南北朝的有：急景凋年。

见于宋代的有：急如星火，急景流年，飘风急雨。

见于现代的有：急三火四，急风骤雨，急风暴雨，眼急手快，风急浪高。

共计收录双音组合 39 个，三音组合 5 个，四音组合 10 个。

7. 快

双音组合见于南北朝的有：快马，手快。

见于唐、五代的有：快牛，快吏，迅快，麤快。

见于宋代的有：快利，口快，峭快，笔快，简快，轻快，通快。

见于元代的有：快性，快疾，疾快，马快。

见于明代的有：快便，快当，快枪，快嘴，兵快，嘴快，眼快，趫快，速快。

见于清代的有：快口，快健，快船，快蟹，步快，隽快，飞快。

见于近代的有：快车，快快，快捷②，赶快。

见于现代的有：快手，快攻，快信，快班，快速，快报，快慢，直快，加快，敏快，普快，抢快，尽快，灵快，风快。

三音组合见于明代的有：马快手。

见于现代的有：晚快边，开快车。

四音组合见于唐代的有：软裘快马。

见于宋代的有：心直口快。

见于元代的有：能言快语，口快心直。

---

① 宋代已见。如《朱子语类》卷十四："人之处事，于丛冗急遽之际而不错乱者，非安不能。"

② 宋代已见。如《朱子语类》卷一百二十："今学者有两样，意思钝底，又不能得他理会得；到得意思快捷底，虽能当下晓得，然又恐其不牢固。如龚郯伯理会也快，但恐其不牢固。"其同素异序词亦见于宋代。如《朱子语类》卷一百二十六："又见自家这里说得来疏略，无个好药方治得他没奈何底心；而禅者之说，则以为有个悟门，一朝入得，则前后际断，说得恁地见成捷快，如何不随他去！"《汉语大词典》未收。

见于明代的有：快马加鞭，眼捷手快，眼疾手快，能言快说。

见于清代的有：心直嘴快，嘴快舌长。

见于近代的有：性急口快。

见于现代的有：口直心快，手疾眼快，眼尖手快，眼急手快，打快通拳。

共计收录双音组合 52 个，三音组合 3 个，四音组合 16 个。

8. 驶

双音组合见于汉代的有：驶牛。

见于晋代的有：驶马。

见于南北朝的有：驶河。

见于唐、五代的有：驶雨，迅驶。

见于宋代的有：清驶，湍驶，轻驶。

见于现代的有：驶疾。

四音组合见于唐代的有：颓云驶雨。

驶疾，迅驶无书证。

共计收录双音组合 9 个，四音组合 1 个。

9. 迟

双音组合见于先秦的有：迟久，迟速，迟疾，迟数，迟迟。

见于汉代的有：迟留，来迟，留迟，疏迟，顿迟。

见于晋代的有：迟脉，工迟，赊迟。

见于南北朝的有：迟回，迟风，迟徐，迟斾，迟淹，迟暮，迟疑，迟缓，巧迟，逶迟。

见于唐、五代的有：迟巧，迟夷，迟晚，迟停，迟违，迟滞，迟难，沈迟，淹迟，稽迟。

见于宋代的有：迟延，迟拙，迟涩，迟懦，小迟，暮迟，持迟，舒迟。

见于元代的有：迟到，迟捱，迟晦，迟误，迟悮，迟慢①，疑迟，耽迟。

见于明代的有：迟早，濡迟，羁迟，纡迟。

见于清代的有：迟日，迟欠，迟次，迟局，迟徊，迟怠，迟挨，迟钝，迟逾，迟声，延迟。

见于近代的有：迟俄，早迟。

见于现代的有：迟重，迟顿，迟豫，委迟，推迟，迁迟，阻迟。

---

① 宋代已见。如《朱子语类》卷三十五："资质迟慢者，须大段着力做工夫，方得。"

四音组合见于先秦的有：迟日旷久。

见于唐、五代的有：迟疑不决，迟疑不定，迟疑不断，迟疑未决，迟疑顾望。

见于元代的有：事不宜迟。

见于清代的有：迟回观望，迟徊不决，迟疑观望，姗姗来迟，珊珊来迟，马迟枚疾。

见于近代的有：迟徊观望。

共计收录双音组合 73 个，四音组合 14 个。

10. 徐

双音组合见于先秦的有：徐行，徐步，徐呼，徐徐，徐趋，微徐，安徐，疾徐。

见于汉代的有：徐言，纡徐。

见于南北朝的有：徐回，徐缓，虚徐，迟徐。

见于唐、五代的有：徐疾，舒徐。

见于明代的有：徐详。

见于清代的有：徐婉，迂徐。

见于现代的有：低徐，款徐，悠徐，轻徐。

共计收录双音组合 23 个。

11. 缓

双音组合见于先秦的有：缓心，缓刑，缓死，缓急，缓怠，缓师，缓报，缓期，宽缓，急缓，荼缓。

见于汉代的有：缓留，迂缓。

见于晋代的有：缓步，缓军，缓辔，徐缓。

见于南北朝的有：缓火，缓狱，缓箭，缓歌，缓辙，缓驽，停缓，优缓，啴缓，淹缓，烦缓，稽缓，舒缓，纡缓，赊缓，逋缓，迟缓。

见于唐、五代的有：缓行，缓慢，缓漫，缓声，凝缓，安缓，款缓，闲缓。

见于宋代的有：缓缓，和缓，辽缓，謇缓，静缓，驽缓。

见于明代的有：延缓。

见于清代的有：缓决，缓款，展缓，赐缓，寒缓。

见于近代的有：蠲缓。

见于现代的有：缓役，缓音，慢缓，低缓，暂缓，滞缓，悠缓，慢缓，轻缓，需缓。

四音组合见于南北朝的有：缓步当车。

见于唐、五代的有：缓步代车。

见于宋代的有：轻重缓急。

见于清代的有：急脉缓灸。

见于现代的有：缓兵之计，刻不容缓，间不容缓，急脉缓受，移缓就急。

共计收录双音组合 65 个，四音组合 9 个。

12. 慢

双音组合见于汉代的有：慢然。

见于晋代的有：舒慢。

见于唐、五代的有：慢舞，慢滞，缓慢。

见于宋代的有：闲慢。

见于元代的有：款慢，迟慢。

见于明代的有：慢性，慢炮，慢仗，慢慢，慢药，且慢，残慢，眼慢。

见于清代的有：慢词，慢调，慢声。

见于现代的有：慢件，慢车，慢步，慢板，慢来，慢毒，慢缓，快慢。

三音组合见于宋代的有：慢腾腾。

见于元代的有：慢朦腾。

见于明代的有：慢掂掂。

见于现代的有：慢吞吞，慢性病，慢悠悠，慢节奏，拔慢步。

四音组合见于唐代的有：缓歌慢舞，缓歌缦舞，轻拢慢捻。

见于明代的有：慢条斯理，慢条丝礼，慢条厮礼，慢腾斯礼，有紧没慢。

见于清代的有：轻吞慢吐。

见于现代的有：慢慢吞吞，慢慢悠悠，慢声慢气，慢声吞气，慢声慢语。

五音组合见于现代的有：慢工出巧匠，慢工出细活。

共计收录双音组合 27 个，三音组合 10 个，四音组合 14 个，五音组合 2 个。①

下为《汉语大词典》所收"迅""速""疾""驶""捷""急""快""驶"构成的复合词统计表：

---

① 未计入"扬州慢、声声慢、十二时慢、谢池春慢"等词牌名。

	先秦	汉代	三国	晋代	南北朝	唐五代	宋辽金	元代	明代	清代	近代	现代	合计
迅	4	4	2	13	12	9	6	3	3	6	0	11	73
速	11	5	1	8	8	19	9	5	3	3	1	33	106
疾	37	22	0	5	3	7	8	5	4	7	1	5	104
驶	0	0	0	1	2	4	7	0	1	0	0	2	17
捷	5	5	6	5	7	8	10	6	11	6	4	6	79
急	0	5	0	3	4	5	12	5	6	1	1	12	54
快	0	0	0	0	2	5	8	6	14	9	5	22	71
驶	0	1	0	1	1	3	3	0	0	0	0	1	10

下为《汉语大词典》所收"迟""徐""缓""慢"构成的复合词统计表：

	先秦	汉代	三国	晋代	南北朝	唐五代	宋辽金	元代	明代	清代	近代	现代	合计
迟	6	5	0	3	10	15	8	9	4	17	3	7	87
徐	8	2	0	0	4	2	0	0	1	2	0	4	23
缓	11	2	0	4	18	9	7	0	1	6	1	15	74
慢	0	1	0	1	0	6	2	3	14	4	0	20	51

从表中可见先秦"疾""速""迅"与"迟""徐""缓"为表达快慢词义系统中的主导词，组成76个复合词；唐至清"快""慢"渐成为表达快慢词义系统中的主导词，组成71个复合词。"速""迅""疾""捷""急""快"作为语素构成"迅速、疾速、迅疾、快速、快捷、急速"等近义并列复合词，"迟""徐""缓""慢"作为语素构成"迟缓、徐缓、缓慢"等近义并列复合词。"迅速、快速、快捷、急速"和"缓慢"沿用至今。

五、结语

"迅""速""疾""捷""急""快"与"迟""徐""缓""慢"构成汉语表达快慢概念的反义词语类聚。宋元前"迅""速""疾"与"迟""徐""缓"为表达快慢反义类聚中的主导词，常以"疾、速"与"迟、缓"对举，汉代"疾"与"迟"成为通语，出现"快"与"迟"对举，宋代出现"快"与"慢"对举。"速"是古代汉语中表达速度快概念词汇场中的典型成员，"迅""疾""捷""急""紧"是一般成员，"快"由"喜悦"义引申表示速度快的新兴词义尚为边缘成员。"迅"的语义侧重于急遽猛烈或一闪而过；"速"的语义侧重于行动的效率直捷；"疾"的语义侧重于来势突然促猛；"捷"的语义侧重于轻巧灵敏；"急"的语义侧重于仓促迫切；"紧"的语义侧重于外加压力下精神上或情势上的紧张急迫；"快"的语义侧重于敏捷畅达和轻松灵便。"迟"是古代汉语中表达速度慢概念词汇场中的典型成员，"徐""缓"是一般成员，"慢"由"傲怠"义引申表示速度慢的新兴词义尚为边缘成员。"迟"的语义侧重于滞留拖延，多表示事件或行为进行的速度慢；"徐"的语义侧重于舒缓安详；"缓"的语义侧重于宽松从容，常与"急"对举；"慢"的语义侧重于松懈。

表"快慢"概念的词语由空间上的速度引申可表时间上的早晚。如《战国策·楚策四》："见兔而顾犬，未为晚也；亡羊而补牢，未为迟也。"例中"晚"与"迟"并举，"迟"有时间上的"晚"义。表示时间早晚的一些词往往也含有"快慢"义。如"晚""晏"有比规定的或合适的时间靠后义。《史记·廉颇蔺相如传》："吁！君何见之晚也？"《论语·子路》："冉子退朝。子曰：'何晏也？'"例中"晚""晏"表示时间上的晚而含有"迟"义。①

"快"与"慢"本义都属于心理概念域，由心理和行为状态隐喻隐射到速度域，宋代后渐成为快慢概念反义聚合中的主导常用词。现代汉语中"快""慢"已成为表达速度快慢概念词汇场中的典型成员，"快"表"高兴"义和"慢"表"轻慢"义时只能用作构词语素，而"速""迅""疾""捷""急""紧"与"迟""徐""缓"则为一般成员或边缘成员，多用作词素。表达速度概念的反义词语类聚的古今演变动因既有文白的兴替，又有雅俗的交融，从中也可略窥汉语由古至今文白此消彼长与雅俗相融的发展演变机制。②

(本文原刊于《汉语史学报》第十八辑)

---

① 词汇系统中含多义的词往往同时处于两个或多个概念词语类聚中，"快"与"慢"除与情绪、心理、时间概念词语类聚有关外，还涉及一些相关语义场。如《朱子语类》卷一〇四："如今见得这道理了，到得进处，有用力愨实紧密者，进得快；有用力慢底，便进得钝。"例中表松紧的"用力愨实紧密者"、表敏捷与迟钝"进得快""进得钝"和表快慢的"有用力慢底"皆有语义上的关联。又如卷六："义如利刀相似，都割断了许多牵绊。"例中"快"有"锋利"义。卷五十四："蔡叔、霍叔性较慢，罪较轻，所以只因于郭邻，降为庶人。"例中"慢"指性情慢。从以上诸例中可见"快""慢"既处于快慢概念词语类聚，又处于锋利敏捷迟钝拖沓等概念词语类聚。这些词语类聚彼此具有语义上的关联。

② 徐时仪. 汉语白话史［M］. 北京：北京大学出版社，2015.

The Semantic Evolution of the Antonym Aggregation of Being Fast and Slow

Xu Shiyi

(*College of Humanities and Communications, Shanghai Normal University, Shanghai*, 200234)

Abstract：The words "xun"（迅）, "su"（速）, "shi"（驶）, "ji"（疾）, "jie"（捷）, "ji"（急）, "kuai"（快）"chi"（迟）, "xu"（徐）, "huan"（缓）, "man"（慢）and their combination words form antonym aggregation of Chinese concepts of being fast and slow. The dominant words of being antonym aggregation expressing fast and slow were "xun"（迅）, "su"（速）, "ji"（疾）and "chi"（迟）, "xu"（徐）in the pre-Qin Dynasty. Until Han Dynasty, "ji"（疾）and "chi"（迟）became the dominant words. However, "kuai"（快）and "man"（慢）gradually became the dominant expression words of antonym aggregation of being fast and slow.

Key Words：Fast；Slow；Word clustering

典面组构方式研究

朱　栋①

（盐城师范学院文学院　盐城　224002）

摘　要：典面作为典故的语用表现形式，构成方式多样。通过对用典语料的详细考察，将典面组构方式归纳为直接截取式、选字组合式、变换组合式三个大类。

关键词：典面；组构方式

典面即典故的语用表现形式，是用典者为了表情达意或满足特定修辞需要而将典故用于文章或话语中的语词表现形式。典面脱胎于典源，它在表义时不仅要依靠典面语词本身，更要依靠典源文献所提供的具体语言环境。就信息的接受者而言，他们在阅读或话语的交流中遇到典故时，更多是通过典面语词的信息提示以与典源建立一定的联系，最终通过典源语境来理解所遇典故的真正含义。所以，一定程度上讲，典面更多只是起到标示典源的作用。正因如此，用典者在对一例典故的典面进行选取时，相对比较自由，会有多种方式可供选择。通过系统考察，我们将典面的组构方式概括为三大类：直接截取式、选字组合式、变换组合式。具体而言，每一种组构方式又包含若干小类。

一、直接截取式

对用典者而言，直接截取式是三种典面组构方式中最为方便的一种，典故的选用者只需根据需要把典源文献中有关语词直接截取出来即可。根据典面所选用语词单位性质的不同，直接截取式典面组构方式又可分为以下几小类：

（一）对典源文献中普通语词的截取

此处所说的普通语词是相对于专有名词和熟语而言的。这些被选用的用作典面的普通语词多数为名词，如唐·薛存诚《御制段太尉碑》"雅词

---

①　作者简介：朱栋（1981—　），安徽灵璧人。武汉大学文学博士。现为盐城师范学院副教授，兼任中国修辞学会理事。主要从事唐代文学与古汉语修辞学研究。

黄绢妙，渥泽紫泥分"一句，句中所选用的典故典面为"黄绢"。典故"黄绢"出典于南朝宋·刘义庆《世说新语·捷悟》：

> 魏武尝过曹娥碑下，杨修从，碑背上见题作"黄绢幼妇，外孙齑臼"八字。魏武谓修曰："解不？"答曰："解。"……修曰："黄绢，色丝也，于字为绝。幼妇，少女也，于字为妙。外孙，女子也，于字为好。齑臼，受辛也，于字为辞。所谓'绝妙好辞'也。"①

薛诗在选用此典赞美御制段大尉碑文辞之绝妙时，即直接截取了典源语词中的普通名词"黄绢"为其典面。此处选用名词"黄绢"为该典典面，既满足了表义的需要，又与下句中的"紫泥"构成了对仗。另如唐·乐伸《闰月定四时》"愿言符大化，永永作元龟"一句，句中所选用的典故典面为"元龟"。典故"元龟"出典于西晋·陈寿《三国志·吴志·吴主传》：

> 近汉高祖受命之初，分裂膏腴以王八姓，斯则前世之懿事，后王之元龟。②

乐诗在选用此典时，也是直接截取了典源语词中的普通名词"元龟"为其典面，以之指代典源，喻指可资借鉴的往事。

一些用典典面是通过直接截取典源语词中的普通动词而形成的，如唐·张复元《恩赐耆老布帛》"情均皆挟纩，礼异贲丘园"一句，句中所选用的典故典面为"挟纩"。典故"挟纩"出典于《左传·宣公十二年》：

> 冬，楚子伐萧……王怒，遂围萧。萧溃。申公巫臣曰："师人多寒。"王巡三军，拊而勉之，三军之士皆如挟纩。③

张诗选用此典意在喻指耆老受到君王的抚慰而感到温暖，而其用典典面即直接截取典源文献中的动词"挟纩"。另如唐·李沛《四水合流》"顺物宜投石，逢时可载舟"一句，句中所选用的典故典面为"投石"。典故"投石"出典于南朝梁·萧统《文选·李康〈运命论〉》：

---

① 刘义庆．世说新语：卷下［M］．刘孝标注．四部丛刊景明袁氏嘉趣堂本．
② 陈寿．三国志：卷四十七［M］．百衲本景宋绍熙刊本．
③ 左丘明．春秋左传［M］．杜预注．孔颖达疏．清嘉庆二十年南昌府学重刊宋本十三经注疏本．

张良受黄石之符，诵《三略》之说，以游于群雄。其言也，如以水投石，莫之受也；及其遭汉祖，其言也，如以石投水，莫之逆也。[①]

此典原比喻游说之言受到君王的欢迎，后世用作称美臣下献言、君臣相得的典故。李诗选用此典，表面是指水流顺畅，实际是期望自己科举考试能够顺利及第，其典面是直接截取典源文献中的动词。

(二) 对典源文献中人名、地名等专有名词的截取

典源中的人名、地名等专有名词一旦被选作典面，它们的意义一般会发生变化，有的词义范围会缩小，趋于特指；有的词义范围会扩大，趋于泛指；还有的专有名词会通过修辞上的借代、比喻等方法而产生新的意义。

典源中的专有名词被选作典面后，其词义范围缩小，趋于特指。此类用典如唐·薛存诚《御题国子监门》"张英圣莫拟，索靖妙难言"一句中所选用的典故"张英"和"索靖"，它们的典面就是从典源文献中直接选取人名而成。其中，典故"张英"出典于南朝宋·范晔《后汉书·张奂传》。张奂，字伯英，也称张英，东汉著名书法家，三国魏韦仲将谓之"草圣"。后世因此将"张英"或"张伯英"用作称美人精于书法的典故。典故"索靖"出典于唐·房玄龄等《晋书·卫瓘传》。西晋尚书郎索靖与同朝尚书令卫瓘皆工草书，被时人称为"一台二妙"。后世因将"索靖"用作赞美他人善于书法的典故。人名"张英"和"索靖"被薛存诚选作典面用于诗句时，就是借指两人工于书法，并以此形容皇帝的御笔题字之精妙，意在赞美。另如唐·张籍《罔象得玄珠》"离娄徒肆目，罔象乃通玄"一句中所选用的典故"离娄"，其典面也是直接取用典源中的人名。典故"离娄"源于《孟子·离娄上》，离娄是上古以视力好而闻名的人，传说其能距百步而见毫末。后世因此将"离娄""离娄至明"用作咏视力好、可明察秋毫的典故。张诗选用此典就是以离娄为衬托，谓罔象的眼睛更亮。

典源中的专有名词被选作典面后，其词义范围扩大，趋于泛指。此类用典如唐·徐敞《白露为霜》"鲜辉袭纨扇，杀气掩干将"一句中所选用的典故"干将"，此典典面直接取用典源文献中的一把宝剑名。此典源于东汉·赵晔《吴越春秋·阖闾内传第四》：

干将者，吴人也，与欧冶子同师，俱能为剑。越前来献三枚，阖闾得

---

① 萧统.文选：卷五十三 [M].李善注.胡刻本.

而宝之，以故使剑匠作为二枚，一曰干将，一曰莫耶。莫耶，干将之妻也。①

春秋时期吴人干将善于铸剑，曾为吴王阖闾铸有雄雌两把宝剑，其中雄剑名曰干将。后世因以"干将"泛指宝剑、利剑。徐诗选用典源中的专有名词"干将"作为该典故的典面，即泛指宝剑。另如典故"蓬莱"被选用于唐·戴叔伦《晓闻长乐钟声》"已启蓬莱殿，初朝鸳鹭群"一句。典面"蓬莱"也为直接取自典源文献中的专有名词。蓬莱山为神话传说中的东海神山之一，后世因以泛指仙境。戴诗选用此典，目的是用传说中的仙境来衬托长乐宫之恢宏。

典源文献中的专有名词被选作典面时，因修辞上的借代而产生了新的意义。此类用典如唐·张聿《圆灵水镜》"回首看云液，蟾蜍势正圆"一句中所选用的典故"蟾蜍"，其典面直接取用典源文献中的专有名词，用以代指月亮。典故"蟾蜍"源于西汉·刘向《五经通义》。古代神话传说月中有蟾蜍。后世因以"蟾蜍"用作咏月之典，代指月亮。另如唐·滕迈《春色满皇州》"色媚青门外，光摇紫陌头"一句中所选用的典故"青门"，其典面也是直接取自典源文献。典故"青门"源于《文选·阮籍〈咏怀诗十七首〉其九》。"青门"本指汉代长安城的东南门，原称为"霸城门"，因门漆为青色，故称为"青门"。唐诗中常用以代指京城长安或长安的东南门，滕诗就是以此典代指京城长安的东南门。

典源文献中的专有名词被选作典面时，因修辞上的比喻而产生了新的意义。此类用典如唐·张子容《长安早春》"草迎金埒马，花伴玉楼人"一句，句中所选用典故"金埒"，其典面虽是直接取自典源文献中的专有名词，选用的却是其比喻义。典故"金埒"出典于南朝宋·刘义庆《世说新语·汰侈》：

王武子被责，移第北邙下。于时人多地贵，济好马射，买地作埒，编钱匝地竟埒。时人号曰"金埒"。②

晋王济字武子，官至太仆，性豪侈，曾以钱币编成马射场的界墙，人称"金埒"。后世因以为典，用以喻指豪侈。另如典故"陶钧"，出典于《史记·鲁仲连邹阳列传》。陶钧本为古代制作陶器的工具之一——转轮，

---

① 赵晔. 吴越春秋：阖闾内传第四 [M]. 四部丛刊景明弘治本.
② 刘义庆. 世说新语：卷下 [M]. 刘孝标注. 四部丛刊景明袁氏嘉趣堂本.

汉人用之比喻操纵时局的朝廷，也用以比喻决定乾坤的造物者。唐·李程《赋得竹箭有筠》"陶钧二仪内，柯叶四时春"一句选用"陶钧"典，即喻指天地造化之力。

（三）对典源文献中所引熟语的截取

有些典故的典面是直接取自典源文献中所引用的熟语。如唐·周弘亮《曲江亭望慈恩寺杏园花发》"愿莫随桃李，芳菲不为言"一句，句中所引用典故的典面为"桃李"，此典面就是直接取自典源文献所引用的熟语。典故"桃李"，源于西汉·司马迁《史记·李将军列传》：

> 余睹李将军悛悛如鄙人，口不能道辞。及死之日，天下知与不知，皆为尽哀。彼其忠实心诚信于士大夫也！谚曰："桃李不言，下自成蹊。"此言虽小，可以谕大也。①

《史记》引熟语"桃李不言，下自成蹊"称赞李广不尚言辞，以诚信赢得人心，后世沿用为典。周诗此处是反用此典，直接取用熟语中语词"桃李"为典面，表明花或人还是应该适当自我宣扬的，不应过于矜持。

（四）从典源文献中所截取的用作典面的语词片段原本并不是词或词组

有些典面在从典源文献中直接截取时，其所选用的语词片段本身既不是词也不是固定词组。这些被选用的语词片段只是在被选作典面后，其意义和结构才得以固定，并最终成为汉语词汇中的词或固定词组。如唐·王季则《鱼上冰》"为龙将可望，今日愧才虚"一句，句中所选用的典故"为龙"，其典面"为龙"这一语词片段在典源文献中就既不是词也不是固定词组。"为龙"之所以喻指科举及第，就因其被选用作典面的缘故。典故"为龙"源于《辛氏三秦纪》：

> 龙门之下，每岁季春有黄鲤鱼，自海及诸川争来赴之。一岁中，登龙门者不过七十二。初登龙门，即有云雨随之，天火自后烧其尾，乃化为龙矣。②

古代有鲤鱼跃过龙门即变化为龙的传说，后世因以为典，喻指科举及

---

① 司马迁. 史记：卷一一〇 [M]. 裴骃. 集解. 司马贞. 索隐. 张守节. 正义. 清乾隆武英殿刻本.

② 张澍. 辛氏三秦纪 [M]. 清二酉堂丛书本.

第。王诗直接截取典源文献中的非词语段"为龙"作为该典典面，言冰融鱼跃，喻指有登龙门的希望，进而借以寄托自己对科考及第的期盼。另如典故"从禽"，此典源于《周易·屯卦》：

> 六三：即鹿无虞，惟入于林中；君子几，不如舍。往吝。象曰："即鹿无虞，以从禽也。君子舍之，往吝穷也。"①

唐·孔颖达疏："即鹿当有虞官，即有鹿也。若无虞官，以从逐于禽，亦不可得也。"②《周易》中有"从逐于禽"之语，指追捕禽兽，后世因以为典。唐·张正元的诗《临渊羡鱼》"不应同逐鹿，讵肯比从禽"一句在选用此典时，所选典面即典源文献中的非词语段"从禽"，这里是借用《周易》中的"从禽"语以衬托对求鱼的吟咏。

二、选字组合式

采用选字组合式构成的典面，其所由组构字词虽然均来源于典源文献，但它们在典源文献中并不连在一起或并不按典源文献中的顺序排列。换句话说，选字组合式典面构成方式就是将取自典源语句中的字词进行重新组合以充当典面的一种典面构成方式。

由于是选字重组而不是对典源语词的直接截取，所以采用选字组合式构成的典面在组构关系上与典源文献中的相关语词会存在一定的差异，这不利于阅读者或听话者对所遇典故的理解。正是为了尽量消除这一理解上的困难，用典者在选字组构典面时，往往会从典源文献中挑选在表义上最为重要、最具概括性或最具典型性的字词。这样不仅利于读者或听者从字面上理解所遇到的典故，更利于他们通过典面顺利地联想到典源文献中的相关语句，进而更准确地理解所遇典故的意义。如唐·王起《浊水求珠》"润川终自媚，照乘且何由"一句，句中所选用典故的典面为"照乘"。典故"照乘"源于西汉·司马迁《史记·田敬仲完世家》：

> 齐威王与魏王会田于郊。魏王问曰："王亦有宝乎？"威王曰："无有。"梁王曰："若寡人国小也，尚有径寸之珠照车前后各十二乘者十枚，

---

① 周易：卷一［M］. 王弼注. 韩康伯注. 四部丛刊景宋本.
② 周易兼义·上经·乾传：卷一［M］. 王弼注. 韩康伯注. 孔颖达疏. 清嘉庆二十年南昌府学重刊宋本十三经注疏本.

奈何以万乘之国而无宝乎?"①

王起在选用此典时,对典面的组构选用了选字组合式。可以说,在典源文献中,"照"和"乘"并不相连,句法上也无直接关系。用典者之所以选用二者组构典面,是因为在典源语词中"照"字最能体现宝珠发光的特点,而"照"的宾语之所以可以选择量词"乘"而不选用名词"车",是因为量词"乘"所接的名词多为"车",而"车"字出不出现都不会影响其意义的表达。另如唐·蒋防《至人无梦》"已赜希微理,知将静默邻"一句,句中所选用典故的典面为"希微"。典故"希微"源于《道德经》:

听之不闻名曰希,搏之不得名曰微。②

作者在选用此典时,对典面的组构也是选用了典源语词中最为重要的两个字词"希"和"微"。

三、变换组合式

变换组合式典面组构方式是指组构典面的语词不是完全来自典源中的相关语句,而是通过加字、替换等方法改造后才组构成典面的一种方式。采用这一典面组构方式所构成的典面最为显著的特点是,其中必有一部分语词不是来源于典源文献中的相关语句。

具体而言,采用变换组合式组构典面的情况又可细分为三类:一是用典典面由选自典源文献的部分和用典者根据需要所增加的字词联合组合而成,此种典面组构形式可称为加字组合式;二是用典典面由用典者根据需要对选自典源语词中的部分字词进行替换而成,此种典面组构形式可称为替换组合式;三是用典典面完全由对典源之事的概括而成,此种典面组构形式可称为概括组合式。

(一)加字组合式

采用加字组合式组构的典面均由两个部分构成,一部分是直接取自典源的字词,一部分是用典者根据需要所增加的字词。根据加字产生的原因,加字组合式又可分为两类:一类是因表义的需要而加字组成典面,一

① 司马迁. 史记:卷四十六 [M]. 裴骃. 集解. 司马贞. 索隐. 张守节. 正义. 清乾隆武英殿刻本.

② 老聃. 道德真经注:上编 [M]. 王弼注. 古逸丛书景唐写本.

类是因音节的需要而加字组成典面。

因表义的需要而加字组合成典面的，如唐·裴迳《南至日太史登台书云物》"应念怀铅客，终朝望碧雾"一句，句中所选用典故的典面为"怀铅客"。典故"怀铅客"源于东晋·葛洪《西京杂记》：

> 杨子云好事，常怀铅提椠，从诸计吏，访殊方绝域四方之语，以为裨补《輶轩》所载，亦洪意也。①

典源语词中并未出现"客"字，倘若裴诗在选用此典时不加上此字，不但语义上与句中动词"念"无法搭配，而且难体现出此诗称美太史的意旨。

因音节的需要而加字组合成典面的，如唐·郑畋《麦穗两岐》"愿依连理树，俱作万年枝"一句，句中所选用典故的典面为"连理树"。典故"连理树"源于东汉·班固《白虎通·封禅》：

> 德至草木，朱草生，木连理。②

典源语词中只有"连理"，而未见"树"字，郑诗在选用此典时之所以加上"树"字而使典面成为"连理树"，完全是为了与下句中的"万年枝"相对仗。

（二）替换组合式

替换组合式是指通过改换提取于典源语词中的部分字词来组构典面的一种典面组构方式。之所以采用替换组合式典面组构方式组构典面，原因主要有三：一是受使用典故时具体语境的制约，如韵律平仄对仗的要求等；二是受文献传承中文字发展变化的影响，如古今字、同义字等；三是因避讳等非语言因素的影响。

因满足韵律平仄对仗的需要而改换典面字词进而组构成用典典面的，如唐·张聿《余瑞麦》"已闻天下泰，谁为济西田"一句，句中所选用典故的典面为"西田"。"西田"代指秋季农作物的收成。此典源于《尚书·虞书·尧典》：

---

① 葛洪.西京杂记：卷三［M］.四部丛刊景明嘉靖本.
② 班固.白虎通德论：卷五［M］.四部丛刊景元大德覆宋监本.

寅宾出日，平秩东作。……寅饯纳日，平秩西成。①

白居易的五言诗《秋游原上》和张聿的试律诗《余瑞麦》在对这一典故进行选用时，其典面组构语词就有所不同，其中，白诗选用的典面为"西成"，张诗选用的典面为"西田"。现把两首诗摘录如下：

秋游原上②
唐·白居易

七月行已半，早凉天气清。清晨起巾栉，徐步出柴荆。
露杖筇竹冷，风襟越蕉轻。闲携弟侄辈，同上秋原行。
新枣未全赤，晚瓜有余馨。依依田家叟，设此相逢迎。
自我到此村，往来白发生。村中相识久，老幼皆有情。
留连向暮归，树树风蝉声。是时新雨足，禾黍夹道青。
见此令人饱，何必待西成。

余瑞麦③
唐·张聿

瑞麦生尧日，芄芄雨露偏。两岐分更合，异亩颖仍连。
冀获明王庆，宁唯太守贤。仁风吹靡靡，甘雨长芊芊。
圣德应多稔，皇家配有年。已闻天下泰，谁为济西田。

考察两首诗的韵脚，发现白诗押"清""庚"二韵，"清"韵"庚"韵可同用，而处于韵脚位置的典源语词"成"即"清"韵字，因此可直接取用。而张诗押"仙""先"二韵，"仙"韵"先"韵可同用，但处于韵脚位置的典源语词"成"却是"清"韵字，与诗所押之韵不合，因此只有对其作调整，而作者将"清"韵的"成"字改为"先"韵的"田"字后，诗歌韵律就和谐了。当然，就两者各自所指的具体意思而言，"西成"与"西田"略有区别。但是，"西田"的意思包括在"西成"中，是从"西成"中衍生出来的。

因用后出字取代古字而组构成用典典面的，如唐·柴宿《瑜不掩瑕》"待价知弥久，称忠定不诬"一句，句中所选用典故的典面为"待价"。典故"待价"源于《论语·子罕》：

---

① 孔安国. 尚书：卷一 [M]. 陆德明. 音义. 四部丛刊景宋本.
② 曹寅，彭定求，等. 全唐诗：卷四百二十九 [M]. 清文渊阁四库全书本.
③ 李昉，等. 文苑英华. 卷一百八十七 [M]. 明刻本.

子贡曰："有美玉于斯，韫椟而藏诸？求善贾而沽诸？"子曰："沽之哉！沽之哉！我待贾者也。"①

在典源文献中"待价"本写作"待贾"，因柴诗在选用此典时用表"价格"义的后出字"价"代替了同样表其义的古字"贾"，所以才出现诗句中这一典面。

因音义均与典源语词中的相关字词相近就对其作替换进而组构典面的，如唐·刘王曳《三让月成魄》"为礼依天象，周旋逐月成"一句，句中所选用典故的典面为"周旋"。典故"周旋"源于《礼记·乐记》：

升降上下，周还裼袭，礼之文也。②

唐·陆德明《释文》曰："还，音旋。"刘诗在选用此典时，选用了陆德明《礼记音义》中与典源文献中的"还"字音义均相近的"旋"字和典源文献中的"周"字组合，进而组构成了用典典面"周旋"。

因为避讳也会对取自典源文献中的字词进行替换进而组构典面。如唐·薛存诚的诗《观南郊回仗》"阅兵貔武振，听乐凤凰来"一句，句中所选用典故的典面为"貔武"。"貔武"用于比喻勇猛的战士。此典源于《尚书·周书·牧誓》：

勖哉夫子，尚桓桓，如虎如貔，如熊如罴，于商郊。③

在通常情况下，唐代诗人在使用此典时，多是直接取用典源文献中的"貔""虎"二字组成典面"貔虎"，如唐·杜牧《中秋日拜起居表晨渡天津桥即事十六韵献居守》"鸳鸿随半仗，貔虎护重关"④一句、唐·韩琮《京西即事》"犲狼毳幕三千帐，貔虎金戈十万军"⑤一句、唐·杨巨源《述旧纪勋寄太原李光颜侍中二首》（其一）"弟兄间世真飞将，貔虎归时似故乡"⑥一句等。但因科举考场作诗的特殊性，薛诗在选用此典时，为避唐高祖李渊之祖的讳，就将"虎"字改为了"武"字，进而组构成典面"貔武"。

---

① 论语：卷五 [M]. 何晏. 集解. 四部丛刊景日本正平本.
② 礼记：卷十一 [M]. 郑玄注. 陆德明. 音义. 四部丛刊景宋本.
③ 孔安国. 尚书：卷六 [M]. 陆德明. 音义. 四部丛刊景宋本.
④ 曹寅，彭定求，等. 全唐诗：卷五百二十六 [M]. 清文渊阁四库全书本.
⑤ 曹寅，彭定求，等. 全唐诗：卷五百二十六 [M]. 清文渊阁四库全书本.
⑥ 曹寅，彭定求，等. 全唐诗：卷五百二十六 [M]. 清文渊阁四库全书本.

（三）概括组合式

概括组合式典面组构方式主要适用于对事典典面的组构。用典者先对事典的典源文献进行意义上的概括，再通过加字、替换、整合等多种方法的并用，重新组构成所需要的典面形式。这种典面组构方式是对前面所论述的几种组构方式的综合运用。

采用概括组合式组构典面的用例均为对事典的选用，如唐·王邕《嵩山望幸》"万岁声长在，千岩气转雄"一句，句中所选用典故的典面为"万岁声长在"。此典出自东汉·班固《汉书·武帝纪》：

（元封二年）……翌日，亲登嵩高，御史乘属，在庙旁吏卒咸闻呼万岁者三。①

作者王邕在选用此典衬托唐朝皇帝封禅泰山时给人们所留下的深刻印象时，就是选用了概括组合式典面组构方式，典面直接由取自典源文献的"万岁"加上"声长在"三字构成，组成一个成句典面。

通过以上分析，我们不难看出，典面的组构方式灵活多样，这就要求我们在遇到典故时，必须结合语境，具体分析，通过典面追及典源，切勿望文生训。

A Research into the Methods of Composition of Allusion Forms

Zhu Dong

（*School of Chinese Language and Literature*, *Yancheng Teachers University*,
Yancheng, 224002）

Abstract：The form of allusion is the pragmatic expression of allusion which is composed by various forms. The author did a detailed research into the allusion materials and found out that there are three types of methods to form an allusion：direct interception；to form combinations from chosen words；to alternate the combinations.

Key Words：Form of allusion；Method of composition

---

① 班固. 白虎通德论：卷六［M］. 四部丛刊景元大德覆宋监本。

明代女性诗词用典策略研究

鄢文龙①

（宜春学院文学与新闻传播学院　宜春　336000）

摘　要： 社会背景决定女性诗词创作题材受限，女性诗词创作富于情而偏爱美。明代女性在创作诗词时，特别善于运用中国传统的用典修辞方式委婉而含蓄但又真情坦白地"自我编织"着自己无法掩饰的内心世界。其用典，或托寓我心，或水到渠成，或标新立异，或幽深曲折，或推陈出新，或明情达理，或悟禅致理，或共古鸣今，或含蓄典雅，或一石二鸟，或余味无穷，或辞近旨远。极尽用典之能事。

关键词： 明代；女性诗词；用典；策略

"人文之元，肇自太极。"② 太极有阴阳之分，人类有男女之别。诗词以语言之凝练、韵律之谐雅等特征成为中国文学传统中尤其精美的体式。女子性秉坤德，富于情而偏爱美。

社会背景决定了女性诗词创作题材的局限，相对而言，历史为女子设定的舞台更小。书写家庭日常生活之悲欢是女性诗词最主要的题材，寄外诗及寄女性亲朋之作次之。但女性诗词亦有其不容忽视的美感与价值，在其诗歌中，总是表达出对生命的真切诚挚之情，总是呈现出人性的婉约幽眇之美，总是具有韵致空灵馨逸之妙。

法国女性主义作者露丝·依丽格瑞（Luce Irigaray）认为女性语言应该摆脱男性语言的定型架构与传统，只是坦白地在"自我编织"中进行。打开明代女性诗词文本，进入明代女性世界，我们发现：她们在运用中国传统的用典修辞方式委婉而含蓄却又真情坦白地"自我编织"着自己无法掩饰的内心世界。

用典，已成为她们的修辞策略；用典，更成为她们的表达手段。

用典，是一种运用古代历史故事或有出处的词语来说写的修辞文本模式。以用典的修辞模式来表情达意，在表达上，可以使表达者的达意传情显得婉约含蓄；在接受上，由于表达者在文本意义的表达与接受者的接受

---

① 作者简介：鄢文龙（1964— ），江西丰城人。复旦大学访问学者。现为宜春学院教授。兼任中国修辞学会理事、副秘书长，中国语文现代化学会理事。

② 刘勰.文心雕龙·原道.

之间制造了"距离",使接受者只能通过对表达者所建构的修辞文本中的典故进行咀嚼、消化后才能理解其内在的含义,这虽然给接受者带来了一定的阻障,但接受者一旦经过努力破除了接受困阻,便会自然获得一种文本解读成功的心理快慰与欣赏中的美感享受。①

刘勰《文心雕龙·事类》所谓"用事",大体包括"人事"和"成辞",即古代的故事、感人的言辞,都可以被诗人或正用,或反用,或明用,或化用,以丰富诗的内容,激发读者的联想,增加诗句的凝练度与容量,使表达更为含蓄,耐人寻味。典故的运用,大致有明用、暗用、正用、反用、借用、化用六种。典故运用得含混自如,能使诗歌意义幽深曲折,散发出一种深苍、厚重、典奥的气息。

"词用事最难,要体认著题,融化不涩。"② 这就要求用典无论是直接引用,还是化用或反用,都须前后关联、以典喻意,以达到无迹可寻、自然超妙的境界。明代女性诗词在用典上,可谓知书达理,浑然天成,独具匠心,巧夺天工。

"用典全贵能化。大家用事,全不见铦钉之迹。大抵质用不如借用,明用不如暗用,正用不如翻用,整用不如拆用,顺直不如侧进;腐者新,板者活,生者熟;直者柔之,散者炼之;以我用事,不为事所用。"③

一、意从文面,拓而展之——托寓我心

所谓明用,就是用典故的字面意思,亦即把典故所具有的特殊含义加以扩大,变为泛指。④ 例如:

美女东城隅,红颜华灼灼。垂垂十二鬟,一一飞金雀。初日照楼台,春游出宛洛。采桑攀远杨,寻芳持丛薄。行路何踟蹰,中心谅有讬。不知谁家子,白马黄金络。强言立道傍,翩然互酬酢。本非淇上妹,宁践桑中约。家无薄幸儿,白头负前诺。赠妾双明珠,还君抵飞鹊。日暮行归来,空闺守寂寞。(商景徽《美女篇》)

商景徽,有国色,博学工诗,诗逼盛唐,讲究格律,居然名家。著有《咏雏堂诗草》。

① 吴礼权. 现代汉语修辞学 [M]. 3 版. 上海:复旦大学出版社,2016:58 – 59.
② 张炎. 词源 [M].
③ 昭昧詹言:卷二十一 [M].
④ 赵克勤. 古汉语修辞常识 [M]. 郑州:河南人民出版社,1984:89.

商景徽的这首《美女篇》在写作手法上仿拟汉乐府《陌上桑》。开篇写美女俟于东城城隅，"红颜"特指女子美丽的容颜，又言其面若桃花，神采奕奕。此为化用《诗经·桃夭》"桃之夭夭，灼灼其华"，将美女的脸蛋比作桃花，言其色泽红润，如花般娇艳。"金雀"乃钗名，陆机《日出东南隅行》有"金雀垂藻翘，琼珮结瑶璠"，言此钗富丽雍容。《古诗十九首》有"驱车策驽马，游戏宛与洛"，"宛洛"是二古邑的并称，即今之南阳和洛阳。此处不一定是定指，可能只是泛指名都，意指繁华景象，不妨好生游玩。"白马黄金络"化用《陌上桑》的"白马从骊驹，青丝系马尾，黄金络马头"，描写了来人坐骑的高贵，以此衬托此人地位之尊贵。"本非淇上姝，宁践桑中约"一句引用《诗经·鄘风·桑中》"期我乎桑中，要我乎上宫，送我乎淇之上矣"。古代淇上女子在婚姻恋爱上，表现得大胆热烈，真挚朴实。不仅与恋人在桑中约会，还邀请他去上宫游玩，继而沿淇河十里相送。表现出女子的热情自然，更见女子对恋人的一往情深。诗人此处妙在反用其意，表明美女的坚定立场：我既然不是淇上女子，又怎能赴桑中之约呢？

商景徽对于典故极为熟悉，从这首《美女篇》即可见其博学，不仅引经据典，将美女的装扮、样貌描绘得细致到位，更妙在借用典故中的丰富蕴涵，最大可能地扩展了这首诗的内涵，写得极具古意，含混自如。

二、正中下怀，典为我用——水到渠成

所谓正用，就是典故的含义与作者所要表达的思想完全一致。[①]
例1：

君自垂千古，吾犹恋一生。君臣原大节，儿女亦人情。折槛生前事，遗碑死后名。存亡虽异路，贞白本相成。（商景兰《悼亡》）

商景兰，能诗善画，德才兼备。每暇日登临，令媳女辈笔床砚匣以随，角韵分题，家庭内竞相唱和，一时传为胜事。著有《锦囊集》一卷。

"折槛生前事，遗碑死后名"一句，诗人引用典故，赞颂了丈夫祁彪佳的气节，感佩他对明王朝所作的贡献。"折槛"的典故原出《汉书·朱云传》。朱云乃直谏之臣，"成帝时，丞相故安昌侯张禹以帝师位特进，甚尊重"，朱云上书求见，请赐剑斩佞臣。成帝怒而欲杀之。朱云攀殿槛，

① 赵克勤. 古汉语修辞常识［M］. 郑州：河南人民出版社，1984：92.

抗声不止，竟至槛折。后即以"折槛"赞直言谏诤。"遗碑"典出《晋书·羊祜传》。羊祜为国为民，他死后，"襄阳百姓于岘山祜平生游憩之所建碑立庙，岁时飨祭焉。望其碑者莫不流涕，杜预因名为堕泪碑"。"遗碑"乃赞佩能臣的德行。通过这两则典故，诗人水到渠成地赞颂了丈夫的气节，表示了对此举的认同。

例2：

> 嘹呖过南楼，字字横空引起愁。欲作家书何处寄？谁投？目送孤鸿泪暗流。忆昔共追游，荻岸渔汀系小舟。又是那年时候也，休休，开到黄花知几秋。（李因《南乡子·闻雁感怀》）

李因，明末清初女诗人、画家。诗笔清奇，有中唐遗韵。著有《竹笑轩吟草》。

词的上片借眼前景抒心上愁，南飞的鸿雁触发了词人满怀的愁思。三、四、五句由鸿雁传书的熟典引出愁之所由：嘹呖的雁声让词人想到自己与亡夫阴阳相隔，今生再无借鸿雁传书于他的机会，只能目送孤鸿暗自流泪。精神家园的缺失，让她倍感孤独，失去快乐的理由，更何况家亡中掺杂着国破的隐痛！黄宗羲言："抱故国黍离之感，凄楚蕴结，长夜佛灯，老尼酬对。亡国之音与鼓吹之曲，共留天壤！"①

三、逆向阐发，反意用之——标新立异

所谓反用，就是从反面来阐发典故的意思，亦即反其意而用之。②
例如：

> 栖鸦流水点秋光，爱此萧疏树几行。不与行人绾离别，赋成谢女雪飞香。（纪映淮《秦淮竹枝词》）

纪映淮，少小善联句，婚后夫妇联韵，琴瑟谐美。著有《真冷堂词》。
"栖鸦流水点秋光，爱此萧疏树几行"中"栖鸦""流水"化用秦观《望海潮》中的"但倚楼极目，时见栖鸦。无奈归心，暗随流水到天涯"。开篇先勾勒出疏朗的秋日光景，眼界开阔而无拘囿之感。

---

① 黄宗羲．南雷文定前集：卷十［M］//尤振中，尤以丁．明词纪事会谈．合肥：黄山书社，1995.

② 赵克勤．古汉语修辞常识［M］．郑州：河南人民出版社，1984.

下面两句分别化用两个典故。"不与行人绾离别"，暗和了古人"折柳送别"的习俗。先秦时期，送葬时棺木上便有放柳条的习俗，表示眷恋之意。《诗经·小雅·采薇》一篇也写道："昔我往矣，杨柳依依；今我来思，雨雪霏霏。"因"柳"与"留"谐音，可以表示难分难别、不忍相别、恋恋不舍的心意。另一典故出自南朝·刘义庆《世说新语·言语》："谢太傅寒雪日内集，与儿女讲论文义。俄而雪骤，公欣然曰：'白雪纷纷何所似？'兄子胡儿曰：'撒盐空中差可拟。'兄女（谢道韫）曰：'未若柳絮因风起。'公大笑乐。"从此，"柳絮"就成为咏雪的代称，"咏絮才"则专指女子的非凡才华。在这首小诗中，"赋成谢女雪飞香"句则巧妙地反用了这个典故——用"雪"来比拟飞絮，同时"飞香"二字化用了李白"瑶台雪花数千点，片片吹落春风香"的诗句，既让读者感受到杨柳飞絮时的情状，仿佛空中亦带上一丝雪般的清凉之香，又隐隐以谢道韫自况。在写尽柳树妙处的基础上，又书写了内心的情思：今日这柳树，枝条都萧瑟了，不复春日依依不舍留人住的情态，又有谁还记得，当柳色青青时，它曾激起过多少人的诗情。

四、暗蓄其中，迂婉传达——幽深曲折

所谓暗用，就是作者所要表达的思想从字面上一点也看不出来，而是暗含在典故之中，比较迂曲难懂。[①]

例如：

最爱寒光好处圆，今宵何事转凄然。两宫昔日繁华地，百代清秋水月天。凫雁不关离黍恨，湖山宁受后人怜。聊乘一叶中流放，风露依稀咽管弦。（吴山《中秋》）

吴山，工草书，善画。著有《青山集》《吴岩子诗》。

"离黍"一词所用为《诗经·王风·黍离》典，即"黍离之悲""亡国之痛"。此联言及凫雁全无改朝易代的伤怀，而昔日前明的大好湖山亦对旧主毫无眷恋之意，依然为后来者所怜惜珍爱。"不关""宁受"二词暗含了作者对凫雁、湖山所代表的自然之态度的无奈，隐约道出了作者本人与它们截然相反的哀伤情感。

---

① 赵克勤. 古汉语修辞常识 [M]. 郑州：河南人民出版社，1984.

五、化用典故，淋漓尽致——推陈出新

所谓化用，就是根据需要将典故重新加以改写，有时甚至将典故拆散并且融入字里行间。①

例1：

邸舍相逢席未温，归轮黯黯发青门。裁纨妙染春来句，举舍长摇别后魂。燕峤浮云愁客子，楚天芳草思王孙。前朝尚待更裘葛，何日清言对玉樽。（徐灿《夏日留别朱远山李夫人》）

徐灿，诗词兼擅，著有《拙政园诗余》三卷及《拙政园诗集》二卷。"举舍长摇别后魂"之"别后魂"一语，可能是对江淹《别赋》这一典故的二次衍用，出自唐·赵光远《题妓莱儿壁》中的"欲知肠断相思处，役尽江淹别后魂"。作者对经典之作的运用指向千古共通的别离之痛，描述了自己对友人极为不舍的深挚感情。

其《秋感八首》，更是将典故用到极致。身为女性，徐灿并没有局限于闺房之内，而是饱读诗书，视野与男性文人一样开阔。这八首诗就是以杜甫的经典之作《秋兴八首》为范本。

其一，"有鸟是仙归故国，无鱼何客钓浑河"，化用《搜神后记》中所载辽东人丁令威学道成仙后化鹤归辽之典故。可是讽刺的是，来自江南的诗人却身处辽东，远离家乡，不得不在"无鱼"的浑河垂钓。"有鸟"与"无鱼"的对比，一方面是诗歌对仗的需要，另一方面也表达了诗人无心在他乡垂钓做渔父隐士，却希望能像丁令威那样羽化成仙，飞还故乡的心愿。

其二，"昇日甘泉照乱烽，凤池文史尚从容"，"烽火甘泉"衍生自卢思道《从军行》中的"朔方烽火照甘泉"，指战事兴起。"凤凰池"原指禁苑中的池沼，因为魏晋南北朝时设中书省于禁苑，故又称中书省为"凤凰池"。后来也指宰相职位。徐灿借用这一典故指自己的丈夫陈之遴，写他掌管机要，临危不乱的政治气魄。

其三，作者在有限的篇幅内，用富含象征意义的意象和典故，用平行对仗的结构，不仅勾勒了历史的画面和重大事件，而且每一个笔触都饱含深沉的情愫，显示了她对中国古典诗歌艺术高超的驾驭能力，不输杜甫这

---

① 赵克勤．古汉语修辞常识［M］．郑州：河南人民出版社，1984.

样的文学巨匠。

其四，"朱雀桁开延夜月，乌衣巷冷积秋烟"中的"朱雀桁"和"乌衣巷"取自唐·刘禹锡描述历史兴亡的诗句"朱雀桥边野草花，乌衣巷口夕阳斜。旧时王谢堂前燕，飞入寻常百姓家"。诗人再一次运用了多种暗含历史政治意味的典故与符号，寄托不可谓不深，也不可谓不明显。

其五，"几曲横塘水乱流，幽栖曾傍百花洲"，"横塘"是苏州非常著名的一条古堤，这里的好山好水激发了历代文人墨客的灵感。美丽窈窕的水乡姑娘在荷叶田田的池塘泛舟，采莲，嬉戏，歌唱对爱情的向往，这是历代诗人题咏的经典画面。徐灿对此的描写不只是引用典故，应该也融入了自身的体验，但是青葱时代的她不止像其他少女那样天真游戏，还有着情窦初开的情愫；不止采莲，还曾供菊，在风霜之秋饱读诗书，对历史有着深沉的思考。但是哪曾料到自己有一天也会宛如从梦中惊醒，亲身经历历史的大变迁，体会令人胆寒的"千年剑气"。

例2：

青春作伴已还乡，赢得新诗富草堂。苏圃漫添湖水绿，柴桑难问径花黄。荒城处处伤离黍，旧燕飞飞觅画梁。家国可堪寥落甚，怡情何地是沧浪。（朱中楣《春日感怀》）

朱中楣，今江西南昌人。著有《随草诗馀》《镜阁新声》《随草续编》。

"青春作伴已还乡"，化用杜甫《闻官军收河南河北》诗句"白日放歌须纵酒，青春作伴好还乡"，杜甫听闻捷报，欣喜若狂，归心似箭。而朱中楣作为明朝宗室之女，对于明朝的覆亡有着切肤之痛，而对于夫君的出仕新朝，内心是十分苦闷和痛苦的，还乡归隐一直是她的心愿。这里她化用杜甫的诗句，应该与杜甫有着同样的还乡喜悦，却有着完全不同的原因，杜甫是因为官军击败安史叛军，收复失地，她却因为终能退隐新朝，实则是一个亡国之女的无奈之举。"赢得新诗富草堂"其实也是以杜甫自比。

"沧浪"，化用了屈原《渔父》名句"沧浪之水清兮，可以濯吾缨；沧浪之水浊兮，可以濯吾足！"歌辞本表达君子处世，遇治则仕，遇乱则隐。但对于朱中楣来说，经历了易代的惨痛，她唯一的心愿便是退隐归林，过上平淡宁静的日子，然战火无情，魂牵梦绕的家乡也已满目疮痍，那一方可供退隐、安然度日的净土已无处可寻。亡国之痛，憾恨无限。

六、"据事以类义，援古以证今"——明情晓理

诗人以古事类比，论证今事，读者可从诗词中认知诗人心中所要诉说的情与理。

例如：

昔闻生别离，不言死别离。无论生与死，我独身当之。北风吹枯桑，日夜为我悲。上视沧浪天，下无黄口儿。人生不如死，父母泣相持。黄鸟各东西，秋草亦参差。予生何所为，予死何所为。白日有如此，我心当自知。（方维仪《死别离》）

全诗多用典故，却化用自然，浑然一体。开头两句，劈空而来，化用屈原《九歌·少司命》"悲莫悲兮生别离，乐莫乐兮新相知"，又翻案作出新文章——她自幼熟读诗书，可书中的道理在残酷的现实面前如此虚弱无力——这人世比"生别离"更艰辛的，是死亡造成的分离。

"北风吹枯桑，日夜为我悲"，凄凉的氛围衬托出心境的悲苦。北风，出自《古诗十九首》之"孟冬寒气至，北风何惨栗"。枯桑，出自汉乐府《饮马长城窟行》中的"枯桑知天风，海水知天寒"；宋·汪元量《月夜拟李陵诗传》中也有"天风吹枯桑，日暮寒飕飕"。

下面两句仍然是化用典故。汉乐府《东门行》中有"上用仓浪天故，下当用此黄口儿。今非！"下面两句再一次转入景物描写，"黄鸟各东西，秋草亦参差"。《诗经》中有《黄鸟》篇。三国时曹植在《三良诗》中也提到："黄鸟为悲鸣，哀哉伤肺肝。"将"黄鸟"的典故用在这里，也正符合作者"彼苍者天，歼我良人"的无边苦痛。此外，作者还化用了《黄鸟歌》"翩翩黄鸟，雌雄相依。念我之独，谁其与归？"① 诗的意思是说，黄鸟飞翔得多么轻松愉快，成双成对十分亲近，我却这样孤独，我心爱的人不能跟我一起回家啊。作者在此化用这一典故，贴切地表达了她形单影只的伤心之情。而"秋草"一词本身也是一个象征着衰飒的意象，令人生出凄凉之感。《古诗十九首》中的《冉冉孤生竹》中有"思君令人老，轩车来何迟！伤彼蕙兰花，含英扬光辉；过时而不采，将随秋草萎"。失去孩子的痛苦勾连起丧偶的伤恸，方维仪的人生已经和衰飒的秋草一起枯萎了。

---

① 三国史记·高句丽本纪·琉璃王［M］. 转引自胡晓明. 历代女性诗词鉴赏辞典. 上海：上海辞书出版社，2016：263.

七、运用佛典，营造禅境——悟禅致理

例1：

空斋渡深夜，高卧一床秋。苔老浑无色，溪清浅欲流。尘随红叶扫，心付懒云收。萧瑟闻征雁，空归万籁休。（王静淑《秋日庵居》）

王静淑，生而聪明，长嗜诗。著有《清凉集》《青藤书屋集》。

"尘随红叶扫，心付懒云收"，尘既是自然之尘，又是心中之尘。六世祖慧能有偈曰："菩提本无树，明镜亦非台。本来无一物，何处惹尘埃?"诗人在这里借用这一典故，意指将心中尘埃如扫红叶般自然扫去，而后一句，"懒"的并不是云，而是人的心，可见诗人的闲适恬淡。

"萧瑟闻征雁，空归万籁休"句，宋玉《九辩》有"萧瑟兮草木摇落而变衰"。"萧瑟"既是草木被秋风吹袭的声音，符合季节的特点，又暗示人心境的萧瑟。"万籁"源出《庄子》，《齐物论》中谈到天籁、地籁、人籁。万籁即自然界万物发出的声响，征雁哀鸣着飞过，最后万籁也归于宁静。

其诗风，"玉隐诗幽闲挺秀，有孤云出岫、野鹤横空之意"①。

例2：

石壁秋光老，兰釭静夜融。星悬狮子座，月满梵王宫。色相摇空影，阄浮入照中。应知万古夜，一点破鸿蒙。（徐媛《禅灯》）

徐媛，与寒山闺门陆卿子唱和，世称"吴门二大家"。著有《络纬吟》十二卷。

这首诗是她多方运用佛家名物借以歌颂禅境的五言诗，诗人聚焦于"禅灯"这一主题，营造出浓厚的禅家情趣。颔联"星悬狮子座，月满梵王宫"，是那位不曾现身的诗人对夜空的瞻望与虔想，穿过寺顶，仿佛看见了佛陀宝座悬着灿烂的明星（佛家将释迦牟尼比喻为大无畏的狮子，故佛陀宝座称为"狮子座"），佛陀于菩提树下修行，夜睹明星因而契悟本心本性，成无上正等正觉，诗人用此典故寓涵修悟殊胜的佛法。下句描写圣洁的月光满溢地映照着禅室（"梵王宫"本指大梵天王的宫殿，泛指佛

---

① 邹漪. 红蕉集［M］.

寺）。颔联这组对句一写星光，一写月辉，星月高悬普照着佛陀具在之禅寺，恰与禅寺之灯荧里外融成一片，营造了禅寺庄严光明的意象。全诗紧扣"禅灯"之光，巧与夜空星月交相辉映，句句运用佛家名物及语汇，营造出女诗人特有的禅悟理致。宋代以后，士大夫习禅风气兴盛，亦扩及闺秀，徐媛出身名门，此诗自然源自个人的习禅经验，遣字优雅得体，一如迁希言评其诗曰："烨若朝采，皎若夜光。"①

八、"感今而忆往，抚今而追昔"——共古鸣今

这是诗人沸腾的情思与烂熟于心的典故的隐意的刹那碰撞与共鸣，是艺术创作中的妙手偶得。

例如：

谁家乐府唱无愁，望断浮云西北楼。汉佩敢同神女赠，越歌聊感鄂君舟。春前柳欲窥青眼，雪里山应想白头。莫为卢家怨银汉，年年河水向东流。（柳如是《次韵奉答》）

柳如是，工诗善画，世所艳传。著有《戊寅草》《湖上草》。"她宛如一枝突兀而起的寒梅，散发着缕缕幽香，在时人与今人身旁缭绕不绝。"②

第一联，古典用《北史》"无愁天子"高纬骄奢荒唐之事，以及《古诗十九首》"西北有高楼"君暗臣明之典，今典竟指崇祯帝为亡国之暗主，而钱牧斋为高才之贤臣。从诗歌结构来说，以君臣关系发唱，道出男女之辞，既古老又新鲜。君臣关系的可悲与亏缺，恰反衬出此一知己情缘的可贵与圆足，正是从乱世人生背景中来珍爱有情世界的呈露。"牧斋见此两句，自必惊赏，而引为知己。"（陈寅恪语）

第二联，古典用《韩诗》汉皋神女为郑交甫解佩，以及《说苑·善说篇》载越人歌"今日何日兮，得与王子同舟"故事，河东君取两典联用，以神女指自身，以鄂君指牧斋，一男一女，意旨贯通。"其巧妙诚不可及也。"（陈寅恪语）今典一则含有河东君与钱牧斋以知己相感相惜之意，另一则又与今日水滨泛舟之情事尤为相适。

第三联，古典用刘禹锡"雪里高山头早白"诗语、阮步兵"青眼"向知己典，以及史邦卿"青未了，柳回白眼"词语，今典即针对牧斋"每临

---

① 钱希言.络纬吟：序.
② 欧阳珍.明代青楼女词人研究［M］.桂林：广西师范大学出版社，2014：100.

青镜憎红粉，莫为朱颜叹白头"诗语。牧斋"憎红粉"一语极妙，首先是以反语写真情，既典雅又切当，河东君与之相接的典语"窥青眼"，正是极美极雅。其次，牧斋之"红粉""白头"，不仅以张承吉诗"却嫌脂粉污颜色"为古典，而且与特定的生活细节相关：首先，与题《河东君传》之白牛道者谓河东君"冬日御单袷衣，双颊作朝霞色，即之，体温然"一今典相关涉。其次，与陈子龙为河东君而作的《长相思》"别时冷香在君袖"一句相关涉，谓河东君应如《红楼梦》中的薛宝钗服用冷香丸。再次，与河东君诗句"凭多红粉不须夸""雪里山应想白头"相关涉，证明河东君淡扫蛾眉与心仪牧翁。最后，此诗典又演变成故事，与笔记野史中所传钱柳闺戏之语"乌个头发白个肉"相关涉，可见史文蜕嬗之迹。

末联，古典以《玉台新咏》所收《歌辞》"河中之水向东流，洛阳女儿名莫愁""头上金钗十二行""平头㧐子擎履箱""恨不嫁与东家王"为第一出典，以李义山《代应》"本来银汉是红墙，隔得卢家白玉堂"为第二出典，今典以钱牧斋《次韵答柳如是过访山堂赠诗》"但似王昌消息好，履箱擎了便相从"为第一出典，以《永遇乐》"东流河水，十二金钗敲折。何日里，并肩携手，双双拜月"为第二出典。莫愁故事，是风流教主钱牧斋一个极为聪明的爱情游戏。他自号"东涧老人"，认识柳如是之后，为她取名为"柳河东"，暗示"河中之水向东流"。然后一步步编织众多关于莫愁的优美诗典，把自己与柳如是双双带入这一爱情游戏之中，最后以极富迷魅的诗语召唤能力，诱出如是自己成为"恨不嫁与东家王"的莫愁女。

以陈寅恪融化古典、今典的标准看，这首诗歌的遣词用意，"真可谓能所双亡，主宾俱化，专一而更专一，感慨复加感慨"。"用古典以述今事。古事今情，虽不同物，若于异中求同，同中见异，融会异同，混合古今，别造一异同俱冥、今古合流之幻觉，斯实文学之绝诣，而作者之能事也。"① 此乃"明末最佳之诗"（陈寅恪）。

其《春日我闻室作呈牧翁》"此去柳花如梦里，向来烟月是愁端"，"柳花"作为一个打开前后关锁之今典，陈寅恪激赏此句，更为自己窥破了三百年前的情缘秘语而兴奋："不仅写景写物，亦兼言情事。此非高才，不能为之。即有高才，而不知实事者，复不能为之也。幸得高才，知实事而能赋咏之矣，然数百年之后，大九州之间，真能通解此旨意者，更复有几人哉？"

其《梦江南》（其四）"一望损莓苔"，暗用刘长卿《寻南溪常山道士

---

① 陈寅恪. 读《哀江南赋》［M］. //陈寅恪. 金明馆丛稿初编.

隐居》"一路经行处，莓苔见履痕"。以离人行径的苔痕代指陈柳终离去南楼的事实。

其《金明池·寒柳》"念从前，一点春风，几隔着重帘，眉儿愁苦"数句，以曲笔写出当年令作者心悸的一段回忆。柳如是和陈子龙曾同居于南楼，两情相契，但由于陈子龙的母亲和嫡妻反对，二人被迫分手。"春风"即"东风"，出自陆游《钗头凤》："东风恶，欢情薄。一杯愁绪，几年离索。错，错，错。"陆游娶妻唐婉，由于母亲不喜，迫不得已分开。柳如是用这一语典，不仅在事件上非常契合，而且题面是柳，正与春天有关，也联系得非常紧密。至于"春风"的形容，用"一点"而不用"一阵"，更是形象地说明了外在压力之大，当事人之无能为力，于是只能在重帘之内，相对叹息，无限悲苦，难以排遣。

而"待约个梅魂，黄昏月淡，与伊深怜低语"之"黄昏月淡"，则暗用欧阳修《生查子·元夕》"月上柳梢头，人约黄昏后"，也正是表达心中的某种期待。

"在'咏物词'的阅读成规里，'典故'通常具有深意，读者得'深入'去'猜'，视之为全词的真义。"①

九、"美好往事成追忆　乡国之思堪白头"——含蓄典雅

作者在表情达意时，并不是直白地告诉读者，而是通过一系列典故组合，让人思而得之。

例如：

羁人情绪，似禽鱼、误入绦笼难出。极目乡关何处是，云树苍烟遥隔。不敢哀号，恐惊肠断，默默空凄恻。自家儿女，怎教他个怜惜。应叹两字功名，半生劳顿，堪笑还堪咄。离别伤心梦中相，聚后醒来悲泣。误我归期，欺他归约，各度如年日。君子频问，故园何日归得？（董如兰《大江东去·燕台归思》）

上阕"羁人"句化用陶渊明"羁鸟恋旧林，池鱼思故渊"，以身陷罗网的"羁鸟"和"池鱼"表达了对故土的眷恋，希望如陶渊明般摆脱官场束缚，回归田园。却"误落尘网中，一去三十年"，现实总有太多的牵绊

---

① 孙康宜.情与忠：陈子龙、柳如是诗词姻缘［M］.李奭学，译.北京：北京大学出版社，2012：73.

和无奈。"羁人"即旅人，董如兰因随宦闽中，远离家乡，漂泊之感、思乡之情无时无刻不折磨着她，但她却欲归不能。

下阕"君子频问，故园何日归得"句，化用严君平之典。严君平是西汉人，长于卜筮算命，传说其晚年归隐郫县平乐山，并在山上写了"王莽服诛，光武中兴"两大历史事件。因此，严君平便成为神算的代名词。因归期不断延误，词人唯有寄希望于鬼神卜筮，不断询问何日才能返回故园，希望能得到一个确切的答案。然神算严君平安在？这自然只能是词人自我安慰的一种手段罢了。或者说，归期之问更是词人在心底无数次恳切的追问，更加突出了思乡之切。

十、典中套典，包孕成趣——一石二鸟

例如：

> 舞蝶庄生梦，啼鹃蜀帝魂。紫芝逢胜友，芳草想王孙。小阁闻鸡唱，闲庭听鸟喧。晓烟迷麦陇，春雾锁柴门。鱼戏青萍动，风吹碧叶翻。彩毫题玉柱，绿蚁引金尊。乍摘葳蕤草，长依翡翠轩。避秦无绝境，何必问花源。（章有渭《春感》）

章有渭，著有《燕喜楼草》。第一联，"舞蝶庄生梦，啼鹃蜀帝魂"化用李商隐《锦瑟》"庄生晓梦迷蝴蝶，望帝春心托杜鹃"。而每句分别对应《锦瑟》所用之典形成典故套典故的双重寓意。即"舞蝶庄生梦"，用庄周梦蝶的典故；"啼鹃蜀帝魂"，又用《华阳国志》蜀王杜宇化为杜鹃的典故。《庄子·齐物论》中庄子通过对梦中变为蝴蝶和梦醒后蝴蝶复化为己的描述，提出了真实与虚幻相互转换的观点，表现了一种人生如梦的态度。《华阳国志·蜀志》则不同，后人常以蜀帝啼鹃，代表人生失意的悲鸣，从章有渭身处明清易代，避世隐居的人生经历而言，她以"自伤"而"伤时"，感叹人生的变化无常和朝代兴衰更迭，抒发黍离之悲。

最后两句，将思绪拉回到动乱的社会环境，呼应诗歌首二联，表达了避世隐居的无奈，抒发了对和平的向往。"避秦无绝境，何必问花源"，运用陶渊明《桃花源记》的典故，表达了其对战争的厌恶与对和平的向往。

大量用典中，一见作者对故土、对友人的深切思念。

十一、意象叠加，极力铺陈——余味无穷

例如：

西风江上雁初鸣，水落寒塘一棹轻。绕径黄花归故里，满堤红叶送秋声。片帆南浦离愁结，古道河梁别思生。此去长涂霜露肃，何时双鲤报柴荆。（祁德渊《送黄皆令》）

祁德渊，著有《静好集》。颈联"片帆南浦离愁结，古道河梁别思生"用典，"南浦"出自《楚辞·九歌·河伯》"子交手兮东行，送美人兮南浦"。意为南面的水边，后常用来成送别之地。江淹《别赋》亦有："春草碧色，春水渌波，送君南浦，伤如之何！"提及"南浦"，似总带着离别的深切忧伤。

尾联"此去长涂霜露肃，何时双鲤报柴荆"中，"双鲤"最早出自汉乐府诗《饮马长城窟行》"客从远方来，遗我双鲤鱼。呼儿烹鲤鱼，中有尺素书"。古时人们多以鲤鱼形状的函套装书信，因此诗中常以"双鲤鱼"代指书信。

全诗运用大量典故意象，形象地渲染了诗人送别黄皆令时的伤怀氛围，让读者感同身受地体会到诗人对友人依依不舍的惜别之情。西风、秋雁、寒塘、孤帆、南浦，大量离别意象的叠加，反复渲染秋日离别的悲伤情绪。诗人大量用典，将意象积淀下的内涵引入诗中，贴切而深刻地表达了自己的惜别之情。

"弢英（祁德渊之字）以绝色绝才为诗，从无艳态，一归大雅盛唐气格，直接蛾眉，忠敏之家教使之然也。然历下殊非至境，景陵尽入时蹊，今人须眉如戟而止拾糟粕，非北面历下则臣事景陵，甘心奴使，见此自应愧死地下。"①

十二、组意合象，言简意赅——辞近旨远

例1：

渺渺高秋外，长空一雁迟。哀鸣关底事？澹远写相思。瘦马征夫泪，

---

① 王端淑. 名媛诗纬初编［M］.

回文少妇诗。明年楼上过，莫向夕阳时。（黄幼藻《孤雁》）

黄幼藻，著有《柳絮编》。"瘦马征夫泪，回文少妇诗"中"瘦马征夫"用《诗经·周南·卷耳》之典，并将马致远小令《天净沙·秋思》"古道西风瘦马。夕阳西下，断肠人在天涯"之意境融入其间；"回文少妇诗"，典出《晋书·列女传》："窦滔妻苏氏，始平人也，名蕙，字若兰。善属文。滔，苻坚时为秦州刺史，被徙流沙，苏氏思之，织锦为回文旋图诗以赠滔。宛转循环以读之，词甚凄婉，凡八百四十字。"这便是"回文织锦"的故事。据说根据这纵横各二十九字的回文图，可以任意地组合成数千首诗，以此表达她对丈夫的思念与关心之情。"征夫瘦马""回文少妇"均是思妇诗常见的用典意象，极力地渲染了征夫与少妇虽然不在一处，却是一种相思，两处深愁，思念之情油然而生的感情。

"莫向夕阳时"，典出《诗经·王风·君子于役》："日之夕矣，羊牛下来。君子于役，如之何勿思。"寄托着对远游良人深切的思念，表达了独守空闺的孤寂。

例2：

清切空阶月，相依欲二更。寂喧非一致，千秋同此明。萧萧庭中女，俯仰触中情。对此令人远，况乃兼秋声，浅深各有感，今昔宁无惊。秋在孤云外，愁从何处生？人生有代谢，万物有衰荣。茫茫乾坤里，相积为愁城。欲挽西江水，一洗襟怀清。虚窗来素影，清扫落寒棠。（黄幼蘩《咏月》）

"秋在孤云外，愁从何处生？"化用南宋·吴文英《唐多令·惜别》"何处合成愁，离人心上秋"，而又多几分无奈与困惑。此句可作二解：一是，既然"愁"字可视作离人"心"上之"秋"，而此刻的秋远在孤云之外，那我的愁绪是从何而来呢？二是，愁实由心生，与秋无关。因内心对于过去的遗憾以及对于未来的期盼，滋生了许多人生的烦恼。

"人生有代谢，万物有衰荣"，上句语出孟浩然《与诸子登岘山》"人事有代谢，往来成古今"。孟诗吊古伤今，主要表现一种时光流逝、世事变迁的宇宙意识。而女诗人的思绪则落到实处——平淡面对时光流逝。

"西江水"语出唐·鱼玄机《江陵愁望寄子安》之名句"忆君心似西江水，日夜东流无歇时"，原作以江水比喻对恋人之深长思念，而诗人却不入窠臼，以江水洗愁，造出阔大在诗境，亦可见诗人心中愁城郁结之固，只需以西江水洗之，可谓具翻新出奇之妙。真个"字字老成，不似闺房凡响"①。

参考文献

1. 胡晓明. 历代女性诗词鉴赏辞典［M］. 上海：上海辞书出版社，2016.

2. 李国彤. 女子之不朽：明清时期的女教观念［M］. 桂林：广西师范大学出版社，2014.

3. 欧阳珍. 明代青楼女词人研究［M］. 桂林：广西师范大学出版社，2014.

4. 孙康宜. 情与忠：陈子龙、柳如是诗词姻缘［M］. 李奭，译. 北京：北京大学出版社，2012.

5. 吴礼权. 现代汉语修辞学［M］. 3 版. 上海：复旦大学出版社，2016.

6. 赵克勤. 古汉语修辞常识［M］. 郑州：河南人民出版社，1984.

7. 赵雪沛. 倦倚碧罗裙：明清女性词选［M］. 北京：人民文学出版社，2012.

8. 郑光仪. 中国历代才女诗歌鉴赏［M］. 北京：中国工人出版社，2008.

Research into Allusion Strategies
in Ming Dynasty Female Poetry

Yan Wenlong

(*School of Literature and Journalism*, *Yichun University*, *Yichun*, 336000)

Abstract：The theme of female poetry is often limited by the social background. Female poetry is rich in love and has a preference for beauty. Women in Ming Dynasty in the creation of poetry, were especially good at citing allusions in traditional Chinese rhetorical way to implicitly and frankly "self-weave" their inner world which they were unable to hide. These allusions served for expression of their innermost heart, for something natural, novel or original, for gloom and setbacks, for pun or Zen meditation, or for subtle description of nostalgia or good sense. All these allusions are delicate and elegant, with endless aftertaste and far-reaching purposes.

Key Words：Ming Dynasty；Female poetry；Allusion；Strategy

---

① 梁章钜. 闽川闺秀诗话［M］.

语气词在人物塑造上的修辞价值[①]

—— 以《红楼梦》为例

谢元春[②]

（浙江传媒学院文学院　杭州　310036）

摘　要：《红楼梦》的主要人物对话中，语气词"呢"和"罢"的使用频率最高，根据定量统计、实例分析，认为这两个语气词的使用，在人物形象的塑造上主要有两个方面的修辞价值：其一是展现人物地位、个性方面的特征，使人物形象鲜明生动；其二是展现人物性别的文化定位，使人物形象真实可感。

关键词：《红楼梦》；语气词；人物塑造；修辞价值

人物形象的塑造是小说的核心，作者可以凭借各种艺术手段，多角度、全方位地对小说中的典型人物进行刻画，以使其形象更丰满立体。常见的刻画人物的手段有肖像描写、心理描写、语言描写和行为描写，每一种手段对于小说人物形象的塑造有不同的作用，如肖像描写能够"以形传神"，通过展示人物的外貌特征来表现人物的性格特质，心理描写可以非常细腻地反映出人物的内心活动，动作描写也能从侧面展现人物的精神风貌等。其中，语言描写是小说塑造人物形象时常用的一种手段，它能精妙地表现人物的身份、思想、感情和性格。鲁迅先生就曾指出，有成就的作家，他"写人物，几乎无须描写外貌，只要以语气、声音，就不独将他们的思想和感情，便是面目和身体，也表示着了"（《集外集〈穷人〉小引》），而"读者看了对话，便好像目睹了说话的那些人"（《看书琐记》）。

基于语言描写对于人物塑造作用的举足轻重，文学家们在进行文学创作时，总是力图给人物设计最得体、最有表现力的话语。而什么样的人物语言才是最得体和最有表现力的，牵涉两个方面：其一是人物语言所要传达的内容，即人物说了什么；其二是人物语言表达的方式，即人物怎么去说。前者固然重要，事实上不管在文学创作还是在相关理论研究中，都一直吸引着人们的注意，而后者同样不可忽视。因为从修辞学的视角来看，

---

①　本文为浙江传媒学院 2016 年度青年教师科研提升计划项目成果。

②　作者简介：谢元春（1978— ），湖南冷水江人。复旦大学文学博士。现为浙江传媒学院文学院讲师，曾为湖南科技大学文学院讲师、同济大学国际文化交流学院讲师。

同样的语义内容，用不同的语言形式去传达，表达效果大相径庭。语言形式所涵盖的内容非常丰富，包括近义词的选择、同义句式的调整等，其中，语气词的选用看似细微其实影响显著，也就是说，人物语言描写中是否使用语气词，以及使用何种语气词，能够直接影响人物形象的塑造。

在我国的经典著作中，人物语言的描写体现了作者对于"人物怎么去说"的重视，其遣词造句无不独具匠心，对于人物性别、身份、个性等各方面的特征起到了良好的凸显作用。因此，本文以《红楼梦》为研究对象，对其中主要人物的话语在语气词的使用方面进行探讨，力图展示《红楼梦》在人物语言描写上的魅力，最终揭示语气词在人物塑造方面的修辞价值。

一、修辞视角看语气词

语气词作为虚词中的一种，意义空灵、用法灵活是其主要特点。学术界关于语气词的功能、意义、用法等有不同的归纳、诠释。如胡裕树主编的《现代汉语》曾指出："语气词能帮助语气的表达，同时它能在语调的基础上增加色彩。"① 并对每一个语气词增加的色彩进行了分类，如"啊"增加感情色彩，"呢"表示不容置疑等。吕叔湘则认为"语气词和语气不是一一相配的。一方面，一个语气词可以用来表不同的语气。一方面，同一个语气可以用不同的语气词"②。后来，孙汝建在胡裕树和张斌对口气和语气的区分之上，又提出了新的看法，认为"句末语气词并不表达语气，只表达口气；句末语气词在表达口气时，具有增添口气、消减口气、指明疑问点、暗示预设等四种语用功能"③。

因此，语气词具有修辞上的作用，有其理论出发点：

（1）人们在使用实词甚至其他虚词时，必须首先考虑句法结构上的需要与合法性，而在语气词的使用上，则可以更为灵活多变。语气词因其空灵的意义、灵活的用法给使用者提供了多种修辞选择的可能性。也就是说，人们可以通过巧妙地选用语气词，或是将语气词置于不同的位置，来调节句子的语气，适应情境题旨，确切地传达感情色彩，从而使语句有更好的修辞表现，实现最佳修辞效果。如：你来。/你来呀。/你来吧。/你来嘛。这一组语句中，使用不同的语气词并没有改变句子的基本语义，都是对听话人作出了同一个要求。但从情感色彩和表达效果上看，这四个句

① 胡裕树. 现代汉语［M］. 上海：上海教育出版社，1995：375.
② 吕叔湘. 中国文化要略［M］. 北京：商务印书馆，1982：257.
③ 孙汝建. 句末语气词的四种语用功能［J］. 南通大学学报（社会科学版），2005（2）：76.

子是有明显不同的。后三句只因为末尾各加上了一个不同的语气词，便造成了特定情境下的特定表达效果，体现出了或急或缓、或轻或重的语势，反映了说话人不一样的情感和对听话人不一样的态度。可见，这组句子之间在语义和情感色彩上的细微差别不在其句法结构上，而在各句用不同的语气词或用什么语气词上。

因此，我们可以说意义空灵、用法灵活的语气词是人们修辞时，有效、巧妙而又非常精简方便的词汇工具。从古代到现当代，从书面语到口语，我们都可以看到大量利用语气词来传情达意的实例。

（2）尽管目前学者们对语气词的认识还有不统一的地方，但语气词在特定情境下，能够传达出说话人的各种情感色彩这一点是毋庸置疑的。这里应该指出的是，"言为心声"，说话人在使用语气词时，究竟要实现何种修辞目的，体现什么样的内心情感，以求获得怎样的修辞效果，这都离不开修辞时的特定题旨情境，尤其是与说话人的性别和身份等因素有着密切的联系。也就是说，不同性别和身份的人，在语气词的使用上会表现出一定的个性风格。那么，在对人物进行语言描写时，语气词的巧妙使用，能够折射出人物的特征。

就《红楼梦》的统计情况来看，主要人物的对话中出现的语气词频次最高的是"呢"和"罢"。鉴于此，本文主要针对这两个语气词在主要人物对话中的使用情况进行详细描述与分析。

二、《红楼梦》中语气词"呢"的使用情况分析及在人物塑造上的作用

语气词"呢"，语法学界通常分成表示疑问的和表示夸张的。表示疑问的，出现在疑问句中；表示夸张的，出现于陈述句和感叹句中。江蓝生曾经明确地把"呢"分为"呢1"和"呢2"，分别表示疑问语气和不表示疑问语气两大类。① 《现代汉语八百词》将"呢"的用法概括为：①表明疑问，用于是非问句以外的问句；②指明事实而略带夸张；③用于叙述句的末尾，表示持续的状态；④用于句中停顿处。②

从语料分析来看，"呢"置于陈述句末尾是最重要的用法。语法学界的相关研究认为，"呢"在陈述句中的意义，一般是表示肯定、强调。如胡明扬就认为"呢"的作用是"提醒对方特别注意自己说话内容的某一

---

① 江蓝生.疑问语气词"呢"的来源［J］.语文研究，1986（2）：17-26.
② 吕叔湘.现代汉语八百词［M］.北京：商务印书馆，1999：412-413.

点"，并指出"用'呢'不用'呢'的区别，在'呢'是提醒对方：'这种情况你可能不知道，我现在提醒你注意'"①。

以上的研究成果，无疑都是具有重要学术价值的。但是，究竟"呢"在表达一定语气的基础上，能对话语进行什么样的修辞塑造，进一步在人物塑造上有何修辞功效，此前研究尚未深入探讨。为此，我们将通过实例来分析说明这些问题。下面我们先看一个例子。

（1）宝玉笑道："珍大哥那里去看戏换的。"袭人点头。又道："坐一坐就回去罢，这个地方不是你来的。"宝玉笑道：<u>"你就家去才好呢，我还替你留着好东西呢。"</u>袭人悄笑道："悄悄的，叫他们听着什么意思。"（《红楼梦》第十八回）

宝玉因袭人不在贾府，很是想念，当袭人劝说宝玉返回贾府时，宝玉意图辩驳自己回去并非什么好事，只有袭人也回贾府才是好事，力图劝说袭人回贾府。宝玉的话语中，前一句对袭人的话语进行了委婉的反驳，也提醒袭人注意到她回贾府这一举动对于他自己的重要性，后一句则在前一语句的基础上，通过强调替袭人留着好东西来吸引袭人回去，进一步驳回袭人的劝说。若删除其中的语气词"呢"，则难以描述出宝玉一再与袭人辩驳、从而劝袭人回去的情状，宝玉对袭人的难舍之情也难以凸显出来。

可见，"呢"在陈述句有辩驳、提醒的功能，同时我们也认为，"呢"的使用在很大程度上能体现说话人所要实现的修辞效果的需要，以及因说话者的性别、性格、身份等所体现出的修辞取向的需要等。与上面一组例句不同的是，下面这组例句的话语发出者是一个人，在某一情境下使用"呢"，在另一情境下则不使用语气词。例如：

（2）黛玉听了，翻身爬起来，按着宝玉笑道：<u>"我把你烂了嘴的！我就知道你是编我呢。"</u>说着，便拧的宝玉连连央告，说："好妹妹，饶我罢，再不敢了！我因为闻你香，忽然想起这个故典来。"黛玉笑道："饶骂了人，还说是故典呢。"（《红楼梦》第十九回）

（3）那李嬷嬷也素知黛玉的意思，因说道："林姐儿，你不要助着他了。你倒劝劝他，只怕他还听些。"林黛玉冷笑道：<u>"我为什么助他？我也不犯着劝他。</u>你这妈妈太小心了，往常老太太又给他酒吃，如今在姨妈这里多吃一口，料也不妨事。必定姨妈这里是外人，不当在这里的也未可

---

① 胡明扬. 北京话初探［M］. 北京：商务印书馆，1987：90－91.

定。"李嬷嬷听了，又是急，又是笑，说道："真真这林姑娘，说出一句话来，比刀子还尖。这算了什么呢。"（《红楼梦》第八回）

例（2）节选于《红楼梦》第十九回"情切切良宵花解语，意绵绵静日玉生香"，描述宝黛闲聊时，黛玉在听完宝玉杜撰出的一个扬州"香玉"的故事之后，与宝玉的一段对话。

故事讲述之初，黛玉已经对故事的真实性心生疑惑，宝玉则强调是真人真事。故事讲完，黛玉已经确认宝玉是在杜撰故事以戏谑她。于是，黛玉回应宝玉的第一个句子便是肯定了自己的观点，辩驳宝玉之前所说的故事是真事的说法。第二个句子则是辩驳宝玉将编撰的故事称为故典。同时，在辩驳的基础上，这两个语句均提醒宝玉真相已明，用不着再欺哄、争辩。虽然黛玉的话语有对宝玉的反驳和提醒之意，但是，并没有给人愤怒、凶恶的感觉，而是非常亲切、柔和，充满了娇嗔的小女儿态。这便是语气词"呢"所实现的修辞功能，若是删掉黛玉话语中的语气词"呢"，语气立即变得生硬。

例（3）是《红楼梦》中林黛玉与李嬷嬷之间的一段对话。李嬷嬷是宝玉的奶母，素来有倚老卖老的习惯，在看到黛玉让宝玉放心喝酒时，便来阻拦，让黛玉不要劝宝玉喝酒。黛玉听后，心中不悦，便说出了上面这么一番话。这里暂不讨论黛玉巧妙地利用薛姨妈与宝玉的至亲关系来指责李嬷嬷不应多事是多么巧妙，仅从语气词这个角度来看，就能见出其措辞的技巧。仔细分析，黛玉的话语中除了一个语气词"了"之外并无其他任何语气词。然而，正是这唯一的语气词的使用，才使黛玉的话有一字千钧的效果。试比较，若是在其中的某些句子中添加语气词"呢"，如变换成"如今在姨妈这里多吃一口，料也不妨事（呢）。必定姨妈这里是外人，不当在这里的也未可定（呢）"。在增加了语气词之后，句子语气便明显随意、轻松。这样，句子柔和的口气便削弱了黛玉对李嬷嬷不满的语义，这就与其个性和当时的交际情境都不吻合了。

通过实例的分析，我们可以清楚地看出，语气词"呢"这种提醒、申辩的方式有其修辞学上的功用。这可以从三方面来看：首先，"呢"所能实现的对他人的驳斥并非直接否定他人观点，而是通过肯定、强调自己的某一话语来间接否定对方，这种曲折的方式比直接驳斥要和缓得多。其次，从对他人的提醒来看，"呢"是在辩驳的基础上再进行的提醒，而非直接指出需要强调的部分，这依然是一种迂回的方式。也就是说，因为语气词"呢"的使用，说话人的意旨都是委婉地传达出来，不是直白地叙述而出。最后，从语音面貌来看，用于句末的"呢"能延长句子的音节，使得句子收尾不至于太急促，也能形成更为缓和的语气。① 所以，我们说语气词"呢"有使语句更为柔和、委婉的修辞效果。

不仅在陈述句中是如此，实际上，在感叹句中，"呢"的修辞效果也大体相同。例如：

(4) 正值林黛玉在旁，因问宝玉："在那里的？"宝玉便说："在宝姐姐家的。"黛玉冷笑道："我说呢，亏在那里绊住，不然早就飞了来了。"宝玉笑道："只许同你顽，替你解闷儿。不过偶然去他那里一趟，就说这话。"林黛玉道："好没意思的话！去不去管我什么事，我又没叫你替我解闷儿。可许你从此不理我呢！"说着，便赌气回房去了。

宝玉忙跟了来，问道："好好的又生气了？就是我说错了，你到底也还坐在那里，和别人说笑一会子。又来自己纳闷。"林黛玉道："你管我呢！"宝玉笑道："我自然不敢管你，只没有个看着你自己作践了身子呢。"(《红楼梦》第二十回)

例(4)中林黛玉的语句驳回了宝玉的争辩，强调了对宝玉与薛宝钗亲密关系的不满。由于这两个感叹句都运用了语气词"呢"，虽然怨怒之意仍在，但在语气上柔婉了很多，而且生动地呈现了黛玉嗔怪、使小性子的可爱情态。

正因为语气词"呢"具有独特的表达作用和修辞价值，《红楼梦》在主要人物的话语描写上，通过"呢"反映了人物微妙的心理状态与个性特征，从而使人物形象的塑造更加鲜明。具体来说，一方面可以表现出人物的个性特征，如林黛玉对于贾宝玉的柔情与对于其他人的冷淡。例(2)中出于对宝玉的痴情，即使宝玉编排她，也不愿用生硬的语气表达责怪和提醒，而是通过语气词的使用，使责怪的口气有所和缓，形成了温情、缓和的风格。但是对李嬷嬷表达时，其话语又表现出了严厉、犀利的一面。例(1)中贾宝玉与袭人对话中语气词"呢"的使用，也能表现出他身为男性却似女子般温和委婉的气质。

另一方面，也贴近当时创作背景下人物的性别定位，使塑造出来的人物形象更加真实。本文统计了《红楼梦》前二十回中，贾宝玉、林黛玉和王熙凤三个主要人物在陈述句中使用"呢"的频次，结果发现，贾宝玉使用"呢"的句子占他所有陈述句的2.3%，林黛玉和王熙凤分别占4.8%和5.7%。这个数据充分说明，《红楼梦》描述人物的话语时，女性话语中

① 赵元任. 汉语口语语法［M］. 北京：商务印书馆，1979：357.

"呢"的使用频次高于男性。从修辞效果来说，这种使用频次上的差异反映出在当时的社会背景下，女性在提醒对方、强调观点时，更善于在陈述句中利用语气词"呢"来形成礼貌、柔和的表达方式。即便是"凤辣子"，也是如此。

究其原因，从客观方面来看，是因为女性受传统礼法观念、社会习俗等的影响较深，同时受其社会性别定位的制约，需要具备柔弱、温顺的品质，因此不能高频次地在话语中直接表露对听话者的反驳、提醒等。在《红楼梦》所处的时代，"其最大的特点是强化了国法所不可涉及的男女两性的角色定位与男女大防的界限。明清时期的家法中，对男性家庭成员的要求和约束与宋元家法大致相同，多以尽孝、修身、齐家为本，严禁游手好闲、吃喝嫖赌等恶习"，"对女性言行的规定及违反家规时的惩罚措施却较之宋元时期要严厉得多"。① 可见，当时女性受到了比以往更为严格的封建礼教的禁锢。这种历史的现实，就使得女性在说话时比男性有更多的顾虑。因此，《红楼梦》中的女性形象，不管其在大观园中的地位如何，在表示对他人的不满、指责时，往往也不使用如男性那样直接的表达方式，而是选择语气词"呢"来进行曲折、含蓄的辩驳与提醒。

三、《红楼梦》中语气词"罢"的使用情况分析及在人物塑造上的作用

从语料来看，《红楼梦》中语气词"罢"主要出现在人物对话中的祈使句中。因此，本文集中对祈使句中"罢"的使用情况进行研究。

语气词"罢"产生于宋元时期，由实词虚化而来，并最后演变成现代汉语中的语气词"吧"。② "罢"在宋代之前表示"完结、完了、结束"等意义，置于动词之后构成动补结构。实词的虚化是一个连续不断的过程，"罢"在虚化的初期过程中，用于陈述句中能增添决断的语气。但是，"当说话者的动作、行为的决定牵涉到他人时，'罢'便带有些商量语气，语气开始有些委婉"。"商量语气可以说是祈使语气的开始。""到了明清时期，语气词'罢'表示请求、催促、命令等语气的用法继续扩展，形成了大量的出现'罢'的祈使句。"③ 也就是说，当说话者传达的决定并非只是关联到他一个人的行为，而是需要请求、命令、号召到他人时，即"罢"不是出现在叙述性的陈述句中，而是出现在祈使句中时，则能为句子增添

---

① 杜芳琴，王政. 中国历史中的妇女与性别 [M]. 天津：天津人民出版社，2004：338－339.
② 孙锡信. 近代汉语语气词 [M]. 北京：语文出版社，1999：134－135.
③ 齐沪扬. 语气词与语气系统 [M]. 合肥：安徽教育出版社，2002：94.

"商量"的语气。这一点在《红楼梦》中有大量的实例可以证明。例如：

（5）话说史湘云跑了出来，怕林黛玉赶上，宝玉在后忙说："仔细绊跌了！那里就赶上了？"林黛玉赶到门前，被宝玉叉手在门框上拦住，笑劝道："饶他这一遭罢。"林黛玉搬着手说道："我若饶过云儿，再不活着！"湘云见宝玉拦住门，料黛玉不能出来，便立住脚笑道："好姐姐，饶我这一遭罢。"恰值宝钗来在湘云身后，也笑道："我劝你两个看宝兄弟分上，都丢开手罢。"（《红楼梦》第二十一回）

例（5）中宝玉与湘云以及宝钗的话语中均使用了语气词"罢"，宝玉和宝钗的祈使句表示建议，湘云的祈使句表示请求。

建议句是祈使句中的一种，"在使用建议句的语境中，说话人认为自己没有资格或不宜采取发号施令的方式。因此，建议句的语气比较委婉"[①]。建议句中的"罢"可以使说话人的语气显得柔和。试比较：

（宝玉）笑劝道："饶他这一遭罢。"／（宝玉）笑劝道："饶他这一遭。"

（宝钗）也笑道："我劝你两个看宝兄弟分上，都丢开手罢。"／（宝钗）也笑道："我劝你两个看宝兄弟分上，都丢开手。"

显然，若是将语气词"罢"去掉，诸如"饶他这一遭""丢开手"这样的语句语气生硬，若是不结合上下文，究竟是表示严厉的命令还是温和的建议，很难作出判断。再如：

（湘云）便立住脚笑道："好姐姐，饶我这一遭罢。"／（湘云）便立住脚笑道："好姐姐，饶我这一遭。"

湘云的语句在增添或者删除语气词"罢"之后，句子在语法上并没有不同，也都能表示请求的语气。但从当时的情景来看，湘云向黛玉发出求饶是在黛玉说出了"我若饶过云儿，再不活着！"这一番话之后，从字面上来看黛玉的话强调了她十分在意湘云之前的取笑，并表达了必不会饶过湘云的决心。我们可以推测，当湘云听闻黛玉的话之后，明白一般性的求饶未必能实现自己的目的，所以，身处特定情境下的湘云具有了意图在话语中强化自己恳请心理的动机。语气词"罢"是软化语气、凸显说话人请求意愿的有效手段，能使语句具有更好的修辞效果，正好能推动湘云话语动机的实现。

应当说，例（5）中的三个句子极为符合说话者的身份。林黛玉、史

---

① 袁毓林. 现代汉语祈使句研究［M］. 北京：北京大学出版社，1993：15.

湘云、薛宝钗三人虽然性格各异，但均是大家闺秀，浸染于封建礼教之中，必然具有传统伦理道德所要求的品质。姊妹三人在祈使句中"罢"的使用，便是女性社会性别特征在话语中的折射。宝玉虽是《红楼梦》所塑造的男性，却与典型的传统男性形象有所不同。他在《红楼梦》里被刻画为一个从内心尊重女性、爱护女性的男性角色，并且与大观园众姊妹关系亲密、和谐，其言行举止具有一定程度上的女性化的倾向。所以，当宝玉建议黛玉饶了湘云时，出于其温柔的个性特点，以及对黛玉的一往情深，在语句末尾使用语气词"罢"，这也合乎情理。

同样，我们统计了《红楼梦》前二十回中主要人物话语中"罢"的使用情况。数据显示，在祈使句中，贾宝玉使用了"罢"的句子占5.3%，林黛玉和王熙凤分别占18.8%和29.6%。这种差异贴合了人物在性别文化方面的区别，如女性在他人发出请求、命令时，为符合传统文化对女性谦卑、温顺等要求，消减听话人可能出现的不快、抗拒情绪，更倾向于利用语气词"罢"来实现话语的柔和、委婉，实现交际的和谐；男性则更倾向于在祈使句中彰显自身的绝对权威，因此更多地使用直接、强硬的表达方式。即使如贾宝玉这脂粉气十足的男性，与女性相比较，其话语仍显得更为刚硬。

此外，《红楼梦》中人物话语在语气词"罢"使用上的情况也能凸显人物的地位、个性等特征。如王熙凤这个人物，使用语气词"罢"的频次便远高于林黛玉，表现了该角色更善于对他人发出命令、请求。例如：

（6）这里凤姐忽又想起一事来，便向窗外叫："蓉哥回来。"外面几个人接声说："蓉大爷快回来。"贾蓉忙复身转来，垂手侍立，听何指示。那凤姐只管慢慢的吃茶，出了半日的神，又笑道："罢了，你且去罢。晚饭后你来再说罢。这会子有人，我也没精神了。"贾蓉应了一声，方慢慢的退去。（《红楼梦》第六回）

（7）那刘姥姥先听见告艰难，只当是没有，心里便突突的，后来听见给他二十两，喜的又浑身发痒起来，说道："嗳，我也是知道艰难的。但俗语说的，'瘦死的骆驼比马大'，凭他怎样，你老拔根寒毛比我们的腰还粗呢！"周瑞家的见他说的粗鄙，只管使眼色止他。凤姐看见，笑而不睬，只命平儿把昨儿那包银子拿来，再拿一吊钱来，都送到刘姥姥的跟前。凤姐乃道："这是二十两银子，暂且给这孩子做件冬衣罢。若不拿着，就真是怪我了。这钱雇车坐罢。改日无事，只管来逛逛，方是亲戚们的意思。天也晚了，也不虚留你们了，到家里该问好的问个好儿罢。"一面说，一面就站了起来。（《红楼梦》第六回）

在例（6）中，王熙凤与贾蓉是婶婶与侄子的辈分关系，长辈对晚辈本可使用严肃、直接的表达方式。但王熙凤在向贾蓉发出指令时，在祈使句中均增添了语气词"罢"。我们不妨通过删除对比来看"罢"在该祈使句中的作用。

你且去罢。/你且去。

晚饭后你来再说罢。/晚饭后你再来说。

显然，在删掉"罢"的句子里，语句的表达方式非常直率，命令语气突出，成了典型的命令句，体现出了说话人认为自己有支配听话人的权利。这并不符合封建社会中女性在与男性对话时必须遵循的要求，也不符合王熙凤与贾蓉之间亲密的关系。因为语句表达缺乏得体性，就无法实现最佳的修辞效果。

例（7）中王熙凤三处表示建议的句子也都增添了语气词"罢"，如果去掉语气词，语句也都成了不容抗拒的命令句。但是从语句的具体内容来看，无非都是家常闲聊，王熙凤此时若采取发号施令的方式，既没有必要，也会破坏两人之间这种闲谈的气氛。所以，以"罢"结尾的三个表示建议的祈使句在语气上更为委婉，既能体现出王熙凤在刘姥姥面前的优越地位，也不失礼貌、亲切，实现了话语的最佳表达效果。王熙凤这种八面玲珑、善于周旋的个性一览无遗。

在《红楼梦》第二十三回中，贾政、王夫人和宝玉之间有一段对话，其中贾政与王夫人在话语中使用"罢"的相异之处，非常明显地体现了两人的地位与个性、性别方面的区别，展示了语气词在塑造人物形象上的神奇之处。

（8）贾政道："丫头不管叫个什么罢了，是谁这样刁钻，起这样的名字？"王夫人见贾政不自在了，便替宝玉掩饰道："是老太太起的。"贾政道："老太太如何知道这话，一定是宝玉。"宝玉见瞒不过，只得起身回道："因素日读诗，曾记古人有一句诗云：'花气袭人知昼暖。'因这个丫头姓花，便随口起了这个名字。"王夫人忙又道：<u>"宝玉，你回去改了罢。老爷也不用为这小事动气。"</u>贾政道："究竟也无碍，又何用改。只是可见宝玉不务正业，专在这些浓词艳赋上作工夫。"说毕，断喝一声：<u>"作业的畜生，还不出去！"</u>王夫人也忙道："去罢，只怕老太太等你吃饭呢。"宝玉答应了，慢慢的退出去，向金钏儿笑着伸伸舌头，带着两个嬷嬷一溜烟去了。（《红楼梦》第二十三回）

贾政认为"袭人"这一名字过于讲究而不符合其丫环的身份，便盘问并斥责宝玉。王夫人为缓和贾政的不快情绪、保护宝玉，便着力从中进行调节。贾政身为荣国府的长子，在贾府的地位举足轻重，个性老成持重。他对宝玉说话使用了不加语气词"罢"的命令语气强烈的祈使句，严肃、不容反驳，充分体现了他在贾府的权势地位以及身为父亲的威严。王夫人身为荣国府的长媳，其地位也不容小觑，但在与贾宝玉对话时，话语风格与贾政截然不同。王夫人一共对宝玉发出了两个祈使句，其一是劝说宝玉别惹贾政生气，同时也劝说贾政不必苛求宝玉。同样是表达劝说和建议，王夫人对宝玉而发的语句使用了语气词"罢"，对贾政而发的语句没有使用语气词。按照常理，在讲究"三纲五常"的封建社会中，身为丈夫的贾政在身为妻子的王夫人面前具有无上的权威，但这份对夫权的畏惧之情与对儿子的宠爱之情相比较，其情感的力度显然要弱几分。所以，王夫人才对宝玉使用了一个更为柔和的表达方式，凸显了其爱子之心。其二是对宝玉发出了一个与贾政的话语语义相同的祈使句，但语气词"罢"让这个带有命令语气的祈使句变得柔和起来，身为母亲的慈祥与身为女性的柔婉都在这个句子中得到了体现。

总之，从《红楼梦》中人物话语中语气词"呢"和"罢"的使用情况来看，语气词的使用既在整体上呈现了当时的时代背景下男女有别的态势，也强化了林黛玉爱憎分明的个性特征，弱化了贾宝玉身为男性应该具有的阳刚之气，展现了王熙凤非凡的家族地位与八面玲珑的交际手腕，也对照出了贾政与王夫人的父严母慈。可见，意义虚幻而运用灵活的语气词，对于典型的、鲜活的人物形象的塑造有不可忽视的修辞价值。

参考文献

1. 白解红. 性别语言文化与语用研究［M］. 长沙：湖南教育出版社，2000.
2. 陈望道. 修辞学发凡［M］. 上海：上海教育出版社，1979.
3. 吕叔湘. 中国文法要略［M］. 北京：商务印书馆，1982.
4. 邵敬敏. 现代汉语疑问句研究［M］. 上海：华东师范大学出版社，1996.
5. 孙汝建. 性别与语言［M］. 南京：江苏教育出版社，1997.
6. 吴礼权. 修辞心理学［M］. 昆明：云南人民出版社，2002.
7. 曹志赟. 语气词运用的性别差异［J］. 语文研究，1987（8）.
8. 方梅. 北京话句中语气词的功能研究［J］. 中国语文，1994（2）.

The Rhetorical Value of Modal Particles on Characters Creating
——A Case Analysis of *Stone Story*

Xie Yuanchun

(*School of Liberal Arts*, *Zhejiang University of Media and Communications*, *Hangzhou*, 310036)

Abstract: In the dialogues between the main characters in *Stone Story*, two Chinese modal particles "ne" (呢) and "ba" (罢) are most frequently used. Based on quantitative statistics and analysis of examples, it is believed that the application of these two words has two main rhetorical values: One is to show the status and personality of the characters to make them so vivid; the second is to show the orientation of the characters' genre culture to make them more real.

Key Words: *Stone Story*; Modal Particles; Characters creating; Rhetorical value

现代汉语修辞

"洪荒之力"与"蓝瘦香菇"在台湾

刁晏斌①

（北京师范大学文学院　北京　100875）

摘　要： 文章以 2016 年流行词语"洪荒之力"和"蓝瘦香菇"为例，考察其在台湾"国语"中的引进、吸收和发展变化情况，进一步印证海峡两岸民族共同语已经进入双向互动的新阶段。透过语言表象，两岸民众及媒体的彼此关注，是两岸语言交流与交融的民意和心理基础，而在此基础上，两岸民族共同语还会不断地、进一步地化异为同，体现出更大的向心性，进而表现出更大、更多的一致性。

关键词： 普通话；台湾"国语"；"洪荒之力"；"蓝瘦香菇"

一、引言

近年来，笔者比较关注海峡两岸民族共同语的融合问题，特别是台湾"国语"对大陆特有形式和用法的引进、吸收与进一步使用。在前不久发表的一篇论文中，我们基于对较多语言事实的考察，得出以下结论："目前台湾'国语'对大陆词语的引进和吸收已经步入'快车道'，不仅引进词语的范围拓展、数量增加、质量提高，而且引进后的融入过程也在加速，融入程度也在不断加深。上述事实清楚地说明，两岸民族共同语融合的天平，由最初大陆向台湾一方倾斜，到现在已经基本平衡，处于一种积极的双向互动之中，也可以说是两岸民族共同语化异为同的进程明显提速。"（刁晏斌，2017）

本文试图利用最新语言事实，对上述结论作进一步证明，我们选择的考察对象是 2016 年的网络流行语在现实媒体上的使用情况。2016 年 12 月 20 日，由国家语言资源监测与研究中心、商务印书馆、人民网联合主办的"汉语盘点 2016"活动结果揭晓，入选的十大网络流行语分别是"洪荒之力、友谊的小船、定个小目标、吃瓜群众、葛优躺、辣眼睛、全是套路、蓝瘦香菇、老司机、厉害了我的哥"。此外，另一份较有影响力的排行榜

---

① 作者简介：刁晏斌（1959— ），山东烟台人。现为北京师范大学文学院教授、博士生导师，现代汉语研究所所长，辽宁师范大学、吉林大学兼职教授。兼任中国修辞学会副会长。

单，即《咬文嚼字》编辑部公布的2016年十大流行语，是"洪荒之力、吃瓜群众、工匠精神、一言不合就××、友谊的小船说翻就翻、供给侧、葛优躺、套路、蓝瘦香菇"。

两份榜单中，"洪荒之力"都居于首位，而"蓝瘦香菇"也都位列其中，本文即以这两个流行语为例，考察其在大陆和台湾的使用情况。

我们之所以选择这两个流行语，大致有以下几点考虑：

其一，二者均为新生词语形式，有非常清楚的历史边界，这样就不存在与某些已有词语在形式或意义上的历史纠葛，从而干扰或影响对其意义或用法的界定和厘清。

其二，二者都是地道的大陆原生新词语，这样就可以确定其在台湾"国语"中是从无到有的；另外，其产生和流行的时间节点也非常清楚，由此也非常便于考察和分析其在台湾"国语"中的引进以及发展变化过程。

其三，二者在构成机制、语义倾向和语体风格上基本形成对立（或者说处于互补分布）。这里指的是，"洪荒之力"完全符合传统的词语构成方式，趋向于表达"正能量"，更适用于"正式"的语体及表达；"蓝瘦香菇"则是解构性的"将错就错"形式，表达的是负面情绪，风格上是谐谑性的。二者合一，自然在使用范围上形成更大的覆盖面。

汤志祥（2009）把普通话吸收海外华语词语分为三个层级，一是开始进入，二是已经进入，三是融入。我们把大陆词语进入台湾后的使用和发展情况，概括为引进和吸收两个阶段，前者主要是"引用"，即在大陆语境下的直接搬用；后者则是"自用"，即脱离大陆语境的自主性使用，包括一般性的使用和变化性的使用（刁晏斌，2015）。以下我们仍用"自用"和"引用"的表述形式，再加上"化用"（即变化性的使用，是"融入"的具体表现），来说明考察对象的使用及发展情况。

二、"洪荒之力"

据已有的梳理和表述，陌生化程度非常高的组合形式"洪荒之力"最早出现在2008年12月31日独家首发于晋江文学城的玄幻小说《花千骨》中，大致是指天地初开之时那种足以毁灭世界的力量。2015年同名的改编电视剧热播，这部作品以及"洪荒之力"才为更多的人所了解。不过，到此时，这一形式只限定在"小众"范围内，而在现实的语言交际和表达中鲜见使用。比如，我们查阅了知网中包含159家中央级报纸、459家地方报纸的"中国重要报纸全文数据库"，在2016年8月11日之前，没有发现这一组合形式的用例。

"洪荒之力"的井喷式增长和流行，始于 2016 年 8 月 8 日。里约奥运会女子 100 米仰泳半决赛后，中国选手傅园慧接受采访时的一句"我已经用了洪荒之力"，随着她接受采访时丰富的"表情包"一起不胫而走，一下子红遍网络世界，并且很快就走进现实世界的语言运用中。

仅仅时隔 2 天，就出现了网络世界以外的现实用例。例如：

（1）连续两年实现"双千亿"四川旅投的"洪荒之力"（中国旅游报，2016 - 08 - 11）

2017 年 2 月 7 日我们通过"百度一下"，一共得到相关网页约 3 600 000 个，新闻约 337 000 篇，足见其用量之大，也正因为如此，它才有资格在上述两个榜单中居于首位。

那么，"洪荒之力"在台湾的使用情况如何？

2017 年 2 月 5 日我们对台湾包含 8 家报纸、3 份期刊的"联合知识库"进行检索，共得到含"洪荒之力"的文本 88 个，第一次对"洪荒之力"的使用是 2016 年 8 月 10 日，与 8 月 8 日只相隔 1 天：

（2）中国大陆游泳选手傅园慧在里约奥运仰泳项目创出 58 秒 95 的个人最佳纪录，进入决赛。赛后受访时她相当喜悦，对于自己的努力直呼："我已经、我已经用了洪荒之力了！"表情语气率性夸张，网友大赞"很可爱"，更形容是"会游泳的表情包"。（Upaper，2016 - 08 - 10）

次日，该报继续发文关注傅园慧及此语，其中有以下一段：

（3）中国大陆游泳选手傅园慧在奥运赛后受访爆红，一句"用出洪荒之力"更受关注。景美女中国文教师陈嘉英表示，洪荒有很大的意思，也可说是最原始的状况，通常是形容宇宙世界，但没有听过"洪荒之力"这种用法。陈表示，虽然不是一般用法，但傅将这句话用得很有生命力。（Upaper，2016 - 08 - 11）

此例中引用语文老师的话说以前从未听过这种用法，说明了台湾的实际情况（其实对大陆的许多人，包括笔者本人，何尝不是如此），在接下来的一段中又指出它的来源是大陆电视剧《花千骨》。

上述用例均属"引用"，这是大陆词语进入台湾的第一步；第二步则是"自用",即脱离上述引用背景的自主性使用,此时往往是移用到其他方面或表示其他事物。这样的用例在同一天该报系的另一家报纸《联合报》中就出现了,此后一直比较常见。例如:

(4)彭于晏……新片《危城》不仅弄得像荒野大镳客的胡须男,还在动作导演洪金宝要求下打到昏天黑地、打出动作新高峰,光端人就端了53回,还打到手指爆裂见骨,可谓使尽"洪荒之力"。(联合报,2016 - 08 - 11)

(5)中国国民党主席洪秀柱13日晚间于花莲市展开辅选行程,表示国民党使出"洪荒之力",竭尽所能全力辅选国民党花莲市长候选人魏嘉贤。(自立晚报,2016 - 08 - 13)

(6)在运动品牌企业围绕奥运赛事"砸钞票"的品牌营销中,漫天烽火在所难免,就看谁能使出"洪荒之力"了。(经济日报,2016 - 08 - 14)

在引进和自用之初,往往要加引号以示特别,一旦去掉了引号,则往往表明有了进一步的知晓度和认可度,而这样的例子也在几天之后就出现了,并且越来越多,以至于成为主要的使用形式。例如:

(7)政府要员在一场与资方的密会中,竟能让资方负起"社会责任",解决前朝用了洪荒之力也解决不了的问题,岂不让人猜疑。(经济日报,2016 - 08 - 20)

(8)深港通的开通,早于市场预期,这不禁令人相信,中国已使出洪荒之力,希望透过深港通这个魔法,再度活络中国资本市场的荣景。(经济日报,2016 - 08 - 29)

(9)为何美股能够再创新高?难道是叶伦使出了她的洪荒之力吗?(经济日报,2016 - 09 - 08)

(10)至于何谓最适的平衡点,需要主政者向劳工和企业主剀切说明,这当然不是容易的事,主政自须极尽洪荒之力沟通。(联合报,2016 - 11 - 16)

(11)他认为开放青农与社会对话,穷尽洪荒之力想尽办法后,若还无法解决缺工问题,未来引进外劳才有正当性。(自立晚报,2016 - 12 - 17)

短时间内的高频使用,使得词语发生变化的可能性大增,而进一步的发展就是上文所说的"化用"。例如:

（12）《狼图腾》是由中法两国合拍，为了真实重现洪荒之力，剧组从哈尔滨引进上百匹野狼，从狼崽出生后12天，就开始进行繁殖、培养狼演员，在2009年起总共三年时间，养了三批狼，与演员配合演出。（经济日报，2016－08－14）

这里的"洪荒之力"显然与傅园慧所使用的意思有比较明显的差异：似乎更接近"洪荒"的原义，即强调一种原始、自然的力量。

以下一例大致也是在这一意义上的使用，这一点，由句中同时出现的"原始""原生"也可以得到佐证：

（13）"情感营销"指的是启动非意识的"情感系统"，也就是启动大脑的原始码，是人类的原生力量，也是促成购买动机的"洪荒之力"。（经济日报，2016－09－12）

以下用例则是转指人类自身以外的力量，也是"深度自用"后才可能有的变化：

（14）美国企业获利超犀利，第2季财报超乎市场预期，刺激美股爆发洪荒之力，三大指数上周四罕见地同步改写历史新高，国际资金亦强力回流助阵，带动美股基金上周狂扫49.9亿美元，重新夺回全球股票基金吸金王宝座。（联合晚报，2016－08－15）

以下一例中，"洪荒之力"似乎已经衰减：

（15）国泰证券App选股　不费洪荒之力（自立电子报，2016－09－26）

此例的"不费洪荒之力"虽然还不能说多么接近于传统所说的"不费吹灰之力"，但是这种否定性使用的"力道"起码与上述肯定性的使用相比有较大程度的减弱，正文中有一段话也可以作为佐证："国泰证券善用巧思，推出可跨'指标'、'题材'与'排行'三大面向选股的'股票快选App'，至今已突破7万多人次下载，近期更新增'股市日历'、'每日晨讯'、'盘后分析'与'推播讯息'等服务，协助投资人轻松掌握市场最新动态。"提供了这么多服务和便利，使投资者"轻松"，所以使用者自然就不必费多大的力气了。

除意思的变化外，也有用法的变化，如以下的用例中"洪荒之力"就

由宾语变成定语:

(16) 李炫谚在奥运场上关注每一位选手,他说,从菲尔普斯、洪荒之力傅园慧、日本选手金藤理绘,都给他思索未来方向和看待事情的角度。(联合报,2016 - 09 - 08)

化用的另一种表现,是以原形的全部或部分为构成要素,组合成新的语言单位,如以下的标题:

(17) 大陆奥运金牌团将访港 港人想看洪荒妹 (联合报,2016 - 08 - 12)

但是,这里的"洪荒妹"应该另有来历。这篇报道是该报驻香港特派员所写,正文中还有"奥运获金牌运动员获邀访香港,港人要求'洪荒之力妹'傅园慧加入"的句子。以"××妹"称呼某些方面的年轻女性,是粤语用法,所以这里的"洪荒之力妹"以及"洪荒妹"应当是来自粤语的。与此相同的还有下例的"洪荒姐",应该也是由香港"舶来"的:

(18) 洪荒姐周六访港 门票炒到四千元 (联合报,2016 - 08 - 24)

通过以上的简单梳理,我们可以清楚地看到,在很短的时间里,大陆网络流行语"洪荒之力"在台湾"国语"中就完成了从引用到自用再到化用的全过程,因此这是一个两岸语言"即时性"交流与融合的绝好例证。

三、"蓝瘦香菇"

据网络问答平台"知乎"介绍,2016 年 10 月 5 日,广西南宁电动车专卖店导购员韦勇在微博上发了一段视频,诉说自己的情感波折,其中多次说到自己"难受、想哭",但其广西/壮语普通话却说成了大致同于"蓝瘦、香菇"的音,颇有"笑果"。这段视频上传后,引起网友广泛关注并大量转发,各大论坛和微信平台也纷纷撰文加推和介绍,使得"蓝瘦香菇"一时成为网络热词,不仅在网络世界呈井喷式爆发,并且在极短时间内迅速辐射到现实世界的语言应用中。

据报载,不仅在网络上几乎即时出现了同名的网络歌曲和诛仙手游,而且在现实世界,10 月 13 日就有深圳市蓝瘦香菇实业有限公司在深圳福田注册成立，十天之后又有某大学食堂推出大受欢迎的"蓝瘦香菇盖浇饭"。

平面媒体中，当然也少不了对此语的使用。以下是"中国重要报纸全文数据库"所收报纸中的最早用例：

（19）"蓝瘦 香菇" 宋城演艺三季度迎基金公司扎堆"上门" 汇添富民营活力减持38.7%（证券日报，2016－10－17）

此外，在高频使用中，它还迅速地产生了组合能力，构成了"蓝瘦香菇哥、蓝瘦香菇小哥、蓝瘦香菇称号、蓝瘦香菇交警版、蓝瘦香菇警察版、蓝瘦不香菇"等衍生新词语。前述我们2017年2月7日"百度"的结果，"洪荒之力"的网页和新闻分别为3 600 000个和337 000篇，而"蓝瘦香菇"的这两个数据分别为4 560 000个和622 000篇，均比前者高出不少，说明它在网络世界有着更高的流通度和使用频率。

以上就是"蓝瘦香菇"入选2016年两大流行语榜单的背景。那么，它在台湾的情况又是怎样的呢？

"联合知识库"中，截至2017年2月4日，含"蓝瘦香菇"的文本共22个，首次使用是2016年10月23日的《联合报》，文章的标题是"从洪荒之力到蓝瘦香菇"，其第一段是这样的：

（20）脸书上首次出现"蓝瘦香菇（难受、想哭）"这字汇后，很快就出现艺人邰智源唯妙唯肖的搞笑之作，更具创意的是，模仿无病呻吟的大陆男子，竟能与新政府上台后，急欲取消七天国定假日的议题结合。讽刺味浓厚，更令人捧腹莞尔。（联合报，2016－10－23）

这当然还属于引用的范畴，但是由于其已经被艺人移用于其他方面，显然已经不是最初"登台"了。

联合知识库首个自用的例子见于10月30日：

（21）《狼王子》在近5个月的拍摄下，安心亚全力配合演出颇获同组工作人员的好评，现在戏杀青，安心亚与张轩睿都"蓝瘦、香菇"！（联合报，2016－10－30）

此后的用例再如：

（22）国民党议员昨炮轰县长林聪贤多项政见跳票，江碧华列出愧对宜兰市民十大罪状，吴秋龄批执政"蓝瘦香菇"，县民难过想哭。（联合报，2016－11－23）

（23）自蔡政府上台以来，诸多政策与作为，不但不符人民期待，却反其道地悖离人民福祉，于是民众走上街头抗争，竟然叫民众没事别上街头；虽然口口声声说要"谦卑再谦卑"，却又让人感觉"蓝瘦香菇"呀！（联合报，2016－11－29）

（24）没抢到门票的大批歌迷在社群网站哀嚎留言跪求加场，大喊"一票难求，蓝瘦香菇"；也有不少网友将矛头指向抢票黄牛，呼吁大家拒绝跟黄牛买票。（Upaper，2017－01－16）

与"洪荒之力"不同，"蓝瘦香菇"在使用中经常是"加注"的，即用括号注明"难受想哭"，如下例：

（25）洪秀柱表示，党去年一年历经挫败，面对各种挑战与艰难困苦历程局面，真是"蓝瘦香菇（难受想哭）"。（联合报，2017－02－02）

至于为什么要采取这种舍简求繁的方式，我们将在下文的"认识"部分进行讨论。

与"洪荒之力"一样，"蓝瘦香菇"也在具体的使用中产生某些变体，从而表现出"融入"的趋势。

以下一例采取了颠倒加注的形式：

（26）一年一度的"海中黑金"鳗苗捕捞期已在本月1日开始，但到昨天为止，嘉义区渔会及县府渔业科统计的捕获数量依旧挂零，很多渔民自我解嘲说："香菇（想哭）、蓝瘦（难受）！"（联合报，2016－11－23）

相比于此例的颠倒顺序，以下几例的变化更大：

（27）这"香菇"真"蓝瘦"！天候转凉，民众喜欢吃火锅暖胃，医师最近接获2名进食后腹痛就医案例，在计算机断层上赫然见到整朵完整香菇卡在小肠，医师提醒民众务必细嚼慢咽，否则不只难受，还可能造成肠穿孔，甚至引发腹膜炎。（联合报，2016－12－06）

"这'香菇'真'蓝瘦'"无疑是一种新的变体形式。此句说的是有人在吃火锅时，把香菇整个吞下，从而造成腹痛。这里的"香菇"显然由"虚"转"实"，而文章的标题为《火锅料用吞的　真的蓝瘦香菇了》，其中的"香菇"虚实兼备，形成双关。

（28）洪秀柱说，过去一年，"蓝瘦香菇得很"，但还是挺过来，相信民众高兴看到国民党现团结和谐。（联合影音，2017－02－02）

（29）上周私房新闻我写了篇《又被邦交国分手了，魔法部蓝瘦香菇》之后，被昵称"魔法部"的"外交部"持续深陷暴风中，显然失去魔法的"外交部"只有"更蓝瘦"、没有"最蓝瘦"。（联合晚报，2017－01－01）

以上两例中，前一例采用了述补结构，而后例的变体大致可以概括为截取、添加。

以下二例在功能上由原来的陈述变成了修饰和限定：

（30）随后黄子佼换上另一套"蓝瘦香菇"装，笑称要帮未得奖者打气。（联合报，2016－10－30）

（31）"蓝瘦香菇自强家庭故事！"嘉义家扶中心选拔10户自强家庭。（联合报，2016－11－24）

例（30）中的新闻，台湾《中时电子报》2016年10月30日也有报道，标题为"佼佼蓝瘦香菇装搞笑金音奖"，正文中相关的句子是"他换上名为'蓝瘦香菇'的蓝西装，为杠龟的音乐人打气"。文章还配有图片，图片显示，主持人黄子佼所穿的西装颜色与网上流传的"蓝瘦香菇"图片（即一个带头像的蓝色蘑菇）的颜色几乎完全相同，相信这就是西装得名的由来。另外，此例不仅功能变化，表示的意义也有变化：只取其色而无其义，即并不表示"难受想哭"之义。

以下一例也是如此，所不同的是既取其色又取其形，但不取其义：

（32）JAMEI CHEN. SOFT 即日起举办"HELLO：Goodbye"展览，媒材为透过羊毛原毛进行的软雕塑作品，将梦境变为可触摸的真实样貌，其中一幅蓝紫色菇蕈造型的作品，轮廓相当优美，仿佛是童话中会出现的森林里的老婆婆，也让人联想到"蓝瘦香菇"，颇富意趣。（联合报，2016－11－16）

这篇报道的题目是"羊毛软雕塑　蓝瘦香菇　能摸能抱"，因为文中所介绍的羊毛软雕塑作品是"蓝紫色菇蕈造型",所以才会让人联想到"蓝瘦香菇",而这里的此语显然没有任何实际的意思。

另外,这里的"蓝瘦香菇"在功能上也由陈述变为指称了,以下两例也有同样的变化:

(33)展望2017,小英政府……在对社会造成强烈冲击,人民的小事,政府的大事,台湾人的"蓝瘦香菇"!小英政府是否能够感同身受?(ET-NEWS新闻云,2016 - 12 - 29)

(34)马贤王郝吴柱全到,洪秀柱:挺过"蓝瘦香菇"了。(联合影音,2017 - 02 - 02)

"蓝瘦香菇"的总体用量和使用频率虽然不如"洪荒之力"高,却在更短的时间内经历了"引用—自用—化用"的全过程。

四、对上述现象的两点认识

(一)两个流行语在台湾使用情况小结

结合大陆的使用情况,我们把上述二语在台湾"国语"中的使用情况总结为以下两点:

1. 两个流行语已经深度介入台湾语言生活

这一点,由上边的讨论和所举用例(特别是那些在意义和形式上有所发展变化的例子),已经能够比较充分地说明了,但是证据和表现并不止这些。

2017年1月1日的《联合晚报》A7版有一篇文章题为"字找乐子",是关于"2016夯词奖"的,其TOP10中,第6和第7正好是本文讨论的两个流行语,原文采取填字组词的形式:

卯上全力:□□□力(提示:泳将脱口秀)

变调伤心:蓝□□□(提示:痴男说爱)

2017年1月9日《联合报》R20版的"好读周报"中有个"下课时间/填字图"栏目,其中第二个图就是"蓝瘦香菇",对它的解释是"网络爆红语词,难受想哭"。

不仅见于面向一般民众的普及性语言游戏,"洪荒之力"甚至已经入诗。《联合报》2016年12月22日D3版"联合副刊"刊登了一首题为"无题九行"的诗,其第一行就是"我把星星远古的洪荒之力,捏在手心里"。

这种与本地新生词语混杂在一起的语文游戏,甚至于成为"诗的语言"，都反映了台湾人民对来自大陆地区新词语的欢迎和接纳。

"洪荒之力"和"蓝瘦香菇"深度介入台湾语言生活，重要人物在正式场合的使用应该也是一个重要的指标和佐证。以上所引用例中，均出自国民党主席洪秀柱之口，以下再举一个类似人物使用"蓝瘦香菇"的例子：

（35）政府拍板劳保费率从明年起每年调升零点五百分点，工总秘书长蔡练生昨天估算，雇主一年将增加负担五百八十一亿元，历经"一例一休"后，产业界怎还能承受这样的摧残，真是"蓝瘦香菇"（难受、想哭）。（联合报，2017 - 01 - 20）

2. 现实媒体中，台湾比大陆有更高的使用频率

上文分别给出了两个流行语在大陆的"中国重要报纸全文数据库"和台湾的"联合知识库"中使用量的统计数字，这里就此作一比较。

"洪荒之力"在"中国重要报纸全文数据库"中一共检索到168条结果，虽然绝对数量比"联合知识库"的88条多了近1倍，但是如果以前者618家报纸与后者仅有8报3刊的规模相比，其使用频率无疑要比在台湾"国语"中低得多；至于"蓝瘦香菇"前者只有5条结果，比起联合报系旗下报刊的22条结果更是少了许多。

以上对比说明，"洪荒之力"和"蓝瘦香菇"在大陆和台湾的使用都是不平衡的，而这当然不是没有原因的，以下就此简单讨论。

我们先说大陆的情况。

总体而言，大陆的平面媒体更加强调和尊崇语言规范，由此造成了对网络流行语反应相对迟缓，使用量偏低的情况，这无疑是两语使用量均不高的重要原因。再就两语的比较而言，"洪荒之力"的168条结果与"蓝瘦香菇"的5条结果相比，高出了三十多倍，考虑到二者产生和流行有两个月的时间差，对比虽然没有那么强烈，但是依然比较突出。这里的原因，大致可以从本文开头提到的选词考虑的第三点，即二者在构成机制、语义倾向和语体风格上基本形成对立来加以解释。比如，就构成机制而言，二者有"规范"与"非规范"之别，而如前所述，大陆平面媒体更注重规范，所以对二者不可能"一视同仁"。另外，"蓝瘦香菇"不够"正式"的谐谑性语体风格，也在一定程度上与大陆媒体整体、一贯的"正式"风格特点不太"兼容"，而这可能也是其用量少的原因之一。

再说台湾的情况。

如果把"稳定—规范"和"发展—变化"作为两端的话，台湾媒体更

加注重后者，求新求异的取向更加明显，而这也成了其"爱用"网络流行语的重要原因之一。前已述及，台湾媒体对"蓝瘦香菇"的使用，经常采用括号加注的"舍简求繁"形式，在一定程度上可以看作这一取向的表现：为了使用这一新奇的形式，又不致读者误解或不解，宁可牺牲文章和表达的简洁性。再就两者的比较来说，台湾"蓝瘦香菇"的使用频率比大陆媒体高得多，一方面是因为台湾媒体整体上的规范标准不如大陆严格，另一方面其与"谐谑"风格的兼容性更高。关于后一点，汪惠迪（2012：89）指出，台湾地区的媒体工作者思维常年处于活跃状态，点子又多又鬼，时有精彩的创意之作——一个词语或一个短语、一个绰号。

此外，还可以从二者的语义倾向上进行一定程度的解释。如前所述，"洪荒之力"与"蓝瘦香菇"有正能量与负面情绪之别，就台湾社会而言，特别是蔡英文上台以来，社会矛盾突显，社会的负面情绪及表达较之大陆更多。可以作为这方面证据的一个事实是，2016年台湾年度代表汉字大选活动中，当选汉字是"苦"，而该年度票选第1到第10名的代表字依序为"苦、变、闷、弯、狂、滞、劳、裂、革、转"，多为负面意思，与"难受想哭"的状态和心理极为吻合。自2008年这一年度代表汉字评选活动开始，评选出的代表字分别是"乱、盼、淡、赞、忧、假、黑、换、苦"，也是以负面情绪为主。

（二）由两个流行语的使用情况看两岸语言关系

时至今日，两岸语言一体化程度越来越高，从表面看来，上述现象与两岸之间网络传播和交流的快捷便利有直接关系，但真正的深层次原因是两岸相互关注和认同程度的不断提高。

我们曾经从语言规划、工具书收词、科技术语选择和确定以及一般的日常语言运用等方面，调查了台湾"国语"词汇与大陆普通话的趋同现象（刁晏斌，2015），最近就这一问题展开了规模更大且增加了历时视角的调查（刁晏斌，2017），最终结论即如本文开头所说，两岸民族共同语目前处于积极的双向互动之中。就台湾一方而言，首先就表现为实时关注大陆地区的语言生活，对产生、流行于大陆的很多新词语喜闻乐用。

大陆公布的流行词语评选结果，均于第二天就在台湾见报，以下是《联合报》关于两个榜单的介绍：

> 大陆语言文字规范类刊物《咬文嚼字》杂志社，昨公布"二〇一六年十大流行语"，洪荒之力、吃瓜群众、工匠精神、小目标、友谊的小船说翻就翻、葛优躺、一言不合就××等均入选。（联合报，2016－12－15）

以一字一词勾勒年度热点、描述大陆社会变迁的"汉语盘点二〇一六"昨在北京揭晓，蓝瘦香菇、洪荒之力、友谊的小船等入列年度十大网路用语；大陆首富王健林意外火红的"小目标"更当选年度词。（联合报，2016 - 12 - 21）

至于具体的使用，当然远早于此，这通过以下的报道可见一斑：

广西南宁一个男子在失恋后上网吐露心情，表示心里"难受想哭"，因特殊口音听来像"蓝瘦香菇"，在网上疯传、一夕爆红，连台湾网友也爱用。（联合报，2016 - 12 - 21）

据台湾 NOW news（《今日新闻》）2016 年 10 月 22 报道，台湾艺人邰智源模仿这段大陆视频翻拍成搞笑影片。影片中，邰氏也像原版男主角一样，躺在床上翻着白眼说"第一次为了一个女孩子这样香菇"，此外还有"你还把它取消更香菇"的句子。这个影片的点击率高达 260 万。

其实，"爱用"的并非只有台湾网友，也包括媒体从业人员甚至政治人物，这一点在上文所举的例子中已经清楚地显示出来。

时下，在台湾媒体中，对很多大陆新词语的喜闻乐用早已不是个别现象，再如台湾《自立晚报》2016 年 11 月 10 日的一段报道：

11 月 11 日的"1111 光棍节"虽是源自大陆，但近来也受到台湾年轻人关注，让许多单身男女产生共鸣，有人继续独自"蓝瘦香菇"在家上网购物，也有人积极想摆脱形单影只的"1"，变成"1 + 1"的甜蜜状态。不同于许多企业反对办公室恋情，永庆房产集团就鼓励企业班对，至今已甜蜜促成超过 230 对企业班对。员工在永庆，不仅有一份稳定的工作，还能"脱光脱鲁（摆脱光棍、脱离鲁蛇）"。

除"蓝瘦香菇"外，句中的"光棍节""脱光"等，也都来自大陆，而文中提到的"关注"及"产生共鸣"，正是两岸语言交流与交融的民意和心理基础。吴晓芳（2017）在谈到台湾当局虽然推行"乡土语言政策"，试图打压"国语"，但它仍呈稳定增长之势时指出："民意如流水，不论哪个政党执政，两岸民众早已彼此渗透，他们总是要来往的，这才是最大的民意基础。"

我们有理由相信，在这样的民意基础上，两岸民族共同语还会不断地、进一步地化异为同，体现出更大的向心性，进而表现出更大、更多的一致性。

参考文献

1. 刁晏斌. 台湾"国语"词汇与大陆普通话趋同现象调查［J］. 中国语文，2015（3）.

2. 刁晏斌. 海峡两岸语言融合的历时考察［J］. 云南师范大学学报（哲学社会科学版），2017（1）.

3. 汤志祥. 中国大陆主体华语吸收海外华语词语的层级、类别及其比例的考察［M］//李雄溪，田小琳，许子滨. 海峡两岸现代汉语研究. 香港：文化教育出版社，2009.

4. 汪惠迪. 语言的风采［M］. 北京：商务印书馆，2012.

5. 吴晓芳，林晓峰. 台湾70年语言政策演变与语言使用现实及其政治影响[J]. 云南师范大学学报（哲学社会科学版），2017（1）.

"Hong Huang Zhi Li" and "Lan Shou Xiang Gu" in Taiwan

Diao Yanbin

(*School of Chinese Language and Literature*, *Beijing Normal University*, *Beijing*, 100875)

Abstract：This article takes "hong huang zhi li" (the power of the prehistoric 洪荒之力) and "lan shou xiang gu" (blue thin mushrooms 蓝瘦香菇), the annual buzzwords of 2016 as examples to investigate their introduction, absorption and development in Taiwan Mandarin, and further corroborate that the common language across the Taiwan Straits has entered a new stage of two – way interaction. Through the representation of language, the fact that the people and media on both sides are concerned about each other, is the public opinion basics and psychological foundation of language communication and convergence across the strait. On this basis, the common language across the strait will further and constantly change from diverse to accordant, reflecting greater concentricity, and thus show greater consistency.

Key Words：Putonghua；Taiwan Mandarin；"hong huang zhi li"；"lan shou xiang gu"

新媒介背景下的汉语词汇发展变化研究①

孙银新②

（北京师范大学文学院　北京　100875）

摘　要：本文讨论新媒介背景下汉语词汇的发展变化。研究对象主要是信息网络时代产生的新词语，以及借用现代汉语的原有词形表示出来的网络语境中的新义。内容主要包括以下几个方面：一是新词语的形式丰富，呈现出多元化和多样化的特点；二是词义变化的方式、类型和修辞的关系；三是新词语对现代汉语原有的词汇系统的影响，主要表现为同音词的增加、同义词的增多；四是新词语的构词和造词分析，造词上以修辞格仿似和类推法、简缩法最为常见；五是新词语理据性较强，在构成上具有鲜明、生动形象、多样化的特点；六是新媒介背景下的汉语新词语在辞书编纂中的入典问题。

关键词：新词；词义；同音词；同义词；构词理据；修辞

一、引言

本文讨论新媒介背景下的汉语词汇发展变化。研究的主要对象是信息时代网络语境中现代汉语词汇的新词问题，以及一些原有词的词义变化。

信息网络时代出现了许多不同于共同语普通话词汇的新成员，也因此人们把这种语境中利用特定的词进行交际的话语称为网络语言。如果说网络语言是一种比喻的说法，用于广义的交际形式，这当然可以接受，也无可厚非。如果从严格意义上的语言学理论的角度来看，网络语言的提法就会碰到一些问题和麻烦，从理论上说是有很多欠缺的。因为任何一种语言，都至少有语音、词汇、语法这几个基本要素，每个语言要素也都各自

①　本文是国家社科基金项目"现代汉语常用词的构成理据研究"（13BYY123）的成果之一。
本文曾在新媒介背景下的汉语发展演进与修辞创造全国学术研讨会（2014年8月15—18日，中国·大连大学）上宣读。吴礼权教授、唐子恒教授、刁晏斌教授、徐正考教授等都提出了宝贵意见，谨此致谢。

②　作者简介：孙银新（1968—　），安徽芜湖人。山东大学文学博士。现为北京师范大学文学院教授、博士生导师。兼任中国修辞学会常务理事，中国语文现代化学会两岸语言文字研究会副会长兼秘书长。

独立，成为一个相对独立的系统，同时各个语言要素系统之间又有相互影响相互制约的关系。如果仅仅根据网络语境下一些特定的词语，而没有特定的语音系统和语法系统，就简单地命名为"网络语言"，很难想象这是一种什么条件下、什么意义上的"语言"，至少不能称其为严格意义上的语言学上的"语言"。也正因此，我们认为，通常意义上大众口头流传的"网络语言"，实际上只是一些网络词语及其修辞和语用。其实就是网络条件下的词语及其使用问题。因为，就现有的情况看，网络交际所用到的语音体系和语法体系，以及基本词汇体系，都与共同语普通话并无二致。从这个意义上说，网络用语很接近特定的社会方言词。由此看来，研究网络语言，实际上也只是研究汉语词汇的一种特定类集以及跟这类词密切相关的修辞问题。

基于这种理解和认识，本文将重点探讨信息网络时代汉语词汇发展中呈现出来的一些常见问题，期待学界关注，并从修辞和汉语词汇理论上作出解释。

本文讨论的问题主要有以下几个方面：新媒介背景下新词语的形式分析；汉语词义变化发展的方式、类型及其与修辞的关系；新词语对现代汉语词汇系统的影响；新词语理据上的多源性和不确定性；新词语的构词和造词问题；新词语在辞书编纂中的入典问题。

二、新媒介背景下新词语的形式分析

从现有的新词语来看，网络语境中的新词语形式丰富，呈现出多样化、多元化的特点，无论是从语音形式，也就是音节的数量上看，还是从词的书写形式即汉字或其他书写形式看，都能很好地印证这一点。

首先，从音节数量来看，新词有单音节的，如表（"不要"的合音）、超（作副词用，有"特别""非常"的意义，带有夸张意味。如"超好吃"）、哈（句末语气词）、萌、拍（指在网店挑选锁定物品，准备下订单购买）、亲（网上店铺的店主对顾客的称呼）、群（网络用户共享或发布信息的平台）、闪、晒、淘（在网上购物）、挺（支持、拥护）、囧（郁闷、悲伤、愁苦、不开心）、巨（副词，特别、尤其）、靠（叹词，表惊叹、感慨）、秀（表演、展示）、晕（不理解、不明白、糊涂）、赞（形容词，好）、宅（指整日窝在房间里、很少外出参与社会活动）。

也有双音节的，如博客、微博、跟帖、淡定、楼主、房姐、房叔、表叔、宅男、宅女、剩男、剩女、刚需、躺枪、秒杀、认贷、学霸、网签、喊话、颜值等。

也有三音节的，如高富帅、白富美、表情包、矮穷矬、范跑跑、单身狗、月光族、去库存、小清新、小鲜肉等。

当然，更有一些新产生的四音节的，如细思恐极、喜大普奔、十动然拒、人艰不拆、不明觉厉、人肉搜索、累觉不爱、男默女泪、手机银行、捂盘惜售等。

从书写形式来看，大部分词是用汉字书写的，当然也出现了一些西文字母形式的新词，如 PK、PS、CD；还有一些是西文字母夹杂阿拉伯数字的新词，如 MP3、MP4、PM2.5、H7N9、3D、4G 等；或者是汉字形式与西文字母形式并用的，如 E 时代、U 盘、IP 地址、IP 电话。

要注意分清的一种情况是，如雷（出乎意料，使人很震惊）、楼（网络论坛中由多个帖子组成的层状结构，形似楼层，故名），这种情况不算是新词，只能算作旧词产生了新义。因为这样的新意义与词原有的意义之间存在明显的语义联系，所以应是多义词内部的义项增加。下一节将详细分析。

总的看来，新词语形式多样，不仅打破了现代汉语词汇以汉字为书写形式的基本格局；同时也向现代汉语词汇发展以双音节为主的基本规律和趋势提出了挑战，这样的发展最终会不会突破现代汉语词汇的一般规律，需要时间来检验，要看这些新词语在现代汉语中的发展趋势，需要研究者更多地关注，不断跟进，历时地观察其在语言中到底是生存还是消亡，才有可能得出较为科学的认识。在目前的条件下，还不宜匆忙下结论。

再有，以上这类四字格出现后，已经有人把其中的一部分看作成语了。如此，现代汉语传统意义上的成语的适用范围也将被打破，而且人们现有的关于成语的内涵及意义特点也就需要重新界定。跟传统意义上的成语相比，毕竟这些四字格产生的时间还太短，目前尚不具备成语在传统意义上的长期习用、庄重典雅的重要特点。由此可见，这些新增语言单位的形式变化已经给传统意义上的词汇研究提出了全新的课题，为当今的现代汉语词汇研究增添了不少新的研究内容。

三、新媒介背景下汉语词义变化发展的方式、类型及其与修辞的关系

新媒介背景下汉语词汇的发展除了增加新词以外，也有旧词增加新的词义的情况。由此，使得汉语词汇在意义上的变化发展表现出以下两种情形：

一是在现代汉语某个词已有词义的基础上新增一个义项，并且这样新

增的义项和原有的义项有一定的语义关联。比如：

草根：《现代汉语词典》第5版并未收录，可能倾向于认为这是一个词组。第6版收录，并给出了两个义项：①草的根部。②指平民百姓；普通群众。可见，这个词的变化速度很快。实际上，《现代汉语词典》第6版的义项②跟网络语境中的实际语义还是有不小的差距。一种说法是，这个词直接译自英文的 grass roots。[1] 字面意思是指高等植物中非栽培植物的草本植物的营养器官，有固定植物、吸收土壤中的水分和养分等功能。由于草根在土壤中一般长得不深、很浅，草根的这个特点，被人们用于喻指没有复杂的社会背景或者可靠的社会关系、出身寒门、收入微薄的平民。

时下，在网络语境中使用时，也还有人认为草根有以下两种含义：一是指与政府或决策者相对的某种力量、阶层、组织或团体。这层含义与意识形态联系紧密一些，人们平常说到的一些民间组织、非政府组织等都可以看作"草根"。有学者就把非政府组织（也称非官方组织，即 NGO）称作"草根性人民组织"。另一种含义是指与主流、精英文化或精英阶层相对应的弱势阶层。[2]

晒：原指把物品放在阳光下照射，使之吸收光和热或干燥。现喻指为了增加透明度，而将比较隐秘的事物或东西有意地公开，挂在网络上展示。比如网络上常有的"晒工资条""晒婚纱照""晒毕业照"等用法。原义和新的用法意义都含有"不隐瞒、公开示人"的意思，语义联系很紧密，也很明显。

现实网络语境中常有的用法意义是：把自己的淘宝收获、心爱之物，所有生活中的"零件"拿出来晒晒太阳，与人分享，特别侧重强调"炫一炫，显摆一下"的意思，类似于英语的 show（表现一下）。这个词是英语 share 的音译，跟共同语中该词的具体用法和意义相比较，网络语境中这个意义内涵和用法要灵活生动得多。

潜水：原指在水面以下活动。具有深藏不露的特点，网民由此将只看帖而不发帖的行为称为潜水。新用法和原义之间由于都具备"隐藏不暴露"这一共同点，因而形成了内在的语义关联。

浮云：原意指漂浮的云彩。而在网络语境中"神马都是浮云"这句话里边，作名词用的意义"浮云"由于引申，增添了作形容词用的意义"虚无缥缈"，二者之间有较为明显的语义关联。

二是新增加的词与原词从词形上看是相同的；从词义上看，却是不同

---

① 汪磊. 新华网络语言词典［M］. 北京：商务印书馆，2012：20.

② 引自 https：//zhidao. baidu. com/question/35408269. html.

的，并且后来产生的意义与原有的意义没有直接的语义联系。由此，相对于原有的词义，二者属于不同的意义范畴，证明这是一个不同于原词的新词，二者可以视为一组同音词。这已经是现阶段网络词语影响汉语词汇系统的一个很重要的方面。

如果再将词形和语音两个方面的属性结合到一起分析，汉语中新产生的同音词与原词有了两种不同的关联方式：同形同音和异形同音。比如：

粉丝：原指用绿豆等的淀粉制成的线状的食品。现在网络甚至口语中是指某人的追捧者或者崇拜者。网络中"粉丝"的这一用法与现代汉语中的原词之间很难说得出有什么内在的语义联系。较好的处理办法就是把它们看成两个意义完全不相干的同音词。这样的结论也同样可以从"粉丝"一词的历史来源上得到验证。

从来源上看，这个意义上的"粉丝"就是英语 fans 的音译，香港就曾有人译为"饭屎"，显得较为低俗。这样翻译，恶搞的用意很明显。这样的"粉丝"与现代汉语中作为食品的"粉丝"原本就不是同一个概念，而是"狂热，热爱"之意，后引申为影迷、追星族等意义，原本多指女影迷、女歌迷、女追星族等。微博粉丝则是指在微博中关注你的人。可见，这个粉丝是现代汉语中的外来词，也是一个新词。它与现代汉语原有的表示食品意义上的"粉丝"完全同音同形，也完全是一种巧合。外来词"粉丝"和共同语中原有的"粉丝"在语音上重合的情形，与现代汉语里表示粮食稻米的"米"和国际单位制中长度单位的"米"，其道理是一样的。所不同的是，两个"粉丝"在语音上的重合并不排除网民有意这样使用的可能性。其实际发展的最终结果都一样，即由于这样的译音与汉语原词同音，导致现代汉语词汇系统中新增了一对同形同音词。这是新增同音词的第一种情况。

再看下面这几个词：杯具，神马，围脖。

杯具：原指盛水的器具，后因与"悲剧"一词谐音，而在网络语境中成为"悲剧"的代名词，主观地表示不如意、不顺心或者失败，或者是委婉地表示对某方面的不满。既可以作名词用（如：人生是张茶几，上面放满了杯具），也可以作形容词用（如：杯具地喝汤，被烫了）。

神马：原指马之特异美善，非凡马可比者。或神异祥瑞之马；迷信中的灶神所驭之马。现在网络语境下常用于指称"什么"。"神马都是浮云"意指什么都不重要。

围脖：谐音"微博"。

这些后出现的网络词与原词在词形上不同，可是语音形式有的相同，如"杯具"和"悲剧"；或只是相近，如"围脖"和"微博"。从现代汉语词汇学关于同音词要求严格遵循语音形式完全相同的原则来看，"杯具"和"悲剧"说成是同音词，没有什么问题。可是要把"什么"和"神马"、"围脖"和"微博"也看成是同音词，不大符合同音词的严格条件，充其量只能视作广义的异形同音词。为稳妥起见，不妨暂时称之为同义近音词。这样的提法好不好，还可以进一步深入探讨。当然，就汉语原有意义的"围脖"与谐音表示"微博"这个意义的"围脖"来说，二者是完全的同形同音词，是两个词，不是一个多义词，二者不可混淆。

无论是汉语的原词在网络语境下新增某种意义，使得词的义项数量得以增加；还是导致汉语词汇中的某些词新增了与之同音的另一个新词，不难看出，以上两种情形都与汉语修辞有着密切的联系。

前一种词义的变化，都是依靠汉语修辞格比喻来实现的。这从以上词义的变化分析中已经可以清楚地看到。如"草根""晒""潜水""浮云"的原义和新产生的意义之间都比较容易找到其中的语义关联，都有一定的相似点。这在前面已经分析过了，这里不再赘述。

后一种则主要是借助于谐音或者仿词的形式一致加上类推的方式来完成。比如前面分析过的"粉丝"和"神马"，还有"围脖"等都是利用谐音的方式创造出来的。而利用谐音法，仿照"悲剧"的"杯具"被创造出来后，以它为核心的一系列同音词也相继形成，并在各大网站论坛上迅速传播，这其中像"洗具"代替"喜剧"，"餐具"代替"惨剧"，"茶具"代替"差距"等，不仅利用了谐音，也利用了修辞格的"仿词"。由此，现代汉语中"洗具""餐具""茶具"这一组具有相同词素的同族词也都相应地因为类推模式"×具"而一一出现，使得"喜剧""惨剧""差距"等词各自增加了相应的同音词或同义近音词。

其他修辞格如借代也可以形成新词新义，如用"美眉"指称美女，就属于这种情况。但总的看来，使用借代格的概率较低，不如比喻用得普遍广泛。

四、新媒介背景下新词语对现代汉语词汇系统的影响

不仅要考虑这些词语和修辞的关系，我们还应该看到随之而来的另一个问题。

网络语境下，新词语的产生方式也比较独特。那么，这样产生的词语出现以后，如果能够进入现代汉语词汇系统，并能够在现代汉语词汇系统中保留下来，那么，势必会对现代汉语词汇系统造成一定的影响。从现有的研究来看，这种影响主要表现为这样产生出来的词跟现代汉语词汇系统

中原有的词具有怎样的聚合关系。

就"草根""晒""潜水"等词来看，由于网络语境下新的意义与用法与现代汉语原词不仅词形相同，而且意义上也有一定的相似点，有关联之处。因此可以看成现代汉语中的多义词增加新的义项的变化发展模式。在这种变化模式下，并没有增加现代汉语里词的总量；而只是增加部分多义词的义项，丰富了多义词原有的意义和内涵。

而就"粉丝"而言，由于网络语境下使用的意义与现代汉语原有的词之间实际上毫无关联，其来源也并不相同，虽然从词形和语音形式上看，都是一致的，但也只能看成同形同音词，也只有这样看才是合适的。这就是说，这类词的变化会直接影响到现代汉语中词的总量的增加，还会影响到词汇系统中的一些聚合系统内部成员的数量变化。比如"粉丝"就是一对新增的同音词。《现代汉语词典》（第6版）也正是这样处理的。其他如"表哥""表叔""青蛙""大虾""斑竹"等也都使得同音词子系统中增加了相应的同音词聚合体。

至于在网络语境下，用谐音法另造的新词，如果这样的词与现代汉语原有的词纯属替代关系，从理论上说，这二者是等义词的关系。根据等义词的发展规律，还是应该或保留或淘汰。只有这样，才符合语言的经济原则。事实上，在规范的现代汉语语境中，不允许夹杂使用网络语境中的词，所以从这一点看，"悲剧"和"杯具"、"喜剧"和"洗具"的两种不同意义还是可以认为分别带上了不同的语体色彩。也就是词的色彩意义不同，而其对应的可以替换使用的词汇意义则是相等的。从这一点来看，这类仿词的出现，无形中增加了现代汉语中义项对应的同义词，使同义词类型子系统的义项对应的同义词中增加了新成员，形成了新的同义词聚合。关于义项对应的同义词，在葛本仪先生的《现代汉语词汇学》中同义词部分，有详细的分析可以参考。①

五、新词语理据上的多源性和不确定性

新媒介背景下的汉语词，还有另外一个特点，其理据往往并不单一，有的甚至有着多种可能性。而且各种不同的理据对于显示词义，理解词的形成过程也都有较强的解释力。对于研究者而言，也正是由于这种多源性的特点，汉语在形成这样的词时于无形中增加了不确定性，给研究带来了困难。例如：

---

① 葛本仪. 现代汉语词汇学 [M]. 济南：山东人民出版社，2004：202－207.

"杯具"一词的来源，根据目前百度上掌握的有关材料，所能见到的就有以下七种。①

起源一：易中天在《百家讲坛》上说了一句"悲剧啊！"创意灵感源于此。而其句子模式源于张爱玲的名言"人生是一袭华美的袍，上面爬满了虱子"。最早出现的一个仿句是："人生是一张茶几，上面摆满了杯具。"

起源二：2008年一部名为"看你妹之巫妖王择日再开"的魔兽视频，视频中牛头人一口四川话"悲剧啊！"风靡NGA，后用到各个地方，逐渐变化为"杯具"。2009年12月，主流BT网站的关闭，则使得"杯具"的流行达到顶峰。

起源三：在高校的一堂美学课"喜剧与悲剧"上，"悲剧"被学生用于说明不幸的事情，后逐渐演化为"杯具"。

起源四：在2009年萌战中，轻音主力大小姐琴吹绅，在小组赛遇到了天才麻将少女中的一个配角东横桃子，然后被东横桃子淘汰。由于这一结果非常悲剧，再加上大小姐每一集都有自带杯具去活动室倒茶，于是出现了"杯具"一词。

起源五：早在2005年，电影《独自等待》中就有一段关于"悲剧"的台词。陈文和刘荣在吧台前闲聊，两个人被突然凑上来的赵小三碰了一下，刘荣杯中的果汁洒了出来，刘荣说："还整出一悲剧。"其实这里已经开始对"悲剧"赋予新的意义了。

起源六：用搜狗拼音输入法，输入"悲剧"二字通常第一个显示为"杯具"，那些打字偷懒的就投机取巧直接用"杯具"谐音。

起源七：源自曹雪芹《红楼梦》，贾宝玉梦游太虚幻境时，警幻仙子让他饮的茶名为"千红一窟"，是"千红一哭"的谐音，又让他饮名为"万艳同杯"的酒，谐音"万艳同悲"。暗示了书中的女才子们虽才华出众却命运多舛。其中的"杯"因为谐音"悲"，可以认为曹雪芹这一句乃"杯具"的始祖。

用"杯具"表示"悲剧"的起源，不管可靠不可靠，一下子就有这么多种不同的理据。这其中，每一种说法都各有一定的说服力，每一种说法都有不同程度的合理性。这种现象说明该词在网络语境下有极强的影响力，也反映了网民对这个词的敏感、喜爱和态度。再如：

小强：多指蟑螂。

那么为什么"蟑螂"被称为小强呢？根据百度的搜索，原因也很多。②

---

① https：//www.zybang.com/question/80fb8d54b37d22acf53c9bc1660000d9.html？fr=iks&word=%B1%AD%BE%DF%CA%C7%CA%B2%C3%B4%D2%E2%CB%BC&ie=gbk.

② https：//zhidao.baidu.com/question/72324991.html.

据说最早把蟑螂叫作小强的，是广东和香港特区。其正式名称是蜚蠊，"小强"是别名，源于周星驰的电影。1993 年的电影《唐伯虎点秋香》中，周星驰所饰演的唐伯虎为进入华府当杂工而假扮卖身葬父的可怜人，却遇到了卖身葬全家、连伴身多年的狗都当场死亡的强有力的对手，于是周星驰灵机一动，把身旁不小心被踩死的蟑螂称作小强，并视之为多年饲养的宠物，而为之哭泣。香港小孩叫小强的很多，很普遍。为把自己对那只被踩死的蟑螂的喜爱表现出来，周星驰采用了"小强"的命名，属于信手拈来。然而关于蟑螂被叫作"小强"的原因，网友们给出的理由非常充分，足有十种，列举如下，由此可见一斑。

（1）蟑螂的历史有数亿年，而人只有几百万年——强；

（2）蟑螂有 3 700 余种，杂食，只要是有机物几乎都吃——强；

（3）可以在 12 mol/L 的 HCL 溶液和 18 mol/L 的 NaOH 溶液中活上 30 秒——强；

（4）水下至少可以活上 30 分钟——强；

（5）在 100℃的炉子里可以活上很久——强；

（6）要用传统兵器打死蟑螂，也就是拖鞋，需要 29.4 牛顿的力——强；

（7）蟑螂爬的速度比人奔跑的速度略慢，但是不包括在垂直墙壁上爬的速度，在水中蟑螂如履平地，蟑螂甚至长有翅膀可以飞翔——强；

（8）蟑螂的头断了以后，身子和头可以分别活上好几天，最后的死因是饿死——暴强；

（9）蟑螂拥有梯状神经系统，在大脑取出后，仍可以通过分布于身体各处的神经来控制运动及生理功能——巨强；

（10）蟑螂可在真空（非绝对真空，如宇宙）下存活至少 10 分钟——强。

综合以上各种说法，知道蟑螂虽然体型小，然而生命力不是一般的强，故名为"小强"是有理由的。

"打酱油"虽然不是一个独立的词，而是一个短语，意思是"路过"。可是要追究其理据，也有六种不同的来源。这在百度上也都可以检索到，这里就不再一一逐条列举了。

当然，在以上所列出的"杯具"和"小强"的这些理据中，不排除有的是由于联想错误最终附会而成的，这属于"民间词源"或者"俗词源学"的研究对象，这当然超出了词汇学的研究范畴，而与民俗学产生了联系。① 可见，对于网络词汇的理据进行判断分析，很重要的一步就是区分哪些属于科学的词源学，哪些不是。唯有如此，才可能找出真正的词汇学意义上的理据。

可见，要辨析这类词的理据，相当复杂。究其原因，不外乎是网络时代信息传播速度太快，这类词受网民的关注多，以致在较短的时间内高频率地使用。

六、新媒介背景下新词语的构词和造词问题

新媒介背景下产生的新词，由于产生的时间较近，词源问题相对容易解决，因此比较容易确定其造词法，也较容易分析出词的内部结构。就大部分词的情况看是这样的。然而也有一些具体的词，这个问题不好解决。典型的如西文字母形式的词 PK、PS、CD、MP3、MP4、PM2.5，虽说找到与之相对应的外语词，也就找到了源头，造词问题就比较容易搞清楚了。然而构词法却不好办，用现有的构词法体系去分析还是有困难的，说不清是什么结构关系。除非是单纯词，无须分析其结构关系。

即便如此，在对不同的词作结构分析时，还会遇到很多特殊的情况。如网络用词"粉丝"，要分析其结构，将它简单地归并为偏正结构恐怕不合适。如前所述，"粉丝"就是英语 fans 的音译，从译音词的角度看，认为该词实际上仅有一个词素，也就是说，这只是一个单纯词。其中的"粉"和"丝"也都是不表意义的音节，不是一个词素。当然，对于作为食品意义的"粉丝"而言，与"粉条"属于同一结构类型，无疑应该为补充式。

与之相关的另一个词"屌丝"，这个词可以确定为偏正式。可以这样分析，双音节单纯词素"粉丝"形成以后，形式上被进一步简化，简化的原因最主要有二：一是语言经济原则；二是汉语词汇双音化规律的制约。② 这样，原本不表意义的单个音节"丝"也逐渐获得了意义，变化为可以用作构词成分的"丝"，进而构造出新词"屌丝"，因此是偏正式。这一过程与"蝴蝶"简化为"蝶"，用于构造"粉蝶""彩蝶"，"奥林匹克"被简化为"奥"，用于构造"奥运会""奥运村"等的情形是一样的。这一过程被称为译音成分的词素化。

新近流行的"光盘"与原有的光盘也不一样。原先的光盘作为偏正

---

① 张永言. 词汇学简论 [M]. 武昌：华中工学院出版社，1982：31–33.
② 孙银新. 现代汉语词素研究 [M]. 北京：中国文史出版社，2003：88–90.

式，而现在流行的"光盘"却是一个动宾式，意思是"把盘子里的食物吃干净，使盘子光亮光亮的"，理据不同，尽管读音和词形都相同，但词的结构不同。可见，新媒介背景下产生的词，其构词和造词也很值得关注。

"表哥""表叔"则是另一种情况，作为亲属称谓分别指称"表亲中的兄长"和"表亲中的叔父辈"；而专指杨达才的"表哥""表叔"实际上是对以嗜好名牌手表出名的贪腐官员的讽刺和调侃，所以，尽管这两种意义上的"表哥""表叔"从构词法上看，都可以理解为偏正式合成词，但是其中的理据是完全不同的。

至于造词法，则主要以修辞的仿词、比喻、类推等为主，不排除有较多的谐音。利用仿词格造词的如：十面埋伏——十面霾伏、汉奸——民奸、坑爹——拼爹、官二代——富二代、艳照门——棱镜门等。

简缩也是很重要的一种。现有的四字格也较多地使用这类方法创造出来，如细思恐极、不明觉厉、男默女泪、累觉不爱、人艰不拆、十动然拒。

类似这种简缩式的四字格，无论是构词还是造词分析，都值得进一步观察和深入研究。

七、新媒介背景下新词语在辞书编纂中的入典问题

从现在的情况看，有很多新媒介背景下的汉语新词语出现的时间还不长，还需要时间检验，以便观察其是否可以进入现代汉语的词汇系统。第6版《现代汉语词典》也曾尝试收录了少量的词，但引起了学界不小的争论。如词典收录"宅男""宅女"，却不收"剩男""剩女"。收录"粉丝"，表示"迷恋崇拜某个名人的人；或者指追星族"这一意义，却没有收录表示"什么"意义的"神马"，也不收录表示"版主"意义的"斑竹"。这说明《现代汉语词典》的编纂者对于选词有一定的取舍，至于取舍的标准和原则是什么并不明确。很明显词典编纂中究竟应该以怎样的原则去取舍，就是当下辞书学和词汇学领域很值得研究的核心问题。

就本文以上讨论所涉及的词语而言，究竟可不可以收入词典，我们认为现在还不宜匆忙下结论。不管怎样，现阶段，我们认为编纂词典，首先要遵循现代汉语词语规范化的三条基本原则：一是必要性原则，二是意义明确原则，三是全民普遍使用的原则。因为这些原则符合汉语社会全体语言使用者的共识。其次，在收录词条时，还要兼顾以下几条原则：

（1）不能低俗，更不能媚俗。如对"屌丝"这一类的词选择入典就要慎重。

（2）使用频率高、语义明确、理据性强的词，可以适当予以增收。如"草根""白富美""高富帅""正能量"。

（3）应该符合现代汉语规范化的标准，不仅要考虑词的语音，还要考虑词的书写形式。一些非汉字书写形式的词语更应该谨慎处理，如 MP3、PM2.5 等，目前词典编纂中还不好处理。尽管在各类媒介传播中，这些词使用的频率不低，但最好不要急于收入词典。尤其是这些词的读音，要不要标音，应该如何标音等问题，都不好处理。如何处理，现在也还没有一个一致的规范标准。

（4）由于谐音关系而产生的同音词或同义近音词现象也要谨慎处理，不宜操之过急。虽说"杯具""洗具""围脖""童鞋"这样的网络用词现在的使用范围也比较广泛，但作为规范的《现代汉语词典》以及其他语文工具书，暂时还不宜收录。最好的办法是继续关注，看看这些词在汉语中究竟怎样发展变化，再根据语言发展的实际决定其能不能入典。

上述情况表明，现代汉语词汇学和辞书学、修辞学在今后相当长的一段时间内，都还面临不少亟待解决的共同课题。唯有加强词汇学和辞书学、修辞学的学科联系，兼收并蓄，实现学科间的优势互补，才是解决新媒介背景下汉语新词语入典问题的最好途径。

参考文献

1. 葛本仪. 现代汉语词汇学 ［M］. 济南：山东人民出版社，2004.

2. 孙银新. 现代汉语词素研究 ［M］. 北京：中国文史出版社，2003.

3. 孙银新. 论修辞格对汉语词义的影响 ［C］. //吴礼泉，李索. 修辞研究：第一辑. 广州：暨南大学出版社，2016.

4. 孙银新. 论网络词汇对现代汉语词汇系统的作用 ［C］. //李向玉. 澳门语言文化研究（2015）. 澳门：澳门理工学院，2016.

5. 汪磊. 新华网络语言词典 ［M］. 北京：商务印书馆，2012.

6. 张永言. 词汇学简论 ［M］. 武昌：华中工学院出版社，1982.

7. 中国社会科学院语言研究所词典编辑室. 现代汉语词典 ［M］. 5 版. 北京：商务印书馆，2005.

8. 中国社会科学院语言研究所词典编辑室. 现代汉语词典 ［M］. 6 版. 北京：商务印书馆，2012.

A Study on the Development and Changes of Chinese Vocabulary under the Background of New Media

Sun Yinxin

(*School of Chinese Language and Literature, Beijing Normal University, Beijing*, 100875)

Abstract: This paper discusses the development and changes of Chinese vocabulary under the background of new media. The main study objects are the new words produced in the information network era, and the new meanings borrowed by its original form of modern Chinese in network context. The main content includes the following aspects. First, the forms of new words are rich, showing the characteristics of pluralism and diversification. Second, the patterns and the types of the changes of the meaning, and the relationship between rhetoric and the changes of the meaning. Third, the influences of new words on the original vocabulary system of modern Chinese. The main influences are the increase of homophones and synonyms. Fourth, analysis of new words' formation and creation. Parody, analogy and abbreviation are the most common methods in words' creation. Fifth, the motivation of new words is strong, and the formation of new words are vivid and varied. Sixth, whether the new Chinese words can put into dictionary in the background of new media.

Key Words: New words; Word's meaning; Homophone; Synonym; Word's motivation; Rhetoric

当代网络流行语三字缩略词的生成机制

杨文全　马云超　杨　昊①

（西南大学汉语言文献研究所　重庆　400715；西南交通大学人文学院　成都　611756；四川大学文学与新闻学院　成都　610064）

摘　要：流行语的发展反映了整个社会的风貌，它记录了一段时间内社会文化风尚。本文通过背景、结构、成因三个维度，对当今网络流行的三字缩略词进行了分析。以统计的方法总结 2003—2015 年三字缩略词递变中表现出的由少到多、由单一到灵活的特点；以逻辑分析、归纳演绎的方法分析其结构，揭示其缩略成词的动因、机制与规律。

关键词：网络流行语；三字缩略词；结构分析；语义透明度；防御机制

一、引言

语言是社会的镜子，反映一定历史时期下社会上形形色色的人和事，折射出"社会人"复杂的心理因素、感情变化。因此，我们常常可以通过一定的语言特征判断文章所属的年代，或者为了追求年代感而加入特定词汇。随着网络日益普及，网络交际成了社会交际中相当重要的一环，大量新鲜的表达形式出现，令很多常年频繁使用网络的人也目不暇接。其中，像"白骨精""高大上""城会玩"这类三音节形式成为近些年极其流行的表达方式。例如：

（1）你是爱美食，爱摄影，独立且美丽的"白骨精"吗？晒出你的拿

---

①　作者简介：杨文全（1963—　），四川乐山人。四川大学文学博士、历史学博士后。现为西南大学汉语言文献研究所教授、博士生导师，语言学及应用语言学学科带头人。兼任四川大学文学与新闻学院博士生导师、博士后导师，中国修辞学会副会长，中国语文现代化学会常务理事，全国语言理论与教学研究会副理事长，四川省语言学会常务理事兼学术委员会副主任。

马云超（1992—　），山东济南人。现为西南交通大学人文学院 2015 级语言学及应用语言学专业硕士研究生。

杨昊（1987—　），四川成都人。现为四川大学文学与新闻学院 2015 级语言学及应用语言学专业博士研究生。

手菜和自拍美照，惊喜大奖等着你哦！（搜狐美食，2016 – 02 – 26）

（2）探秘平壤机场新航站楼，回转寿司餐厅高大上。（新华网，2016 – 02 – 26）

（3）城会玩！手掌大的双肩包能用来做什么？（人民网，2016 – 03 – 01）

从 2003 年出现至今，网络流行三字缩略词在成词方式、词汇结构、所反映的社会心理及意识形态等层面都发生了剧烈的变化。本文拟从历史、结构、产生原因三个方面对其进行分析。

二、背景分析

"缩略"造词法在汉语中是一种非常普遍的造词法，古已有之，如"泰斗"是"泰山"与"北斗"的缩略，"檀施"是"檀越"和"施主"的缩略，"李杜"是"李白"和"杜甫"的缩略，"安徽"是"安庆"和"徽州"的缩略。现代缩略语更是层出不穷，如"邮编"是"邮政编码"的缩略，"超生"是"超计划生育"的缩略，"虫草"是"冬虫夏草"的缩略。但是，蒋向勇、白解红（2014）指出，当代网络三字缩略词的造词方式与传统的缩略词不完全相同，在提取了原形式的核心部分之后，网络流行语比传统缩略构词呈现出更多的临时性和松散性，甚至伴随着新意义的产生，具有比较强的不透明性和解读的随意性，如"白骨精"。

目前学界认为最具代表性的、最早的网络流行三字缩略词主要是"白骨精"和"蛋白质"两个，大约可以追溯到 2003 年。"白骨精"的意思被别解为"白领、骨干、精英"，"蛋白质"的意思被别解为"笨蛋（傻蛋）、白痴、神经质（弱智）"，由于其新奇性迅速在网络、媒体、现实言语交际中传播开来，也正是在这个时候"魔鬼辞典"风靡校园和青年职场。从罗树林（2014）统计的 87 个三字聚合词（他将连续多项"等重"的单位组成的结构称为聚合词）来看，在 2004—2012 年间这样的缩略"托形格"就极少出现，或者出现时间短暂，难以统计。但是他的统计中没有包含由短句缩合产生的"句缩词"。

2012 年，百度贴吧中李毅吧的一篇帖子让"高富帅"（意为"高大、富有、帅气"）"穷矮丑"（意为"贫穷、矮小、丑陋"）两个词迅速蹿红，作者借此表达了社会的现实和自己的不满，让很多感同身受的人模拟这种三字结构造出了"白富美"（肤白、富有、美丽）"土肥圆"（土气、肥胖、圆浑）"矮穷矬"（矮小、贫穷、短矬）"傻白甜"（傻气、白皙、甜美）"高大上"（高端、大气、上档次）等使用频率非常高的词，目前这些词仍在被使用。例如：

（4）高价买回"高富帅"种子，收的是"矮穷矬"玉米。（荆楚网，2015－06－18）

（5）从土妞到美人鱼，林允穿对衣服秒变白富美。（新华网，2016－02－29）

（6）初冬斗篷季，这样穿才能告别土肥圆！（搜狐时尚，2016－02－17）

而后，由于这类"拼缀"形式具有很强的能产性、字与字间有极强的独立性，又产生了"高帅穷""白富丑""黑穷丑"等三项单音形容词并列的结构，但普及率不高，随意性强，使用时间很短。

2013—2014年是网络流行三字缩略词逐步走向成熟的两年。期间出现了："何弃疗"意为"为何放弃治疗"，"细软跑"意为"收拾细软，抓紧逃跑"，"请允悲"意为"请允许我做一个悲伤的表情"，"来信砍"意为"来××处，信不信我砍死你"，"经拿滚"意为"经验拿好赶紧滚"，"战五渣"意为"战斗力只有五的渣滓"，"醒工砖"意为"醒醒，工头喊你搬砖"，"注孤生"意为"注定孤独一生"，"语死早"意为"语文老师死得早"，"李菊福（理据服）"意为"理据令人信服"，"秀分快"意为"秀恩爱，分得快"。以上这些有的是当年产出的新概念，有的则是早就有了原型，在这种三字缩略词表达的大潮中获得了新的形式，如"注孤生"。

2015年是网络流行三字缩略词井喷式爆发的一年。"然并卵"意为"然而并没有什么卵用"，"城会玩"意为"城里人真会玩"，"理都懂"意为"你说的道理我都懂"，"上交国"意为"上交国家"，"睡起嗨"意为"睡你××，起来嗨"，"脱裤看"意为"裤子都脱了，你就给我看这个"，"醉不行"意为"我也是醉得不行了"，"直膝箭"意为"我也曾经是一个这样的玩家，直到我膝盖中了一箭"，"乡话多"意为"乡下人话真多"，"腿玩年"意为"这腿够我玩一年了"，"没但玩"意为"虽然没什么价值，但是很好玩"。

以上这些词兴起于游戏、贴吧等网络"娱乐场所"，而后逐渐被媒体使用，使新闻达到精炼、新潮的效果。例如：

（7）"懒癌"患者何弃疗？6种癌症真是懒出来的。（光明养生，2015－10－08）

（8）中国债市风险蔓延，外资细软跑速度惊人。（第一白银网，2016－03－02）

（9）在这里，我们只借用"请允悲"的表意。（合肥晚报，2013 - 12 - 31）

（10）詹皇复杂表情令人感慨，骑士离开他就是战五渣。（腾讯体育，2016 - 02 - 29）

（11）同为 80 后的你，省点吐槽的口水吧，不想做"醒工砖"吧?（搜狐焦点，2015 - 02 - 13）

（12）陌陌：东北人半数人没对象，"游戏宅"注孤生。（中国网，2016 - 02 - 18）

（13）理据服! 郝海东为什么敢说英国人不会踢球?（搜狐公共平台，2015 - 04 - 28）

（14）不管是出于单身狗的怨恨也好，还是真的"秀分快"，有些情侣在公共场合可能真的要注意一下呦。（华龙网，2016 - 02 - 22）

（15）村民挖出 918 斤铜币赶紧报警：是国家的。"上交国"现实上演。（搜狐公共平台，2016 - 02 - 29）

（16）醉不行! 盘点谷歌、苹果和 FB 的 10 项有趣专利。（网易科技，2015 - 09 - 12）

（17）与"城会玩"相映衬的是"乡话多"，是家乡亲友热闹的唠嗑。（人民日报，2016 - 02 - 17）

这里必须指出，我们以上所列举的 2013 年之后产生的三字缩略词，并非网络上此类词的全部集合，而是考虑到是否有据可查、是否有较强的生命力、低俗程度等问题的筛选结果。并且，尽管有些词，如"经拿滚"等相较其他未能被罗列的词显得雅观些，但是由于所处语境往往较为不堪，而没有与之对应的例句。同时，"直膝箭""没但玩"由于语体、语用等方面的限制，没有在媒体上广泛使用的记录。

纵观整个网络流行三字缩略词的发展过程，我们可以发现三个特点：一是最近的三四年是三字缩略词产生的高频时间，2003—2011 年相对较少；二是以 2012 年为界，在此以前出现的此类结构多是三个词性相同的等重词汇截搭组合，在此以后多是短句的缩合；三是词素属性越来越随意，2015 年以前，所有由短句缩合而成的词都含有动词成分，2015 年含动词成分的词依然是多数，但也有"乡话多"这类不靠动词成分支撑的短句缩合词。

三、结构分析

（一）构词类型

网络流行三字缩略词从构词类型上看，可以将其分为"托形格"词和生造词。按照池昌海、钟舟海（2004）的观点，"托形格"词是指"借形托义、同形异构"的词，目的是表现得似曾相识、含义诡谲和出人意表。也就是说，造这类词必须要有一个与之对应的原型，"魔鬼词典"中收录的大多是这样的词，如"可爱＝可怜没人爱""偶像＝呕（偶）吐的对象（像）""神童＝神经病儿童""天才＝天生的蠢材（才）""贤惠＝闲（贤）着什么也不会（惠）""忠厚＝（脸皮）比钟（忠）还厚"。"白骨精"和"蛋白质"是其中三字词的代表。除此以外，第二部分列举的其他词，大都是生硬截取原型结构中的几个语素拼合在一起，如果没有相关背景知识，很难了解其具体含义，属于生造词一类。

（二）造词方式

从造词方式上，我们可以将其分为"词缩式"和"句缩式"。"词缩式"的特点是组成该词的每一个语素都由原型词语缩减截搭而来，如"高大上"是"'高'端＋'大'气＋'上'档次"，"白富美"是"'白'皙＋'富'有＋'美'丽"。由此可见，这类词多是"1＋1＋1"的等重形式，词性均相同，从结构和形式上看有相同的地位，如果不考虑韵律的和谐则可以随意调换位置，如"高富帅"与"高帅富"，可以根据语境的需要替换其中的部分词语，如"高富帅"与"矮富帅"，每一个词素都表现出一种极强的独立性。罗树林（2014）搜集的87个聚合词均属于这一类，他将这些词按照组成成分的词性，分为名词聚合、动词聚合、形容词聚合和复合聚合等情况。本文所提到的网络流行语中，"白骨精""蛋白质"属于名词聚合，"高富帅""白富美"属于形容词聚合。

"句缩式"是将网络上较为流行的短句压缩在三个字以内说完的缩略形式，多为先有人造词，而后约定俗成，成为一种网民默契。我们认为它的原型结构是"魔鬼词典"中类似于"可怜没人爱"这样的缩合方式，但是由于人们近十年来思想进一步开放，使用网络更为频繁，越来越多的传统概念和词语被解构，人们已经不需要"托形格"的帮助，为自己"酿的新酒"找到一个看似理所当然的"旧瓶子"，"句缩式"也就应运而生。从整体结构上来看有"1＋2""2＋1""1＋1＋1"三种形式，数量上基本呈现三足鼎立的态势。

划分为三种形式，主要考虑两个指标条件：一是至少有相邻两项具有语义联系，设这个条件为 X；二是至少有相邻两项可以不借助、不添加其他成分而直接构成汉语语法结构，设为 Y，且 X 的操作优先级高于 Y，因为对于一个待分析的词，我们首先想到的是词义，其次才是它内部的结构。于是，我们可以获得"1+1+1"形式的集合为 A = $\{\overline{X} \cap \overline{Y}\}$，必须同时满足非 X 和非 Y 条件；"1+2"或"2+1"形式的集合为 B = $\{X \cup Y\}$，只要满足 X 或 Y 其中的一个即可。

其中"1+1+1"形式的有 6 个："来信砍"（v+v+v），"然并卵"（conj+adv+adv），"睡起嗨"（v+v+v），"战五渣"（n+num+n），"没但玩"（adv+conj+v），"直膝箭"（adv+n+n）。

"1+2"形式的有 9 个："乡话多"（n+n+adj），"城会玩"（n+v+v），"理都懂"（n+adv+v），"醉不行"（v+adv+v），"秀分快"（v+v+adj），"语死早"（n+v+adj），"何弃疗"（pron+v+n），"注孤生"（v+adj+n），"腿玩年"（n+v+n）。

"2+1"形式的有 7 个："细软跑"（n+v），"上交国"（v+n），"脱裤看"（v+n+v），"李菊福/理据服"（n+v），"经拿滚"（n+v+v），"醒工砖"（v+n+n），"请允悲"（敬辞+v+adj）。

这里，我们必须说明两点：①以上所标明的词性均是还原到原型结构中提取的词性（如"来信砍"中的"信"，既有名词"信件"的意思，又有动词"相信"的意思，在此处应为后者），凡是词素或词组的则还原到词的层面讨论（如"战五渣"中的"战"要还原到"战斗力"）。②尽管我们将这些词分为以上三类，但是"2+1"和"1+2"两类内部以"2"的紧密程度为标准又分为两至三个梯队；梯队内部，紧密度不分伯仲，以上分类中，我们已经按照由紧到松进行排列。"1+2"中，"话多""会玩""都懂""不行"结合最紧密，为第一梯队；"分快""死早"需要加助词"得"，为第二梯队；"弃疗""孤生""玩年"则需要填补更多的内容，在某种程度上说它们已经向"1+1+1"形式游移，为第三梯队。"2+1"中"细软""上交""脱裤""理据"结合最紧密，为第一梯队；"经拿""请允""醒工"则相对疏松，并向"1+1+1"游移，为第二梯队。

由此我们可以发现若干规律。首先，我们发现这些"句缩式"结构中，有些词不但满足条件 X 还满足条件 Y，如"城会玩""理都懂""语死早"是典型的主谓结构，"醉不行"是典型的动补结构，"乡话多"是完整的"主谓谓语句"结构，"上交国"是典型的动宾结构，我们假设这一部分为集合 C，则 C = $\{X \cup Y\}$。

因此，我们可以得到"句缩式"的涵盖关系逻辑图，如图 1：

A

X=至少两项存在
语义联系

Y=至少两项存在
汉语语法结构联系

C

B   B

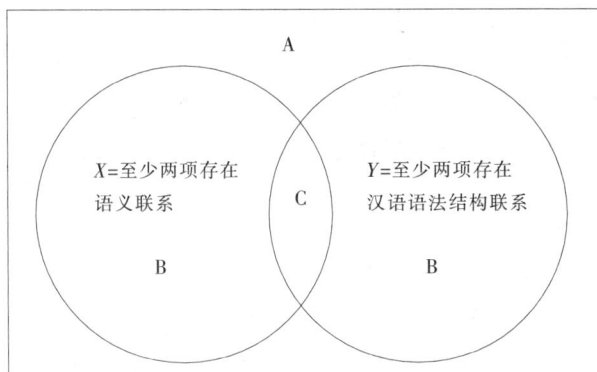

图1　句缩式的集合关系

　　其中，集合 A = ｛"来信砍"，"然并卵"，"睡起嗨"，"战五渣"，"没但玩"，"醒工砖"，"腿玩年"，"直膝箭"｝；集合 B = ｛"秀分快"，"语死早"，"何弃疗"，"注孤生"，"经拿滚"，"请允悲"，"醒工砖"，"腿玩年"｝；集合 C = ｛"乡话多"，"城会玩"，"理都懂"，"醉不行"，"细软跑"，"上交国"，"脱裤看"，"李菊福/理据服"｝。可以看出集合 B 对应②中提到的第二、第三梯队，而 C 集合对应第一梯队。

　　以上操作，我们可整理流程图为图 2 所示：

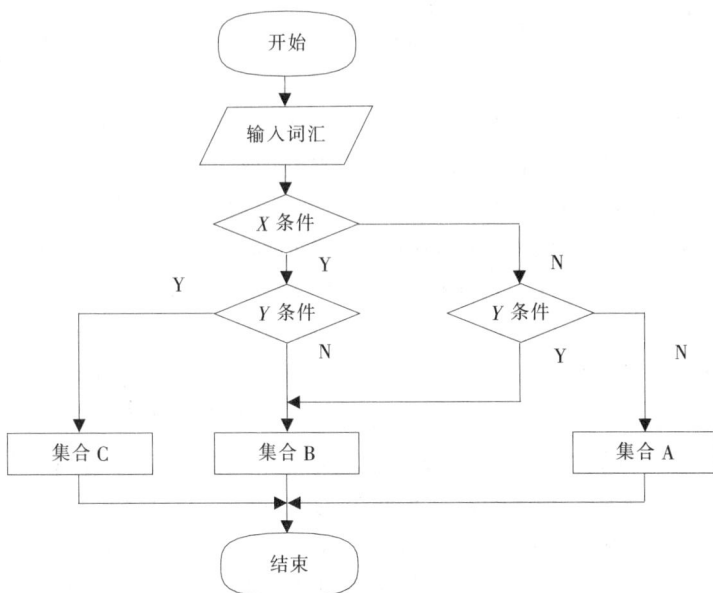

开始

输入词汇

X 条件

Y

N

Y 条件

Y 条件

Y

N

Y

N

集合 C

集合 B

集合 A

结束

图2　产生三个集合的处理流程

　　这里，我们必须对图 2 中"无论 X 条件判定结果如何都必须经过再 Y 条件"进行说明。这并不意味着对 X 条件的判定是无用的，而是利用这次判定起到"信息分流"的作用。通过先后两次判定，建立了四条路径：YY、YN、NY、NN，每个词汇按照是否符合相应条件，最终落入相应集合中。

　　其次，我们从结构简式发现其中有几种结构出现了两次以上：①"v + v + v"："来信砍""睡起嗨"；②"n + v"："城会玩""细软跑""李菊福/理据服""腿玩年"；③广义的"n + v"："经拿滚"（n + v + v 连谓结构）"理都懂"（n + 状中结构）"语死早"（n + 动补结构）"秀分快"（v + 动补结构）"乡话多"（n + 主谓结构）；④vp 结构："何弃疗""脱裤看""注孤生""上交国""醒工砖""腿玩年"；⑤动补结构："语死早""秀分快""醉不行"。由此可见，在句缩式结构中"n + v"的主谓结构及其广义结构占据半壁江山，"v + v + v"（连谓）、"vp"和"动补"形式也都是符合汉语最基本的语法结构的。这说明网络流行语造词的过程中，尽管看起来诡谲陆离，但绝大多数仍因循最基本的语言表达结构，这种结构深刻烙印在每一个汉语母语者最基本的认知中，因此即便求新求异，但仍在不知不觉中调用它，服务于自己的表达目的。特别值得注意的是，尽管有些"句缩式"词语从结构简式上是符合语法的，但是，从语义和逻辑上却完全讲不通，如"细软跑"尽管是 n + v 的结构，但是我们都知道"细软"不能"跑"，这只能算得上临时拼凑（真主语隐略）的主谓结构；又如"醒工砖"虽然是 v + n + n 的结构，但是"醒"与"工（头）"没有语义联系，只是临时拼凑的动宾结构。可是这也间接证明人们在创造这类词语时大多不考虑是否符合语法要求；之所以仍有一些词符合汉语语法，一方面是因为它们脱胎于语法语义正确完整的短句，另一方面是创造者潜移默化地调用了语法；认为这样的组合让它表达起来显得更舒适，而后被网民广泛接受，证明这样一种结构符合广大汉语使用者的集体无意识。

　　再次，由于三字缩合结构是一个原型结构核心意思极尽压缩的意义凝聚体，所以，其中的每一个成分都必然承担着极重的表意功能。尽管大多数时候，这样的表意功能很难让我们在离开具体背景和语境的条件下对它们作出正确的判断和把握，但是我们不能否认存在表意压力的事实；而且，如果三个字中出现一个意义相对较为空虚的字，就势必增加另外两个字的表意压力。我们认为，一般情况下，名词、动词、形容词、数词等具有更为实在的意义，副词、代词的表意则相对较虚弱，而连词、敬辞则更虚弱。上述 22 个"句缩式"词语中，出现意义相对虚弱的词有 7 个："请允悲""直膝箭""然并卵""何弃疗""理都懂""醉不行""没但玩"。

其中，意义相对虚弱的词没有依附动词而独立表意的有 4 个："然并卵""何弃疗""直膝箭""没但玩"。我们认为，正是表意压力的转移，导致无暇考虑这种缩合词的另外两个词是否符合语法或语义联系的问题，而首先要求能够尽力体现原型结构想要表达的意义，所以，这 4 个词中有 3 个属于 A 集合。

最后，"句缩式"的"1＋1＋1"结构不同于"词缩式"的"1＋1＋1"，这种不同表现在两个方面：一是绝大多数"句缩式"三个成分之间词性不完全相同，具有较大差异；二是所有的"句缩式"内部顺序不可以随便更改，因为它们的原型结构是表意完整的句子，并且按顺序抽取出相应的语素拼合而成。

（三）语义透明度

从语义透明度上，可以分为"全透明""半透明""不透明"三种。

"全透明"是那些我们可以通过字面意义揣测其基本内涵的词，如"高富帅""白富美""土肥圆""矮穷矬"等"词缩式"词语，从字面上我们就可以猜测这是在形容一个有某些特征的人。这些词有一个显著的特点就是全部为单音节形容词的聚合，这些单音节形容词往往可以直接代替原型出现，如"土肥圆"中"土＝土气""肥＝肥硕""圆＝圆浑"，让它们的表意功能十分明显。

"不透明"是指"托形格"或者"句缩式"的"1＋1＋1"结构，其三个字之间完全没有关系，意义相当隐晦，从字面无法推测原意。

"半透明"是指"句缩式"中的"1＋2"和"2＋1"结构，由于其部分结构有语义联系，所以意义相对透明，但游离出来的部分也使它不可能完全透明。而且由于紧密度梯队的存在，我们还必须将"半透明"分为三级："α 级半透明""β 级半透明""γ 级半透明"。

具体的透明度变化，我们可用图 3 中的数轴来展示：

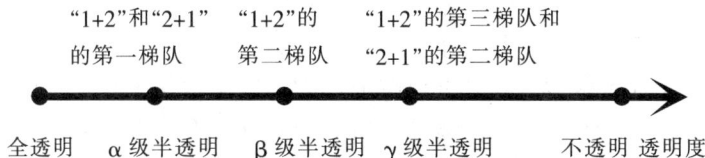

图 3　语义透明度数轴

（四）抽词机制

我们在前面提到，三字缩略词在表意上有着极大的负担，因此，选择哪个字来代表整个句子的意思才能既具有唯一性，又能最完整地保留语义，并不完全像我们起初认为的那样，是创造者完全随心随意的。对此，本文总结了四条网络流行三字"句缩式"词汇在缩略过程中遵循的规律，并按照约束力依次罗列。注意：不同于之前我们提到的操作优先级，这里是按照各项对词汇选择限制性的强弱进行排列的，即如果两项规则在某一个字的取舍上发生冲突时，应以约束力大的为准。对此，我们无法按照操作优先级排列，因为很多情况下它们是同时进行的。

1. 语义凸显机制（或"戏谑增强机制"）

网络流行语往往带有较强的戏谑、调侃意味，因此，但凡能够表现或凸显整个句子嘲讽意义的字都要保留。例如"请允许我做一个悲伤的表情"，表现哭笑不得的心情，常用于发生一些糗事之后，自嘲或者戏谑他人，而"请允（许）"恰好表现出使用者"傲娇、幸灾乐祸"等心情，故必须保留。同样的，如果有词汇阻碍、冲淡了戏谑意义的则要去除。例如"秀恩爱，分得快"表现了网民对四处炫耀恋情的情侣反感而嫉妒的心理，而在缩略中只保留了"秀"而删除"恩爱"，反映了"秀的是什么不重要，只要是秀了就要被诅咒"的网民心态，戏谑意味增强。

2. 特征词保留机制

特指某类人的词，如"工头""语文老师""城里人""乡下人"等；表示否定的副词，如"并没有什么卵用""没有什么价值""醉得不行"等；表示或临时表示转折意义的连词，如"然而并没有什么卵用"，"我也曾经是一个这样的玩家，直到我膝盖中了一箭"。以上这些都需要保留。另外，转折连词前面可以不保留内容，但后面至少有一个字，因为转折后的结果更重要。

3. 冗余成分去除机制

指示代词是冗余的，因为它有指向性，尽管"你""我""这"等可以泛指一切的人和事物，但在强调普适性的网络大环境下还是显得表意有些促狭。另外，偏正、后补、数量短语中的数词、不影响表意的副词、语气词和不确定成分，也都是冗余成分，如"醉不行"（醉得不行了），"腿玩年"（这腿够我玩一年了），"请允悲"（请允许我做一个悲伤的表情），"城会玩"（城里人真会玩）等等。有的缩略结构甚至可以直接通过冗余去除机制得到，如"脱裤看"（我裤子都脱了，你就给我看这个）。

语义机制的可操作性不强，因此我们可以根据去冗余机制来处理语句，当发生冲突时，以语义机制为准。如"道理我都懂"中"都"虽然是不影响表意的副词，但是由于它充分体现了"安慰别人容易，宽慰自己难"的无奈，而被保留下来；又如"然而并没有什么卵用"中"卵"也是一个不影响语义、只起强调作用的词，但是由于它演化自一个不雅词汇，带有极强的嘲讽戏谑意义而被保留。

4. 语义中心与单音化机制

抽取一个字代表整个词的时候要选取语义中心，如"工头喊你搬砖"中"搬砖"是因为"砖"更接近语义的中心，比"搬"在认知中拥有更高的显著度。如果没有明显的语义中心，由于汉语的双音词汇多是由单音词发展而来，可以采用相应的单音词来代表，如用"国"代替"国家"，用"弃"代替"放弃"，"疗"代替"治疗"；如果没有相应的单音词，则用该词的第一个字来代表，如用"战"代替"战斗力"，用"工"代替"工头"。

在本文列举的22个"句缩式"词语中，除"细软跑"外，其余21个均可因循以上机制简化而来。而"词缩式"的原型结构情况十分简单，只需要依照"语义中心与单音化"机制处理即可。

以上四条机制都是由汉语应用中最基本的原则、规律转化而来的，没有标新立异的部分。由此我们发现，看似偶然发生的流行语缩略词背后，必然蕴涵着根植于每一个汉语使用者认知系统最深层次的规律，使这些词成为缩略过程唯一可能的或相对最佳的结果。

四、成因分析

对于网络中流行的三字缩略语的成因，学界多有讨论。一般认为，其原因主要有三：一是从社会心理角度出发，看出当代人求新求异的语言心态和张扬个性的语用心理；二是从经济原则角度出发，认为时代的快节奏使人们惜字如金，缩略的表达加快了交流的速度，是一种提高效率的方式；三是从模因论的角度出发，认为语言词汇具有基因的复制传递性，如果某种结构具有较强的复制增殖能力，那么这种结构就可以不断创制出类似的词汇。

本文第二部分提到，网络流行的缩略词有以下特点：最近的三四年是三字缩略词产生的高频时间，2003—2011年的产词数量则相对较少。事实上，在三字缩略词风靡整个网络之前，四字缩略词是网络缩略词的主要成员，全民造词的热潮正是在创造"成语"的过程中逐步出现的。那么，为什么从2015年开始，四字缩略式逐渐销声匿迹，而三字缩略结构却炙手可热呢？

我们可以总结出民众在网络狂欢中逐渐厌倦了四字结构，寻求新的"潮流标记"，而三字结构以其不稳定性、不能得到很好的词汇化结果的原因，游移于减字拆分与加字聚合的两可选择之间，不仅被一般人所忽视，更极少被语言学者认真地讨论和研究，这样的"处女地"自然而然地满足了广大网民尤其是年轻网民的追逐心理。

但是，我们认为，这种缩减用字的缩略结构还体现了网民的心理防御机制进一步加强。从某种程度上说，缩略结构是一种社会隐语，体现着较强的社会性。它首先将经常上网的网民与不太上网或者不使用网络的人划分开来，后者在没有被普及相应背景的时候很难理解这些词汇。其次，这些词出自不同的使用环境，一些来自各类贴吧，一些来自门户网站，一些则来自微信、微博、"人人"等社交软件。尽管每一个使用网络的人都明白在网络上很难有秘密可言，任何言论都是公开的，但网民仍不知不觉中将自己放置在自己惯用的某些网络范围内，并认为这个网络范围是排外的。因此，在与"圈（范围）"内的人交流时，就本能地不希望被"圈（范围）"外的人理解，心理防御机制由此建立起来，于是相应地创造出一些相对生涩的词汇，如将丰富的意义压缩在几个字的空间内，在使用这些词与为数不多的了解此内涵的人交流时，就会有安全感。

此外，我国社会目前正处在转型时期，各项事业都在改革发展，期间必然会出现各种问题而难以做到各方利益的平衡。当无权无势的小人物认为自身利益受到一定损害，或者个人正当理想难以被社会接受和实现时，匿名的网络空间是一个排遣情绪的好场所。可是随着网络言论监管越来越严格，每一个网民都要为自己的言论负责，继续"赤裸"地发牢骚和抱怨可能触犯法律，于是就要在发表言论和法律准绳之间进行平衡，缩略词就成了他们找到的一种完美折中的表达方式。一方面，这些词将人们认为直接说出来可能不利于自身的话语压缩在一个生涩的外壳中，却准确地传达了自己的思想，如"社病我药"意为"社会病了我却要吃药"；另一方面，这样的压缩式的诡谲也透着每一个普通人无奈的自嘲、对生活的不满，如"人艰不拆"意为"人生已经如此艰难，就不要再拆穿"。心理的防御机制就在修饰言论的过程中不断被建立，当然，这样的机制建立的目的不是用来抵抗法律，而是用来进行自我规约和保护的。

从四字缩略结构转变为三字结构的过程中，我们发现三字缩略结构相对四字结构而言具有理解难度更高的特点，每一个字承载着更多的不确定意义。这样人为增加难度的做法无疑是排外心理扩张的表现，目的是仅让自己希望、认为能够看懂的人理解其中的内涵，从而形成一个假想的社交团体，这充分体现了现代人逐步加强的厚重的心理防御机制。

五、结语

语言随着社会的发展而变化，客观地反映着一定时期的社会风貌。网络三字缩略词自 2003 年出现以来，一直表现得不温不火，直到 2012 年之后逐年增多，组合方式、组成成分也在向多样化方向发展。从结构上看，这些词可以分为"词缩式"和"句缩式"。"词缩式"结构简单，语义透明度高；"句缩式"结构复杂，内部分类多，语义透明度低。长久以来，在提到这些网络缩略词时，人们更多的是用"随意的""不合语法的"等字眼来形容它们。但是，我们发现在这些看似任意而为的背后实际上存在着一套严谨、有序、清晰的衍生流程，并有语义凸显机制、特征词保留机制、冗余成分去除机制、语义中心与单音化机制共同制约着网络三字句缩词的形成，这对我们预测推演、重新认识网络流行缩略词有着极为重要的意义。

参考文献

1. 卜成林．现代汉语三音节复合词结构分析［J］．汉语学习，1998（4）.

2. 池昌海，钟舟海．"白骨精"与"无知少女"：托形格略析［J］．修辞学习，2004（5）.

3. 刁晏斌．当代汉语中比较流行的几种双音简缩造词现象［J］．语文研究，2009（3）.

4. 蒋向勇，白解红．从"高富帅"看网络拼缀词形式和意义的统一［J］．湖南师范大学学报（社会科学版），2014（1）.

5. 刘桂兰，蒋向勇．汉语新式缩合词的模因论阐释［J］．中国外语，2012（4）.

6. 罗树林．三音节聚合词语结构、语义特征及词汇化现状分析［J］．语言文字应用，2014（1）.

7. 马庆株．缩略语的性质、语法功能和运用［J］．语言教学与研究，1987（3）.

8. 吴礼权．比喻造词与中国人的思维特点［J］．复旦学报（社会科学版），2008（2）.

9. 杨文全，杨绪明．试论新词新语的消长对当代汉语词汇系统的影响［J］．四川师范大学学报（社会科学版），2008（1）.

10. 赵艳华．当代汉语解构式缩略语分析［J］．语言文字应用，2007（2）.

An Analysis of Three – Word – Abbreviations in Network Buzzwords in Contemporary Chinese

Yang Wenquan, Ma Yunchao, Yang Hao

(*Institute of Chinese Language and Literature, Southwestern University, Chongqing,* 400715; *Chinese Department of Humanities College, Southwest Jiaotong University, Chengdu,* 611756; *School of Literature and Journalism, Sichuan University, Chengdu,* 610064)

Abstracts: The development of network buzzwords in a certain period of time reflects the overall society and its cultural orientation. This paper tries to analyze the three – word – abbreviations in Chinese network buzzwords from three dimentions, i. e. cultural background, phrase structure and the generating mechanism. The statistic shows that, from 2003—2015 the number of three – word – abbreviations has increased, meanwhile, the meaning and usage of these three – word – abbreviations has changed from singular to diverse. In this paper tries to explore how these abbreviations come into being, to explain the generating mechanism and rules.

Key Words: Network buzzwords; Three – word – abbreviations; Structure analysis; Semantic transparency; Defense mechanism

网络流行语中四字仿成语格式缩略语的形式分析

杜文霞　谈　倩①

（江苏师范大学文学院　徐州　221116）

摘　要：近年来，网络语中四字仿成语格式缩略语越来越受到学界关注。前人对它的研究主要在构造方法、构造原则或者从语用、认知、心理等角度分析生成理据。文章拟从语言本体出发，从语法、语音、词汇三方面论证网络缩略语的特殊表达，探究此类四字格网络仿成语格式缩略语的形态特征。

关键词：网络流行语；四字格缩略语；形式分析；构建原则

近年来，随着网络的普及，各种网络用语层出不穷，有两字格"给力"，三字格"高富帅"，五字格"吓死宝宝了"，其中四字格缩略语因形式与成语相近，显得尤为引人关注，如"人艰不拆""累觉不爱""男默女泪""十动然拒""喜大普奔"等。

这类缩略语倾向于把整个句子缩略为短语，是一种形式简洁而含义丰富的成语变体。我们认为，网络四字格仿成语格式缩略语是指常在网络环境下使用，将汉语中音节较长的组合形式通过提取其代表性语素或词重新组合而成的形似成语的由四个语素或词构成的缩略语或缩略形式。②

有关这类缩略语的探讨已有了一些成果，殷志平（1999）研究总结了构造缩略语的方法和原则③；白解红（2009）根据网络语言的构词方式将其分为网络复合词、网络缩略词、网络谐音词④；王悦、周慈波（2014）认为"人艰不拆""十动然拒"类构词方式，既不属于传统的缩略构词，也不属于截搭构词，更像是一种"筛捡"的构词方式⑤；张芳、杨帆（2015）认为这类缩略语为"网络类成语"，并进一步把其分成"事缩类"和"句缩类"，以模因论和仿拟论具体分析其生成模式，并从社会、心理、

────────

① 作者简介：杜文霞（1964—　），博士。现为江苏师范大学文学院教授，汉语言文字学专业硕士生导师。研究方向：修辞学。

谈倩（1995—　），现为江苏师范大学文学院助理研究员。

② 白解红，张懂.汉语网络四字格缩略语的认知语义研究［J］.山东外语教学，2015, 36 (6).

③ 殷志平.构造缩略语的方法和原则［J］.语言教学与研究，1999（2）.

④ 白解红.当代英汉词语的认知语义研究［M］.北京：外语教学与研究出版社，2009.

⑤ 王悦，周慈波."人艰不拆"类网络语言的成因探析［J］.现代语文：语言研究，2014 (5).

文化等多个角度具体分析其生成动因①。总的来说，目前对网络四字格缩略语的研究主要在其构造方法和生成动因上。本文拟从语言本体出发，结合具体例证，对这类缩略语作较为详尽的描写，区别其与成语的本质性差异，以期丰富对汉语词汇的研究。

一、四字仿成语格式缩略语的构建方式

要想理清四字仿成语格式缩略语的构建方式，必须先谈到四字格仿成语格式缩略语出现的理论基础。

为了用语的经济而对某些事物称谓中的成分进行有规律的节缩或省略叫缩略，缩略以后的语言单位叫缩略形式。现代汉语缩略方式主要有三种：提取式、共戴式、标数式②。提取式指提取固定短语中每个词的一个语素组成缩略形式，如"北京大学"提取为"北大"。现代网络四字缩略语并不是凭空出现的，早在其流行以前，缩略就已经是汉语构词的方法之一。缩略词随处可见，有些甚至已经固定下来不再被人们认为是缩略形式，并且作为一个普通词汇深入我们的日常用语中，如"语文"（语言文学）"轻重工业"（轻工业和重工业）等。

现代网络四字缩略语多采用提取式的构建方式。我们认为这类缩略语主要有以下两种类型：

（1）由句子凝缩而成的四字格结构，如"男默女泪""地命海心""十动然拒""人艰不拆""累觉不爱""细思恐极""说闹觉余""社病我药""不明觉厉"等。

（2）由并列结构凝缩而成的四字格结构，如"喜大普奔"（由喜出望外、大快人心、普天同庆、奔走相告四个成语取首字组合而成）。此类四字格缩略语出现频率较小，不具有概括性，因此本文将语法分析的重点放在句缩类四字格缩略语上。

二、四字仿成语格式缩略语的形式特征

四字格仿成语格式缩略语在语法上的特征主要体现在句缩类的结构上，选取代表性语素或词组合成新词新语，在语音上具有对称和谐、抑扬

---

① 张芳，杨帆．"网络类成语"的类型及其生成动因考察［J］．渤海大学学报（哲学社会科学版），2015（4）．

② 邢福义．现代汉语［M］．北京：高等教育出版社，1991．

顿挫、谐音替换的特点，在词汇上具有四字格的优点，与汉语成语形似却又有本质上的不同。

（一）语法的特征

四字格网络缩略语最大的特点在于提取句子中有代表意义或处于关键位置的词或语素来组成略缩语。它在语法上最突出的特点是词和语素两级语法单位同时存在于同一个语言符号中，如"啊痛悟蜡"（啊，多么痛的领悟，你为什么要用蜡烛滴我）。这类缩略语的组成过程可以简化为：

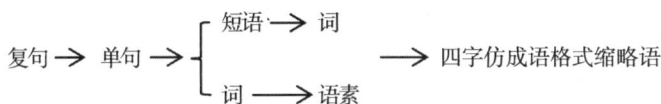

$$复句 \rightarrow 单句 \rightarrow \begin{cases} 短语 \rightarrow 词 \\ 词 \rightarrow 语素 \end{cases} \rightarrow 四字仿成语格式缩略语$$

显然，这类缩略语的语法结构难以像描述词或者短语的构造那样简明地分析与概括。那我们又要问：这类流行于网络的四字仿成语格式缩略语是否具有可描述性呢？因为新词新语只有有迹可循、有模子可照，才能继续生成。事实表明，正因为这些四字缩略流行语在选择构成缩略形式的词或语素上十分严谨，这才有能够流行一段时间的理由[①]。

从形式上看，网络四字仿成语格式缩略语有这样三种组合方式：

（1）词+词。如火前留名、火钳刘明、删前留名、山前刘明。

（2）词+语素。如啊痛悟蜡、不明觉厉、地命海心、累觉不爱、人艰不拆、社病我药、说闹觉余、男默女泪。

（3）语素+语素。如十动然拒、喜大普奔、细思恐极、西斯空寂。

网络四字仿成语格式缩略语选择的词或者语素在位置上绝大多数是相应的短语或者词的首（本）字，还有一部分是尾字。

从语法功能上分析，以词为界限分成词法规则和句法规则。词法规则主要是看四字格缩略语中的语素在上一层语言单位——词中发挥的作用，经过归纳我们发现缩略语中的语素都是词根（构词）语素，代表了上层语法单位——词的基本意义，而词可以组成短语也可以直接构成句子，所以经过提取和再次组合一定程度上可以反映原来句子的意义。

对我们所使用的语料进行量化分析可知，四字格缩略语中的词的类别或语素所在的词的类别主要有动词、名词、形容词、副词、虚词等，统计结果见表1。

---

① 饶阳.网络四字缩略流行语的社会意义与价值［J］.文学教育：上，2015（7）.

表 1　词类统计表

词类	动词	名词	形容词	副词	虚词
比例	38%	27%	21%	10%	4%

反映在缩略语中主要的组合形式是形容词和动词、名词和动词。一方面是因为形容词和动词承担谓语的句法功能，表达句子的主体意义；另一方面，动词和形容词更能凸显形象，更能体现语言的表现力，容易被人认知和记忆。

句法规则表现为缩略语中的词或语素所在的词在上一级语法单位——短语或句子中充当的句法成分主要是谓语、中心语、状语、主语、定语等，统计结果见表 2。

表 2　句法成分统计表

句法成分	定语	谓语	中心语	状语	主语	述语
比例	7%	27%	20%	14%	13%	9%

究其原因，主要是因为用作谓语或中心语的动词、形容词等通常是句法结构和语义解释的核心，没有它，句子的意思就散了架。

我们认为多数网络四字格缩略语的语法功能有限，因为是由句子缩略而来，多数可以单说，不作为句法成分使用。但是如果组成它的词或语素所承担的语法功能统一，如"十动然拒"就是概括自一个新闻，内容大致是一个男生为喜欢的女生写了一封 16 万字的情书，女生看完后十分感动，然后拒绝了他。不过由于缩略的是谓语部分，所以这个词语作动词使用，可以带宾语①。

由此看来，网络四字仿成语格式缩略语有其构建的理论基础，在内容上多有新意，在语法形式上却还是沿袭了自古以来的规律。

（二）语音的特征

网络四字仿成语格式缩略语的语音特征主要体现在三方面：

1. 双音节化

四字格体现汉语的双音节化趋势。大都可以分为二二韵步结构，例如"男默女泪"由两个双音节"男默"和"女泪"组成；"说闹觉余"由

---

① 饶阳.网络四字缩略流行语的社会意义与价值［J］.文学教育：上，2015（7）.

"说闹"和"觉余"两部分构成，两段音节数量的整齐划一，实现了音长上的等量均衡，具有对称之美。四字格语音的分段通常与语义或者语法分段一致，如"地命海心"（吃地沟油的命，操中南海的心），但是当其不一致时，我们还是采取二二韵步的读法，如"累觉/不爱"（很累，感觉自己不会再爱了），这时候韵律作用之强大，已远远超过了结构的限制①。

2. 抑扬顿挫

大多数四字格还以音节的抑扬顿挫，形成了音高上的错落化。现代汉语普通话的声调区分平（阴平、阳平）仄（上声、去声），语音的高低升降表现在一个音节的声调上。一个网络四字格缩略语中的声调几乎都是有平有仄，一种调类出现的频率在两次及以上。平声所占比例为46%，仄声为54%。两者相当接近，各占一半左右，表明了网络四字格缩略语在韵律上的抑扬顿挫之美②。

3. 谐音替换

我们还要注意的是这类缩略语常利用谐音的方式用新字代替原字，如"火钳刘明（火前留名）""山前刘明（删前留名）"。我们认为，人们这样做的原因一是追求新奇化，引人注目；二是汉语同音词非常多，在网络上输入时，输入法软件错误选择字词，同时网络上的交流追求最大限度的省时省力，所以多数人默认输入法的首选匹配词项，造成误选字词③。

（三）词汇的特征

我们对这类网络缩略语的重视很大程度上是由于它在形式上接近现代汉语中的成语，都追求简洁、对称且以四字为常，所以笔者称之为仿成语格式。这类仿成语格式缩略语呈现的词汇特征有：

1. 传播的时效性

首先我们从黄伯荣和廖序东对成语的定义"成语是一种相沿习用、含义丰富、具有书面语色彩的固定短语"④ 中可以排除网络四字格缩略语是成语的可能，"相沿习用"是指经过历史和人民的选择存留下来约定俗成的，而我们讨论的这类缩略语是流行于网络的语汇。所谓流行，是指在一定时期、一定地区、一定社会群体中，被人们广泛使用、流传、熟知，而这类缩略语是近几年才兴起，能不能成为成语还有待时间和人民的检验。

---

① 刘振前，庄会彬.韵律语法视域下的汉语四字格成语研究［J］.对外汉语研究，2014（2）.

② 吴慧颖.四字格中的结构美［J］.当代修辞学，1995（1）.

③ 白解红，张懂.汉语网络四字格缩略语的认知语义研究［J］.山东外语教学，2015，36（6）.

④ 黄伯荣，廖序东.现代汉语：上册［M］.北京：高等教育出版社，2011.

2. 表达的口语性

网络四字格缩略语的使用环境主要是网络和亲密关系之间，少见于书面文本，具有口语化特点，这与成语的书面语所体现的文雅风格大相径庭。口语化特征限定了这类缩略语的使用人群和环境，同时使用这类缩略语的人群和环境决定了它的口语化特点。

3. 结构的开放性

这类缩略语的结构一般不可以抽象概括成固定语法结构类型。成语的结构具有凝固性，可以用句法结构描述和概括，如"盲人摸象"就是主谓结构。网络四字格缩略语比较开放，可以谐音替换，如"火前留名"可以写成"火钳刘明"；可以同类词语替换，如"十动然拒"出现后，随之出现了与之类似的"不动然泼"，起着一定的词语模作用。但是在语序上是不可变动的。而成语不能抽换或者增减成分。

4. 语义的拼凑性

这类缩略语在语义表达上呈现片段化和拼凑性，如果之前不知道这类缩略语的来源及发展过程，我们很难理解它们的表达之义，详见下文论述。成语的意义具有整体性。

5. 来源的多样性

网络四字格缩略语的来源则具有社会时代性、个人情感性、语境制约性，主要有：

（1）社会事件，如"十动然拒"来源于大学生表白被拒一事，"地命海心"则反映人们对食品安全监管缺乏的一种"无声控诉"。

（2）情感流露，如"累觉不爱""人艰不拆""不明觉厉"等。

（3）网络行为，如"火钳刘明""山前刘明"等。

综上，我们认为这类网络四字格缩略语虽然具有与成语相似的形式，但在本质上不能与成语相提并论，其生命力有待时间和人民的检验。

三、四字仿成语格式缩略语的构建原则

经过以上的分析，我们发现四字格仿成语格式缩略语在语法、语音、词汇上一些共性的特征，现在我们来分析它的构建原则，也可以说是生成理据。笔者主要从语言经济性、语义关联性、语用效果等方面考虑，进而归纳出四个原则：

（一）最简化原则

当今社会，时间就是金钱，生活节奏的加快，信息高速公路的迅速发

展，人们越来越追求速度和效率，客观上要求人们在交际时也更加注重语言表达的简化性。缩略就是简化语言形式的绝佳手段，是对语言经济性和省力性追求最直接的表达之一，也是便于人们进行认知处理和记忆，减轻记忆负担的有效方式之一。我们所谈的这类缩略语主要运用于网络世界的言语交际中，其产生与网络交际的环境直接相关。网络中语言信息的载体是键盘文字，为了提高输入速度，人们常常只打出首字母，通过输入法的联想功能找到自己想要的文字以达到言语交际的目的。可以说这类网络四字缩略语的简化与人类在电脑、手机输入信息的行为的简化密不可分，简化原则使人们可以用较少的努力和付出获得较好的语用效果。

例如，"喜大普奔"包括了"喜闻乐见""大快人心""普天同庆""奔走相告"四个并列成语所表达的意义，缩略后的词语符合人们追求省时省力的目的，极大地实现了语言表达经济性，增强了语言交际效率①。

（二）语义关联性原则

网络四字格缩略语在因特网这一高速信息化的媒介上诞生，与当代生活的迅猛发展和人们的心理需求、交际需求息息相关，它在语义的表达上呈现出以下三个特点：

1. 片段性

这类缩略语是从句子中提取有代表性的语素或词缩略而成的，这些提取出来的语素或词就像一个个语言片段，这里我们主要谈它在意义上的语义片段。每一个被提取出来的语义片段的本体都是原句中的词或者短语——构成句子意义的主体，而且它的组合遵循顺序性原则，语义上具有连续性和关联性。这类似于汉语修辞手法中的借代，用事物具有代表性的部分去代替本体事物，与我们所说的网络四字格缩略语的构造方式异曲同工。

2. 组合性（拼凑性）

这类网络四字格缩略语是由语素或者词组合拼凑而成的，这些语素或词有的在句法位置上间隔较大，如"喜大普奔"中的"喜"和"大"；有的语义间隔较大，如"啊痛悟蜡"中的"悟"和"蜡"，因此这类缩略语在构成上就不具有整体性和凝固性，拼凑组合的痕迹明显。

3. 联想性

这类缩略语在选择组成的词或语素时遵循的原则就是要有代表性，这

---

① 白解红，张懂. 汉语网络四字格缩略语的认知语义研究［J］. 山东外语教学，2015，36（6）.

也是汉语缩略语构造的选词依据。所以，我们通过被提取出来的这些语义片段，就可以联想到它们所在的短语或词，从而还原整个句子的意义。殷志平认为："缩减最常用的方法是选用、保留原短语中各组成部分的第一个语素来组成缩略语。这是因为，缩略语的语素组合不同于词的语素组合，无法根据一般构词规则来理解缩略语的意义。通过联想作用，追寻它在原短语中对应的词，就可以理解缩略语表达的意义。"①

这类缩略语中的语素或词所对应的词或短语构成了句意的主体，他们之间具有语义上的联系，可以通过联想实现意义的建构。其语义基本就是缩略前的句子的意义，不像其他某些网络语需要语义重构，如"白骨精"是"白领""骨干""精英"的结合。大多数能够在本义的基础上直接引申出表达某种情感的意思。

（三）最大表达力原则

刘玉梅认为："表达力原则是指使用者对原有词语进行缩略时，既要实现简洁、经济、省力的目的，又要忠实于原有词语的语义，即能最大限度地表达原义。"② 为了最大限度地表达原义，需要提取有代表性的语素或词，之前我们提到这类缩略语选择的词或者语素在位置上大多是相应的短语或者词的首（本）字，还有一部分是尾字，它们所在的词或短语或句法成分能够代表句子的主体意义。

我们认为还有一点需要补充的是语言形象性的展现，这与人们追求个性和新奇的心理需求，通过形象化的语言，以调侃、诙谐、幽默的态度表达情感宣泄的期望密不可分。我们发现这类缩略语展现其形象色彩的主要手段有谐音、飞白、仿拟、对偶等。网络中"飞白"现象比较普遍，飞白是一种修辞手法，明知错误，故意效仿其错以达到滑稽、增趣的目的，谐音词常由飞白构成。比如"删前留名"，通过谐音、飞白的使用，蕴涵形象色彩的"山前刘明"的表达在网络上更受欢迎；"地命海心"则运用了对偶的修辞方法，显得工整对仗，符合中华民族自古以来追求对称均匀的审美习惯；"十动然拒"的同构异义体"不动然泼"则是仿拟的结果。我们相信，网络四字仿成语格式缩略语具有一定的构造规律，在人们要求语言经济省力的形势下，它会有继续生成的可能，仿拟就是其重要的生成方式之一。网络四字缩略语某些表达形式的新意和特色，体现了语言创新能力，是汉语在新时期的新发展。

① 殷志平. 构造缩略语的方法和原则［J］. 语言教学与研究，1999（2）.
② 刘玉梅. 缩略词语形成的动因及认知限制条件［J］. 解放军外国语学院学报，2012，35（1）.

（四）避歧区别性原则

在选择提取语素或词的时候，注意不能产生歧义。具体来说，有如下两种情况：

第一，表义明确无误。缩略以后，意义不能含混不清，如果将"不明觉厉"缩略成"不明听厉"就容易引起误解。

第二，避免同音形式。这是因为同音形式在口语中容易混淆。"人艰不拆"中"人生"这个词，如果选取"生"语素作为这个缩略形式的主语的话，就会出现谐音，产生歧义。"生艰不拆"听起来很像"生煎不拆"，让听者不知所云，说者也会哭笑不得①。"细思恐极"中的"觉得恐怖至极"这一分句如果缩略成"觉怖"就会与"绝不"产生混淆。所以在选择构造语素或词的时候，一定要遵守交际的合作原则，尽量避免使用会引起歧义的同音词。

避歧区别性原则相对于前三个原则并不一定完全遵守，有时为了语用的效果会借用谐音字或词，如"火钳刘明"原本应该是"火前留名"，虽然其表义功能减弱了，但良好的语用效果足以弥补歧义所带来表义不明和理解上的困难②。

网络四字仿成语格式缩略语作为一种新兴的语言现象，追求语言经济化，便于人们的言语交流，遵循一定的构造原则，符合造词规律，音律和谐，内涵丰富，类似成语形式，作为人们价值观、人生观的文字载体极具研究价值，影响着新词语的产生，是汉语在新时期的发展。

参考文献

1. 白解红，张懂. 汉语网络四字格缩略语的认知语义研究 [J]. 山东外语教学，2015，36 (6).

2. 殷志平. 构造缩略语的方法和原则 [J]. 语言教学与研究，1999 (2).

3. 白解红. 当代英汉词语的认知语义研究 [M]. 北京：外语教学与研究出版社，2009.

4. 王悦，周慈波. "人艰不拆"类网络语言的成因探析 [J]. 现代语文：语言研究，2014 (5).

5. 张芳，杨帆. "网络类成语"的类型及其生成动因考察 [J]. 渤海大学学报（哲学社会科学版），2015 (4).

6. 邢福义. 现代汉语 [M]. 北京：高等教育出版社，1991.

① 饶阳. 网络四字缩略流行语的社会意义与价值 [J]. 文学教育：上，2015 (7).
② 蒋向勇. 现代汉语缩略语的认知研究 [D]. 长沙：湖南师范大学，2014.

7. 饶阳. 网络四字缩略流行语的社会意义与价值 [J]. 文学教育：上，2015（7）.

8. 刘振前，庄会彬. 韵律语法视域下的汉语四字格成语研究 [J]. 对外汉语研究，2014（2）.

9. 吴慧颖. 四字格中的结构美 [J]. 当代修辞学，1995（1）.

10. 黄伯荣，廖序东. 现代汉语：上册 [M]. 北京：高等教育出版社，2011.

11. 刘玉梅. 缩略词语形成的动因及认知限制条件 [J]. 解放军外国语学院学报，2012，35（1）.

12. 蒋向勇. 现代汉语缩略语的认知研究 [D]. 长沙：湖南师范大学，2014.

The Modal Analysis of the Four-character idiom – like Format in Popular Network Abbreviations

Du Wenxia, Tan Qian

(*School of Liberal Arts, Jiangsu Normal University, Xuzhou*, 221116)

Abstract：In recent years, the four-character idiom – like format in Internet language abbreviations attracts more academic attention. Previous researches mainly foucus on the construction, structural principles or from perspectives of pragmatics, cognition, psychology and so on to analyze the generated motivation. This paper starts from the body of the language, demonstrations abbreviations' special expressions of the network from aspects of grammar, pronunciation, vocabulary, seeking to explore the modal characteristics of such four-character idiom – like format in abbreviations of the network.

Key Words：Popular network language; Four-character abbreviations; Modal analysis; Construction principle

附录：

四字仿成语格式词	注音	语源、释义、引申用法
累觉不爱	lèi jué bú'ài	"很累，感觉自己不会再爱了"的缩略形式
不明觉厉	bù míng jué lì	"虽然不明白你在说什么，但是感觉很厉害的样子"的缩略形式
地命海心	dì mìng hǎi xīn	"吃地沟油的命，操中南海的心"的缩略形式
啊痛悟蜡	ā'tòng wù là	"啊，多么痛的领悟，你为什么要用蜡烛滴我"的缩略形式
火前留名（火钳刘明）	huǒ qián liú míng	"在帖子或者视频火之前，先留名"的缩略形式
删前留名（山前刘明）	shān qián liú míng	"在帖子或视频被删之前，先留名"的缩略形式
男默女泪	nán mò nǚ lèi	"男人看了就会沉默，女人看了就会流泪"的略缩形式，用来形容与情感和爱情有关的文章主题
人艰不拆	rén jiān bù chāi	"人生已经如此艰难，有些事情就不要拆穿"的缩略形式
社病我药	shè bìng wǒ yào	"社会病了，为什么让我吃药"的缩略形式
十动然拒	shí dòng rán jù	"十分感动，然后拒绝"的缩略形式，用来形容屌丝被男神或女神拒绝后自嘲心酸的心情
说闹觉余	shuō nào jué yú	"其他人有说有笑有打有闹，感觉自己很多余"的缩略形式
喜大普奔	xǐ dà pǔ bēn	"喜闻乐见、大快人心、普天同庆、奔走相告"的缩略形式，含有幸灾乐祸的贬义
细思恐极（西斯空寂）	xì sī kǒng jí	"仔细想想，觉得恐怖至极"的缩略形式
不动然泼	bú dòng rán pō	"不为所动，然后泼了一盆冷水"的缩略形式，形容屌丝被男神或女神狠狠拒绝后的凄凉结局

《习近平谈治国理政》修辞研究

郭伏良　张　品①

（河北大学国际交流与教育学院　保定　071002；河北大学文学院保定　071002）

摘　要：近年，习近平总书记围绕党和国家的治理与发展发表了许多重要讲话和演说。其讲话庄重典雅而不失朴实自然，稳重严谨又不失鲜明生动，引起了社会的广泛关注。这与其政治语篇中对修辞策略的有效运用有密切的关系。本文从修辞学角度分析《习近平谈治国理政》一书在词语锤炼、句式选择和修辞格运用上的特点，总结习近平总书记的语言风格。

关键词：《习近平谈治国理政》；词语；句式；辞格；修辞风格

　　修辞是语言运用的综合选择性活动。为了使信息传达准确无误，语言表达主旨明确、生动形象，必须根据一定的原则选择适当的方式方法组织语言，以获取最佳的交际效果。对于领导者来说，高水平的语言艺术既能使信息传达准确严谨，又能密切领导者与群众之间的关系，显现领导才能，树立威信形象。十八大以来，习近平总书记极具魅力的语言艺术受到广泛关注。通过对其语言的修辞研究，了解其政治语篇中的修辞方式，有助于广大民众领会习近平总书记治国理政的精神主旨，感受其严谨朴实的文风。

一、词语锤炼

　　修辞活动在词汇方面的主要表现就是在不同词汇变体之间进行选择。在言语交际和行文表达过程中，常常要对字词进行斟酌选择，根据语境和交际目的选择最恰当的词语，使语言表达更加完美。

　　《习近平谈治国理政》所收录文章的词语运用符合一般政论文词语运用的共性特点。进行词语的准确选择，运用专业政治术语凝聚共识，吸收

---

　　① 作者简介：郭伏良（1960—　），河北邯郸市人。现为河北大学国际交流与教育学院教授，博士生导师。主要从事汉语词汇学、修辞学及对外汉语教学研究。

　　张品（1989—　），河北保定人。现为河北大学文学院语言学及应用语言研究生。

其他行业用语、新词语、网络用语等形式，同时灵活辩证地使用精确词语和模糊词语，呈现出鲜明特点。

1. 善于运用通俗口语

口语词与人民群众生活关系密切，具有灵动活泼、朴素平实的特点。我国是人口大国，各阶层文化水平不尽相同。习近平作为党和国家领导人，为使大政方针更广泛更深入人心地传播，他在讲话中恰当地运用了广大群众喜闻乐见的语言形式。在《习近平谈治国理政》中用到的口语形式有日常生活用语、惯用语、俗语、谚语等。

日常生活用语：缺钙、含糊、本事、走神、拆台、搭台、补台、扯皮、说到底、娘家人、要不得、不顶用、不要紧、多走动、照镜子、洗洗澡、治治病、搓一搓、丝瓜瓢、出主意、出头天、出一身汗、磕磕碰碰、打点肥皂、打心眼里、豁得出来、顶得上去、从娃娃抓起、美得不得了。

惯用语：主心骨、老好人、墙头草、推拉门、开绿灯、硬骨头、软骨病、一招鲜、先手棋、主动仗。

俗语、谚语：打铁还需自身硬；心往一处想、劲儿往一处使；拍屁股走人、拍脑袋决策、拍胸脯蛮干；一年之计在于春；众人拾柴火焰高；按下葫芦起了瓢；萝卜青菜，各有所爱；一把钥匙开一把锁；鞋子合不合脚，自己穿了才知道；大船必能远航（俄罗斯谚语）；吹灭别人的灯，会烧掉自己的胡子（哈萨克谚语）；被行动证明的语言是最有力的语言（阿拉伯谚语）。

这些日常生活用语在人民群众中广泛使用，生动形象，亲切自然。经过精心锤炼挑选，放在恰当的位置上，将政论语篇中复杂深刻的道理通过通俗的语言明白晓畅地表达出来，极大地拉近了受众与说者之间的距离，获得不寻常的表达效果，增强了语言的表现力，体现了《习近平谈治国理政》朴实自然、亲切平实的语言特点。

（1）在台湾被侵占的 50 年间，台湾同胞保持着强烈的中华民族意识和牢固的中华文化情感，打心眼里认同自己属于中华民族。（第 237 页）

"打心眼里"指从内心深处，习总书记在这句话中用其代替"由衷"这一书面语，如同亲戚邻里在拉家常，表达了台湾同胞与祖国大陆之间的亲密之情。

（2）如果我们没有一招鲜、几招鲜，没有参与或主导新赛场建设的能力，那我们就缺少了机会。（第 123 页）

"一招鲜"出自惯用语"一招鲜，吃遍天"，意思是一个厨师如果会做一道特别好吃的菜，就能形成招牌和名声，无论到哪都会有人认可。后来引申为掌握了过硬的本领，拥有某一方面的特长或有绝活，到处都可以谋生。现在的"一招鲜"也用于表示致力于某一特定技能的发展，就可以取得较大的成就。句中用"一招鲜"代替"高超能力"，通俗易懂，令人印象深刻。

习总书记充分考虑到人民群众的语言特点，选用了许多在普通百姓生活中流传极广的口头词语，以使人民大众理解其所表达的含义。

2. 多运用统括法构造缩略语

"现代汉语中有些短语，特别是事物的名称，可以抽出其中的若干成分构成简称，这往往是短语缩减构成新词的过程。通过缩减短语某些成分而形成的语词，可称作'略语'。"缩略词语的使用符合语言的经济性原则，应用广泛。汉语缩略词语的构造方法多为压缩法、截略法和统括法。《习近平谈治国理政》中运用了许多缩略语，而且大部分是统括法构造的缩略语，如"一带一路""两个一百年""三严三实""三个进一步解放""四风""五位一体""六个紧紧围绕""八项规定"等。

3. 大量运用四字格词语

通过对《习近平谈治国理政》文本的分析，笔者发现四字格词语是其文章的突出特点。四字格词语能使文章韵律整齐一致，达到朗朗上口、增强语势的效果。该书大多文章运用了四字格词语，但非刻意为之，而是不露痕迹，浑然天成。尤其是在密切党与群众联系和反腐败斗争等选文中，四字词语大量出现，使文章表达气势恢宏，整齐匀称，表现出了铁腕反腐的决心和勇气。

（3）在奢靡之风方面，主要是铺张浪费、挥霍无度，大兴土木、节庆泛滥，生活奢华、骄奢淫逸，甚至以权谋私、腐化堕落。有的……，对超出规定的生活待遇安之若素，还总嫌不够。有的……，在高档会馆里乐不思蜀，在高级运动场所流连忘返，在明山秀水间朝歌夜弦，在异国风情中醉生梦死，有的甚至到境外赌博场所挥金如土啊！甚至道德败坏、生活放荡，不以为耻、反以为荣。（第 368－370 页）

这段文章中运用了大量双音节四字格词语。语义丰富，言简意赅，而且具有语音的韵律感和形式美。其中有些成语出自古文典籍，有的出自典故。如成语"安之若素"出自清代范寅的《越谚·附论·论堕贫》中的"贪逸欲而逃勤苦，丧廉耻而习诡谀，甘居人下，安之若素"，表示对反常的现象不仅视若平常而且毫不在意，文约义丰，表现了习总书记对领导干部中存在的奢靡现象的深恶痛绝。"朝歌夜弦"出自唐代杜牧的《阿房宫赋》。"大兴土木"出自宋代洪迈的《容斋三笔》。"乐不思蜀"出自三国时期汉孝怀帝刘禅甘愿为虏不思复国的典故。这些古典成语意蕴深远，多含有贬义色彩，表现了对党员和领导干部中存在的形式主义习气、官僚主义作风、享乐主义思想和不正之风的痛恨与厌恶之情，同时也增加了文章的庄重色彩，彰显了文化底蕴。

《习近平谈治国理政》运用了大量的四字词语，其中运用四字词语频率最高的是第十六章，最低的是第五章。经统计发现，四字词语运用较低的章节多是面向全国各族人民或是在国外所做的演讲，没有过多的修饰语言，用四字词语也较少，确保听众能够领会。运用四字格词语较多的章节，多是领导干部学习研讨时的讲话，通过用典来教育各级领导干部不忘历史，所用词语也出现了诸如"一劳永逸""因循守旧""妄自菲薄""数典忘祖"等含有贬义色彩的负面成语，能够起到震慑人心、敲山震虎的效果。这类四字词语尽管出现次数不多，但是能够深刻体现习近平总书记讲话内容的精髓，使得语言简练而富有深意。

二、句式选择

句式的选择是指在掌握丰富的同义句式的基础上，有意识地选择和调整句式，恰当组合句群、变换句子的长短和句的整散，以更好地为语言表达服务的行为。政论语体对句式的选用非常讲究，要求句法规范、适合语境，根据不同的表达意图，选用恰当的语句，更好地表明主旨、表达思想。《习近平谈治国理政》中不乏句式锤炼的精句，看似随心而制，实则严谨有序。句式灵活多变、张弛有度，层次严谨周密、排列有序。

1. 长于运用简洁精练的短句

短句可以使语言表达生动简练，同时也可抒发强烈的感情，打动人心，便于识记。习总书记一向提倡"短、实、新"文风。其文章凝练简洁，观点鲜明，重点突出。虽在句式上多用短句，但并不是只用短单句，而是在复句的分句中，多运用节奏紧促的短句，使整个句子急促有力，层叠冲击，表达丰富的思想内容。

短句的运用突出表现在两个方面：一个是用短句提纲挈领，用简短凝练的语句概括观点；另一个是用短句列举问题，表达明确的要求。比如，每个段落首句以简短的句子表达观点："中国市场环境是公平的"；"中国开放的大门不会关上"；"中国发展是惠及世界的"。语气坚定，斩钉截铁。

再如："千秋基业，人才为先。""空谈误国，实干兴邦。""人民创造历史，劳动开创未来。"这样节奏鲜明、表达灵活的句子比比皆是。这些句子短小精悍，直击问题核心。

2. 善用口语句式娓娓道来

善于运用口语句式是习总书记讲话的一大特色，常常通过举例或讲故事将重大的政治关系娓娓道来。比如，在中阿合作论坛会议上，先回顾两国古代利用丝绸之路交流互鉴的历史，然后提及中阿两国在国际社会中相互帮助、相互扶持的事例，最后讲述阿拉伯商人在义乌开阿拉伯餐馆获得成功并扎根中国的故事，表明中阿两国友好往来、协同发展、两国人民命运更加紧密的事实。在访问俄罗斯时，回忆了抗日战争时期中俄人民并肩作战的历史，又讲述了2004年俄罗斯儿童赴华接受我国提供的康复治疗的故事，以及我国遭受汶川地震后俄罗斯第一时间伸出援手的事例。这些朴实的语句没有整齐跌宕的气势，没有书面句式的庄重，而是用拉家常的口语句式叙述，言语中流露出真挚的感情，展现出中俄两国互帮互助的友好情谊。

（4）谈到爱好，我个人爱好阅读、看电影、旅游、散步。你知道，承担我这样的工作，基本上没有自己的时间。今年春节期间，中国有一首歌，叫"时间都去哪儿了"。对我来说，问题在于我个人的时间都去哪儿了？当然是都被工作占去了。（第102页）

这聊天式的语言，仿佛是在跟朋友介绍自己的日常生活，极具亲和力，瞬间拉近了与受众的距离，显得和蔼亲切、温暖人心。

《习近平谈治国理政》中关于党的建设的内容，运用了大量口语句式，使表达鲜活生动。如批评官员到基层调研形式主义时，批评其是为了"出镜头""露脸"；批评官僚主义作风时，指出部分官员"拍脑袋决策"不经过思考，最后经常是"拍屁股走人"完全不负责任。这些训诫没有用大道理进行说教，而是通过口语句式和通俗易懂的词语表达出来，收到了很好的修辞效果。

3. 多用气贯长虹的整句提出要求

整句结构相同或类似，节奏匀称，给人整齐明快、抑扬顿挫的语势。在演讲和讲话中运用整句能够壮文意，增文势，平仄协调，语流通畅，使语言铿锵悦耳。

习总书记在提出要求或表达强烈情感时多用气势贯通的整句，一气呵成，铿锵有力。例如：

（5）政法队伍要敢于担当，面对歪风邪气，必须敢于亮剑、坚决斗争，绝不能听之任之；面对急难险重任务，必须豁得出来、顶得上去，绝不能畏缩不前。（第150页）

"面对歪风邪气"和"面对急难险重任务"结构相似，"豁得出来、顶得上去"节奏鲜明，"不能听之任之"与"不能畏缩不前"相互照应，用语流贯通的整句对政法队伍提出要求，且多是简短急促的句子，增强了语言的气势。

习总书记在阐述国家方针、提出政策要求、表达思想情感时，常用气势贯通的整句，工整对称，和谐悦耳，令人印象深刻，极具表现力。

三、辞格运用

《习近平谈治国理政》中运用最多、修辞效果最为突出的辞格是引用、排比和譬喻。同时，讲话中还运用了设问、反问、对偶、顶真、回文等辞格，多种辞格相互配合，使语言鲜活生动，别具一格。

1. 雅俗共赏、特色鲜明的引用

引用的数量之多、范围之广是该书的鲜明特色，特别是大量引用了中外名人名言和我国古文诗词。不论是中外名句还是俗文俚语都能在讲话中信手拈来，为阐发其政治主张服务。该书共涉及引用175次，其中引用传统古典诗词名句116次，国内外谚语俗语38次，名人名言21次。引用内容最多的是儒家经典著作，如《论语》《孟子》；此外还有其他学派经典著作，如《老子》《管子》《墨子》等。除此之外，引文内容还涉及史书、诗文、碑铭、勉联、名言警句等。引用的方式有直引式，也有说解式，有对举式，也有插入式。

（6）"浩渺行无极，扬帆但信风。"亚太是我们共同发展的空间，我们都是亚太这片大海中前行的风帆。（第349页）

例句直接引用唐代尚颜《送朴山人归新罗》中的诗句领起全段，将每个成员国都看作亚太发展大海中的风帆，生动贴切、凝练精辟，同时彰显了中华古典文化，体现出作者的文化积淀和人文素养。

名人名言的引用涉及古今中外，其中最多的是毛泽东、邓小平和鲁迅的，另外还有钱学森、李四光、雨果的等。

在对外国箴言的引用上，习总书记采取了因势而变、符合情境的原则，在哪个国家进行演讲，就引用哪个国家的名句。比如，在荷兰核安全峰会上引用了当地哲人伊拉斯谟的"预防胜于治疗"，恰切地论证了对核安全要防患于未然，要努力构建预防体系。

《习近平谈治国理政》中的引用，不是一味地"掉书袋"，也并非刻意用大白话追求语言表达的新奇。在《深入推进党风廉政建设和反腐败斗争》中指出：要让每一个干部牢记"手莫伸，伸手必被捉的道理"，"见善如不及，见不善如探汤"。这短短几十个字的话语接连引用两次，使得文章雅俗融合，言简意深。

2. 生动形象、通俗易懂的譬喻

政论文中运用譬喻，一般是在逻辑推理和论证的基础上进行形象的描绘，使论旨清晰化，使逻辑道理形象化。《习近平谈治国理政》中形象而又深刻的譬喻将深刻的政治语言形象化，恰当贴切又别开生面，深受广大读者喜爱，有许多已成为经典语录，为广大百姓熟知并广泛运用。

在譬喻辞格运用中，最引人注目的是大量借喻的使用。比如要坚持"老虎""苍蝇"一起打，用"老虎""苍蝇"分别譬喻权势地位高的违法违纪的官员和职位较低但关系百姓生活各个方面的腐败分子，突出强调了他们的特点，形象生动。"死水一潭不行，暗流涌动也不行。"用"死水"表示缺乏活力的经济发展模式。"我们既要金山银山，也要绿水青山。"用"绿水青山"譬喻良好的生态环境。这些譬喻部分大都是通俗易懂的事物，恰到好处地化抽象为具体，语言活泼，易于理解，匠心独运。

3. 大气磅礴、顿挫有致的排比

排比辞格在《习近平谈治国理政》中广泛运用，俯拾皆是，增强了文章和话语的气势，抒发感情淋漓尽致。文中既有句法成分的排比，也有短语之间的排比，既有句子的排比，也有段落首句的排比，使文章节奏鲜明、结构严谨、布局妥帖、开合自如。

书中有许多结构相似的三字短语排列，平仄和谐，排列有致，呈现了语言的音乐美。例如：

（7）描绘了全面深化改革的新蓝图、新愿景、新目标，汇集了全面深化改革的新思想、新论断、新举措……（第73页）

（8）深入挖掘和阐发中华优秀传统文化讲仁爱、重民本、守诚信、崇正义、尚和合、求大同的时代价值。（第164页）

例（7）中的"新蓝图、新愿景、新目标、新思想、新论断、新举措"定中短语，平仄协调，整齐排列，音节和谐。例（8）中的"讲仁爱、重民本、守诚信、崇正义、尚和合、求大同"动宾短语，朗朗上口，便于记忆。

除以上例句外，习总书记讲话中还有很多这样的三字短语，例如：

求和平，谋发展，促合作，图共赢，讲平等，讲情谊，谋公正，讲道义；同呼吸，共命运，心连心，打折扣，做选择，搞变通，看成败，鉴得失；知兴替，知廉耻，懂荣辱，辨是非，打基础，谋长远，求发展；情飞扬，志高昂。

四、修辞风格

1. 亲切朴实，通俗易懂

习总书记语言的一大特点是善于通过平实的话语阐述政治理论，使各个阶层的人们都能较快地理解。这一特点的形成主要在于寻常词语的选用，口语句式娓娓道来，以及大量通俗形象的譬喻手法的运用。

其文章亲切朴实，很少出现生僻词语，经常使用寻常语言将思想蕴含其中，潜移默化地起到宣传鼓动的作用。例如，以"照镜子、正衣冠、洗洗澡、治治病"来譬喻领导干部要针对"四风"问题查摆自身存在的不足和思想意识上的问题。这四个比喻简练而不简单，将领导干部如何解决"四风"问题讲得形象生动。在演讲中，习总书记善于运用口语句式讲故事、摆事实、举实例，没有官话套话，不用陈词滥调，而是用自己的切身体会感染听众。同时，他的政论文中根据需要也会运用描绘性语言，文采飞扬。

2. 刚柔并济，感情真挚

习总书记作为党和国家领导人，其政论文同样具有刚健雄浑的气势，感情真挚，常以叠加累进的极言敲山震虎。在面对问题、表达期盼时他用节奏明快、气势恢宏的语句凝聚共识、熔铸真情，语气坚定、态度坚决，反对什么坚持什么都旗帜鲜明，从不遮遮掩掩，使语言气势磅礴，极具震慑力。例如，在考察军队建设工作时指出"一是要牢记，坚决听党指挥是强军之魂，必须毫不动摇坚持党对军队的绝对领导，任何时候任何情况下都坚决听党的话、跟党走。二是要牢记，能打仗、打胜仗是强军之要……"。"牢记""坚决""毫不动摇""任何时候""任何情况"这些词的使用表达了坚定不移、斩钉截铁的语气。

习总书记刚健的语言风格还体现在大量的四字格词语、排比句式以及富有冲击力的短句的运用上。四字格的成语和词语运用俯拾皆是，使文章平仄相间，气韵贯通。用带有贬义色彩的四字词语直指问题，构建雷池，更显态度的坚定。大量排比句的运用使文章语流贯通，在宣泄感情表达意愿时，形成激情昂扬、横扫千军的气势。

另外，习总书记时时用诗意的语言传递情感，极具画面感，春风拂面，温暖人心。在接受采访时，他常营造轻松的氛围，亲切自然地介绍兴趣爱好，聊天谈心。这些语言都使人感受到其真挚深厚的内心世界。

3. 引经据典，深邃典雅

习总书记语言第三个特点是引经据典、深邃典雅。在其文章中既运用了我国许多历史典故、古文诗词，同时结合情景灵活地引用国外名人名言和谚语增加表达的感染力。在习总书记讲话和演讲中，《论语》《孟子》《礼记》《老子》《史记》《管子》《周易》等诸子百家的经典名句时常出现，使论证更加可信、有说服力。他还擅长就地取材，适时引用国外名言名句，借鉴人类文明成果，取其精华，为己所用。在俄罗斯演讲时引用普京总统的话，论证双方要坚持世代友好，共同繁荣。引用当地听众熟知的谚语"大船必能远航"畅想中俄关系的美好未来。在他的文章中，闪烁着古今中外的优秀文化的灿烂光辉，内涵丰富、意义深远，使其语言极具魅力，典雅深邃。

参考文献

1. 陈川南. 领导者讲话语言研究［D］. 成都：四川师范大学，2008.

2. 陈望道. 修辞学发凡［M］. 上海：复旦大学出版社，2008.

3. 陈锡喜. 平易近人——习近平的语言力量［M］. 上海：上海交通大学出版社，2014.

4. 范晓. 关于句式问题——庆祝《语文研究》创刊 30 周年［J］. 语文研究，2010.

5. 郭延飞. 试论毛泽东政论文的语言特色［D］. 开封：河南大学，2012.

6. 侯丽霞. 朱镕基的语言风格研究［D］. 湘潭：湘潭大学，2011.

7. 胡范铸. "修辞"是什么？"修辞学"是什么？［J］. 修辞学习，2002（2）.

8. 黎政. 邓小平语言中的礼貌现象［J］. 湛江海洋大学学报，2006（2）.

9. 李胜梅. 排比的篇章特点［J］. 南昌大学学报，2005（5）.

10. 鸣皋. 浅论毛泽东政论文的修辞艺术［J］. 兰州大学学报，1988（2）.

11. 钱乃荣. 汉语语言学［M］. 北京：北京语言学院出版社，1995.

12. 王德库. 当代政论文体语言的修辞特色探析［D］. 延吉：延边大学，2004.

13. 王甜然. 《江泽民文选》的语言风格与艺术特色研究［D］. 成都：四川师范大学，2013.

14. 王嫣然. 会话合作理论视野下的朱镕基语言策略探析——兼论领导演讲语言策略［D］. 成都：四川师范大学，2013.

15. 吴礼权. 80 年代以来中国修辞学理论问题争鸣述评［J］. 黄河学刊，1997（2）.

16. 吴礼权. 现代汉语修辞学［M］. 上海：复旦大学出版社，2006.

17. 习近平. 习近平谈治国理政［C］. 北京：外文出版社，2014.

18. 张德丽. 政论语体的修辞特征［J］. 岭南学刊，2001（1）.

19. 张弓. 现代汉语修辞学［M］. 石家庄：河北教育出版社，2014.

20. 朱爱平. 毛泽东诗词的语言艺术［J］. 华中科技大学学报，2006（24）.

21. 宗廷虎. 中国修辞学史研究的几个理论问题［J］. 平顶山师专学报，1998（5）.

A Rhetoric Research of *Xi Jinping's Talk about The Governance of China*

Guo Fuliang，Zhang Pin

（*College of International Exchange and Education*，*Hebei University*，*Baoding*，071002；
College of Literature，*Hebei University*，*Baoding*，071002）

Abstract：In recent years，Xi Jinping announces many important speeches embraces running and development of our party and our country，his words are plainness and rusticity，having evidence and facts，caused the extensive concern. His speech is grave and elegant but do not break naturalness，sedate and also rigorous in vivid，it has a close relationship with his political discourse for the effective use of rhetorical strategies. This paper studied the articles in *Xi Jinping's Talk about The Governance of China*，based on the theory of rhetoric to analysis the aspects of word，sentence and speech characteristic，summarize the language rhetoric characteristics of Xi Jinping.

Key Words：*Xi Jinping's Talk about The Governance of China*；Words；Sentence patterns；Rhetoric；Figure of speech

数字语选择与修辞①

段曹林②

（海南师范大学文学院　海口　571158）

摘　要：数字语是表示数目序次的语符。数字语选择包括对数字语不同类型的选择、不同成员的选择以及同一数字语不同变体的选择。数字语的选择是数字语修辞的基础环节，关涉语音、语义、语形、语法等语言因素和社会、文化、心理等非语言因素。从修辞和语用角度对数字语的研究尚待加强。

关键词：数字语；数字语表达式；选择；修辞

　　数字语是指各类用于表达数目序次概念的语言符号，书面上体现为汉字数字、外来文字数字、阿拉伯数字、罗马数字等不同形态的数字符号以及其他用于计数的文字（如甲乙丙丁）和字母（如 abcd）。

　　修辞主要是对语言符号的选用。选和用是相对独立而又相互依存的修辞环节，选是用的前提和基础，选择是为了运用，运用制约选择、验证选择、实现选择。实际上，依据运用的情况，我们还经常需要对已选质料进行加工，有时还要作多次选择和更换，并与话语中的其他成分、交际等其他因素相配合，进行联动和互动。

　　数字语修辞实际体现在数字语的选择、加工、组配等多个彼此联系的环节中。选择可能发生在不同数字语之间或数字语与非数字语之间；加工是因为所选择数字语有可能不完全适应实际使用需要而对其加以改变；组配主要是按照语言线性序列对单个或多个数字语的位置、序列、搭配（或呼应）关系等作出安排和调整，也特指把数字语作为非线性序列的构形成分加以组装［如：网络符号"：–）8"意指"打着领结的笑脸"，"$\sqrt{2}$"是意思意思（$\sqrt{2}=1.414$），"3：=9"是一头牛，"：–9"指舔着嘴唇笑］。当然，数字语修辞不一定都包含选择、加工、组配等所有这些行为环节，数字语选择后不经加工直接进入使用，或者不与其他数字语发生组

────────────

　　①　本文为国家社会科学基金项目（15XYY013）、海南省教育厅项目（Hnky2015－20）资助研究成果。

　　②　作者简介：段曹林（1968—　），湖南株洲人。复旦大学文学博士。现为海南师范大学文学院教授，兼任中国修辞学会常务理事、副秘书长。

配关系单独使用，也是常见的情形。数字语修辞的选择、加工、组配有可能是一次性成功的，也可能是反复多次才最终完成的。但无论是单用还是组配使用，是直接使用还是加工后使用，数字语的运用都必须以单个或多个数字语的选择为基础。

数字语修辞离不开数字语的选择，从语音、语形、语义等不同角度选择合适的数字语，是数字语修辞的重要环节和方面。这种选择不仅包括对数字语的直接选择，而且包括对数字语的间接选择，即对数字语参与构成的数字词、数字成语、数字惯用语、数字谚语、数字歇后语、数字缩略语等各种数字语表达式的选择。对数字语的直接选择还可以区分为对数字语不同类型的选择、对不同成员的选择以及对同一数字语不同变体（如二和两、双、再）的选择。

一、书面语修辞中数字语的类型选择

就汉语书面修辞而言，数字语选择首先要面临的一种选择是汉字数字和阿拉伯数字之间的选择。同为数字词，它们的不同首先是在书写形式上。但决定二者类别取舍的因素，不但有形体的考量，更有词汇意义、修辞色彩、语用功能等多方面的斟酌。

《出版物上数字用法的规定》①（下文简称《规定》）既明确了阿拉伯数字在形体印刷、书写方面的优势及其在汉语书面语中的应有地位，又认定了汉字数字在习惯用法、修辞用法等方面具有无法取代的独特地位。这一规定虽然旨在对不包含文学书刊和重排古籍在内的出版物数字用法加以规范和引导，但它蕴含了关于两类数字选择和使用的修辞规律：一方面，尊重多数人的认知习惯和使用现状，采取约定俗成的形式；另一方面，遵从语言运用的国际化趋势，采取简明、科学、通行的形式。因而，不妨也将其视为两类数字语选择的修辞语用指南。

（一）汉字数字的选择
1. 从形体独特性角度选择汉字数字
汉字数字作为汉字修辞手段独特的构形素材，是阿拉伯数字无法替代的。
一是用汉字数字描摹、说明事物形貌或情态。

---

① 国家技术监督局 1995 年 12 月 13 日批准、发布，1996 年 6 月 1 日作为国家标准正式实施。

（1）一字眉的男人个性怎么样？

（2）今年庆典的礼炮阵地将设在天安门广场正阳门北侧小广场，以正阳门拱形门楼为中心点，56门礼炮按东西两侧各28门等距摆开，在正阳门前呈倒八字形。（《京华时报》，2009-09-13）

例（1）"一"描摹眉毛的外形特征，例（2）的"八"用于说明礼炮摆放呈现的形状。

二是数字析字，对汉字数字进行拆分、拼合等各种变形。

（3）千里草，何青青；十日卜，不得生。

（4）一人堂堂，二曜同光，

　　泉深尺一，点去冰旁，

　　二人相连，不欠一边，

　　三梁四柱，烈火烘燃，

　　除却双钩，两日不全。

例（3）把董、卓拆成"千里草"和"十日卜"，含蓄表意，"千"和"十"两个数字都是组字的部件。例（4）把"大明寺水天下无（無）比"变成了一首字谜诗，依次由"一人""二曜""尺一""点去冰旁""二人相连""不欠一边""三梁四柱，烈火烘燃""除却双钩，两日不全"来表示，用到了九个数字，其中有表数的，也有表形的。

三是汉字数字参与构成谜面，这在汉字修辞中颇具特色。

（5）二一添作五。

（6）十一日。

例（5）和例（6）是两个字谜，谜底分别是"力"和"旱"。其中，除"二"表数外，其余数字都表形，指称单字或部件。

2. 从语义丰富性角度选择汉字数字

汉字数字词语比阿拉伯数字蕴含更为丰富的语义内容。表数的汉字词，除用于表数之外，一般还有其他理性意义和附加色彩，可用于满足多方面的表达需要。

"一"是汉字基本数字中最多义的，《汉语大词典》列了24个义项，《汉语大字典》列了28个义项，《现代汉语规范词典》列了10个义项。除用作数词，还用作形容词、代词、副词等。如：说法不一（形容词，相同），一家人都惦记着你（形容词，全），一人讲两个故事（代词，每），一想起这件事就伤心（副词，只要）。

其他数字词，词典义虽只有一两项，但具体意义或临时意义同样变化多样。即便同为表数，因为兼具其他意义、附加色彩或特殊功能等，也是阿拉伯数字不能替代的。如："怎样能煮出香气四溢的高汤"的"四"是四方、四处的意思，表空间意义；"四人行必有我夫"是"三人行必有我师"的仿拟形式，"四"还有"多"的意思和调侃意味。

由于使用时间长，影响深远而广泛，汉字数字大多蕴含了特殊的社会文化信息，在某种程度上已经成为汉语文化的一种标志。"汉语中，数字的运用富于民族特色，充满着浓厚的泥土气息，反映了华夏民族的传统宇宙观、美学观和民俗观。"① 因而，在发挥阿拉伯数字书写简便、国际通行等优势的大前提下，借汉字数字及其使用中负载的文化信息传播传统文化、彰显民族特色，应该是汉字数字被选择的另一重要原因。《规定》中5.2"要求使用汉字的情况"其实也是语用的实际状况、习惯以至需要的一种确认：中国干支纪年和夏历月日，中国清代和清代以前的历史纪年，各民族的非公历纪年，含有日月简称表示事件、节日和其他意义的词组等都要求用汉字数字。

3. 从结构定型性角度选择汉字数字

《规定》中的4.1.2和9体现了这一点。

首先，汉语包含大量由数字构成的词汇形式和准词汇形式，具有结构、意义、形体等的定型性。其中以"一"最多，其他也不在少数。《汉语大词典》收录共1 700余条以"一"打头的词、固定短语（含谚语），如果算上不打头的含"一"语汇，则更多。选择这些形式时，应该遵从约定俗成的原则，选择本来的汉字形式。

其次，采取两个相邻数字连用表示概数、采用"几、多、左右"等表约数，是汉语的一种规约性表达。在表达概数、约数时，采用这种汉字数字表达既方便又合乎习惯。

再次，汉字数字选择也发生在其内部几种小类之间，如大写数字和小写数字、序数词和基数词（常见于基数表序数）、序数词和干支词语等，干支词语除用于历法纪时外，还用于表示等级次第、条项序列、区分事物（如士兵甲、甲物、某甲）等；还发生在汉字数字和在特定组合或特定场合表序次的非数字语词之间，如方位词"上、中、下"（上旬、下旬）、形容词"大、中、小"（大儿子、小儿子）和序数词、老（老大、老二）、

① 曹文轩. 小说门［M］. 2版. 北京：作家出版社，2003：48.

长（长兄）、头（头号）、元（元月）、初（初一、初十）、次（次日、次年）等语素（或词）和"第""首先、其次、再次、又其次、最后"一类分列条项词语和汉字数字（也包括阿拉伯数字）等。这些小类之间的选择，一方面是依循习惯，另一方面是考虑修辞的具体需要，而习惯多半是修辞用法的定型化。

（二）阿拉伯数字的选择

在《规定》中，阿拉伯数字从书写角度被赋予了比汉字数字更为重要的意义。概括来说，统计表、物理量、公历计时、代号、代码和序号都要求使用阿拉伯数字，非物理量、引文标注一般情况下要求使用阿拉伯数字，其他"凡是可以使用阿拉伯数字而且又很得体的地方"均应使用阿拉伯数字。之所以如此规定，主要着眼于两点：阿拉伯数字应用广泛，特别是在科技文献以及涉及数量统计、计算、标注等的各种领域使用阿拉伯数字，已成为国际惯例；"阿拉伯数字笔画简单、结构科学、形象清晰、组数简短"，具有简明、科学的书写和印刷方面的独特形体优势。这两点，也是书面语修辞选择阿拉伯数字的基本依据，有助于达到简明直观和科学实用的修辞目标。

应该特别提到的还有网络修辞对阿拉伯数字的青睐。阿拉伯数字的形体优势不但体现在书写和印刷上，还体现在电脑键盘输入上，这一点直接影响到网民在聊天等一般网络交往中对阿拉伯数字的优先选择。结果是，由这类数字单用或组合构成的网络数字语也成为由网民创制的"网络语言"的重要组成部分。

1. 选择阿拉伯数字用于谐音表义

这类数字语占了网络数字语的绝大多数。在使用中文聊天的网民中流传最多的首先是与汉字谐音的数字语。如：1314 一生一世，837 别生气，886 拜拜啰，9958 救救我吧。这些数字谐汉字音，但不等于谐普通话音，有的要用方言音去读才比较接近。也有部分数字语是谐音方言或英语、日语等外语的。如：F7124 飞起一耳矢，"耳矢"即"耳光"，是四川方言词。再如：2 to 或 too，39 Thank you，4 for，7 serving，88 byebye，9 night 晚上（英语），3166 撒哟那拉（日语）。也有的是数字语和字母或汉字一起谐音表意的。如，8K7 不客气，3X Thanks，f2f face to face，b4 before。

有的数字谐音间接表意，如："55555"通过拟音"呜呜呜呜呜"表示"哭"。有的数字谐音和不谐音合在一起共同表义，如："04250"意指"你是二百五"，"2010000"的意思是"爱你一万年"。

2. 选择阿拉伯数字用于联想表义

在网络交际中，网民经常使用一些特别的数字组合，借助数字与某些事物或事件的联系间接表意。

一是借代。利用与事物或现象相关的数字代指表意。如："10 或 100"代表"你很完美"，大约与传统文化认为"十"代表圆满，各种考试一般也是 10 分或 100 分为满分有关；"386199"，代表农村男性青壮年进城打工挣钱后剩下的种田大军，是分别用 38（"三八"国际妇女节）、61（"六一"国际儿童节）、99（"九九"老人节）代指妇女、儿童和老人。

二是用典。借助与数字相联系的典故表达相关含意。如："007"表示"我有个秘密"，利用了家喻户晓的同名系列电影；"1775"表示"我要造反了"，是因为 1775 年美国爆发了独立战争，暗含新意。

三是借助人们对一些特定数字的认知背景。如："13579"全部是奇数，而英语中"奇数的"与"奇怪的事物"是同一单词 odd，因而用来表示"此事真奇怪"也就不奇怪了；"123"代表"木头人"则是利用了一般人都玩过、都熟悉的木头人游戏，喊"123"之后就不能再动，就像个木头人，从而得名。

另外，还有借助比喻或象征的。如：286 电脑运行速度极慢，借"286"以喻指人智商低；999 喻指天长地久，玫瑰象征爱情，由此"999朵玫瑰"表达"我爱你到永远"之意；1 表示一个人，同时 1 和英语"i"相似，代表我，0 表示空、没有，"00100"象征我很孤独。

3. 选择阿拉伯数字用于组形表义

一是用于与标点符号等其他符号组接构成网络表情符，如："：-6"刚吃了酸东西的笑容；"：-7"火冒三丈；"0-)"一个焊接工。

一是借助变形、装饰、点缀等构成图形或动画一类艺术作品，如：

还有一类是象形表义。如：177155 表示 MISS，3707 表示 LOVE（倒过来看），505 代表 SOS，而 1769 代表农民，是取这几个数字分别与扁担（1）、锄头（7）、粪桶（6）、粪瓢（9）象形。这些都取其形似、形近，

间接表意，想要看明白，还真得费些力气、动点脑筋。

二、数字语内部成员的选择与修辞

书面语修辞中对基于形体差异的数字语之间的类型选择只是数字语选择的一个方面，对于在口语修辞中写成什么样子是无须区分的。无论是口语修辞或是书面语修辞，选择还出现在其他不同类型的数字语之间，出现在每种数字语内部成员之间。而选择的动因无不出自对数字语语音、语义、形体特征等单一或综合方面的权衡，尤其是数字语的词汇意义、语用功能、文化内涵等语义构成特点及其语境适应性的考量。

（一）数字语选择的语音因素

数字语的选择，一定是在表意功能相同基础上的不同数字语形式之间的权衡取舍。语音对数字语选择的影响，一是语音方面的实际需要，如音节数、音质、声、韵、调等。这主要体现在有格律要求的韵文中，如毛泽东《十六字令》"山，快马加鞭未下鞍；惊回首，离天三尺三"的"三尺三"是虚数，很多其他数字都可以同样用来表示空间距离近，之所以用"三尺三"，与音节数、押韵等多重格律因素有关。日常使用有时出于话语简洁、声音响亮等目的也需在同义数字语之间作出选择。如"它的干一般是丈把高，像加过人工似的，一丈以内绝无旁枝"，其中"丈把"不说"一丈把"，"丈二和尚摸不着头脑"不说"一丈二"，"五卅运动"用一个音节的"卅"替代了"三十"，"二两"一般不说成"两两"等，都是语音区分的需要使然。

影响数字语选择的另一个语音因素，是谐音导致数字趋避。因为不同数字可以谐音不同意思的词语，如"六"谐音碌、顺，"七"谐音起、吃，"八"谐音发，"九"谐音久、酒，"三"谐音生，"四"谐音死，以及数字连用谐音代表更为丰富的各种意思，如138一生发、163一路生、48死发、178一起发等。为此，在与数字选择相关的命名、称名、选号、排号等修辞行为中，人们对不同数字尤其是数字组合表现出了迥然不同的好恶态度。如不少餐馆、店铺、网站等不约而同地取名"168"（一路发）或以"168"作为名字的组成部分，而有些医院干脆不设14（要死）层，也不设14床。出于听起来响亮容易分辨的需要，电话号码"1"按习惯一般人都念成"幺"，但依据需要念成"一"的也大有人在，如查询号码"12580"就被解读为"一按我帮您"；有餐馆订座电话选择了"6225777"，也有选择了"6550777"，皆因"7"谐音"吃"；至于电话、车牌等尾号选择6、8、9的就更为普遍，包含连续多个此类数字的号码则尤其抢手，甚至需花大价钱求购。

值得一提的是，网络世界作为时尚、前卫的领导者，不但在网络命名、交往中广泛运用数字语谐音，并且交互影响着网络外的许多修辞活动。如"21""51"因为谐音"爱你""我要"，堪称网络世界流行数字语，受此影响，借用"21""51"为现实世界的店铺、商品等命名的也颇有人在。而"88"或"886"随着在网上广为流传，网络外也越来越多地被使用。

（二）数字语选择的形体因素

数字语如果用作区分、描绘、说明事物形体的手段，或者直接用于组形成分（如网络符号），形体将成为决定数字语选择的首要因素；如果数字语兼有形体暗示意味，形体则将作为数字语选择的次要因素起作用。自唐武则天时起，人们便从浩如烟海的汉字中，选出十几个发音相同，而书写比较繁杂，不易被改动的汉字"零、壹、贰、叁、肆、伍、陆、柒、捌、玖、拾、佰、仟"作为汉字中表示数目字的大写体。这些数字是否被选用替代汉字小写体或阿拉伯数字，主要取决于形体区分的需要。例如：

（7）太晚了，我们只好坐11路公共汽车回家了。
（8）虫二（泰山石刻）。
（9）冻雨洒窗，东二点西三点；
　　切瓜分片，横七刀竖八刀。

例（7）"11"描摹走路时两腿前后迈动的形态，全句意指步行回家，只能用阿拉伯数字"11"。例（8）寓意"风月无边"，"二"暗示形体，因而不能用"两、双、再"等替代。例（9）暗含析字，"七""八"都是构字部件，自然不能写成其他同义表数形式。

（三）数字语选择的语义因素

与一般词汇选择一样，语义因素也是数字语选择的主导因素。从数字语的意义构成看，有些数字语兼有非数词的意义，如"二"还有不专一、两样等义项[1]；有些数字语兼有文化意义，如"双"有成对意、"十"有圆满意。

---

① 李行健. 现代汉语规范词典［M］. 北京：外语教学与研究出版社，语文出版社，2004：350.

同样表数，有些数字兼表实数和虚数，如三、六、九、十、百、千、万等；有些兼表确数和约数，如两、三、五等；有些只能表基数，如"两"；有些几乎不能表基数，如"二"。不同数字语在搭配能力和语法功能上也有不同，如"两、双、再"是"二"的异化形式，在表数和带量词方面虽有交叉，但大体倾向上有分工。

从语义角度对同义数字语形式的选择，主要涉及表数和非表数、表实数和表虚数、表确数和表约数、表客观数和表主观数等几组常见类型。相比之下，较能体现每组选择的修辞策略和技巧的，不在每组的前者，而在每组的后者。

1. 表数和非表数的数字语选择

这类数字语的选用取决于语义表达的具体需要，常见于对于包含非数字意义的数字语（如〇、半、一、十等）以及数字组合的选择。

（10）说一千，道一万，你不该来这里。

（11）你呀，还真有两把刷子。（谷丰登《奔腾的大黑河》）

（12）咱张裕民闹革命两年多了，还是个二五八。咱应该叫老百姓揍咱。（丁玲《太阳照在桑干河上》）

上述几例，都是一些表示非数字意义的特定数字或数字组合，所用数字和它们所表示的意义都是约定俗成的，因而选择时只能依据习惯用法，而不能随意更换成其他数字。

（13）孩子们从"一"开始，迈出了求学征程的第一步。

（14）不把东西交出来，你说什么都等于零。

（15）说实话，对你我是十二万分地感谢，不管四七二十八，请先受我一拜。

这三例中的"一""零""十二万分""四七二十八"都是修辞用法，分别表示"最简单的知识""没有任何作用的废话""最大程度地""怎么样或任何事"这样一些非数字的临时意义。由于它们和这些意义之间存在一定的语义联系，一般也不宜换用其他数字。

2. 数字语表实数和表虚数的选择

实数是具有客观真实性的数，不含虚说、夸张的数。虚数则是不符合客观实际的数。有一些数字语既可用于表示实在的数目或序次，也可用于表示虚数，强调量多、量少、杂乱等意义。表示实数，只需选择对应意义合适的数字词、数字短语，如有必要再辅以一些限定性或修饰性的成分。而要表示虚数，笼统表明多、少、杂等含义，通常只能选择三、六、九、十及其倍数，以及三两、七八等数字连用格式等习惯用作表虚的一些数，当然也能临时用某些大数或小数变异表示。

（16）只须一根琴弦便抵得上 1 000 句赞美之词。（索尔门钢琴公司广告语）

这里，"一"是实数；"1 000"是虚数，只是表明"多"，并非实指。

3. 数字语表确数和表约数的选择

实数中有确数和约数之分。确数是精确表述的数，约数表示带有一定模糊性、浮动性的数。

（17）荔枝大小，通常是直径三四厘米，重十多（克）到二十多（克）。（贾祖璋《南州六月荔枝丹》）

（18）嗟哉吾党二三子，安得至老不更归。（韩愈《山石》）

（19）老农家贫在山住，耕种山田三四亩。（张籍《野老歌》）

（20）转轴拨弦三两声，未成曲调先有情。（白居易《琵琶行》）

以上用到的三四、十多到二十多、二三、三四、三两都是表约数的数字语。现实生活中经常用到约数，无论实用表达或是艺术表达都需要，用以反映人们认识客观世界普遍存在的一定模糊度。诗歌中的模糊数运用更是暗寓着诗人特殊的情感态度和心理状态。

4. 数字语表客观数和表主观数的选择

数有主观数和客观数之分，其中主观数包含主观评价。

（21）小儿麻痹、麻疹、破伤风、结核、百日咳、白喉这六大疾病至今夺去了无数幼儿的生命。在这个世界上，每天有 700 人，每年有 270 万人还不满 5 岁就失去了生命。现在疫苗不足，请大家协力为儿童免疫募集资金。打一次电话可以募集 100 人份的小儿麻痹疫苗。您仅仅 3 分钟的电话是救命的电话。

"700""3"都是客观数，但在这篇广告语中分别包含"人数多""时间短"等主观认识。

5. 直接表数和间接表数的选择

间接表数比直接表数更为新颖含蓄，既能显示说者的语言智慧，又可考验听者的解读能力。比较常见的间接表数是所谓析数，即把原数字表述成两个或多个数经加、减、乘、除一类运算的结果，类似于数字拆分。在古诗文和民间对话中流传了不少这方面的佳话和经典用例，有些数字语直接形式和间接形式之间还因为常用，形成了较为固定的表达关系，如"二八"表十六、"三五"表十五。

　　（22）花甲重逢，还长三七岁月；古稀双庆，更多一度春秋。（民间趣联）

　　这幅献给老寿星的贺联，在老者年龄上做文章。"花甲重逢"即"一百二十年"，"三七岁月"指"二十一年"，两者相加是一百四十一年。"古稀双庆"即"一百四十年"，"一度春秋"即"一年"，两者加起来恰是一百四十一年。花甲、古稀已是难得，更何况双倍还多，这里用到了乘法、加法，转折表数，强调、盛赞了老人的长寿。

　　（23）三五明月满，四五蟾兔缺。（佚名《古诗十九首·孟冬寒气至》）
　　（24）三五二八时，千里与君同。（鲍照《玩月城西门廨中》）

　　"三五"即十五，"四五"即二十，"二八"是十六，都是乘法析数。前诗用月有圆缺喻人不能长相守；后诗表达虽千里相隔，但希望同赏明月、心意相通的心愿。

　　（25）六六雁行连八九，只待金鸡消息。（《水浒传》第七十二回宋江词）

　　"六六"指三十六，"八九"指七十二，二者合起来，正好是梁山泊一百零八条好汉。

　　（26）二十七钱三处摆，九文九文又九文。（《刘三姐》）

　　这是老艄公称赞刘三姐歌名远播的话，先把"二十七"拆成三个"九"，"九文"谐"久闻"音，听起来幽默诙谐。先用减法析数，再谐音表意。如不直说一窍不通，而代之以"十窍通了九窍"或"七窍通了六窍"，也是借减法析数间接表数。

　　（27）莺归燕去长悄然，春往秋来不记年。唯向深宫望明月，东西四

五百回圆。(白居易《上阳白发人》)

这是除法析数,月亮每年圆 12 回(闰年多 1 回),四五百回除以 12,幽禁四十多年,和原诗中"入时十六今六十"(减法析数),都强调了岁月的漫长以及其中的青春流逝和苦难煎熬。而把五十说成半百,把八两说成半斤,也都属于这类间接表数(量)。

总体而言,数字语数量多、用途广,形式功能也丰富多样。数字语的选择和运用,在修辞活动中扮演着重要角色。网络语言的兴起及其在当代语言生活中的地位提升,也进一步推升了其现实价值。

数字语的研究,以往主要是从语法、词汇角度切入,从修辞和语用角度对数字语及其表达式的研究亟待加强。归纳、总结各类数字语修辞手段及其功能特点,探寻数字语选择、组配、变异等的方法和规律,无论是对修辞表达抑或修辞接受而言都具有重要的现实意义。

Selection of Digital Language and Rhetoric

Duan Caolin

(*College of Liberal Arts*, *Hainan Normal University*, *Haikou*, 571158)

Abstract: Digital language is the signs to express number and sequence order. Digital language options include different types of selection of the digital language, members of the different choice and different variants of the same digital language selection, selection of digital language expression covers digital language in a digital words, digital idioms, digital phrases, numeral abbreviation, digital allegorical saying, digital proverb etc. Selection of digital language and its expression is the basic part of digital language rhetoric, concerned about language factors of voice, semantic, morphological, grammar, and other non-linguistic factors of socio-cultural psychology. Research on digital expression should be strengthened from the rhetoric and pragmatic perspective.

Key Words: Digital Language; Digital Language Expression; Selection; Rhetoric

语境视域下的小说信息差多视角解读

祝敏青①

（福建师范大学文学院　福州　350007）

摘　要：信息差是编码与解码处于不平衡的状态，是对言语交际原则的背离，也是对语境适应的背离。作为作者的叙事话语策略，它在背离中建构了新的美学原则。多边缘学科视角的互融性，使对信息差的审读具有了多视域空间。本文以同一语料对信息差与语境的关系作多视角思考。

关键词：小说信息差；语境背离；多视角；审美价值

从言语交际视角对小说人物对话加以审视，涉及言语代码从编码、发送、传递、接收到解码的全过程，涉及对话语物理特质、心理特质的考察。小说人物言语交际过程中的编码与解码呈现出复杂状态，它时常打破合作原则，寻求不合作的表层体现。因此，对人物对话的考察，应关注从编码到解码间的信息等值现象，更应关注不等值现象。信息发送与接收的不等值，即我们所说的信息差。②

信息差是编码与解码处于不平衡的状态，是对言语交际原则的背离。作为作者的叙事话语策略，它在背离中建构了新的美学原则。小说人物对话的审美价值突出体现为多边缘学科视角的互融性，这种融合使对话语的审读具有了多视域空间。对小说对话信息差的构成与解读是依托语境而进行的。信息差因语境而生成，因语境而被解读。语境伴随着信息差从生成到解读的全过程。信息差作为小说对话的突出现象，其与语境的关系也趋向多维。我们基于语境学视域，对小说对话信息差与语境的关系作多角度思考。

为了说明同一对象可以拥有的多角度研究，也为了说明信息差广博的研究空间，我们以钱钟书《围城》中方鸿渐与四位小姐的对话为研究目标，从语境与对话关系的诸多角度来考察。

---

① 作者简介：祝敏青（1954—　），福建福州人。现为福建师范大学文学院教授、博士生导师，福建师范大学语言研究所副所长。兼任中国修辞学会常务理事，中国辞章学研究会副会长，福建省修辞学会副会长。

② 祝敏青．文学言语的修辞审美建构［M］．北京：人民出版社，2015：155．

一、信息差语料的呈现

语料一：方鸿渐 VS 鲍小姐

……讲不到几句话，鲍小姐笑着说："方先生，你教我想起我的Fiancé，你相貌跟他像极了！"方鸿渐听了，又害羞，又得意。一个可爱的女人说你像她的未婚夫，等于表示假使她没订婚，你有资格得她的爱。刻薄鬼也许要这样解释，她已经另有未婚夫了，你可以享受她未婚夫的权利而不必履行跟她结婚的义务。无论如何，从此他们俩的交情像热带植物那样飞快地生长。

语料二：方鸿渐 VS 苏小姐
片段1：

"我要坐远一点——你太美了——这月亮会捉弄我干傻事。"苏小姐的笑声轻腻得使方鸿渐心里抽痛："你就这样怕做傻子么？坐下来，我不要你这样正襟危坐，又不是礼拜堂听说教。我问你这聪明人，要什么代价你才肯做傻子？"转脸向他顽皮地问。

鸿渐低头不敢看苏小姐，可是耳朵里、鼻子里，都是抵制不了的她，脑子里也浮着她这时候含笑的印象，像漩涡里的叶子在打转："我没有做傻子的勇气。"

苏小姐胜利地微笑，低声说："Embrasse – moi！"

片段2：

苏小姐声音很柔软："鸿渐么？我刚收到你的信，还没有拆呢。信里讲些什么？是好话我就看；不是好话我就不看，留着当了你面拆开来羞你。"

方鸿渐吓得头颅几乎下缩齐肩，眉毛上升入发，知道苏小姐误会这是求婚的信，还要撒娇加些波折，忙说："请你快看这信，我求你。"

"这样着急！好，我就看。你等着，不要挂电话——我看了，不懂你的意思。回头你来解释罢。"

语料三：方鸿渐 VS 唐小姐

片段 1：

"方先生的过去太丰富了！我爱的人，我要能够占领他整个生命，他在碰见我以前，没有过去，留着空白等待我——"鸿渐还低头不响——"我只希望方先生前途无量。"

鸿渐身心仿佛通电似的发麻，只知道唐小姐在说自己，没心思来领会她话里的意义……他听到最后一句话，绝望地明白，抬起头来，两眼是泪，像大孩子挨了打骂，眼泪入心的脸。唐小姐鼻子忽然酸了。"你说得对。我是个骗子，我不敢再辩，以后决不来讨厌了。"站起来就走。

唐小姐恨不能说："你为什么不辩护呢？我会相信你。"可是只说："那么再会。"她送着鸿渐，希望他还有话说。外面雨下得正大，她送到门口，真想留他等雨势稍杀再走。鸿渐披上雨衣，看看唐小姐，瑟缩不敢拉手。唐小姐见他眼睛里的光亮，给那一阵泪滤干了，低眼不忍再看，机械地伸手道："再会——"有时候，"不再坐一会么？"可以撵走人，有时候"再会"可以挽留人；唐小姐挽不住方鸿渐，所以加一句"希望你远行一路平安"。

片段 2：

鸿渐袜子没穿好，赤了左脚，跳出房门，拿起话筒，不管用人听见不听见，厉声——只可惜他淋雨受了凉，已开始塞鼻伤风，嗓子没有劲——说："咱们已经断了，断了！听见没有？一次两次来电话干吗？好不要脸！你搞得好鬼！我瞧你一辈子嫁不了人——"忽然发现对方早挂断了，险的要再打电话给苏小姐，逼她听完自己的臭骂。……唐小姐听到"好不要脸"，忙挂上听筒，人都发晕，好容易制住眼泪，回家。

语料四：方鸿渐 VS 孙小姐

孙小姐走了一段路，柔懦地说："赵叔叔走了！只剩我们两个人了。"

鸿渐口吃道："他临走对我说，假如我回家，而你也要回家，咱们可以同走。不过我是饭桶，你知道的，照顾不了你。"

孙小姐低头低声说："谢谢方先生。我只怕带累了方先生。"

鸿渐客气道："哪里的话！"

"人家更要说闲话了，"孙小姐依然低了头低了声音。

鸿渐不安，假装坦然道："随他们去说，只要你不在乎，我是不怕的。"

"不知道什么浑蛋——我疑心就是陆子潇——写匿名信给爸爸，造——造你跟我的谣言，爸爸来信问——"

二、信息不等值状态与语境

在语境背景下考察，方鸿渐与四位小姐的对话是处在不等值状态，这从表达和接受双方的话语意图与话语理解的不对等语境可以看出。

鲍小姐的话语使方鸿渐"又害羞，又得意"，这是方鸿渐的现场接受。由此可见，方鸿渐将此话语理解为鲍小姐看上了自己。而对鲍小姐而言，话语目的实为挑逗。遗憾的是这一目的直至下文方鸿渐看到鲍小姐的未婚夫时才幡然领悟——"鲍小姐扑向一个半秃顶，戴大眼镜的黑胖子的怀里。这就是他所说跟自己相像的未婚夫！自己就像他？吓，真是侮辱！现在全明白了，她那句话根本是引诱。"信息差至此消除，可交际已成为过去时。

与苏小姐对话的片段1，苏家花园花前月下的空间语境中，方鸿渐的"我要坐远一点——你太美了——这月亮会捉弄我干傻事"，使苏小姐笑并询问"什么代价你才肯做傻子"，可知苏小姐将其理解为方鸿渐的腼腆，不好意思表白。方鸿渐"我没有做傻子的勇气"进一步让苏小姐误会为方鸿渐有贼心没有贼胆，于是"胜利地微笑"，发出"Embrasse - moi！"的命令。联系语境，可以知道二人是处在信息不平衡不对等的状态下的。方鸿渐对苏小姐并无情爱之义，这从上下文语境都可以看出。在回国船上，苏小姐的悉心照顾使方鸿渐感到"恐慌"，"毛骨悚然"：

方鸿渐看大势不佳，起了恐慌。洗手帕，补袜子，缝纽扣，都是太太对丈夫尽的小义务。自己凭什么享受这些权利呢？享受了丈夫的权利当然正名定分，该是她的丈夫，否则她为什么肯尽这些义务呢？难道自己言动有可以给她误认为丈夫的地方么？想到这里，方鸿渐毛骨悚然。

这种心理是源于"他知道苏小姐的效劳是不好随便领情的；她每钉一个纽扣或补一个洞，自己良心上就增一分向她求婚的责任"的担心。回国后，方鸿渐当作朋友来往走动地频繁了，"苏小姐只等他正式求爱，心里怪他太浮太慢。他只等机会向她声明并不爱她，恨自己心肠太软，没有快刀斩乱丝的勇气"。可知二人心理空间的想法是相左的。苏家花园的相会，"暮春早夏的月亮原是情人的月亮"的空间情景制造了一个谈情说爱的环境，苏小姐的刻意打扮加重了这样的气氛，方鸿渐"忽然省悟这情势太危险，今天不该自投罗网，后悔无及"。于是以"我要坐远一点——你太美了——这月亮会捉弄我干傻事"来掩饰尴尬，却被苏小姐错误接收。及至方鸿渐在苏小姐的命令下给了她一个吻之后，"一溜烟跑出门，还以为刚才唇上的吻，轻松得很，不当作自己爱她的证据。好像接吻也等于体格检验，要有一定斤两，才算合格似的"。作者在吻后用了三个比喻来形容这个吻的"分量很轻，范围很小"："只仿佛清朝官场端茶送客时的把嘴唇抹一抹茶碗边，或者从前西洋法庭见证人宣誓时的把嘴唇碰一碰《圣经》，至多像那些信女们吻西藏活佛或罗马教皇的大脚趾，一种敬而远之的亲近。"正如方鸿渐后来给苏小姐信中所说明"我真心敬爱你，我愈不忍糟蹋你的友谊"，方鸿渐对苏小姐的感情，是一种敬而远之的感情，对与之求爱避之不及，怎会如苏小姐所理解的隐晦的传情？对话的片段2，是苏小姐又一次对方鸿渐产生的误解，要"撒娇加些波折"。这一误解源自花园相会的误解，也源自苏小姐心理空间中的情感倾向，以致方鸿渐的求快看信，使苏小姐产生了进一步的误解。这个信息差由苏小姐的一厢情愿造成，也由方鸿渐"心肠太软"所选择的话语方式造成。

与唐小姐交际的片段1，唐小姐指责的话语、决绝的态度以及"希望方先生前途无量""那么再会"等意味着分手的话语，使方鸿渐误以为唐小姐决心与自己分手。之所以说"误以为"，是因为唐小姐并不是真心想与方鸿渐分手的。信息差的存在，唐小姐的真实情感，也通过上下文语境披露出来。这些语境就是作者对唐小姐心态的描述话语和唐小姐的另一套话语："唐小姐听方鸿渐嗓子哽了，心软下来，可是她这时候愈心疼，愈心恨，愈要责罚他个痛快——"，"唐小姐恨不能说：'你为什么不辩护呢？我会相信你。'可是只说：'那么再会。'她送着鸿渐，希望他还有话说。"这些描述与话语穿插在唐小姐的指责话语中，形成了指责话语的上下文语境，构成了对指责话语真意的注解。加之告别后唐小姐看方鸿渐淋着雨的心理："她看得心溶化成苦水，想一分钟后他再不走，一定不顾笑话，叫用人请他回来。""抱歉过信表姐，气愤时说话太决绝，又担忧鸿渐失神落魄，别给汽车电车撞死了。"以及打电话询问的举动。互退信件时，收到方鸿渐的回件，"她知道匣子里是自己的信，不愿意打开，似乎匣子不打开，自己跟他还没有完全破裂，一打开便证据确凿地跟他断了"。尤其是对分手后的唐小姐的心理描绘："把方鸿渐忘了就算了。可是心里忘不了他，好比牙齿钳去了，齿腔空着作痛；更好比花盆里种的小树，要连根拔它，这花盆就得进碎。唐小姐脾气高傲，宁可忍痛至于生病。"这一系列语境印证了唐小姐对方鸿渐的感情，也印证了指责话语的违心。遗憾的是，作者提供的这些语境不是面对方鸿渐，而是面对读者的。人物与读者不处在同一共知语境，人物未解信息差，读者却因信息差而为二人分手扼腕痛惜。片段2的信息差承接前面，除了唐小姐指责的因素，还加入了方鸿渐对苏小姐的怨恨，加入了隔着电波交际的条件限制。这一信息差是显而易见的。处在电话听筒两端的交际对象，一方对交际对象产生误会，以为是苏小姐；一方对话语指向产生误会，以为骂的是自己。这一阴差阳错的信息差造成有情人终不能成眷属的悲剧。

方鸿渐与孙小姐的交际，也隐含着信息差。造二人的谣，是孙小姐逼方鸿渐就范的伎俩，方鸿渐却信以为真，"不安"甚至"像天塌下半边"，以致在李梅亭、陆子潇参与的交际中，在孙小姐"伸手拉鸿渐的右臂，仿佛求他保护"的表演中，以及李陆二人的打趣中，以为"反正谣言造到孙家都知道了，随它去罢"，被动答应了订婚请客。李陆二人离开后，方鸿渐"身心疲倦，没精神对付"，与孙小姐订了婚。印证这场信息差的，也是上下文语境。订婚后，方鸿渐突然想起看孙小姐父亲的信，因为"咱们这次订婚，是你父亲那封信促成的。我很想看看，你什么时候把它拣出来"。可孙小姐"愣愣的眼睛里发问"的神情，表明其显然已经忘了自己曾经编造过的谣言，可方鸿渐一直信以为真，信息差至此并未消除，孙小姐则以生气把信撕了为由搪塞了过去。

可见，方鸿渐与四位小姐的交际，在交际现场都出现了信息差。而信息差或延续或消除，都在非信息差出现的现场体现出来。

三、信息差中的话语屏蔽与语境

信息差形成的原因是多方面的，可能在表达方，也可能在接受方。

从表达方而言，话语屏蔽是形成信息差的主要原因之一。"屏蔽，我们将之借用来指对话一方有意或无意将话语隐蔽，未经信息通道传送给交际对象的一种潜话语现象。"[①] 话语屏蔽的主要表现形式有两种：一是以非有形言语代码形式出现，一是以非真实话语形式出现，通过对话语符链接的阻隔来形成某种意义上的屏蔽。话语屏蔽的生成与解读同样有赖于文本语境的昭示。

方鸿渐与四位小姐的对话侧重于表达方以非真实话语形式出现造成的信息阻隔，并由此构成信息差。真实话语与非真实话语是人物在特定语境中同时并存的两套话语，它们以显性与隐性形成对应关系。在话语屏蔽

---

① 祝敏青．文学言语的修辞审美建构［M］．北京：人民出版社，2015：146.

中，一般被屏蔽的是真实话语，它隐含在话语与语境的融合中；显现的是非真实话语，以被表达的形式出现在话语表层。这是表达方有意或无意状态下的话语选择。鲍小姐"你教我想起我的 Fiancé，你相貌跟他像极了"的话语目的是挑逗，而当时方鸿渐接受了话语表层可能具有的示好，而未能领悟其真实目的，这从上面的语境分析中可以看出。这一信息差是由鲍小姐以非真实话语屏蔽了真实话语造成的假象，诱导旅途中孤寂的方鸿渐落入圈套。方鸿渐"我要坐远一点——你太美了——这月亮会捉弄我干傻事"的话语，对苏小姐传递了欲亲近的信息。一是因苏小姐自身的期待，再者是由于方鸿渐选择的言语代码具有双重意义，方鸿渐选择调侃以达到掩饰尴尬的目的，苏小姐则选择了示爱的语义。这一话语的双重性在表达方与接受方作出了反向的选择。方鸿渐的语义取向是掩饰，由于掩饰之义被屏蔽在话语深层，致使苏小姐接受了非真实的表层义，而忽略了对方的真实义。唐小姐的指责与告别之语屏蔽了其真实希望与情感，以致方鸿渐接收了分手信息，却忽略了希望其辩解、留下之义。孙小姐屏蔽在编造出的谣言中的是对方鸿渐的诱逼，不明就里的方鸿渐接受了表层的非真实话语，未能识别被屏蔽的真实话语，乖乖就范。如果说，上述非真实话语所隐去的是说话者的真实目的，那么方鸿渐与唐小姐隔着电波的交际则是隐去了交际者的真实身份造成的屏蔽。屏蔽显然与非面见交谈有关，但用人误以为是苏小姐电话及方鸿渐此时对苏小姐的怨恨也是这一屏蔽的重要原因。

上例对话中，也有以非有形言语代码形式出现的屏蔽。如方鸿渐在电话中对苏小姐"请你快看这信，我求你"的请求。求对方快看信，可能有不同的语义指向：一是求爱的迫切，一是辩解的迫切。这两个语义指向都隐含在话语深层，没有以有形言语代码形式出现，致使方鸿渐倾向的辩解之迫切，被苏小姐切换成了求爱之迫切，由此形成信息差。

从某种意义上说，话语屏蔽与被屏蔽是语境因素，表达方与接受方也是语境因素。各语境因素相辅相成，构成话语的综合语境。一方的话语屏蔽造成另一方的解读失误，既与表达方有关，又与接受方有关。表达方选择的话语屏蔽方式无论是出于有意还是无意，都在一定程度上体现了人物的特征面貌。通过对人物选择的话语形式的认知，可以窥见人物个性。四位小姐都对方鸿渐示爱，但其话语方式不同，话语屏蔽点不同。如果各用一个词来概括，鲍小姐的是挑逗，苏小姐的是传情，唐小姐的是怨恨，孙小姐的是诱逼。话语行为有别，形态各异。

表达者的话语屏蔽被接受者误读，造成信息差，在展现表达方特点的同时也展现了接受方的某些特点。方鸿渐对鲍小姐屏蔽话语的误读，表现了方鸿渐的虚荣与寂寞。方鸿渐对唐小姐屏蔽话语的误读，是建立在自己在船上与苏小姐"劣迹"的无可辩驳上，也是建立在对唐小姐爱之切的情感倾向上。他不能分辨，也无力分辨。方鸿渐对孙小姐屏蔽话语的误读，是被孙小姐"柔懦地""低头低声"的话语方式所蒙蔽，以为其是懦弱女子。苏小姐对方鸿渐屏蔽话语的误读，则展现了苏小姐心理空间的情感取向，也展现了苏小姐因各方面优越而自然生成的获胜感。

四、信息差与叙事语境

小说对话参与了小说文本建构，在人物形象塑造、情节发展、结构设置方面具有独到的功用。信息差以独特的表现形式在小说文本中显示出美学价值。

方鸿渐与四位小姐的对话预设了情节发展趋势：鲍小姐话语对方鸿渐产生的信息差，作者在下文有说明："一个可爱的女人说你像她的未婚夫，等于表示假使她没订婚，你有资格得她的爱。刻薄鬼也许要这样解释，她已经另有未婚夫了，你可以享受她未婚夫的权利而不必履行跟她结婚的义务。"这样的理解下，"从此他们俩的交情像热带植物那样飞快地生长"，导致了"一夜情"。苏小姐对方鸿渐话语产生的信息差，导致了一连串情节的发展："分量很轻，范围很小"的吻，写信挑明，殃及唐小姐。这个信息差的消解给陶醉在爱情中的苏小姐以重大创伤，以至于盛怒下的苏小姐以挑拨表妹唐小姐与方鸿渐的关系为报复手段。方鸿渐与唐小姐分手既源于苏小姐的挑拨，又源于唐小姐话语构成的屏蔽，这一信息差导致方、唐二人分手。方鸿渐对孙小姐话语产生的信息差，则是反方向的，导致二人结合。

信息差在展示情节发展的同时，也展现了人物形象。作为人物形象塑造的手法，信息差以形成与消解形成对立体，体现出人物形象。这种体现是一举两得的，既表现话语表达者，又表现话语接受者。与鲍小姐挑逗话语相对应的一是鲍小姐见到未婚夫的亲热举动，揭露了其风流放荡的面目；二是方鸿渐所见的其未婚夫"黑秃胖子"的真容，不但揭穿了鲍小姐的谎言，而且表现了方鸿渐从上当到醒悟的认识过程。在苏家花园与方鸿渐话语相对应的一是苏小姐的误会，既体现了方鸿渐"心肠太软，没有快刀斩乱丝的勇气"，以致充满模糊的语言引起了苏小姐的误会，又体现了苏小姐的心理期待与强烈的主观意愿；二是其自身的一系列反应，从"吻"再到写信辩解，到电话解释，体现了方鸿渐的处事风格。与唐小姐指责话语相对应的也有两个方面，一是唐小姐自身，二是方鸿渐。唐小姐的指责话语与其心理活动形成了矛盾关系，"唐小姐听方鸿渐嗓子哽了，心软下来，可是她这时候愈心疼，愈心恨，愈要责罚他个痛快——"，既体现了唐小姐内心的矛盾，也体现了对方鸿渐的情感。与之相对应的是方鸿渐的反应，在突如其来变故下的心理痛苦，体现了其对唐小姐的倾心爱慕，也体现了方鸿渐为人坦诚，不善狡辩。与孙小姐诱逼话语相对应的是孙小姐前后面目的改变，"鸿渐最初以为她只是个女孩子，事事要请教自己；订婚以后，他渐渐发现她不但很有主见，而且主见很牢固"。从"柔懦地""低头低声"，到"订婚一个月，鸿渐仿佛有了个女主人，虽然自己没给她训练得驯服，而对她训练的技巧甚为佩服"，这一反差体现了孙小姐的工于心计。当然，方鸿渐性格中忠厚的一面也在此展现出来。

信息差参与叙事，叙事过程中的功用体现了信息差的美学价值。在小说叙事语境中，存在着两个层面的交际关系：一个层面是作为叙事者的作者，与之相对的是叙事接受者即读者；一个层面是故事中的交际方，也形成了表达与接受的双方。信息差在故事人物交际中出现，其双方在交际现场的不平衡、不对等，使双方无法达到交际目标。但在语境张力的调控下，话语表层的信息错位往往转化为深层的审美平衡。因此，对作者与读者的交际而言，信息差输出了美学信息。读者由此探求了对人物形象的认知，看到了人物的外在形象与内心世界。信息差穿插在情节结构中，也使读者看到了情节发展的趋势与走向。

正如曹文轩所说："说钱钟书的《围城》好，但学界、批评界多少年来只是在它的诸如'鸟笼子''城'之类的主题上纠缠，而实际上，《围城》最值得称道的是它的智慧——它是中国小说史上为数不多的智慧小说的一种。它里头藏着钱钟书的机锋、窥探人事之后的精辟见解以及对荒诞世界的'刻薄'揭示，作者藏匿于文字背后的窃笑，也许是它最强劲的活力。"在方鸿渐与四位小姐的交际话语和情节中，隐含着钱钟书对人情世态的深刻揭示，其"智慧"是深蕴在故事情节、人物形象中的。

基于语境视域，我们对方鸿渐与四位小姐对话的信息差进行了多角度的分析。这说明，人物对话信息差有着广博的研究空间。在语境视域中，又呈现出下位研究视角，显现了信息差的生成、解读与语境的密切关系，也显现了语境视域的博大包容性。

参考文献

1. 曹文轩. 小说门［M］. 2版. 北京：作家出版社，2003.
2. 孙绍振. 审美、审丑与审智［M］. 广州：广东人民出版社，2014.
3. 祝敏青. 文学言语的修辞审美建构［M］. 北京：人民出版社，2015.

A Multi-interpretation of Novel's Information Gap in Context Perspective

Zhu Minqing

(*College of Chinese Language and Literature , Fujian Normal University , Fuzhou ,* 350007)

Abstract: Information gap is a state of imbalance between encoding and decoding, and is a deviation from verbal communication principles as well as context adaptation. As the author's narrative discourse strategy, information gap, during its deviation, builds new aesthetic principles. The perspective of multilateral subjects brings multi-view appreciation to the understanding of information gap. This paper aims to analyze the relationship between information gap and context on the base of the same corpus.

Key Words: Information gap; Context deviation; Multi-view; Aesthetic value

新媒体语境下新闻述评的语体特点及社会功用探析
——以腾讯"新闻哥"为例

刘　蕾①

［东莞理工学院教育学院（师范学院）　　东莞　523808］

摘　要：随着互联网和手机等新媒介的广泛发展及运用，新闻语言的发展空间也得到了扩展，语言形式出现了多样化的趋势。"新闻哥"是"腾讯新闻"下的一个栏目，本文通过对其语料的归纳汇总，从标题的句式特点、词语的运用特征和修辞的形貌特征三方面，具体探析新媒体语境下这种新型新闻述评的语体特点，并结合社会环境、心理因素及对话目的，深度挖掘其"兴观群怨"的语用功能。

关键词：新媒体；新闻述评；语体特点；社会功用

　　数字时代的传播载体随着新技术的飞速发展日新月异，出现了不同于报纸、广播、电视、杂志四大传统媒体的新媒体形态。较之传统媒体，新媒体在传播渠道和传播方式上都有自己的独特之处。

　　尽管对于新媒体的界定，学术界至今还没有定论，但根据百度百科所提供的资料，新传媒产业联盟秘书长王斌认为"新媒体是以数字信息技术为基础，以互动传播为特点，具有创新形态的媒体"；美国《连线》杂志把新媒体描述为"所有人对所有人的传播"；联合国教科文组织对新媒体下的定义是："以数字技术为基础，以网络为载体进行信息传播的媒介。"由此，"新媒体就是能对大众提供个性化内容的媒体，是传播者和接受者融会成对等的交流者，而无数的交流者相互间可以同时进行个性化交流的媒体"②。

　　新媒体具有"交互性与即时性，海量性与共享性，多媒体与超文本，个性化与社群化"等特点，而这些特点也潜移默化地改变着人们在阅读、书写、思维等方面的习惯，从而对当代大众的生活方式、思想观念及至话语风格都产生了深远的影响。

　　在这个时代变革的过程中，随着互联网和手机等新媒介的广泛发展及

---

　　①　作者简介：刘蕾（1971—　），广东东莞人。现为东莞理工学院副教授、教育学院（师范学院）教育系主任，兼任中国修辞学会理事。

　　②　新媒体．百度百科［DB/OL］．http：//baike. baidu. com/subview/339017/5403053. htm？fr = aladdin.

运用，新闻语言的发展空间也得到了扩展，语言形式出现了多样化的趋势。我们知道，新闻语言是通过新闻媒介，在对新近发生的事实进行报道、对具有新闻价值的信息进行传播的过程中所使用的语言。新闻语言是一个动态发展的过程，某一时期的新闻语言总是与相应的历史时期密切关联，因此也就必然带有鲜明的时代烙印，反映着不同历史时期社会经济、政治、文化的各种特征。

一、新媒体语境的时代特征

新媒体的勃兴深刻改变了当下的媒介生态，它所释放的"鲶鱼效应"甚至倒逼了中国媒体生态的转型。众所周知，传统媒体原先是由传者主导传播过程的，其受众地位与传者相比严重不对称。新媒体的介入打破了传统媒体主宰传播过程的格局，改变了原先由传者主导的单一、单向的信息传播方式，信息消费从传者市场转变为受众市场，受众由原先的被动角色变为主动角色，成为"上帝"。

今天的中国民众已经进入自由选择信息的时代，任何一个强势传播者都很难一厢情愿地让所有的民众采取同样的关注行为，做到"举国观看"。因为大众的信息偏好是多元化的，甚至是碎片化的。同时，新媒体带来了信息的非理性繁荣，海量信息泛滥，信息供给出现了严重过剩。多元化的受众需求面对碎片化的海量信息，就会造成信息选择的困难。

接受方式与传播过程的逆转也深度改变了信息的生产方式。此时，新媒体从业者的角色功能就由信息传播者转化为信息导购员，他们必须通过自身专业化的努力，把他们视野中的目标信息"推送"到受众面前。这种推送并不是简单的强行输出，而是要以迎合受众需求的方式进行。

传播是为了让更多的人接收到信息，为了追求受众规模最大化，获得最大的点击率或关注度。新媒体从业者只有瞄准中下层受众的共同偏好，走中低端路线，找到受众偏好最大公约数，才能赢得最大市场。因此，新媒体技术从诞生之日起就注定与大众文化骨肉相连。

大众文化从实质上说就是一种市民文化。"与精英文化的价值取向不同，大众文化有两个基本价值取向：从它的文化影响方向来说，它追求娱乐；从它的商业生产属性来说，它追求消费价值。这就是说，消费和娱乐是大众文化活动的基本价值取向。但是，在社会文化活动的基本层面上，大众文化又具有反映和表达社会大众的基本精神与普遍情感的动机。换言之，作为普通大众日常生活当中的文化娱乐活动，大众文化的真实内涵应当是大众的生活情态、文化情趣和娱乐趣味的表现，是'民风''民情'

的文化表现，这就是传统文化中所定义的'风'。"①

正是在这样的语境之下，新闻语言的运作方式也发生了深刻的转变。

二、腾讯"新闻哥"的语体特点

在当今网络信息全球化的背景下，除了官方的新闻媒介之外，越来越多的商业媒介显示出了自己对社会发展的巨大影响力，大众媒介之间的竞争越来越激烈。众多的新闻媒介为了增加自身在社会上的影响力，提高公信力与亲和力，从而增强在媒介中的竞争力，主动选择从受众需求和受众心理的角度出发来报道新闻和传播信息，于是新闻语言的风格就越来越趋于贴近大众生活、亲近大众习惯，以获得受众最大化的关注和青睐。

新闻语言包括叙述、传播新闻时所使用的词汇、句式、语体、风格等，"新闻语言的风格就相当于一篇新闻报道在新闻媒介的平台上面对受众的表情"②。在新媒体语境下，越来越多的新闻从业者选择平和、活泼、有态度的语体风格，并在发布一条新闻后再加上几句话的点评；不是像专家学者那般长篇大论、有理有据地分析事件的前因后果，而是从一个普通人的视角出发，表现出听到这样的新闻后会有什么样的反应。就像两个市井老百姓在聊天一样，新闻从业者鲜明的态度使得原本客观的新闻传播带上了感性的色彩，拉近了传播者与受众的距离。我们可以看到，这种新闻述评的模式，网易有"每日轻松一刻"，搜狐有"神吐槽"，凤凰有"Fun来了"，腾讯有"新闻哥"。

"新闻哥"是"腾讯新闻"下的一个栏目，于2013年6月3日正式在客户端亮相，开始时一天1期，后来改为工作日每天2期（中午12时和晚上18时准时推出），周末和公共假期一天1期。新闻一共有四个板块：头条、新闻正文、评论上墙、结语，每周一、周五晚上22时还开设"午夜诊聊室"与"哥迷"（新闻哥的粉丝统称）们互动。百度百科对"新闻哥"的描述是："资深媒体人，总能从不同方面看待问题，对事件有深刻的认识与体会，喜欢'麻辣点评'的你值得拥有。"③ 腾讯新闻2014年2月24日专门推出《关于新闻哥：那些你想知道的事》一文，文中类似广告宣传般对"新闻哥"大力推介："受够了沉重的负能量新闻，喜欢看有趣新闻、搞笑图片？希望有人嬉笑怒骂、换个姿势写新闻给你看？新闻哥就是你最好的选择！玩的就是内涵，搞的就是腹黑，每天把最有趣的新闻

① 许维萍. 肖鹰批赵本山：没制衡，大众文化劣根性就会被放大 [EB/OL]. http://www.chinanews.com/cul/2011/08-22/3274035.shtml.

② 孙国钰. 新媒介环境下新闻语言的变化 [J]. 青年记者，2012（26）.

③ 新闻哥. 百度百科 [DB/OL]. http://baike.baidu.com/view/11824592.htm? fr=aladdin.

推送给你!"①

  下面我们就以腾讯"新闻哥"为例,采用分层抽样的方法,将 2013 年 8 月到 2014 年 7 月的这 12 个月分成 12 层,每一层都抽取 15 日这一天,样本总量即这 12 天中所有的"新闻哥"述评(见下表)。通过对这些语料的归纳汇总,我们由点及面,具体探析新媒体语境下这种新型新闻述评的语体特点。

"新闻哥"分层样本(2013 年 8 月—2014 年 7 月)

序号	时间	标题	备注
1	2013 - 08 - 15	午间版:如此"转角遇到爱"	
2		晚间版:节操碎了的日本人	
3	2013 - 09 - 15	周末版:再不能说小伙伴惊呆了	周日
4	2013 - 10 - 15	午间版:智勇双全斗小三	
5		晚间版:这样的"好官"上哪找	
6	2013 - 11 - 15	午间版:前任竟跟老妈在一起了	
7		晚间版:真是最毒妇人心啊	
8	2013 - 12 - 15	周末版:哥们,你这是抢劫还是卖刀呢	周日
9	2014 - 01 - 15	午间版:校长,上课怎么上到床上去了?	
10		晚间版:村长,你们那儿还缺女婿吗?	
11	2014 - 02 - 15	周末版:这世界太可怕,舍友成了后妈	周六
12	2014 - 03 - 15	周末版:英语老师 你要不要这么漂亮啊	周六
13	2014 - 04 - 15	午间版:管理学没学好你也敢包小三?	
14		晚间版:如此怒气杀人,至于么!	
15	2014 - 05 - 15	午间版:妹子选我,哥也愿意穿比基尼	
16		晚间版:太太们,这样真的好吗?	
17	2014 - 06 - 15	周末版:渣男,你也就这点本事了!	周日
18	2014 - 07 - 15	午间版:姑娘,你是有多想坑你爹!	
19		晚间版:强,翻越大半个中国找小三	

---

① 关于新闻哥:那些你想知道的事 [EB/OL]. http://news.qq.com/a/20140224/018170.htm.

1. 标题口语化

传统语境中新闻语言讲究政治性和大局观念，新闻标题往往显得正统、端庄、严肃，力求表义严谨、风格典雅。而在新媒体语境下，传播者和受众的互动性得以强化，在追求思想解放和自由的大时代背景下，新闻语言也呈现出民主精神，大众可以表达自己的愿望、观点、需求和想法，新闻标题也就不仅仅局限于对事实的报道和评论，而是显示出大众对事实的看法和观点。

由上表19个新闻样本可以看到，"新闻哥"的标题以简单明了的短句为主，直白写实、日常聊天式的口语句受到了极大青睐。这其中，感叹句、疑问句、非主谓句占了绝大比例，比如2013年11月15日晚间版标题"真是最毒妇人心啊"，2014年4月15日晚间版标题"如此怒气杀人，至于么!"，都是运用感叹的句式直接表达了自己的态度;2014年1月15日午间版标题"校长，上课怎么上到床上去了?"，5月15日晚间版标题"太太们，这样真的好吗?"，则是用调侃的问句表达了不赞成的否定态度。同时，绝大多数标题呈现出统一的对语式语气，如"哥们，你这是抢劫还是卖刀呢"，"英语老师 你要不要这么漂亮啊"，似乎都是在与新闻中的主角进行隔空喊话，直接交流，超越了时间和空间上的限制，毫无阻隔感。

2. 词语网络化

在新媒体语境之下，新闻传播融合了大众传播和人际传播两种模式，这两种传播模式的结合决定了其所使用的语言特别注意时代性和新颖性。为了体现新闻传播的平民化和亲切性，"新闻哥"明显不再受主流话语的控制，而是大量使用网络习惯用语，语言风格非常鲜明。

这些用语有的是汉语中已有的，但被赋予了新的意义;有的是新出现的，属于新词语的范畴;有的则是仅存于网络领域的特异现象。如网络中最常见的谐音转写类词语"有木有"（有没有）、"赶脚"（感觉）、"筒子"（同志）等词，是通过方言谐音形成的，"那尼"（什么）是直接音译的日文词。这些词语利用谐音的方法改变原词语的书写形式，开始仅是某些网民的无心为之，但现在已经因其诙谐有趣，推而广之，为大众所接受。"新闻哥"中也存在大量比喻联想类词语，如"抓狂"（受不了刺激而行为失常）、"爆头"（游戏用词，把某人打得脑袋开花）、"喷子"（指没有立场，抓住别人漏洞就狂批猛斗的人），这些词语通过比喻、联想的方式形成，生动活泼，形象鲜明。在"新闻哥"中，为了充分表现情绪情感，强化和"哥迷"的情感交流，像"嘛""啊""哦"等语气词，"吼吼""呵呵""哇塞"等网络语体中普遍使用的拟声词，出现的频率也很高。这些用词体现了亲切的口语特色，使表达更具感染力。还有已经成为较为固定的网络用语的字母缩略类词语，如 GG（哥哥）、BC（白痴）、SJB（神经病）等，也时时出现在"新闻哥"的新闻述评中。

3. 修辞形象化

新闻是信息的传播，以符号为载体。我们所使用的符号可以分为语言符号和非语言符号。在新媒体语境下，新闻语言出现了多元化的趋势，针对不同层次、不同需求的受众，除了文字以外，还充分利用图像、视频、声音等进行传播。在"新闻哥"的语料中，为了刺激读者的注意力，增强语言表达效果，存在着大量直接诉诸视觉形象、引人注目的修辞材料。

比如网络语体中运用得非常广泛的符号组合和表情图像。请看例句："握……握手……旁边的米奇都惊呆了好么!!!"（2014 - 07 - 15 午间版）就是利用标点符号的逐步递加和叠用，来加强语意和情感的表达力度。还有利用键盘上已有各种符号创造出来的一系列具有感情意义和形象色彩的符号表情，+_ +表示"晕"，(╯__╰) 表示"难受、无奈"，(ˇ?ˇ) 表示"不高兴"等，也常常出现在"新闻哥"某一条新闻的叙述之后，形象直观且简约生动。

"新闻哥"修辞上还有一个更突出的特点，是充分借助大量幽默风趣、意有所指的图片，直观且态度鲜明，使得信息传递更准确、更有效，也给人生动活泼、耳目一新的感觉。这些图片有新闻视频的截图画面，也有专门绘制的漫画式图片，但都结合新闻事件，被重新编配上了文字。这些图文与客观叙述新闻的语言一正一谐，相映成趣又相得益彰。比如2014年5月15日晚间版，在"祭车"的新闻图片后面，就配上了动漫"龙珠"的图片，并编辑文字"不要逼我变身"，立刻变得娱乐性十足。又如在"广东省纪委发文不准称呼领导为'老板''老大'"的新闻之后，配了一张奥巴马伸出左手食指的演讲照片，文字是"BIG BROTHER IS WATCHING YOU"，调侃、讽刺意味鲜明。

我们可以看到，在新媒体的平台之上，新闻从业者正在充分发挥自己的想象力和创造力，采用多方法将原本单调的新闻传播演绎成丰富有趣、娱乐十足的"单口相声"大舞台。

三、"兴观群怨"的社会功用

"新闻哥"这种活泼幽默、以"吐槽"为主的语言风格的盛行，必定是在新媒体发展的基础上产生的。它的产生与时代背景、大众心理、语言发展都有着密不可分的关系。借用孔子的"兴观群怨"说，我们力图深度挖掘当下这种新型新闻述评所产生的社会功用。

1. "兴"——"引譬连类"，"感发志意"

当我们通过网络来阅读（文字）和观看（视频及图片）"新闻哥"时，会有一种强烈的感受，那就是"信息传播只是皮相，而娱乐才是其骨髓"。不管这一天的主打新闻是喜剧还是悲剧，"新闻哥"都通过各种修辞的手段，营造了一种快乐的氛围，使"哥迷"们随时随地从新闻评述中获得的都是一种"娱乐至死"的情感体验。

如2014年1月15日午间版，这一天的主打新闻是网络曝光陕西省委党校副校长秦国刚"不雅照"，举报者为党校在职研究生，被秦及其妻子殴打至"头部血管破裂"。这无疑是令人愤慨的一则社会事件，但在"新闻哥"的评述中，却用了"秦校长啊，上课都上到床上去了，这教育做得很到位啊"的倒反修辞手法，和"你肯定想不到那十几分钟，哦不对，可能是几分钟，也可能是几十秒或者十几秒的痛快带来的痛苦会是无限的吧"吞吐修辞文本建构，言尽而意无穷，让"哥迷"们在回味咀嚼的过程中得到"我懂了"的快感。

2. "观"——"观风俗之盛衰"，"考见得失"

网络这个新媒体是一种新的语言载体，载体的变化往往造成语言风格或语体的变化。新媒体即网络传播这种独特的"信息方式"，如果我们从深层次看，具有一种很强的解构意味，这是新媒体时代的话语特征决定的。解构就是对权威、对传统秩序的一种颠覆与离析，"新闻哥"这种新型新闻述评范式的产生有其合理性与必然性。

这是一个"集体狂欢"的时代，市场经济的繁荣带来了消费主义的兴盛，使大众文化开始作为一种强势文化存在。新媒体编辑在策划选题、制造热点、制作标题、设计互动等方面都追求受众的最大化。为了拉近受众与传媒的距离，编辑甚至有意改变语言生态，将无厘头的造句游戏推向最高潮。

如2014年3月15日是"国际消费者权益日"，可这一天"新闻哥"的标题是"老师，你要不要这么漂亮啊"，文中提供了好几张四川师范大学新来的英语老师的课堂照片，并毫不讳言是给"哥迷"们送福利。或许这是一种对现实不认同的接受，是一种"难得糊涂"，但是一个有公信力和影响力的媒体不单单是制作一份产品，在新媒体传播的过程中，还是应当保持一定的客观判断和理性分析。

3. "群"——"群居相切磋"，"和而不流"

新媒体时代网络语言的使用者是强烈追求个性，极具反叛精神的一代。新媒体把我们的表达引入了一个"小"叙述语境，其主要特点就是以个性展现为主。在这个初衷之下，网络语言始终以个性化、生动化、趣味性等特点不断延伸发展着。但是我们知道，人是群居动物，人类要在社会中生存，就需要群体认同感，这种认同感包括主体的自我认同以及别人对你的角色认同。群体认同感必须依赖与他人的互动，确立内心所需的归属感。无论网络语言以何种面貌呈现，我们要达到的最终目的是"交流"，是"对话"。所以，在新媒体里，当大家都使用着同样的表达方式，似乎就在这群人里产生了某种联系，成为某种意义上的群体。

如"新闻哥"的固定受众群数量众多，统称为"哥迷"，其中80后和90后是绝对主力军。用"新闻哥"的话说，他们"长期以在评论中调戏'新闻哥'为乐"。在与"哥迷"互动的环节里，有"歌迷秀"、有"网友问网友"，还有"上墙"（由网友发送相关话题，其中有价值或者有趣味的内容经工作人员在后台挑选后，传送至微博墙上予以公开显示）时间。在这些精心设计的栏目里，网友们毫无障碍地参与，每个人都可以自由抒发自己的见解并相互交流，从而使新闻评述成为人人参与的盛会。

4. "怨"——"怨刺上政"

新媒体是一个围观的场所，一些在纸媒上欲说还休的话题在内容驱动的自媒体上可以得到充分释放。新媒体催生话题人物，与传统媒体相比，新媒体上的言论会更激烈，而且会爆出各式各样的衍生段子，几乎每一个话题人物都逃脱不了被恶搞的命运。敏感话题相对于话题人物，更偏重其事件性。新媒体的编辑非常擅长在一个热点事件曝出后，打造一个话题交锋的擂台，其中敏感话题更引人注意。尽管对于话题人物和敏感话题，去追究事实真相的网民可能不占多数，但对个别故事情节、细节、片段的极度关注则成为网民创意的源泉。在新媒体的语境之下，批评政治和表达民情都是通过各种诙谐幽默的语言途径得以实现的。

如"周永康涉嫌严重违纪"的重大政治新闻，在"新闻哥"里，就用"昨天晚上吃泡面了吗"[①]这样一句迂回前行的折绕修辞予以解构，接下来借题发挥，说"昨天的北京城下了一夜的雨，这是不常见的，是不是因为全民都在泡面，需要这么多水"。用调侃的讽喻语气，充分表达了民众对这只"大老虎"的愤恨之意及对其终于进了笼子的欣喜之情。

四、结语

转型时期的社会，人们的思想和行为都会发生融合与分化。语言的使

---

① 一直到7月29日新华社通稿出来之前，无论是民间传言，还是各种形态和体量的媒体报道，事主周永康始终只能以"康师傅""方便面""周元根""你懂的""大老虎"等各种传播代码而存在。

用也同样具有这种特征。对于新闻来说，突破语言表达的固有范式具有一定的积极意义，但问题在于我们如何面对和调整使用时的心态。尽管新闻从业者可以利用新媒体宽松的话语环境，通过各种方式显示自己的存在和价值，但不容回避的是，每天发生在世界各地的新闻事实是客观的、不容改变的，所以我们在叙述时，也应多一些理性的思考，少一点感性的吐槽。

参考文献

1. 李军. 语用修辞探索 ［M］. 广州：广东教育出版社，2005.

2. 谭学纯，朱玲. 广义修辞学 ［M］. 合肥：安徽教育出版社，2001.

3. 吴礼权. 现代汉语修辞学 ［M］. 上海：复旦大学出版社，2006.

4. 吴礼权. 委婉修辞研究 ［M］. 济南：山东文艺出版社，2008.

The Stylistic Features and Social Functions of News Reviews in New Media Context: Taking Tencent's News Brother as an Example

Liu Lei

［*Eduction College（Normal College）Dongguan University of Technology，Dongguan，523808*］

Abstract: As the Internet and the mobile phone have been booming, there is more development space for journalistic language at the same time, so there is a trend of diversity in linguistic forms. The stylistic features of News Brother, a news review column of Tencent News in new media context, have been analyzed by summarizing its corpus from syntactical structural features of the headlines, application features of terms and morphological features in rhetoric. Combining social environment factors, mental factors and conversation purposes, its pragmatic functions, such as "enlightening, observing, harmonizing, and criticizing", have been thoroughly explored.

Key Words: New media; News review; Syntactical structural feature; Social function

宿州方言中的詈词及骂詈文化

张德岁①

（宿州学院文学与传媒学院　宿州　234000）

摘　要：宿州詈词丰富，是当地骂詈文化的表征和载体。宿州方言中的詈词从致詈方式与民俗文化关系的角度来分，包括禁忌类、歧视类、诅咒与赌誓类以及违背伦理道德类四种，其主要意象涉及性、动物、人体、道德、属性、动作等。詈词虽然粗俗，但使用频率很高，在言语交际中具有骂詈功能、戏谑功能、提示功能和修辞功能。

关键词：宿州方言；詈词；骂詈文化；修辞功能

詈词是一种社会文化现象，也是一种心理现象，是人类情感宣泄的产物。詈词中既有历史的沉淀，又有现实的文化表象，它映射着民俗文化的方方面面。尽管先秦时期的语言中就存在着大量的詈词，但长期以来由于詈词粗俗不堪，其研究价值一直未受到学术界足够的重视。已有的研究大都关注普通话中的詈词现象，鲜有对某一方言点的詈词及其文化意蕴的系统性研究。本文考察了宿州方言中的詈词和詈语（为称说方便统称为詈词），并在此基础上阐释了其文化内涵。

一、詈词的类型

宿州方言的詈词从致詈方式与民俗文化关系的角度可分为以下四种②：

（一）禁忌类詈词

人类的禁忌语主要指称两个方面：一是神圣不可侵犯的事物，如神灵；二是隐秘、危险、不洁的事物，如两性问题。"性"历来是人类的一大禁忌，尽管几乎每个人都离不了它。在一定场合下，人们为了宣泄内心的某种情绪，挑衅性地将平时难以说出口的性禁忌语公然抛出，形成詈

---

① 作者简介：张德岁（1972—　），安徽萧县人。安徽大学文学博士。现为安徽宿州学院文学与传媒学院教授，兼任中国修辞学会理事。

② 赵子阳，章也．内蒙古西部区方言詈词的分类与民俗文化［J］．内蒙古师范大学学报，2007（6）：189－192.

词。宿州方言中的这类詈词可细分为两种：

1. 与生殖器有关的詈词

与生殖器有关的詈词有屄、傻屄、老屄、鸡嘎子、屄毛、蛋子子、蛋、屌、屌豆子、屌芯子、屌叉子、屌壳子、屌毛、老屌、小屌、嫩屌、骚屌、卖屌、憨屌、搜屌等。

这里的"屌"和"屄"（包括其组成部分）其实是一种部分代整体的借代用法，指代男人或女人。带"老"字的往往指年纪大的人，带"小""嫩"类字眼的往往指年轻人，甚至是未成年人。像傻屄、憨屌、嫩屌、骚屌、卖屌、搜屌等詈词用于辱称具有某一属性特点的男人或女人。

2. 与性行为有关的詈词

与性行为有关的詈词有屄、日、压摞、剋、搞、我日、我屄等。

这类詈词最常用的格式是"我屄恁娘""日恁娘的个屄""这个小（骚）屌""你个（卖）屌""你算屄（老屄）"等。骂架的双方，无论是男性还是女性，都是把女性生殖器作为致詈物，其中以骂娘、骂奶奶、骂姨最为常见。骂二姨的特别多，所以姊妹多的家庭会让孩子避开称呼二姨。也有个别女性骂对方男性的，如"屄恁爷爷"，往往被看作笑话，因为真的发生了这样的事情，被认为吃亏、受到侮辱的还是女性。"压摞"本指蚕蛾、蝴蝶、鸡、鸭子等动物的性行为，在宿州方言中也戏称男女之间的性行为。"剋"是一个多功能词，类似于普通话中的"搞"，可以指代多种动作行为，包括性行为，口语中较为常见。

（二）歧视类詈词

生物之中人是最高贵的，其他动物则相对低贱。在阶级社会里等级制度森严，人与人之间在种族、能力、经济状况、社会地位、出身、地域、相貌、品行等方面都存在着差异性，社会地位低贱、能力低下、品行龌龊、出身寒微、经济困顿、相貌丑陋、地域偏远的特征则成为人们施詈的内容。宿州方言的詈词也可据此分为两大类：

1. 反映"人贵物贱"等级观念的詈词

主要有：

（1）狗：狗腿子、趴趴狗、狗屌将的、狗屌屄的、摇尾巴、鼻子尖得给狗宁。

（2）驴：倔驴、驴脾气、老草驴、老叫驴、驴脸呱拉的。

（3）骡子：骡子将的、属骡子的。

（4）猪：小猪羔、跑猪子、乱得给猪窝宁、懒得给猪宁、猪狗不如。

（5）熊：笨熊、狗熊、熊样子、熊将的、熊孩子。

（6）其他：狼心狗肺、护窝子、趴窝、老狐狸、蛤蟆、老鼠、大尾巴狼。

这类詈词往往是用该动物的属性来侮辱、贬损对方，如"狗"的低三下四、摇尾乞怜、善于巴结讨好、仗势欺人，"驴"的倔脾气、脸长难看，"骡子"的杂交而生，"猪"的懒惰、脏乱，"熊"的笨拙，"狼"的凶狠、恶毒，"狐狸"的狡猾，"蛤蟆"的丑陋、龌龊，"老鼠"的胆小、讨人嫌等。宿州有些人看到别人在某些方面超过了自己，就会辱骂对方"蛤蟆、老鼠都成精了"，言辞恶毒，鄙夷不屑之情溢于言表。"窝"本指"鸟兽、昆虫住的地方"，作为量词时"用于一胎所生的或一次孵出的动物"，宿州方言中骂人"袒护孩子"为护窝子，骂人"待在屋里不出来"或睡觉为"趴窝"，其实都是不把这个人当人看。"大尾巴狼"则是指那些有钱、有势、有地位而看不起别人的人。

2. 反映人与人之间等级观念的詈词

宿州方言中有一些反映种族、地域歧视的詈词，如咒骂别人是"日本种""日本进中国撒的种""洋熊""大马子屙尻的"，就是骂对方是野种；宿州地处南北方交界处，常称南方人为"蛮子"，北方人为"侉子"。城乡之间也存在地域差异，城里人有的称农村人为"乡巴佬、乡下人、乡下老土"，城里人到农村工作或检查叫"下乡"。随着城乡差别的缩小，这种说法会渐渐淡出。再如"穷种""冤种""冤大头"等就是骂人的地位低下，包括经济地位和社会地位。

也有一些詈词反映了人与人之间辈分、身份的不同：施骂者常自居长者、有身份的人，如自称"老子""老娘""老爷"等，或骂对方为"儿""龟孙子""孬妻儿"等。

宿州方言中也有一些詈词辱骂对方智力低下、品行低劣。如骂对方是"窝囊废""死乞头""不要脸""白屌舍""白搭熊""瞎巴熊""瞎巴种"等。"瞎巴熊"中，"熊"指男性精子，"瞎巴"骂这个人品质不好、能力差；农村把那些种在地里没有发芽的种子叫"瞎巴种"，后用来骂人素质差。

个别词语由于义项较多，在不同的语境下所属类型也不同。如"窟窿"，在"他弟兄俩一个窟窿里爬出来的，当然亲得很"中"窟窿"指女性生殖器，是禁忌类詈词；而在"你瞎个窟窿乱找啥子"中"窟窿"指眼睛，骂人有眼无珠，是歧视类詈词。

（三）诅咒、赌誓类詈词

诅咒和赌誓都源于语言崇拜，古人认为语言是万能的，可以通过詈词对对方施加某种不良影响，从而达到使对方倒霉、不吉的目的。

从诅咒的内容来看，有的咒人生活不如意，实现不了愿望。例如，有的咒人有残疾，咒人生孩子没有腚眼子，咒人一辈子打光棍，咒人家里的孩子考不上大学等；有的咒人早死、多死、不得好死：每个人都希望长寿，咒人早死就是诅咒对方遭遇血光之灾、非正常死亡（如车祸、跌落摔死、得急病死掉等），更有甚者咒骂对方一家人都死光；有的咒人死后还不得安宁：死了下油锅、下十八层地狱、永世不得托生，或者咒骂对方死后只能托生成猪狗类的动物。从被诅咒者来看，有的是具体明确的，如两人发生争执，互骂对方；有的是无所指，对方暂时无法确定，如家里的东西被人偷了，又暂时找不到小偷，为发泄怨恨就围着村子或街道骂街。

与诅咒用来咒骂别人不同，赌誓者通常是被预设为过错方，赌誓的目的就是对某一事件的否定①。这往往有个假设性前提：如果所言为真则言者受惩，而所言为假则与自己无关，赌誓的根本目的是希望对方相信自己。如张三怀疑李四诽谤自己，就去找李四理论，甚至要殴打对方；李四拒不承认有这事，且发誓说"谁（我）要说你的坏话出门就叫车轧死"。张三看到李四信誓旦旦，往往会信以为真或无可奈何，事情也就不了了之。如果李四对张三的这种做法感到不满，甚至认为张三在挑衅自己，可能也会以此来诅咒对方。上述情境下李四可能会反唇相讥："我要说你的坏话我出门就叫车轧死，我要没说你，你来找找（指找茬）我，你出门就叫车轧死。"这样双方的矛盾可能要激化。

咒语是一种魔法语言，是在巫术与宗教活动中出现的被认为具有超自然力量的神秘套语②。人们相信因果报应，认为善有善报恶有恶报，这是渴望社会公平正义的心理需求和精神安慰。宿州方言中常用的格式为："谁要×××（做了某种事情）谁就×××（受到某种惩罚）"或"我要×××（做了某种事情）我就×××（受到某种惩罚）"，后者说话更直接，言者的态度听起来更诚恳，更令人信服。如：我要说瞎话不得好死，我要不这样就叫车轧死，谁要骗人家谁就是狗日的等。

当然，现在人们也逐渐怀疑这种语言迷信的可靠性，甚至有人根本不信任，明明做了某事也会一本正经地发誓，即赌瞎话咒；有人甚至利用誓词来咒骂对方，如谁要说瞎话谁尻您娘。这种情况要么是农村的骂大会，戏谑对方；要么就是赤裸裸的挑衅。

---

① 张永和. 赌咒发誓被异文化认同之可能［J］. 西南民族大学学报（人文社会科学版），2006（4）：220-223.

② 黄涛. 语言民俗与中国文化［M］. 北京：人民出版社，2002：213.

（四）违背伦理道德类詈词

中国传统的伦理道德观念主要包括重道德、重血统、重亲疏、重乡土、男尊女卑、长幼有序等。它是汉民族民俗文化的组成部分，更是汉民族传统心理文化的基石。责备一个人违反了上述伦理道德就是对他的咒骂。宿州方言中有些詈词，如：缺德、六亲不认、太阳没从恁家门口过、没教养、没大没小的等，就是辱骂对方不讲道德、不讲亲情；有些詈词辱骂对方祖宗八辈，违背了长幼秩序，如"日恁十八辈""日恁老奶奶"等；有些詈词辱骂妇女不守妇道或过于强势，如浪（货、屄）、骚（货、屄）、不要脸、破鞋、泼妇、母夜叉、狐狸精等，则反映了宿州当地男尊女卑的等级观念。又如骂人"大闺女将的"是说这个人的母亲没结婚就生了他，变相地辱骂他母亲不守妇道；"恁姨的养汉子屄"是辱骂他姨在外养汉子，所谓汉子就是女人在外面的小三。再如"姑子将的"骂人是野生的，因为姑子不能够结婚，更谈不上生育孩子；"婊子养的"则是骂他母亲是妓女，滥搞男女关系。

二、詈词的语用功能

詈词虽然粗俗，但使用频率很高，在言语交际中具有骂詈功能、戏谑功能、提示功能和修辞功能[①]。

（一）骂詈功能

在日益复杂的人际交往中，人与人之间难免会产生矛盾，造成心情的不愉快。詈词可以用来发泄心中的愤怒和仇恨，从而达到平复心境、释放不良情绪的功能。这种功能往往以挑衅和否定的形式体现出来。

骂人是一种典型的言语行为，即用言语来施行，达到某种交际意图。一个完整的骂詈行为可分为三个部分：一是言内行为，即詈词配合适当语调说出口；二是言外行为，即詈语表达的抱怨、恐吓、威胁、挑衅等情绪；三是言后行为，即语言暴力迫使对方屈服、畏缩。[②] 可见，詈骂是一种特殊形态的暴力行为，和打人一样，目的是在气势上控制对手，达到"不战而屈人之兵"的交际效果。但詈词本身并不能完全实施控制，还需要有适当的说话语调以及面相、身势语与之配合。

---

① 高军. 吴语中的詈词詈语与吴文化［J］. 苏州教育学院学报，2008（3）：17－20.
② 张宜民. 汉英詈语的以言行事方式分析［J］. 中国科技信息，2010（14）：264－286.

从詈词的分类来看，詈词往往是通过否定对方的优点而达到诋毁对方的目的，包括否定别人正统的血统、否定别人及其配偶严肃的生活作风、否定别人的生命状态、否定别人作为人类的身份、否定别人基本的为人品德、否定别人的正常智力、攻击别人的生理缺陷等，在内容上主要涉及常人有意回避的性问题以及令人恐惧的死亡问题[①]。

从句法的角度来看，一些与性相关的脏字眼往往具有否定功能。如：管个屌用——不管用，屌毛不当——不当回事，吃熊吃——不吃了（或没有东西吃）。

与之相关的一些熟语也含有"小量"义，如宿州当地人常说"这点屄（屄）事不值当地说"，但一般不说"那么大的屄（屄）事"。除非在感叹句或反问句中，如"我还以为多大的屄（屄）事来！""这么大的屄（屄）事还要我去吗？你自己就行了！""连个屄沿也沾不着"，是骂人连一点便宜都占不到；"屄不大毛不少"是骂人（特别是女子）气量小，过于挑剔，太苛刻。

（二）戏谑功能

詈词也可以用来插科打诨，打情骂俏。皖北农村喜欢骂大会，同村或前后村不同姓的人，尤其是男人，经常见面，没有多少正经的话说，为了不冷场，或者为了逗别人取乐，就故意骂对方。这是双方辈分不同，如是叔侄关系可以骂娘，如是爷孙关系可以骂奶奶。双方互骂，以笑骂作为招呼，令在场的人捧腹大笑。同辈之间除非是表亲关系，一般不开这样的玩笑，如有的男女是老表关系，如果是结过婚的，别人就会讲"老表老表，见面就搞"，其实原话是"老表老表，见面就捣"。"捣"是捣乱、开玩笑，"搞"指男女关系。这种笑骂活跃了气氛，促进了交际双方情感的认同[②]，不仅没有造成关系的紧张，反而促进了人际关系的和谐，詈词在其中起到了润滑剂的作用。

（三）提示功能

有些詈词并没有辱骂或戏谑对象，纯粹是一种口头禅、一种下意识的言语行为。这时候，詈词往往起到了提示对方的作用。例如：

（1）我屄（日），忘了带钱了！

---

① 高军. 吴语中的詈词詈语与吴文化 [J]. 苏州教育学院学报，2008（3）：17－20.
② 谭代龙. 汉语通识教程 [M]. 北京：北京大学出版社，2013：219.

（2）我的个乖乖来，当时我吓死了！

例（1）表示恍然大悟，例（2）采用夸张的语气，但它们都有引导听话人注意下文的提示功能：例（1）提醒对方一个事实，也可能让对方来付钱或向对方借钱；例（2）是提示对方注意他当时的感受。这种用法都是出现在场合随意的口语表达中，交际双方如果比较陌生，听者可能会不易接受。

（四）修辞功能

詈词使用的场合较为特殊，具有特定的修辞功能。现从其词语、句式和修辞格三个方面略作介绍。

1. 词语方面

词语不仅是语言的基本结构单位，也是重要的修辞手段。[①] 从上文所列举的宿州方言的詈词来看，在语体上詈词多用于面对面交流的场合，基本上都是口语词，通俗易懂，脱口而出，使用频率很高，语言直白粗俗。在色彩方面，詈词往往体现了骂者消极的情绪和情感，包括谴责、指斥、批评、嘲讽、厌恶、憎恨、仇视、威胁、损毁、中伤和侮辱等[②]。同时，上文所描述的的许多詈词，地域色彩浓郁，可以看作是一种地域标记词，如鸡嘎子（男性生殖器）、屄心子（小阴唇）、屄豆子（阴蒂）、尻、剾（性交）、压擦（性交）、白屄舍（无能）、白搭熊（无能）、瞎巴熊（不道德）、丈人等；有些词语形象鲜明，如骂那些慌慌张张、急着赶路的人是"给投胎的宁（像去投胎的一样）"；其他如骚货、屄叉子、太阳没从恁家门口过、癞蛤蟆戴眼镜等，也都生动形象，让人印象深刻。

2. 句式方面

宿州方言中的骂詈句式有三点值得关注：

（1）半截子句较多，一句话没有说完，后面因为种种原因省略了。

如"我日""恁娘的"，"日"的后面应该有宾语，说者或因为害羞，或因为忌讳，或环境不允许，将其省略了。所以在有些场合，被骂的人会接过话茬，变被动为主动，如"你日啥？你日恁娘"，反过来骂他。也有的戏谑性的骂大会，讲"你日骊牛不走犊"。"恁娘的"后面很明显也少了一个词，但无须补出，对方也能听懂。

（2）很多詈词都出现在固化结构中，词义有所泛化。

如"你这个（孬种、狗日的、不要脸的等）""谁要××谁就××"

① 陈汝东. 修辞学教程［M］. 北京：北京大学出版社，2014：77.

② 江结宝. 詈骂的构成与分类［J］. 安庆师范学院学报（社会科学版），2000（1）：104－120.

（如：谁要说我坏话谁就不是人，谁要偷我的鸡吃谁就叫鸡肉噎死）"我的个××"（如：我的个乖乖来、我的个儿来、我的个屌来）。现在这种结构很多不是在骂人，而成了一个口头禅，表达惊讶、不满等感情。再如"日怹小娘（姨、奶奶、姥娘）"，"小"的本义应是年轻的，但语义已泛化，"日怹小××"成了一种骂人的范式。像"日怹小奶奶"，这里的"小奶奶"并不是与"大奶奶"相对而言的，"小"字流露出骂者对被骂者的蔑视和愤怒。

有时是一种省略形式，如"个傻屌""个骚屄"，前面省略了代词"你"或"她"，往往表达一种瞬间爆发的愤怒、不满之情。被骂的人可能在现场，也可能不在现场。这种构式结构短小，比起完整句表达的感情更为强烈，突显了表意重心。

（3）短句多长句少，表达简洁、明快、有力。

很多詈词言简意赅、形式简单，但表意丰富，甚至话中有话，给人留下丰富的联想。如"你个杂种""万人屌尻的""万人攮的"，言外之意是骂对方的母亲在外乱搞男女关系，败坏人伦道德。常见的詈词"怹娘的屄"就可以让人有多种理解，话语不长，骂人很深。

从话语结构来看，詈词主要有以下四种方式。

（1）非主谓句。

这类格式是由单个词或非主谓短语构成的单句，包括名词性、动词性和形容词性三种类型。

1）名词性非主谓句。

这是最常见的一种格式，包括名词性的词语、偏正短语或"的"字结构。例如：笨蛋、浪货、孬种//娘的个屄、瞎巴熊、小巴结//屄将的、狗娘养的、老驴牛将的。

2）动词性非主谓句。

主要是动宾结构。例如：滚蛋、日怹娘、不要脸、舔人腚眼子。其他结构较少，如"丢人现眼"是并列结构，"出门叫车轧死"是连动结构，"叫他疼谁死谁"是兼语结构。

3）形容词性非主谓句。

在宿州方言詈词中，单个形容词独立成句的较少，如"闷（头）骚"，可以用在面对面的戏谑调侃中；通常采用"程度副词＋形容词"的格式，如"真骚""真瞎巴""太孬种了""真赖家伙"。其中，后接语气词"了""家伙"，语句更通畅，表达更自然。詈词中还存在着大量的"程度副词＋名词"格式，如"真孬种""太牛屄了"。虽然"孬种""牛屄"仍是名词，但受"真××""太××"格式的规约，表达的是一种性质义。

（2）主谓句。

主谓结构在宿州方言的詈词中使用很普遍。例如：

（1）a. 哪个丈人说瞎话了！ b. 这个丈人饭咸得咋吃！
（2）a. 我打你个孬妻侄！ b. 丢了个妻侄了！

例（1）a 中"说话人把谩骂的对象当作'丈人'，意思是说话人与被骂对象的女儿有夫妻关系"，这在宿州话中是很重的一种骂人方式；（1）b 则由骂人转为骂物，语义泛化①。例（2）a 中"个妻侄"是一种谩骂语，中间可插入其他成分，字面意思是被骂对象的姑姑和他有夫妻关系；（2）b 中"个妻侄"用在句末成了一个语气助词，表达惋惜、遗憾之情。

名词性谓语句是宿州詈词用法中很有特色的一种。例如：

（3）你这个死东西！
（4）他个不要脸的！

这两个句子都是复指性的感叹句，与"你是个该死的东西""他是个不要脸的"这类谓词性谓语句相比较，例（3）和例（4）具有以下优点：第一，句子短小，符合省力原则。第二，"死""不要脸"在上述两句中是骂人的焦点信息，也是他要急于表达的情感信息，采用名词性谓语句结构，更符合说话人当时因情感强烈脱口而出、破口大骂的心理和情态。第三，在"你是个该死的东西""他是个不要脸的"这类谓词性谓语句中，"该死""不要脸"分别是用来陈述主语"你"和"他"的，具有客观性；而采用例（3）和（4）两种格式后，"你"和"这个死东西"，"他"和"个不要脸的"分别具有同位关系，指称同一对象，主观性大大增强了。骂人的话语往往是主观色彩浓郁的，所以例（3）和（4）更适用于这种语境。

3. 修辞格方面

宿州方言中的骂詈语，往往情感强烈，很有感染力，这和比喻、借代、排比、夸张等修辞格的巧妙运用密不可分，现略作分析。

---

① 张爱民. 徐州方言詈词"丈人"的词义词性变化和句法特点［J］. 徐州师范学院学报，1993（4）：61 – 65.

（1）比喻。

在歧视类詈词中，骂者把被骂者比作没有人性的动物，从而达到贬低其人格的目的。语言生动形象，语义丰富，耐人回味。例如：

（5）笨得给个猪宁//长得给癞蛤蟆宁。
（6）长得驴脸呱拉的//打他个驴将的。

例（5）是明喻，"给……宁"类似于普通话的喻词"像……一样"；例（6）是借喻，没有出现比喻词，比喻的用法要靠语义分析体现出来。

（2）借代。

宿州方言詈词中，有的是用人体的个别敏感部位指代那个人，如例（7）；有的用人的属性指代拥有这种属性的人，如例（8）。

（7）这个小屄怎么还没来？
（8）一群傻屌//他找了个浪货。

（3）排比。

有人在骂街或双方激烈争吵、互骂的过程中，同样的结构会多次出现。例如：

（9）尻恁娘！尻您姨！尻您奶奶！尻您……
（10）你个狗日的！你个驴将的！你个大马子撒的！你个……

例（9）和（10）中的詈语类似于一种构式，变换同一句法位置上的成分，骂个不停，似要把内心所有的愤怒、不满等负面情绪宣泄出来。互骂时骂者情绪激动，詈语如连珠炮一样连续发出，足以压倒、震慑对方。

（4）夸张。

可以是夸大也可以是往小里说。

（11）两口子过日子细得给虱子屄宁，尿泡尿都着（用）笺过。
（12）拿个狗比爹还亲来。

例（11）"两口子过日子精打细算，心眼儿像虱子的屄一样细小"，是往小里说；例（12）故意夸大对方对狗的感情，也隐含着骂对方认狗为父的做法。

总体来看，宿州詈词丰富，是当地骂詈文化的表征和载体。宿州方言中的詈词从致詈方式与民俗文化关系的角度来分，包括禁忌类、歧视类、诅咒与赌誓类以及违背伦理道德类四种，其主要意象涉及性、动物、人体、道德、属性、动作等。詈词虽然粗俗，但使用频率很高，在言语交际中具有骂詈功能、戏谑功能、提示功能和修辞功能。

詈词因其特殊的语用和文化价值，遍布世界各地，历千年而不衰。需要注意的是，尽管詈词具有特殊的表达效果，但在正规、严肃的场合应尽量不用。古语"良言一句三冬暖，恶语伤人六月寒"，在人际交往中也要慎用詈词。

参考文献

1. 赵子阳，章也. 内蒙古西部区方言詈词的分类与民俗文化 [J]. 内蒙古师范大学学报，2007（6）.

2. 张永和. 赌咒发誓被异文化认同之可能 [J]. 西南民族大学学报（人文社会科学版），2006（4）.

3. 黄涛. 语言民俗与中国文化 [M]. 北京：人民出版社，2002.

4. 高军. 吴语中的詈词詈语与吴文化 [J]. 苏州教育学院学报，2008（3）.

5. 张宜民. 汉英詈语的以言行事方式分析 [J]. 中国科技信息，2010（14）.

6. 谭代龙. 汉语通识教程 [M]. 北京：北京大学出版社，2013.

7. 陈汝东. 修辞学教程 [M]. 北京：北京大学出版社，2014.

8. 江结宝. 詈骂的构成与分类 [J]. 安庆师范学院学报（社会科学版），2000（1）.

9. 张爱民. 徐州方言詈词"丈人"的词义词性变化和句法特点 [J]. 徐州师范学院学报，1993（4）.

The Abusive Words and Culture in Suzhou Dialect

Zhang Desui

(*School of Literature and Journalism*, *Suzhou Univesity*, *Suzhou*, 234000)

Abstract：The rich abusive words in Suzhou are tokens and carriers of local abusive culture. There are four sorts of abusive words in Suzhou dialect from the perspective of folk culture：taboo, discrimination, curse and swear, and violation of ethics. The image includes sex, animals, human bodies, morals, property and motions. Though vulgar, abusive words are used frequently, and have such functions in linguistic communication as abusing, bantering, prompting, and rhetorical function.

Key Words：Suzhou dialect；Abusive words；Abusive culture；Rhetorical function

修辞学理论

修辞学在中文教学中的意义与地位①

吴礼权②

（复旦大学中国语言文学研究所　上海　200433）

摘　要：修辞学在中国有着悠久的历史，但是在古代它只是文学批评的附庸，并非独立的学科。在中国，修辞学真正成为一门独立的现代学科，是 20 世纪 30 年代以后的事。20 世纪 50 年代与 60 年代初，由于当时特殊政治因素的影响，修辞学曾经是中国红极一时的显学。但后来由于人为因素的影响，修辞学的学科价值被忽视，修辞学在中文教学中的地位也有所下降。其实，修辞学作为一门与文学、美学、心理学、语法学、逻辑学等诸多学科有着密切关系的多元性学科，在中文教学中具有极其重要的意义。我们认为，中文学科的文学教学（特别是中国古典文学教学）离不开修辞学，语言教学更是离不开修辞学，文献学教学、历史学教学也都离不开修辞学。至于在学生语言能力养成方面，修辞学的作用更是其他学科所无法替代的。

关键词：修辞学；中文学科教学；地位；意义

　　修辞学在中国古代是文学批评的附庸（实际上，文学批评在中国古代也不算独立的学科），属于文学批评的学科性质。中国古代谈修辞的都是文学家，他们关于修辞的见解大都集中于诸如诗话、词话、文话（包括小说与文章评点等）之类的文献之中。在中国，修辞学成为一门现代学术意义上的独立学科是在 20 世纪 30 年代之后。中国修辞学界倾向于认为，以 1932 年陈望道《修辞学发凡》的出版为中国现代修辞学正式建立的标志（当然，这也只是一家之言）。言外之意是，在《修辞学发凡》之前，中国的修辞学尚处于"前科学"的状态，没有具备现代独立的学科性质。

　　《修辞学发凡》，实际上是陈望道先生借鉴学习日本现代修辞学的产物。读过《修辞学发凡》的都知道，陈望道先生所讲的修辞主要包括三大块：一是"消极修辞"，二是"积极修辞"，三是"文体或辞体"。"消极修辞"与"积极修辞"的提法是日本术语，陈望道先生借此术语对汉语的

---

　　①　此文为 2017 年 4 月 24 日笔者在泰州学院人文学院的长篇演讲，发表时有修改。
　　②　作者简介：吴礼权（1964—　），安徽安庆人。文学博士。现为复旦大学中国语言文学研究所教授、博士生导师，日本京都外国语大学客员教授，台湾东吴大学客座教授，湖北省政府特聘"楚天学者"讲座教授（湖北师范大学），中国修辞学会会长。主要研究方向为修辞学、中国语言学史、中国古典小说。

修辞现象进行了分类。对于"消极修辞",陈望道先生实际并没有仔细展开论述,而只是讲了一个纲领,就是16字原则——"意义明确""伦次通顺""词句平匀""安排稳密"。① 大概陈望道先生觉得这是文法与逻辑的事,不是修辞学的主要内容,所以没有展开叙述。当然,这一部分也确实不好讲,直到今天也没有人讲清楚。"积极修辞"部分,陈望道先生讲了38个辞格,这是全书的主体,也是最主要的内容。至于第三部分"文体或辞体",主要叙述了四类八种语言表现风格,即"简约繁丰""刚健柔婉""平淡绚烂""谨严疏放",是对中国古代风格论的再归纳与再分类。

陈望道先生早年留学日本早稻田大学,修读的是法学科。但是,因为身在日本现代修辞学重镇早稻田大学,因缘际会旁听了早大文学部教授的修辞学课程,"盗取"了日本现代修辞学的"圣火"。回国后的陈望道没有从事所修读的法学科,而是从事了修辞学与文法学的研究,最终以修辞学研究的突出成就奠定了自己在中国学术界的地位。陈望道先生的古文根底非常好,我们看他的《修辞学发凡》,引用的大都是古文的例子。不过,除了古文,他对当时西方最前沿的语言学理论也相当熟悉,在《修辞学发凡》中就有运用。除了修辞学外,陈望道先生对美学、逻辑学、文法学也有非常高的学术造诣,有相关专著问世。20世纪60年代,他曾对修辞学的学科性质发表过看法,指出:"修辞学介于语言、文学之间,它与许多学科关系密切,是一门边缘学科。正如生物物理、生物化学、数学物理等边缘学科一样,研究时要先学生物,再学物理或化学、数学;研究修辞也要具备多门学科的知识。例如修辞与写作的关系密切,写作要利用文法、修辞的研究成果。修辞与文法又往往密不可分,消极修辞与文法的关系尤其紧密。"② 陈望道先生虽然明确指出修辞学是"介于语言、文学之间"的一门学科,但是又明确强调研究修辞学要以语言为本位,并将修辞学定性为语言学的一个分支学科。这在他主编的《辞海》"修辞学"词条中说得非常明确:

修辞学——语言学的一门学科。它研究提高语言表达效果的规律,即如何依据题旨情境,运用各种语文材料、各种表现手法,来恰当地表达思想和感情。它揭示修辞现象的条理、修辞观念的系统,指导人们运用和创造各种修辞方法恰当地表现所要传达的内容。③

---

① 陈望道. 修辞学发凡 [M]. 上海:上海教育出版社,1997:54-62.
② 陈望道. 一九六三年四月十日在复旦大学语言研究室的讲话 [M]. //陈望道. 陈望道修辞论集. 合肥:安徽教育出版社,1985.
③ 辞海:缩印本 [M]. 上海:上海辞书出版社,1990:274.

　　由于陈望道先生对修辞学的学科性质作了如此明确的定位，加之陈望道先生在中国特殊的政治地位与学术界至尊的威望，还有他长期担任复旦大学校长的原因，自 20 世纪 60 年代，修辞学在中国大陆就完全划定在语言学的范围之内，与词汇学、语法学等并列。这一点，看看至今仍在全国各大学使用的各种大学《现代汉语》教材就非常明白。虽然现今不同版本的《现代汉语》教材各有特色，但是大多会讲到"语音""词汇""语法""修辞"等几个板块。这种体系架构，就清楚地说明了大家都是认同陈望道先生将修辞学列入语言学范围的观点。正因为如此，修辞学在中国 20 世纪 60 年代以后便由古代文学批评的附庸变身为现代语言学的附庸。

　　修辞学做了语言学的附庸之后，不仅妨碍了其自身的发展，也妨碍了中文学科对其价值的认知，这是人所共知的事实。只有在二十世纪五六十年代是个例外，因为这一时期有三个特殊的原因：一是当时中共最高领导人毛泽东多次批示领导干部和报刊编辑等要重视学习语法修辞；二是毛泽东到上海接见陈望道时当面盛赞《修辞学发凡》写得好，希望他将修辞继续研究下去；三是吕叔湘、朱德熙的《语法修辞讲话》从 1951 年 6 月 6 日开始在当时中国大陆最显赫的《人民日报》上连载了近七个月时间。由于这些特殊的政治因素，加上当时修辞学的"江湖盟主"陈望道特殊的政治与学术地位，修辞学在中国大陆曾是红极一时的显学。当时，语言学界无论是研究哪个分支学科的，都要谈论修辞，大有清代文人圈"开谈不说《红楼梦》，读尽诗书也枉然"的味道。这一时期，配合白话文写作，修辞学的普及读物更是如雨后春笋般涌现出来。除了不研究修辞的语言学家谈修辞（如专事研究语法与古文字学的朱德熙，不仅与专事研究语法的吕叔湘合著《语法修辞讲话》，还单独撰有《评国防部文告的风格》一文，专门对一篇文章进行修辞分析），还有一些非语言学界的人也著书立说谈修辞（如著名作家老舍所著《出口成章》一书，就是专门结合创作谈修辞问题的。[①]）但是，随着世事的变化以及陈望道先生的故去，研究语法的学者逐渐掌握了中国语言学界的话语权和一切学术资源，由此形成了今日中国语言学界语法研究一家独大的局面。在此情势下，修辞学在中国大陆中文学科中的地位便江河日下，在语言学大家庭中也被彻底边缘化，真的成了附庸。这一点，也是大家都看得非常清楚的。

　　陈望道先生是复旦大学的老校长，也是笔者的太老师，笔者非常尊崇他扎实的学风与渊博的学识。笔者认同他 20 世纪 60 年代在复旦大学跟学生与助手谈话的观点，即认为修辞学是一门边缘性学科。用今天准确的术

---

① 吴礼权. 中国现代修辞学通论［M］. 台北：台湾商务印书馆，1998：109 – 112.

语来说，应该叫作"多边性学科""多元性质的学科"或"交叉学科"。事实上，修辞学就是这样一个多边性、多元性的交叉学科。我们都知道，生物学上有一种观点，认为杂交品种都是最具生命力与强大优势的。其实，学科也是如此。修辞学在中国具有悠久的历史，系统与非系统的研究有数千年的历史。春秋时代孔子的"修辞立其诚"和"言之无文，行而不远"说，汉代刘向的"辞不可不修，说不可不善"说等，是古代非系统的修辞论；南北朝时期刘勰的《文心雕龙》，南宋时代陈骙的《文则》，则是系统的修辞论专著。修辞学在中国有数千年的发展历史，至今仍有丰沛的生命力，这与修辞学多元性学科性质有关。西方早在亚里士多德时代便有系统的修辞学论著问世，至今修辞学仍是西方的显学之一。前些年，文学界与美学界大谈西方文论中的修辞学转向、美学的修辞学转向，都证明了修辞学在西方的生命力与活力，这当然也与修辞学的学科性质有关。

令人遗憾的是，在中国学术界，特别是中文学科，修辞学的学科价值没有被充分认识。这有两个方面的原因：一是修辞学科以外的人为因素，二是修辞学科自身的客观因素。修辞学科以外的人为因素，其实我们前面已经提到了。现如今，中国语言学界的现状事实上是语法研究一家独大。修辞学科自身的客观因素，主要是目前中国修辞学的研究队伍不理想。上文我们说过，修辞学是一门多边性学科，它既与语言学有密切关系，也与文学特别是美学有密切关系，还与心理学有密切关系。陈望道先生研究修辞学能卓然有成，是因为他对美学、中国古代文学、逻辑学、文法学等学科都有深入的研究，有厚实的多学科的学养做基础；而且他在这些学科方面都有专深的研究，有相关的学术专著问世。除此之外，陈望道先生的古文与外文都非常好，学术视野开阔。但是，陈望道先生之后的修辞学研究者，大多不具备陈望道先生这样的学术资质，很多人都是只懂点语言学的常识，其他如文学、美学、心理学等方面的知识完全是空白。至于古文与外文，现今50岁以上的修辞学者几乎是谈不上的；50岁及以下的修辞学者因为受过硕士或博士研究生教育的专业训练而具备一定的外语阅读能力，但是古文却不是很在行。正因为中国修辞学界的研究者绝大多数不具备多学科的学术训练的素养，因此他们的修辞学研究也就没有什么值得让修辞学科以外的学者重视的地方。甚至还有个别所谓的"修辞学者"，因为未受过相关正规的学术训练（如硕士、博士研究生教育），加上不懂古文与外文，还无知无畏而信口开河，给学术界以非常坏的形象，让外界以为中国研究修辞学的学者都是这个水平。这是一个客观存在的负面效果，对修辞学科的发展是有严重影响的。当然，也有修辞学科以外的所谓语言学权威不知珍重，自以为是学术权威就无所不能，便不知天高地厚地讲起修辞学，这也无形中败坏了修辞学的学科形象。

事实上，修辞学是一门博大精深的学问，不是什么人都能讲的。修辞学也不是一些人所想象的，是可有可无的，是可以在大学"现代汉语"教程中删除的。

一、修辞学在文学教学中的意义与地位

我们都知道，文学是语言的艺术。因此，讲文学不讲语言的艺术，那是没法讲的，也是讲不好的。修辞学呢？修辞学是研究如何提升说写表达的技巧与规律的学科，也就是研究语言艺术的。因此，我们认为，要讲好文学就必须懂得修辞学，那样才能讲出作家"为什么这么写，而不那么写"的学理依据，即我们平常所说的"理据"。讲不出理据，那是不能令人信服的，教学效果肯定会大打折扣。下面我们先看两个例子。

（1）枯藤老树昏鸦，小桥流水人家，古道西风瘦马。夕阳西下，断肠人在天涯。（马致远《天净沙·秋思》）

（2）空嗟覆鼎误前朝，骨朽人间骂未销。夜月池台王傅宅，春风杨柳太师桥。（刘子翚《汴京纪事》二十首其七）

上面二例，一曲一诗，任何人读了都会觉得好，甚至赞赏有加。我们相信，教授古典文学的教师讲到这两篇作品时也一定会赞赏这几句。赞赏的理由肯定是说写得非常有意境。那么，请问这意境是怎么创造出来的呢？这恐怕就不容易回答了吧。但是，如果我们懂些修辞学，就可以用一句话告诉学生："这是因为列锦修辞手法运用得好，修辞文本建构成功。"

那么，什么叫"列锦"呢？学过修辞学的皆知，列锦是汉语里特有的一种修辞现象，是"表达者有意识地利用汉语语法的特点，以一个或几个名词或名词短语（包括名词短语组合）单独构句，以此写景叙事，在表情达意的同时使文本别添某种审美效果的一种修辞手法"[1]。这种修辞手法，由于在绝大多数情况下是以两个或两个以上的名词句进行连续铺排，因此又被称为"名词铺排"[2]。凡是运用这种修辞手法来表情达意的言语作品，便是本文所说的列锦修辞文本。这种修辞文本，"由于突破了常规的汉语

---

[1] 谢元春. 列锦辞格定义的沿革及其再认识［J］. 湖北师范学院学报（哲学社会科学版），2015（3）：33.

[2] 吴礼权. 名词铺排与唐诗创作［C］//蜕变与开新——古典文学国际学术研讨会论文集. 台北：东吴大学，2010：125.

句法结构模式，各名词或名词性词组之间的语法或逻辑联系都没有明显地标示出来，因而从表达的角度看，就增加了语言表达的张力，使表达者所建构的修辞文本更具丰富性、形象性和深邃性。从接受的角度看，由于修辞文本隐去了各名词或名词性词组之间的语法或逻辑联系标识，这就给接受者的解读文本增加了困阻；但同时也由于表达者在语言文字上没有明确限死各语言组成成分之间的关系，给接受者在解读文本时以更大、更多的自由想象或联想的空间，从而获得更大、更多的文本解读的快慰与审美情趣"①。

如果我们讲授古典文学的教师讲出了如上这些学理，那么就可以据此进一步分析上面二例，讲出例（1）与例（2）"有意境"的"所以然"。例（1）虽然"只有短短28个字，却写尽了游子天涯飘零的凄凉心境，写尽了古来漂泊旅人的行旅哀愁"②，成为元曲中最具知名度的名篇，是因为它的前三句是一个列锦修辞文本。"枯藤老树昏鸦，小桥流水人家，古道西风瘦马"，这三句的每一句都"各由三个名词（或名词短语）构成。三句共九个名词一字排开，且呈对峙并置的格局，就像一个个电影分镜头。由于这些并立的名词之间没有主从关系，在语义上也无先后次序，这就使读者在解读接受时，可以充分发挥自己的想象力，根据自己的生活体验与对作品内容的把握，通过再造性想象或创造性想象，在脑海中复现出与作者建构文本时完全不同的影像世界，使作品产生'一千个读者有一千种解读'的接受效果"③。如果我们再仔细分析一下这个文本，就会发现，"前句的三个名词：'枯藤''老树''昏鸦'，其所表现的都是让人感到凄凉萧条的意象；中间一句的三个名词：'小桥''流水''人家'，其所表现的则是一种闲适宁静的意象；后句的三个名词：'古道''西风''瘦马'，则是表现一种苍凉肃杀的意象。这九个名词以并列的形态呈现了三组意象，其间的对比效应不言而喻，作品所要表现的主旨也是不言而喻的：'小桥流水人家'的景象虽是平常平淡，但对于漂泊无定的游子却是那么令人向往；身在异乡，本就容易触景生情。却偏偏在应该'牛羊归圈人回家'的黄昏时分，骑着瘦马，迎着西风，走在苍凉古道上，满眼看到的都是肃杀凄凉的景象：枯藤、老树、昏鸦。'真是无限凄凉意，尽在此画中！'"④若能讲到这一层，学生对于这首元代小令的妙处自然能够心领神会。

① 吴礼权. 现代汉语修辞学［M］. 3版. 上海：复旦大学出版社，2016：115－116.
② 吴礼权. 表达力［M］. 台北：台湾商务印书馆，2011：34.
③ 吴礼权. 表达力［M］. 台北：台湾商务印书馆，2011：34.
④ 吴礼权. 表达力［M］. 台北：台湾商务印书馆，2011：34.

例（2）亦然。客观地说，刘子翬在中国文学史上并不是非常有名的诗人，但是我们任何人读了这首诗，都不得不承认确实写得好。为什么呢？仔细分析，其实就是三四句写得特别出彩。而出彩的原因，就是列锦文本建构得好。读过刘子翬作品者皆知，《汴京纪事》二十首，"每一首多是就某一重大历史事件抒发感慨，表达诗人对于北宋亡国之痛的历史反思。其中，第七首是专门指斥奸臣误国的。诗的前二句'空嗟覆鼎误前朝，骨朽人间骂未销'，直陈其意，痛斥误国奸臣的罪恶。表意虽不避直白之嫌，却恰恰真切地传达出诗人对误国奸臣的切齿之恨，对故国的深切之情。平心而论，这两句议论并不算非常精辟、精彩，精彩的是随后的两句：'夜月池台王傅宅，春风杨柳太师桥。'这两句以纯写景的笔触突接于前二句的直白议论之后，在诗句语意的转接上给人一种突兀之感，甚至让人觉得莫名其妙。但是，读诗人在短暂的诧异与惊愕之后，就会不知不觉地沉浸于诗句所描写的景象之中，顿时有一种思接千古、气象万千之感。而当读者徘徊于历史的空巷，倘徉于故国旧都汴京的夜月之下，沐浴故都的和煦春风，欣赏汴京的杨柳池台，猛然撞见昔日的王傅宅与太师桥而被惊醒，回到现实，那又是怎样的一种悲哀与凄凉？"① 那么，为什么"王傅宅"与"太师桥"会让人猛然醒悟，让人睹物感伤呢？因为"这一宅一桥，承载着太多的历史回忆，记录了汉民族太多的历史遗恨"②。"王傅宅"，是指"徽宗朝'六贼'之一的王黼的宅子。王黼是徽宗时代的权臣，也是一个祸国殃民的奸臣"③。而"太师桥"，则是指"徽宗朝的权相与奸臣蔡京的住所遗址。蔡京也是'六贼'之一，但他在历史上的知名度远比王黼大得多，其人其事，众所周知；其祸国殃民的劣迹，历史有清清楚楚的记载"④。正是"由于'王傅宅'与'太师桥'两个名词与特定的历史人物相联系，而'夜月''池台'与'春风''杨柳'又分别与'王傅宅''太师桥'并置，这就必然让人由此及彼产生诸多联想与想象，想到北宋故都汴京旧有的风物，想到在这风物背景下所发生的一系列历史事件，想到与这些历史事件相联系的历史人物。由此，自然让人们对北宋亡国的历史进行反思，从而深刻认识到奸臣误国的严重危害性，油然而生对王黼与蔡京等祸国殃民的奸臣切齿痛恨之情"⑤。如果诗人没有建构"夜月池台王傅宅，春风杨柳太师桥"这一列锦文本，而是按照汉语语法规则中规中矩

---

① 吴礼权．表达力［M］．台北：台湾商务印书馆，2011：31.
② 吴礼权．表达力［M］．台北：台湾商务印书馆，2011：31.
③ 吴礼权．表达力［M］．台北：台湾商务印书馆，2011：31－32.
④ 吴礼权．表达力［M］．台北：台湾商务印书馆，2011：32.
⑤ 吴礼权．表达力［M］．台北：台湾商务印书馆，2011：32.

地造句，那是很难达到上述审美效果的。仔细分析，我们会发现，诗人建构这一列锦文本跟其他诗词作品建构列锦文本用意有所不同，它"不是为了写景，而是巧妙地通过写景达到讽斥奸佞的目标。事实上，这一目标确实达到了，而且极富表达力。'夜月''池台'与'王傅宅'，'春风''杨柳'与'太师桥'，各名词之间的关系没有明确界定，因此，'夜月''池台'是作为描写'王傅宅'周围景观的修饰语，还是与'王傅宅'并立的景物陈列？就给读者留下了自由想象的空间，让他们可以根据自己的生活体验与对诗的内容的理解而有不同的解读。'春风''杨柳'与'太师桥'的关系亦然。相反，如果诗人按照汉语语法规则中规中矩地造句，即在每句三个名词（或名词短语）之间用动词或介词、连词等予以缀合串联，那么这两句诗的内涵就是'有定'的，没有别种理解的可能。这样，诗因失去了'多义性'而韵味顿减。'夜月池台王傅宅，春风杨柳太师桥'二句，由于每句三个名词（或名词短语）是采用并置对峙的形态呈现，不仅使诗歌内涵有了理解上的'多义性'，还在事实上造成了各个名词在语义上的对比效应。这就是通过'风''月'的永久性与'池台''王傅宅''杨柳''太师桥'的暂时性的对比，含蓄蕴藉地说明一个道理：宇宙、真理是永恒的，公道、人心是不可欺的，奸佞弄权及其富贵荣华都只是一时的。如果说'王傅宅''太师桥'可以永久，那么宅中之王傅、桥上之太师，骂名亦永久矣"。[①] 如果能分析到这一步，那么学生对于这首诗的妙处自然也就能够有深切的体悟。

中国古典文学与修辞关系最为密切，因此讲授中国古典文学如果不懂修辞学，说得夸张点，简直是无法开口的。其实，不仅讲授中国古典文学需要懂修辞学，讲授中国现代文学同样需要懂修辞学。下面我们来看两个例子。

（3）世界最大的航空港之一——芝加哥机场。名目繁多的航空公司，各霸一方而又联营。荧光屏幕上密密麻麻的飞机起飞时刻表和飞机抵达时刻表，绿光闪烁。候机楼里的茶，咖啡，可口可乐，橙子汁，番茄汁，三明治，热狗，汉堡包，意大利煎饼，生菜色拉，熏鱼，金发的白人与银发的黑人，巴黎香水与南非豆蔻，登机前的长吻。女士们，先生们，飞行号数633……（王蒙《相见时难》）

（4）我挤坐在车厢连接处狭小的空间内。涩热。奔驰的狭小金属空间内充溢腐酸浓郁的复杂气体。那对婚外有染或临时碰上的做作中年男女腰

---

① 吴礼权. 表达力［M］. 台北：台湾商务印书馆，2011：33.

旁，是一把发亮的不锈钢把手。旅途中无数的手摸过它，我注意到即使是它的光芒，也是如此细腻。膨胀的花花绿绿的包。臀部（男人的、女人的、正面的、侧面的、近的、远的、饱满的、瘪平的）。腿脚（或站、或蹲、或坐、或靠）。警惕又交替着昏昏欲睡的眼神。咣当咣当的夜。从火车内穿挤的小贩手中，我终于买到了一袋小苹果。（黑陶《夜晚的印痕》）

例（3）、例（4）两段文字，任何人读了都觉得新异别致，有超乎其他当代作品文字的魅力。但是，这种魅力到底来自何处呢？如果不从修辞上讲，恐怕什么也讲不出。懂得修辞学的人，肯定能够看出来，这二例的妙处就是列锦修辞文本建构得好。

例（3）是当代著名作家王蒙小说中的一段文字。我们读这段文字，好像不是在读小说，而是在看电影。之所以会有这种阅读感受，是因为作者在叙事时没有按照汉语语法中规中矩地造句，而是"以大量的名词或偏正结构的名词短语一口气铺排而下，生动地再现了美国芝加哥国际机场的繁忙而繁杂的生动景象，让人回味，让人遐想，仿佛置身其间，有一种身临其境之感"①。

例（4）是新生代青年作家黑陶散文中的一段文字。其中，"膨胀的花花绿绿的包。臀部（男人的、女人的、正面的、侧面的、近的、远的、饱满的、瘪平的）。腿脚（或站、或蹲、或坐、或靠）。警惕又交替着昏昏欲睡的眼神。咣当咣当的夜"，是由长短不一的五个名词性短语句连续铺排而成的列锦文本。这段文字，"看起来令人眼花缭乱，实则抽掉括号内的补充说明文字，结构非常简单，就是以'包''臀部''腿脚''眼神''夜'五个名词或名词短语为中心语的五个名词性短语句。这五个短语句的并列对峙，构成了一个列锦文本。它就像电影叙事中插入的五个电影特写镜头，画面感特别强，以此突显夜晚火车中所见的众生相，使人有一种如临其境、如见其人的感觉，文字的生动性远非正常叙事文字可比"②。如果跟学生讲授现代文学作品的教师不懂修辞学，恐怕是难以让学生了解这两段文字的魅力。

现代文学中的小说教学需要教师懂修辞学，从修辞的角度解析小说创作中的问题，现代诗歌教学就更离不开修辞学了。下面我们看一个例子。

① 吴礼权. 表达力［M］. 台北：台湾商务印书馆，2011：17.
② 吴礼权，谢元春. 现代散文中的列锦及其审美追求［J］. 长江学术，2016（3）：119.

（5）等你，在雨中，在造虹的雨中

蝉声沉落，蛙声升起

一池的红莲如火焰，在雨中

你来不来都一样，竟感觉

每朵莲都像你

尤其隔着黄昏，隔着这样的细雨

永恒，刹那，刹那，永恒

等你，在时间之外

在时间之内，等你，在刹那，在永恒

如果你的手在我手里，此刻

如果你的清芬

在我的鼻孔，我会说，小情人

诺，这只手应该采莲，在吴宫

这只手应该

摇一柄桂桨，在木兰舟中

一颗星悬在科学馆的飞檐

耳坠子一般地悬着

瑞士表说都七点了。忽然你走来

步雨后的红莲，翩翩，你走来

像一首小令

从一则爱情的典故里，你走来

从姜白石的词里，有韵地，你走来

（余光中《等你，在雨中》）

例（5）是台湾诗人余光中的一首现代诗。理解这首诗，赏析这首诗，最关键的就是要讲出诗人运用到的一种修辞手法"倒装"。事实上，这首诗之所以成为诗，之所以有魅力，正是因为"倒装"修辞手法的运用。如果不运用"倒装"修辞手法，而是按照汉语语法结构规则写作，那就完全不是诗，一点"诗味"都没有，节奏感、韵律感更是无从谈起。关于这首诗，笔者曾经作过这样的修辞分析："这首诗所写的是一位男主人公在雨中的黄昏时分急切等待情人到来的情景，写得缠绵而典雅，可谓新诗中的妙品。这首诗的成功最大程度上是得益于诗人对倒装表达策略充分而恰切的运用。诗题'等你，在雨中'，就是运用了倒装表达策略，为全诗所描写男主人公（'我'）盼望情人（'她'）到来的急切之情奠定了基调，凸显了'我'对'她'深切的情感。诗的正文 12 次运用了倒装表达策略：

'等你，在雨中，在造虹的雨中'，通过状语'在雨中，在造虹的雨中'与谓语'等你'语序的倒置，既突出强调了'我'想见'她'的急切之情，因为谓语'等你'的前置助成了这一效果的产生；又凸显了'我'对'她'诚挚的深情，因为状语'在雨中，在造虹的雨中'从谓语的附着地位独立出来，强调了'我'等待'她'的环境是雨天而非风和日丽的晴日。'你来不来都一样，竟感觉'，通过谓语动词'感觉'与宾语'你来不来都一样'的语序倒置，强调了动词'感觉'的宾语部分，突出了'我'想'她'出神而把'莲'当成了'她'的幻觉心理状态，从而凸显'我'对'她'的深切思念之情。'等你，在时间之外，在时间之内'，'等你，在刹那，在永恒'两句，都是通过时间状语与谓语位置的倒装，既突出了'我'的行为'等你'，又强调了行为时间的周遍性，从而凸显'我'对'她'永恒的爱。'如果你的手在我的手里，此刻'，通过时间状语的倒置，既突出了'我'想与'她'牵手诉衷情的心理状态，又强调了'我'想与'她'相见牵手的急切性，就在'此刻'，再也等不及了，一种急切、真切的强烈情感跃纸而出，读之让人情不自禁为之动情！'这只手应该采莲，在吴宫'，'这只手应该摇一柄桂桨，在木兰舟中'两句，都是通过谓语与地点状语位置的倒装，强调了状语所在的地点，从而突出了'她'的美丽、高贵、典雅，让人想起了中国古典诗词中所写的江南采莲女的美妙浪漫的意境，提升了诗的审美价值。'一颗星悬在科学馆的飞檐，耳坠子一般地悬着'一句，正常语序应是'一颗星耳坠子一般地悬着，悬在科学馆的飞檐'，诗人通过比喻性描写状语与谓语的倒装，突出了状语，强调了'她'的矜持和高贵不易接近，同时由'耳坠子'自然引出'她'的出现。'步雨后的红莲，翩翩，你走来'，通过两个状语'步雨后的红莲''翩翩'与主语'你'位置的倒装，突出强调了'她'仪态万方的行走姿态，表现了'她'古典而浪漫的美，令人怦然心动。'从一则爱情的典故里，你走来'，通过状语前置于主语'你'之前，突出了状语的内容，使'她'的身世身份蒙上一层神秘的丝纱，让'我'和'她'的爱情更富古典而浪漫的情调，令人联想回味，余韵深长。'从姜白石的词里，有韵地，你走来'，也是让两个状语前置于主语'你'之前，突出了状语，导引接受者自然联想到宋人姜白石清奇峭拔、格调高远、意味隽永、韵律和谐的词风，从而强调了'她'步态的优雅和古典色彩，一个深具古典美韵致的绝妙佳人形象便栩栩如生地呈现在接受者面前，令人情不自禁地心摇神荡，陶醉深深而不可自拔。如果诗人不运用上述诸多倒装表达策略来写，而以平常的语序来叙写，这首诗与一般的散文就没有什么区别，在表达效果上自然亦味如白水，不能给读者带来任何审美情趣，更不能引发读者的感动，这首诗也就不能成为为人传诵的名篇。可见，倒装策略的运用确是此诗成功的关键所在。"① 如果讲授这首诗的教师能从修辞文本的文字着手讲到这一层，学生自然就明白了这首诗的妙处。

又比方说，我们讲钱钟书先生的小说《围城》，如果不讲修辞，不讲小说中的比喻文本建构及其特色，我们还能讲什么呢？这是人所共知的事实，毋庸多言。

二、修辞学在语言教学中的意义与地位

目前中国各大学中文系的语言教学，主要分两大块：一是中国学生的"现代汉语"课程教学，二是外国留学生的汉语教学。

中国学生的"现代汉语"课程教学，主要讲语音、词汇、语法、修辞四大块。实际操作中，绝大多数学校是只讲或主要讲词汇与语法两个方面，修辞这一块就很少讲甚至不讲。这是对修辞学在语言教学中的意义认识严重不足的表现，结果是导致语言教学在中文学科教学的无效。为什么这么说？

我们应该承认，对中国学生讲汉语词汇、语法，对词汇与语法结构进行分析或归纳，了解这些方面的研究成果，掌握这些方面的知识，确实很有必要。这对那些立志将来做语言研究的学生是有好处的，可以为他们打下一个初步的基础。但是，我们更应该清楚地看到一个现实或事实，毕竟从事语言学研究的学生是极少数，不从事语言学研究的学生才是绝大多数。绝大多数学生学习语言课程，目的是提高语言运用能力与语言理解能力。因此，对他们来说，多掌握些修辞学方面的知识可能更有实际价值。事实上，唯有具有实际价值的语言教学，才能算是有效的语言教学。

下面我们先来看两个例子。

（6）不错，朋友们也有时候背地里讲究他；谁能没有些毛病呢。可是，地山的毛病只使朋友又气又笑的那一种，绝无损于他的人格。他不爱写信。你给他十封信，他也未见得答复一次；偶尔回答你一封，也只是几个奇形怪状的字，写在一张随手拾来的破纸上。我管他的字叫作鸡爪体，真是难看。这也许是他不愿写信的原因之一吧？另一毛病是不守时刻。口头的或书面的通知，何时开会或何时集齐，对他绝不发生作用。只要他在图书馆中坐下，或和友人谈起来，就不用再希望他还能看看钟表。所以，

① 吴礼权. 语言策略秀［M］. 增订本. 上海：上海文化出版社，2008：151－153.

你设若不亲自拉他去赴会就约，那就是你的过错；他是永远不记着时刻的。（老舍《敬悼许地山先生》）

（7）电话铃声响了，她连忙拿起话筒。

"你好，宝贝，"老太太愉快的声音在电话里响起，"电话公司感到非常抱歉，他们把我一个洛杉矶亲戚打给我的电话错算在你们的账上。他的电话号码和西比尔家的电话号码只相差一个数字。那天，我们不在家，她在电话录音里留下她的号码就把电话挂了，所以电话费只有八角三分。要知道，电脑有时也会出差错。电话公司在下个月的账单上将会把错误改过来。"

"谢谢你，太谢谢你了！"蒋卓君激动得只是一个劲儿说这句话。

"这是我乐意做的。帮助你，将使我今天晚上感到特别高兴。"

等蒋卓君想起问这位老太太的名字，对方已经挂断了电话。

走出电话亭，天完全黑了。她的心很亮很亮。迎面过来的车灯白光一串，照亮了她面前的世界。疾驰而去的尾灯像一根红色的长绸带，绵延不见尽头。她深深地吸了一口气，由衷地发出感叹：好人！这世界上还是好人多啊！（王周生《陪读夫人》）

例（6）这段文字是著名作家老舍悼念老友许地山先生的文字。"许地山先生是中国现代著名作家，老舍是他的好朋友。许地山逝世以后，作为老朋友的老舍自然要写文章悼念，谈到许地山的许多往事自然也会涉及他的缺点。"[①] 但是，中国人有一个文化传统，那就是"为尊者讳，为死者讳"。许地山先生是著名作家，同时又是作者故去的老友，因此对于作者来说，如何指出许地山先生的缺点就成了一个难题。在悼念文字中如果不谈许地山先生的缺点可能会给人一种不客观的印象，因为人非圣贤，孰能无过？如果照实直说，又与写悼念文字的立意相悖，让人觉得不厚道不得体。老舍不愧是语言大师，只用了一个词就解决了这个难题。他在谈及许地山的缺点时，先有一句总括的话："不错，朋友们也有时候背地里讲究他；谁能没有些毛病呢。"其中，"讲究"一词，可谓用得十分讲究，让人不得不佩服。"因为这句话的表达可以使用'批评''指责''议论'等词，但这些动词明显都不及'讲究'表达效果好。如果用'批评''指责''议论'等词，意指许地山缺点确实存在，且可能是有很大的缺点；而用'讲究'一词，则表明许地山的缺点本就不存在或微不足道，朋友议论他也只是对他提出了更高的要求。写悼念文章本来就是要为逝者讳的，

---

① 吴礼权. 现代汉语修辞学［M］. 3 版. 上海：复旦大学出版社，2016：2.

更不用说是为自己的好友而写了，即使有什么也应该为朋友辩护或讳饰。因此，老舍这样用词是得体的，也是恰当的。再结合下文提到许地山的两个所谓'毛病'：字写得不好而不愿给人回信，到图书馆坐下或与友人交谈而忘记约会时刻，更觉得老舍用词高妙。因为这两个'毛病'并不算什么，从另一个角度看还是优点。老舍这样把它当'毛病'写出来告诉读者，实际是绕着弯子赞誉老友许地山专心学术、重友健谈的学者风范。可见，老舍先生这里的'讲究'一词，用得真是讲究，可谓将最恰当的词放在了最恰当的位置，发挥了一个词最极致的表达效果。我们都知道，在现代汉语词汇库中，'批评''指责''议论''讲究'等动词都是极其寻常普通的词，它们之间没有优劣高下之别。可是，当它们被表达者调遣出来并配置到特定的题旨情境之中，则就显出极大的差别。我们之所以赞赏老舍这里的'讲究'一词用得好，用得妙，并不是说'讲究'这个动词本身有什么特殊的表达效果，而是说只有这个动词才能适切这篇悼念文章的题旨情境，并能真切地表达出老舍对朋友许地山先生深厚的感情，凸显许地山先生高尚的人格魅力。也就是说，动词'讲究'一词在这里是用得适得其所。"[1] 如果语言教学不能从修辞上讲出上述学理，那么对中国学生来说是毫无价值的。因为中国学生读到大学中文系了，不可能读不懂作家的文字。但是，要让他们读出作家文字的好坏，则是需要有功力、懂修辞学的教师予以提点。

例（7）是上海著名女作家王周生所著长篇小说《陪读夫人》中的文字，描写了这样一个情节："'陪读夫人'蒋卓君在美国律师西比尔家做保姆，西比尔的犹太籍太太露西亚因为电话账单中多出一笔八角三分的不明长途电话费而怀疑是蒋卓君所打。蒋卓君拿出种种证据，作了各种解释也无济于事。蒋一气之下离开了露西亚家，去大街电话亭按照那个不明电话号码向纽约打了一个电话，接电话的老太太很热情，帮她弄清了那个不明电话的来龙去脉。"[2] 蒋卓君弄清事情原委从电话亭中出来后，作家写道："走出电话亭，天完全黑了。她的心很亮很亮。"其中，形容词"亮"的运用真"可谓一字千钧，生动传神。它不仅写出了女主人公蒋卓君弄清原委，心中豁然开朗、冤屈一扫而光的轻松之态；也以心中之'亮'与天色之'暗'形成对照，写尽了'陪读夫人'心中无限的感慨。形容词'亮'本是个寻常的词，没有什么特别，但被作家用在此情此境，效果上大放异彩。"[3] 如果讲解小说的这段文字，教师不能从修辞上讲出作家炼字的良苦

---

① 吴礼权. 现代汉语修辞学 [M]. 3 版. 上海：复旦大学出版社，2016：2－3.

② 吴礼权. 现代汉语修辞学 [M]. 3 版. 上海：复旦大学出版社，2016：4.

③ 吴礼权. 现代汉语修辞学 [M]. 3 版. 上海：复旦大学出版社，2016：4.

用心，那真是不配跟学生讲什么语言学。而要能讲出这些学理，不懂修辞学是绝对办不到的。

语言教学不仅要涉及字词修辞教学，还会涉及句子修辞教学。上面我们说到的是两例字词修辞问题，下面我们来看两例句子修辞的问题。

（8）美国已故前总统理查德·尼克松在《1999：不战而胜》这部书里说："中国人多为天生的企业家，他们不论移民到哪个国家都能发财致富，就足以说明这点。大多数俄国人则不是。"

学者兼政治家的聪明睿智，使尼克松先生一语中的。他却无缘看到中国企业家在俄国的成功，非但没给一些俄国人送去启示，反而使他们心生妒忌，公然明火执仗地抢劫。请看《上海译报》1999 年 1 月份的一篇报道——《查税，还是抢劫？》：

去年 9 月 14 日，莫斯科著名华商皮货市场"兵营"，被俄罗斯税警未开单据抢走 30 万美元，紧接着华商河北楼、燕山楼也碰到类似遭遇。

而最令人震惊的是扩东东商商贸中心被 300 名军警临时检查纳税情况，执勤人不出示任何证件强行进入，经过 5 个小时翻箱倒柜后，开收据取走现金 110 余万美元，而未开收据取走的金额是开收据的数倍。事后俄罗斯官方宣称"没收来路不明的 7 万美元"。

……

临时检查时还带着 4 家电视台的记者到场，所以俄罗斯媒体把这次行动说成大规模查税行动。俄罗斯媒体特意强调俄罗斯经济不景气，这里华商竟然会拥有那么多现金！

强盗。土匪。流氓。野蛮之极！（王居卿《俄罗斯断想》）

（9）美国人民是伟大的人民，中国人民是伟大的人民。我们两国人民一向是友好的。由于大家都知道的原因，两国人民之间的来往中断了二十多年。（1972 年 2 月 22 日，周恩来总理在欢迎美国总统尼克松宴会上的祝酒辞）

例（8）是一篇时事评论文章的片断。其中，最后的一段文字"是作者对俄罗斯军警、税警明火执仗地抢劫华商现金的新闻报道的评论，是由三个名词性的非主谓句和一个形容词性的非主谓句构成，真切地表达了作者对俄罗斯官方所作所为无比愤慨之情"①。那么，这四个独词句（或曰不完全句）为什么有这样的表达效果呢？这就必须从修辞上来解释，从语法

---

① 吴礼权. 现代汉语修辞学［M］. 3 版. 上海：复旦大学出版社，2016：5.

角度就句式谈句式是没有任何意义的。事实上，"这四个句子的意思如果改用一般的主谓句来表达，说成'这是强盗行为！这是土匪行为！这是流氓行为！这种行为野蛮之极！'或相似的其他表述，就不能凸显出作者对俄罗斯军警、税警及电视台的无赖无耻行为的那种怒不可遏的情感。因为长句、完全句由于形体较长，读起来时间要长，语气就会缓下来，效果不及短句。特别是上述这种独词句，句子极短，口气极其急促，特别能够凸显出作者看到报道时那种怒不可遏、情绪异常激动的心理状态。现代汉语的各种句式之间，本来是没有什么优劣高下之别的，但是适应不同的题旨情境，有意识地选择某种句式来表情达意，事实上是能产生不同的表达效果的。当然这就要看表达者的功力了，看他/她是否能够很好地适应题旨情境，准确地把握各种句式独特的表达效果并有效地加以运用。我们之所以赞赏作者上述一段简短而精彩的评论，就是因为作者选择了恰当的句式，将自己特定的情感与情绪状态准确生动地表达了出来，发挥了现代汉语非主谓句极致的表达效果，因而是成功的修辞"①。如果不从修辞的锻句角度来解析，作者这样构句的苦心孤诣就不能被理解。如果语言教学不能解释作者如此构句的缘由，那么句法分析又有什么价值可言。可见，只知道句法分析而不懂修辞，就会导致教学的无效。

例（9）是著名外交家周恩来总理的一段祝酒辞，是外交辞令的范本。这段话有两处令人玩味的地方，一是"由于大家都知道的原因，两国人民之间的来往中断了二十多年"，是一个运用了"推避"修辞手法的修辞文本，以"大家都知道的原因"巧妙地避开了中美两国政治上、军事上的无数恩怨，既婉转地交代了中美两国来往中断二十多年的原因，又维护了外交酒会和谐的气氛。今日中国很多外交发言人经常挂在嘴上的"由于众所周知的原因"之类的外交辞令，其实都是脱胎于此的。二是"美国人民是伟大的人民，中国人民是伟大的人民"，是一个非常精彩的锻句范本。这两句话，表面看起来是并列的两个判断句。如果从语法上分析，除了解析主语与谓语成分，大概没有什么别的话好说了。如果一定要说，恐怕有些语言学教师会祭出"语言经济"原则，批评这样的造句不够简洁，可以改成"中美两国人民都是伟大的人民"。如果真的这样改，字数是减少了，似乎也符合"语言经济"的原则，但表意上的微妙之处就完全消失了。作为外交家的周恩来总理堪称一代杰出的语言大师，他在欢迎美国总统尼克松的酒会上的造句绝对不是信口开河，而是经过了反复斟酌，字字句句都是微言大义。"美国人民是伟大的人民，中国人民是伟大的人民"，是两个

---

① 吴礼权. 现代汉语修辞学［M］. 3 版. 上海：复旦大学出版社，2016：5 - 6.

结构相同，字数也一样的判断句。这样的构句，是以句法形式上的完全相同，暗示出中美两国完全平等的关系。如果按照汉语造句的常规，在后句加上一个"也"字，说成"中国人民也是伟大的人民"，那么一字之差的结果势必会造成中国的国家地位低于美国的语义印象。至于两个并列的判断句，美国居前，中国居后，其实也是一种修辞营构，有深刻的微言大义。因为尼克松飞越太平洋访华，让"美国人民"居前，"中国人民"在后，那是礼貌，是彰显中国是礼仪之邦、以礼待客的风范。如果授课的语言学教师讲不出这些学理，可以肯定地说，他对于周恩来的这番绝妙好词压根儿就没有理解。如此，他的语言教学就没有什么价值可言。可见，不懂修辞学，语言教学特别是对于中国大学生的语言教学基本上是无效的。

留学生的汉语教学，目前普遍的做法是只讲汉语语法，遇到汉语修辞问题都绕开。当然，这样的汉语教学在最初阶段是可以的。但是，过了这个阶段，要进行高阶的汉语教学时，绕开汉语修辞恐怕就不行了。道理很简单，一个留学生要想真正听懂中国人的话，读懂中国作家的作品，就非得学地道的汉语不可。而地道的汉语，往往是与汉语修辞相关联的。曾有一个外交上的笑话，说某国首脑访问中国，翻译将中国领导人所说的"胸有成竹"译成"胸中长了一棵竹子"。之所以会造成这样的笑话，就是翻译者没有学到地道的汉语，不懂中国的很多成语都是有出典的或是用比喻修辞法创造出来的。如果学过汉语修辞，就不至于闹出这样的笑话。事实上，留学生要想真正学好汉语，就非学习汉语修辞不可。因此，对外汉语教学，如果我们的语言学教师不懂修辞，恐怕真的很难教好外国留学生。我们平时听老百姓说话，觉得他们的语言非常生动形象，也非常有趣。这就是因为他们的语言中充满了比喻，融入了很多谚语。如果没有学过汉语修辞，外国留学生凭他们在课堂上所学到的所谓"规范的汉语"，恐怕是听不懂中国老百姓的语言。若要他们读中国作家的文学作品，恐怕就更难了。下面我们看一个例子。

（10）水生笑了一下，女人看出他笑得不像平常，"怎么了，你？"（孙犁《荷花淀》）

例（10）是孙犁小说《荷花淀》中的一段文字，短短三句话，一共21个字，却用了两种修辞手法。其一是"借代"，以"女人"代"妻子"，属于借代中的以"全体代部分"[1]。其二是"倒装"，水生妻子的话"怎么

---

[1]　陈望道. 修辞学发凡［M］. 上海：上海教育出版社，1997：86.

了，你"，在语序上作了颠倒，属于主语与谓语倒装。如果我们的语言学教师告诉学生，这句话是主语与谓语的位置作了颠倒，那么学生一定会问："为什么要颠倒呢？"这时，教师从语法上就无法解释了。如果教师懂修辞学，就可以告诉学生：作家之所以让小说女主人公（水生妻子）说话时突破汉语造句"主语+谓语"的常式结构规则，而让谓语置于主语之前，是要让谓语"怎么了"成为句子的焦点，以此"强烈凸显出水生女人急切想了解丈夫'笑得不像平常'的原因"[1]，从而在"不著一字"中写出人物的心理活动状态，突出其形象。文学作品中诸如此类简单的文字，都离不开修辞学，更何况复杂的汉语修辞现象。可见，要让外国留学生学到地道的汉语，语言学教师不懂修辞学，语言教学中不讲汉语修辞，肯定是行不通的。

三、修辞学在文献学教学中的意义与地位

学文献学，第一个基本功是读得懂古文献。众所周知，古文献中的修辞现象是非常普遍的。因此，要读懂古文献，懂得修辞学尤其重要。如果不懂修辞学，恐怕第一关"句读"就出现问题，进而影响对语义的理解。这里我们先以一段古文献为例。

（11）陶公性检厉勤于事作荆州时敕船官悉录锯木屑不限多少咸不解其意。……（《世说新语·政事第三》）

（12）陶公性检厉，勤于事。作荆州时，敕船官悉录锯木屑，不限多少。咸不解其意。……（《世说新语·政事第三》）

（13）陶公性检，厉勤于事。作荆州时，敕船官悉录锯木屑，不限多少。咸不解其意。……（《世说新语·政事第三》）

例（11）是古文献的原文，没有句读。例（12）是现代许多通行本《世说新语》的句读，是错误的。例（13）的句读，现在证明是唯一正确的。但是，长期以来，大家都以为例（12）的句读是正确无疑的，各种《世说新语》的读本与选本，都采纳这一句读。因为有了这个句读，于是便凭空产生了一个新词——"检厉"。而有了这个新词，便有汉语史专家对之进行注解、释义，"检厉"意谓"方正严肃""方正、严正""检束严格""仔细认真"等。这一句读与释义，我们随意翻阅《世说新语》词语

---

① 吴礼权.现代汉语修辞学［M］.3版.上海：复旦大学出版社，2016：22.

释义类的词典或诸如《初中生文言文大全》之类的流行读本，就能看到。百度百科有一个词条为"陶公性检厉"，应该是据此而来。可能是由于这个问题太小了，没有引起更多汉语史研究专家的重视，例（12）的句读及其衍生的释义才谬种流传很广，贻害学子无数。直到2007年，才有汉语史学者出来公开指正了例（12）的句读错误及其"检厉"一词释义的荒谬。笔者还清楚地记得，2007年5月，北京大学与天津师范大学在天津召开了"中国语言学发展之路——2007论坛"，邀请了海内外60位汉语研究界的知名学者与会。笔者有幸忝列其中，并与南京师范大学专做汉语史研究的董志翘教授同处一室。晚上对床夜语时，董先生说到他要提交大会的论文是"《世说新语》疑难词语考索"，第一个要考索的词语便是《世说新语·政事第三》中"陶公性检厉勤于事"一句的断句及其释义问题。笔者不研究汉语史，而是研究古典文学与修辞学出身的。董先生知道笔者的学术背景，就问笔者对这个句子如何断句。笔者出于修辞学研究者的本能，认为此句应当断为"陶公性检，厉勤于事"。董先生非常高兴，要笔者看他的论证结果，果然与笔者的直感一致。他是通过大量文献资料予以求证的，证明了古汉语中没有"检厉"一词，进而否定了前此许多注本断句及释义的错误。董先生的考据非常扎实，论证非常有说服力，且费了很大的精力。笔者并未花费任何考据的功夫，怎么就凭直感得出跟董先生相同的正确结论呢？这并不是因为笔者的学问有多么了不得，见识有多高明，而仅仅是因为笔者掌握了汉语特别是古代汉语重视句子结构的对称与音节和谐的修辞规律。正是根据这一规律，所以笔者断定这八个字的句子，应该是"四四"结构。①

以上我们说的是修辞学知识在解决古文献断句方面的作用。下面我们再来看看修辞学知识在文献校勘、考证方面的价值与意义。

研究文献学的人都知道，汉语文献中有一部重要的古籍叫《越绝书》。但是，《越绝书》的作者与成书年代问题一直是个谜。自唐朝中叶开始，这一问题就成为学者关注的焦点，但总是悬而未决。直到明代杨慎通过修辞学的"析字"法才彻底揭开了谜底。杨慎揭示谜底的论证文字，见于《杨升庵全集》卷十。其文云：

或问《越绝》不著作者姓名，何也？予曰：姓名具在书中，览者第不深考耳。子不观其绝篇之言乎？曰："以去为姓，得衣乃成。厥名有米，覆之以庚。禹来东征，死葬其乡（疆）。不直自斥，托类自明。文属辞定，

① 吴礼权.修辞学与汉语史研究［J］.福建师范大学学报（哲学社会科学版），2010（4）：71.

自于邦贤。以口为姓，承之以天。楚相屈原，与之同名。"此以隐语见其姓名也。去其衣乃袁字也，米覆以庚，乃康字也。禹葬之乡，则会稽也。是乃会稽人袁康也。其日不直自斥，托类自明，厥旨昭然，欲后人知也。文属辞定，自于邦贤，盖所共著，非康一人也。以口承天，吴字也；屈原同名，平字也。与康共著此书者，乃吴平也。不然，此言何为而设乎？或曰：二人何时人也？予曰：东汉也。何以知之？曰：东汉之末，文人好作隐语，黄绢碑其著者也。又孔融以"渔父屈节、水潜匿方"云云，隐其姓名于离合诗。魏伯阳以"委时去害，与鬼为邻"云云，隐其姓名于《参同契》。融与伯阳俱汉末人，故文字稍同。则兹书之著为同时何疑焉？

　　从上述这段文字来看，杨慎之所以能最终揭示出《越绝书》作者与成书年代的谜底，"得出《越绝书》乃东汉末年会稽袁康和吴平二人共著的结论，靠的就是运用修辞学上离析汉字形体的'析字'法。虽然现代还有学者对此结论有疑义，但是无人能否认杨慎'析字'法的合理性及其所论定的东汉末年成书说的结论"①。现代学者李步嘉通过对《越绝书·篇叙外传记》所载隐语及其含义所作的考察，认为"杨慎所说'袁康''吴平'是隐语可以成立，但不是文人隐语而代表《越绝书》作者真实姓名，而是政治隐语代表某个政权的统治特征。'袁康'原始意义应是袁氏昌盛；'吴平'原始意义应是吴国平安。这两个隐语分别当产生于袁术称帝前和吴国末年，但在被用进《越绝书》书末时，由于当时的朝代特点不同，隐语的含义已经大为改变"②。就目前的情况看，"对杨慎之说有疑义的学者，也只是基于逻辑推论，尚无确切的证据予以证明。而明清以后直至今日，大多数学者还是倾向于杨慎的说法。这就说明，杨慎根据修辞学的'析字'法进行古籍考证是行之有效的"③。

　　下面我们再来看一例古医书的校勘问题。

　　（14）寒气客于脉外则脉寒，脉寒则缩踡，缩踡则脉绌急，则外引小络，故卒然而痛。（《素问·举痛论》）

　　例（14）的一段文字，在《素问·举痛论》的各种古代通行本中都是如此。"尽管这段文字在版本校勘上是存在着明显问题的，但是按照常规的校勘法，却无从发现，也无从解释。如果从修辞学的角度来看，问题非

①　吴礼权．修辞学与汉语史研究［J］．福建师范大学学报（哲学社会科学版），2010（4）：71.
②　李步嘉．越绝书研究［M］．上海：上海古籍出版社，2003：289.
③　吴礼权．修辞学与汉语史研究［J］．福建师范大学学报（哲学社会科学版），2010（4）：73.

常明显，原因也易于解释。这段文字实际上是用修辞学上的'顶真'格来行文表达的。'顶真'格在句法表现上是用前一分句的末一个（或几个）字或词作后一分句的起首，从而形成上递下接的形式，在表意上有层层递进的效果，在语言形式上有层次分明的特点。如果用符号表示，则是：'A→B，B→C，C→D……'。根据"顶真"格的这一形式特征，我们便知'则外引小络'前有脱字'绌急'。那么，事实究竟如何呢？事实证明：我们上面根据修辞学原理所作的校勘推论是正确的。"① 查《素问·举痛论》元代至元五年胡氏古林书堂刻本、明代嘉靖吴悌校刊本等十余种版本，"则外引小络"句首皆有"绌急"，足以证明矣。②

其实，不仅研究上古、中古的汉语史要解决校勘问题，就是研究近代汉语史甚或是现当代汉语史，也要解决校勘问题。而要解决校勘问题，不懂修辞学不仅不能解决问题，还会闹笑话，甚至贻害后学。下面我们就来看两个例子。

（15）不和我说别的还可，若再说别的，咱们红刀子进去，白刀子出来。（曹雪芹《脂砚斋重评石头记》第七回）

（16）我认为一切好诗，到唐已被做完，此后倘非能翻出如来掌心之"齐天太圣"，大可不必动手，然而言行不能一致，有时也诌几句，自省亦殊可笑。（鲁迅《1934年12月20日致霁云》）

例（16）是小说《石头记》（即《红楼梦》）中焦大醉酒骂人的一句话，原文如此。但是，坊间有不少为《脂本》作校注的学者皆对焦大说的这句话进行了改订，即将前后句中"红"与"白"二字的位置进行了交换，改为"白刀子进去，红刀子出来"。直到1982年出版的新校注本才重新改回到"红刀子进去，白刀子出来"的旧稿面貌③。那么，新校注本为什么要改回来呢？坊间《脂本》写成"白刀子进去，红刀子出来"，应该说非常符合生活逻辑的。但是，符合了生活逻辑，却不符合小说形象塑造的文学逻辑。小说是要凸显焦大酒醉神志不清的状态，如果他说话还符合生活逻辑，如何凸显他已烂醉如泥的状态呢？可见，作者曹雪芹是有意这样写的，是运用了一种叫"飞白"的修辞手法（即明知其错而有意直录），以此实录存真，以表现人物的鲜活形象。坊间《脂本》校注者在校勘时对

① 吴礼权. 修辞学与汉语史研究［J］. 福建师范大学学报（哲学社会科学版），2010（4）：71.
② 段逸山. 据辞格校勘两例［J］. 修辞学习，1987（5）.
③ 谭永祥. 修辞与校注、词典释义［C］//中国修辞学会. 修辞学论文集：第二集. 福州：福建人民出版社，1984.

曹雪芹原文进行修改而出错，是因为其缺乏修辞学常识，不理解曹雪芹创作时的本意，结果闹出了笑话。新校注本将坊间本的错误予以改正，改回小说原貌，是因为新校注者懂得修辞学，知道作者如此措辞的妙处所在。

例（16）是《鲁迅书信集》中收录的一封书信，其中"齐天太圣"一词，在1981年版的《鲁迅全集》中有这样一条注释："'齐天太圣'原作'齐天大圣'，即孙悟空。"但是，后来有学者对此注释感到怀疑，于是就去查阅鲁迅的手稿。结果，发现手稿原来写的就是"齐天太圣"。于是，这位学者便著文指斥上述这一注解与释义的错谬，并明确指出"齐天太圣"是鲁迅写作中的一种戏称，是由"齐天大圣"引申出来的说法。他还认为，"齐天太圣"比"齐天大圣"本领大，真能翻出如来掌心。由此，他得出结论，认为《鲁迅全集》的注解不能说'"齐天太圣"原作"齐天大圣"①。这位学者的辨证，结果证明是正确的，但他实际上并未说对理由。之所以没说对理由，是因为他不懂修辞学。鲁迅这是在运用一种叫"仿拟"的修辞手法，根据"齐天大圣"临时仿造出一个"齐天太圣"，就像鲁迅根据"新闻"仿出"旧闻"一词一样。可见，不懂修辞学，不仅让《鲁迅全集》的校注者闹出了笑话，还让对校注者的错误予以辨证的学者也闹出了笑话。

四、修辞学在历史教学中的意义与地位

学历史，最重要的是读史书、读原典，而不能仅仅读后人所写的历史教科书。因为历史教科书是他人读历史原典、研究历史而形成的个人对于历史的系统认识，这种认识是否完全正确是值得考虑的。因此，我们学历史，探求历史的真相，就不能仅仅靠读历史教科书，而是应该自己读史书、读原典，从第一手资料获取对于历史事实的认知。但是，要读史书、读原典，要读懂，且能辨别出何为信史，没有修辞学知识恐怕就不行了。

说到读史书、读原典，我们首先要读的肯定是《春秋》与《史记》。《春秋》是中国现存的第一部编年体断代史。要读懂《春秋》，读史者必须懂得孔子的"春秋笔法"。所谓"春秋笔法"，其实就是一种修史的修辞手法，即通过曲笔表达来呈现史家真正要表达的意思。这种曲笔表达，对人物的评价往往褒贬系于一字。左丘明曾对孔子的"春秋笔法"有过概括："《春秋》之称，微而显，志而晦，婉而成章，尽而不污，惩恶而劝善，非贤人谁能修之？"正因为孔子的"春秋笔法"对人物的功过是非褒贬系于

---

① 强英良. "齐天太圣"解 [J]. 社会科学辑刊, 1982 (6).

一字，所以历史上才有"孔子作春秋，乱臣贼子惧"的说法。同样是以下诛上，用"杀"字，还是用"弑"字，对行为者的历史定位是完全不一样的。用"杀"字，说明行为者的行动具有正义性，表明史家对行为者的行为持肯定认同的态度；用"弑"字，则说明行为者的行为不具有正义性，表明史家对行为者的行为持否定谴责的态度。得到史家的肯定认同，就是青史留名的好人；反之，则是在青史上留下骂名的乱臣贼子与坏人。用兵打仗，也是如此。出师与他国作战，用"讨"字，表明是正义之战；用"入"字，则表明是非正义之战，用今天的话来说，就是侵略。例如：

(17)《志》有之："言以足志，文以足言。"不言，谁知其志？言之无文，行而不远。晋为伯，郑入陈，非文辞不为功。(《左传·襄公二十五年》)

例(17)是《左传》所记孔子的一段话。孔子说这段话的背景是，"晋文公时代，郑国侵入小国陈。当时，晋国是春秋时代的霸主(大概相当于今天的'世界警察'美国，春秋时代先后逞强的'春秋五霸'大抵多是这样的角色)，晋国就出来干预，向郑国问罪，说你郑国怎么可以这样干，以大欺小。这是对的，既是霸主就应该主持国际正义。郑国虽也是当时的大国，但只能算是二流国家，如果外交上通不过晋国这一关，给个合理的说法给晋国，势必会受到晋国的干预，那么郑国自己就有危险了。好在当时郑国名卿子产是个善于辞令的外交家，对此事巧妙地回答了晋国的质问，使郑国免于晋国的讨伐，没有在当时的国际上受到孤立。孔子针对此事，就说了上述这段话。这段话的意思，如果用现代大白话来说，大致是：你有想法(或曰思想、志愿、志向)，可以用语言表达出来，用文字将语言记录下来。你不说，谁知道你的想法见解呢？但是，说得没有文采，表达得不好，则不能流传开去，不能产生好的社会效果。晋国为霸主，郑国入侵陈国，如果不是郑国子产对晋国的质问有巧妙的回答，那么郑国这事就有麻烦了。孔子说这段话是有感而发，目的在于强调重视表达策略，将自己的思想感情圆满地表达出来，力图企及尽可能好的表达效果的重要性"[1]。虽然从整体上来看，孔子的这段话是赞赏子产的，但对郑国是谴责的。因为他用了一个"入"字，表明郑国对陈国用兵的军事行为属于"侵略"的性质。一个"入"字，就将郑国的这次军事行为作了定性，这便是典型的褒贬系于一字的"春秋笔法"。孔子的一字见褒贬，实际上就是中国古人所讲的"炼字"，是一种修辞行为。如果不懂修辞，就不能

---

① 吴礼权. 语言策略秀 [M]. 增订本. 上海：上海文化出版社，2008：1.

理解孔子对于郑国用兵陈国这一历史事件的真实态度，当然也就是没有读懂历史。其实，孔子修《春秋》，以"春秋笔法"褒贬人物，他自己是知道后果的，所以他自己有一句话，说："知我者，其惟《春秋》乎！罪我者，其惟《春秋》乎！"孔子为什么要说这句话呢？因为每个人特别是那些有权位的人都很在乎自己在历史上的定位。他们是流芳百世还是遗臭万年，时常决定于著史者的一字评价。司马迁《史记·太史公自序》评《春秋》说："贬天子，退诸侯，讨大夫，以达王事；别嫌疑，明是非，定犹豫，善善恶恶，贤贤贱不肖。"说的正是孔子"春秋笔法"的微妙高明所在。

学历史，除了要读《春秋》，更要读中国第一部纪传体史书《史记》。事实上，《史记》要比《春秋》好读得多，也有趣得多。但是，读《史记》也是需要懂修辞的。如果不懂修辞，太史公著史的微言大义是解读不出来的。解读不出太史公的微言大义，那是算不得读懂《史记》的。下面我们看一个例子。

(18) 正月，诸侯及将相相与共请尊汉王为皇帝。汉王曰："吾闻帝贤者有也，空言虚语，非所守也，吾不敢当帝位。"群臣皆曰："大王起微细，诛暴逆，平定四海，有功者辄裂地而封为王侯。大王不尊号，皆疑不信。臣等以死守之。"汉王三让，不得已，曰："诸君必以为便，便国家……"甲午，乃即皇帝位氾水之阳。(《史记·高祖本纪》)

例 (18) 这段文字，可以说是读懂《史记·高祖本纪》全篇的关键，也是读懂太史公对于刘邦其人真实心态的关键。那么，打开这两个关键的钥匙何在呢？这便是修辞。如果不懂修辞，根本就不知道太史公的史笔究竟高妙在何处。众所周知，刘邦于秦末起兵，其志不在小，早有逐鹿天下之意，这从他早年观秦始皇巡游天下时脱口而出的"大丈夫当如是也"的感叹便可得知。《史记·项羽本纪》记彭城战役刘邦大败，被楚兵穷追不舍的情节有曰："汉王道逢得孝惠、鲁元，乃载行。楚骑追汉王，汉王急，推堕孝惠、鲁元车下，滕公常下收载之。如是者三。"为了自己活命，刘邦三次将儿女从车上推下去。如果没有争天下的大志，能做出这样没人性的事吗？楚汉二军于广武相持不下时，项羽以欲烹其父要挟刘邦投降，刘邦竟然跟项羽说："吾翁即若翁，必欲烹而翁，则幸分我一杯羹。"如果无争天下之心，刘邦断然不会说出这样无耻的话。可见，众将相劝进刘邦做皇帝时，刘邦心里是非常乐意的，他的再三推辞明显不是出于真心而是虚情假意，是忸怩作态。太史公著史的高明之处在于不直接揭下刘邦虚伪的面具，直笔指斥其虚伪，而是运用"飞白"这种修辞手法，直录刘邦的原话（"便，便"是实录其内心激动而口吃的话），将刘邦嘴上推辞而内心急切的情态活脱脱地呈现出来。真可谓是"不著一字，尽得风流"，对刘邦的褒贬态度毕现，落在纸上却无一字。如果不懂修辞，就体会不出太史公的良苦用心。另外，值得一提的是，太史公直录刘邦的半截话，而不用自己的话转述，其实也是有用意的。因为刘邦的半截话实际上也是运用了一种修辞手法，这便是"留白"。刘邦的话如果说全了，就是："诸君必以为便国家，我则即皇帝位。"但事实上，刘邦没有把话说全，而是只提出了一个前提条件，关键的结论则要让听话人自己推理出来。如果不懂修辞，就看不出刘邦的智慧所在，那也是没有读懂历史的表现。

在《史记》中，同样是运用"飞白"这种修辞手法，司马迁用笔的微言大义则是有微妙差异的。例（18）司马迁运用"飞白"这种修辞手法，直录刘邦的半截话，意在形象真实地再现刘邦口是心非、虚伪做作的嘴脸，表达的是对传主刘邦的否定态度与鄙夷心理。但是，下面一例，司马迁运用"飞白"这种修辞手法来直录传主的言语，表达的则是肯定与赞赏的态度。

（19）及帝欲废太子，而立戚姬子如意为太子，大臣固争之，莫能得；上以留侯策即止。而周昌廷争之强，上问其说，昌为人吃，又盛怒，曰："臣口不能言，然臣期期知其不可。陛下虽欲废太子，臣期期不奉诏。"上欣然而笑。（《史记·张丞相列传》）

例（19）是《史记》记述周昌回应刘邦关于太子废立问题时的一段话。太史公对于周昌的耿直忠心没有明确的赞赏，而只是运用"飞白"这种修辞手法，通过直录其期期艾艾的口吃之言，将其耿直的性格活脱脱地展露出来，既形象生动，又在"不著一字"中表达了太史公自己对传主的情感态度。如果不懂修辞，也就体会不出太史公用笔的微妙，那么就很难成为太史公的知音。

读懂历史固然需要懂得修辞学，但判定一部史书是否信史更需要懂得修辞学。事实上，有时我们判定一部史书是否为严格意义上的信史，从作者的用笔修辞上就可以看出。比如，宋太祖赵匡胤微时作过一首"日"的诗："欲出未出光辣挞，千山万山如火发。须臾走向天上来，逐却残星赶却月。"后来宋代史官将此诗录入国史时，将前两句作了润饰，写成："未离海峤千山黑，才到天心万国明。"①就字句而言，这样一改虽然显得文雅多了，但是一读就觉得不像是武夫所为，而是出自文人手笔。这样不仅让人怀疑这首诗的真伪，还会让人对整部国史是否为信史存疑。因此，南宋陈郁《藏一话腴》批评史家的修改说："文气卑弱，大不如原作辞志慷慨，规模远大，凛凛乎已有千万世帝王气象。"虽然陈郁的话不免有吹拍赵匡胤的嫌疑，但改句与原作相比，确实在口气上不匹配赵匡胤草莽英雄的身份。从史书实录存真的角度看，这确实是败笔。如果不懂修辞，我们就看不出原作与改作的优劣，看不出史书所记史实的真伪。

五、修辞学在语言能力养成方面的意义与地位

中文教学的终极目标之一，应该是学生语言能力的养成。但是，客观的现实却不是这样，我们的中文教育事实上是不注重这一点的。试看今天的中国大学生，有几个是会演讲的，有多少人是会与人沟通的，又有多少人是会写作的。造成这一结果的原因，其实就是我们的中文教学早就忘记了自己的终极目标，压根儿就没在学生语言能力的养成方面下过功夫。现行的教育体制，培养的都是刷题套题的应试者。无论是小学考初中，还是初中考高中，或是大学的语言课程考试，都是一路如此过来的。中小学语文教学根本没有培养学生语言能力的既定计划，而只有一味地对学生进行答题技巧的训练，目的是得高分。大学的语言教学，则是空谈什么语言学理论，根本就没将如何训练学生的语言能力作为教学目标。正因为如此，雄辩滔滔、口若悬河的外交家或演讲家，没有我们大学中文系培养出来的学生；文坛上叱咤风云的大作家，也没几个是我们中文系培养出来的。为什么会这样？因为我们的中文教学，从小学到中学，直到大学，都没有很好地教授修辞学，语言能力的养成目标付之阙如。

在日常生活中，我们听人说话或看人写作时，常会发现这样的情况：有些人一张嘴便口若悬河，脱口而出的话不仅条理清楚，没有任何语病，而且生动风趣，给人以无比的愉悦；而另一些人呢，只要一张口说话，不是前言不搭后语，就是贪糊其辞，说了上句而没下句，很难将自己所欲表达的意思说清楚、讲明白。有些人提笔写作，文思泉涌，不假思索便走笔万言，文章不仅条理分明，文从字顺，而且优美自然，就像行云流水一般，读之觉得赏心悦目，魅力无穷；而另一些人呢，只要一提笔写作，不是干巴巴的几句，就是艰涩难以卒读，读来没有一点美感。那么，为什么

---

① 黄永武. 字句锻炼法［M］. 台北：台湾商务印书馆，2000：12.

会出现这种巨大的反差呢？究其原因，就是一个有深厚的语言修养，懂得修辞；一个没有足够的语言修养，不懂修辞。事实上，懂修辞，有深厚语言修养的人，无论是开口说话，还是提笔写作，都是魅力无穷的，都会让人印象深刻。下面我们来看几个例子。

（20）有一次，我参加在台北一个学校的毕业典礼。在我说话之前，有好多长长的讲演。轮到我说话时，已经十一点半了。我站起来说："绅士的讲演，应当是像女人的裙子，越短越好。"大家听了一发愣，随后哄堂大笑。报纸上登了出来，成了我说的第一流的笑话，其实是一时兴之所至脱口而出的。（林语堂《八十自叙》）

（21）胡适揭开文学革命的序幕，提倡白话文学，宣扬民主与科学，推出德先生（democracy）与赛先生（science），鼓动新思潮，开风气之先，居功奇伟。曾经遭受到若干保守人士的攻讦，开始还讲道理，后来演变成人身攻击。胡适虽然修养不错，终究按捺不住，脱口而出："狮子和老虎向来都是独来独往的，只有狐狸跟狗才联群结党！"（沈谦《我的朋友胡适之》）

例（20）"绅士的讲演，应当是像女人的裙子，越短越好"，出自幽默大师林语堂之口；例（21）"狮子和老虎向来都是独来独往的，只有狐狸跟狗才联群结党"，乃是中国现代学术界开一代风气的大学者胡适之语。二者虽然都是骂人的话，却婉转温雅，不带一个脏字，因而被文坛传为佳话。然而，他们这样的生花妙语都是"脱口而出"，这未免让人着实不能理解。其实，仔细想想，就完全可以理解了。我们都知道，林语堂是著名文学家，也是语言学家（曾获德国莱比锡大学语言学博士学位），当然深谙修辞学，语言修养深厚。胡适的学问与语言修养，更是人所共知。他们运用的修辞手法都是"比喻"，是普通人都会的。可是，他们的比喻文本建构有自己的独到之处，因而效果也就明显不同。林语堂的话当时就被公认为是"第一流的笑话"（其实是"第一流的妙语"），"成为名言，为人所称妙，关键就在于林语堂先生出人意表地将'绅士的演讲'与'女人的裙子'这两个在本质上根本不同的事物经由'短好，短易引人回味思索'这一相似点联系到一起，形象生动地说明了这样一个道理：'绅士的演讲应该简明扼要，要给听众留下回味的余地，才能令听众有意犹未尽的美感。如果绅士的演讲啰唆冗长，说了半天还不知所云，徒然浪费听众的时间，那定然会让听众生厌的。'假若林博士真的用这样理性、直接的语言来表达他所要表达的意思，尽管语意表达很充足，道理说得很透彻，却成了令人头大乏味的说教，不成其名言妙语为人传诵了。如果林语堂先生这样说：'绅士的演讲，越短越好。'尽管表达更简洁，语言更经济，却像女人穿的超短裙短到了没有的地步，也顿失韵味了"①。如果我们仔细分析，就会发现林语堂的这个比喻有三个高妙之处："首先，喻体的选择特别高妙。用'女人的裙子'作喻体来与本体'绅士的演讲'匹配，出人意料。其次，更仔细地分析，'绅士'对'女人'，自然；'演讲'对'裙子'，新颖。再次，'绅士的演讲'与'女人的裙子'相联系，搭配合理。因为演讲者的演讲说得简洁，意思点到为止，往往会给人留下回味的空间；女人之所以要穿裙子是要突出其形体美，如果裙子过长就没有这种效果。所以西方乃至全世界有超短裙（也就是时下世界风行的那种叫作 miniskirt 的，汉语译为'迷你裙'，真是妙不可言）的风行。这种超短裙短得恰到好处，既可以尽现女性特别是青年女性的形体美，又足以让男性想入非非而为之意乱情迷，心摇神荡。"② 胡适的比喻，跟林语堂的比喻略有差异，他没有运用"明喻"的形式（即"本体""喻体""喻词"同时出现），而是采用"借喻"的形式（只出现"喻体"，而省略了"本体"与"喻词"）。仔细分析，这恰恰是胡适运用比喻手法的高妙之处。如果采用"明喻"的形式，说成"我就像狮子和老虎一样，向来都是独来独往的，行事光明磊落；你们就像狐狸跟狗一样，只知道联群结党，在背后用卑鄙的手法攻击他人"，那样就变成赤裸裸地骂人了，学者的风度与文人的雅量荡然无存。不仅如此，让第一个比喻的"本体"（"我"）出现，给人的感觉是说话人有自高自大之嫌，有失读书人谦谦君子的风度；让第二个比喻的"本体"（"你们"）出现，骂人的意味太过明显，有失读书人温良恭俭让的修养。可见，懂修辞并且有深厚的语言修养，是林语堂与胡适"脱口而出"而成妙语的关键所在。

跟说话一样，要想文章写得好，让人读了觉得赏心悦目，同样也需要懂修辞并且要有深厚的语言修养。下面我们来看两个例子。

（22）汽车夫把私带的东西安置了，入坐开车。这辆车久历风尘，该庆古稀高寿，可是抗战时期，未便退休。机器是没有脾气癖性的，而这辆车倚老卖老，修炼成桀骜不驯、怪僻难测的性格，有时标劲像大官僚，有时别扭像小女郎，汽车夫那些粗人休想驾驭了解。它开动之际，前头咳嗽，后面泄气，于是掀身一跳，跳得乘客东倒西撞，齐声叫唤，孙小姐从

---

① 吴礼权．语言策略秀［M］．增订本．上海：上海文化出版社，2008：21－22.

② 吴礼权．语言策略秀［M］．增订本．上海：上海文化出版社，2008：22.

座位上滑下来，鸿渐碰痛了头，辛楣差一点向后跌在那女人身上。这车声威大震，一口气走了地二十里，忽然要休息了，汽车夫强它继续前进。如是者四五次，这车觉悟今天不是逍遥散步，可以随意流连，原来真得走路，前面路还走不完呢！它生气不肯走了，汽车夫只好下车，向车头疏通了好一会，在路旁拾了一团烂泥，请它享用，它喝了酒似的，欹斜摇摆地缓行着。每逢它不肯走，汽车夫就破口臭骂，此刻骂得更利害了。骂来骂去，只有一个意思：汽车夫愿意跟汽车的母亲和祖母发生肉体恋爱。骂的话虽然欠缺变化，骂的力气愈来愈足。（钱钟书《围城》）

（23）所谓番茄炒虾仁的番茄，在北平原叫作西红柿，在山东各处则名为洋柿子，或红柿子。……这种东西，特别是在叶子上，有些不得人心的臭味——按北平的话说，这叫作"青气味儿"。所谓"青气味儿"，就是草木发出来的那种不好闻的味道，如楮树叶儿和一些青草，都是有此气味的。

可怜的西红柿，果实是那么鲜丽，而被这个味儿给累住，像个有狐臭的美人。（老舍《西红柿》）

例（22）是著名学者钱钟书小说中的一段文字，"描写赵辛楣、方鸿渐等一行五人应国立三间大学校长高松年之邀前往该校就职途中所乘汽车的情状，语言幽默生动，表达意趣横生，读来令人忍俊不禁，可谓魅力十足，让人历久难忘"[①]。这段文字之所以会有如此独特的魅力，乃是作者对修辞学极有研究，深谙修辞的门法，运用了比喻、比拟、折绕等修辞手法。如："这辆车久历风尘，该庆古稀高寿"，"这辆车倚老卖老，修炼成桀骜不驯、怪僻难测的性格"，"前头咳嗽，后面泄气，于是掀身一跳"，"这车声威大震，一口气走了一二十里，忽然要休息了"，"这车觉悟今天不是逍遥散步，可以随意流连，原来真得走路"，"它生气不肯走了"，"请它享用，它喝了酒似的，欹斜摇摆地缓行着"，都是运用"比拟"手法，"是将无生命的汽车当作有性格、有情感、有脾气的人来写"[②]，以此凸显"汽车的破旧、性能的不稳定和开起来颠簸难耐的情状"[③]；"有时标劲像大官僚，有时别扭像小女郎"，则是运用"比喻"手法建构的修辞文本，形象地再现了汽车性能的不稳定。正是因为有这些比拟和比喻修辞文本的建构，小说"就将本来平淡的事情写活了，那部破烂不中用的老爷车的情状

---

① 吴礼权．现代汉语修辞学［M］．3版．上海：复旦大学出版社，2016：16 – 17.
② 吴礼权．现代汉语修辞学［M］．3版．上海：复旦大学出版社，2016：17.
③ 吴礼权．现代汉语修辞学［M］．3版．上海：复旦大学出版社，2016：17.

便真切鲜活地呈现在读者面前，让人如睹其容，如坐其中"①。至于汽车夫情急骂车的话，作者没有直写，而是以折绕手法建构了一个修辞文本："汽车夫愿意跟汽车的母亲和祖母发生肉体恋爱"，可谓"表意含蓄蕴藉，语带嘲弄讽刺之味而又不失幽默诙谐，令人为之喷饭"②。假如作者钱钟书不是精研修辞学的学者，没有足够的语言修养，"不运用比拟、比喻、折绕等手法建构起上述诸多修辞文本来描写，而是用平常的、理性的文字这样写：'这辆汽车已经十分破旧，性能也很不稳定，所以开起来摇晃颠簸得厉害，乘客都被颠得东倒西歪。加之发动机又时常出问题，汽车夫要不时下车修理，气得他破口骂娘。'那么，这样简则简矣，但读者对于赵辛楣、方鸿渐等一行五人行途的窘迫、车上的苦况等具体情状也就无法真切体味了，小说读来自然也就索然无味了"③。可见，懂不懂修辞，有没有语言修养，对于写作是至关重要的。

例（23）是著名作家老舍的散文中的一段文字，之所以读来别有韵味，令人玩味不已，乃是因为作者运用比喻手法，建构了一个修辞文本："可怜的西红柿，果实是那么鲜丽，而被这个味儿给累住，像个有狐臭的美人。"这个文本所表达的意思，如果根据语言学所说的"经济原则"，可以这样表述："西红柿果实鲜丽，但叶子味道不好闻，有些可惜。"如果这样表达，"意思是说到说透了，但可能不会使接受者印象深刻，更不会令人拍案叫绝。原因很简单：表述太平淡，无由引发接受者的接受兴味。相反，这么一句简单的意思，经由老舍上述譬喻这么一写，顿然平淡化为生动，接受者陡然兴味盎然，自然接受效果也就大大提升了"④。我们都知道，老舍曾在不少大学教过书，懂得修辞的重要性，也深谙修辞的技巧。可以说，在中国现代作家中他是最讲究文字表达的作家，称得上是语言大师。可见，文章要写得好，能够妙笔生花，让读者喜爱，让读者从中得审美享受，写作者不懂修辞是难以办到的。

下面我们再来看一个例子：

（24）烟酒之于人生，犹如标点之于文章。（沈谦《修辞学》）

例（24）是台湾烟酒专卖局做的一则商业广告，一读就能立即抓住人心。尤其是对那些喜欢烟酒的男人，简直是替他们冠冕堂皇地抽烟喝酒找

---

① 吴礼权．现代汉语修辞学［M］．3版．上海：复旦大学出版社，2016：17．
② 吴礼权．现代汉语修辞学［M］．3版．上海：复旦大学出版社，2016：17．
③ 吴礼权．现代汉语修辞学［M］．3版．上海：复旦大学出版社，2016：17．
④ 吴礼权．现代汉语修辞学［M］．3版．上海：复旦大学出版社，2016：97．

到了一个绝好的理由，可谓把话说到了他们的心坎里。很明显，这则广告文案是成功的。为什么成功呢？原因非常简单，文案创作者懂得修辞，运用了一个所有人都熟悉的修辞手法"比喻"，将"烟酒跟人生的关系"（本体）与"标点符号跟文章的关系"（喻体）出人意料地联系到一起，从而不露痕迹地说出了一个道理：就像文章生动活泼离不开标点符号一样，人生要想丰富多彩，活得有滋有味，就少不了烟酒。由于创作者运用了比喻修辞手法，这层意思的表达就显得非常婉转，丝毫没有劝人抽烟喝酒的嫌疑，可谓"不著一字，尽得风流"。可见，不当作家也是需要懂得修辞学的，还需要语言能力的养成。否则，进入实际工作领域，就很难圆满地完成工作任务，很难得到社会认同，无法开创自己幸福快乐的人生。

语言能力的养成，当然有很多途径。但是，最直接、最有效的途径，无疑是修辞学的学习。可以说，修辞学的教学对于学生的语言能力养成至关重要。事实上，只有通过修辞学的学习，我们才能有效地培养学生的语言能力。学生的语言能力养成后，才能学以致用，使我们的中文教学成果得以呈现，并为社会所认同。上面我们所列举的那则台湾广告文案，其实很能说明问题。为什么台湾作家的作品比大陆作家的作品在文字上更显得有韵味？为什么台湾包括广告文案在内的文创事业表现非常突出？其实，都是与修辞学在台湾中文教学方面的地位有关。对台湾教育有所了解者都知道，修辞学是台湾每个大学中文系都必开的课程。正因为如此，台湾中小学教师都懂修辞，中小学国文教学中都有这方面的训练。修辞学的知识从小学、中学到大学一路学过来，学生语言能力养成的效果怎能不明显呢？正因为如此，台湾作家的作品风格与大陆作家有区别，台湾的文化创意产业与大陆相关产业有区别。现实生活中，我们学中文的大陆学生走出校园，进入工作岗位，受命写一个广告文案，往往不能胜任。原因在于他们在大学没学好修辞学或根本没上过修辞学这门课程，必要的语言能力没有养成。事实上，很多大学中文学科的毕业生不仅写不出好的广告文案来，就是写一个求职的简历也有问题。前些年上海有报纸极力宣传某著名高校辅导员为毕业生写了多少求职简历，帮助学生成功就业的先进事迹。当然，这个辅导员是值得表扬的，然而辅导员这一行为本身反映了一个问题：我们的中文学科教学是失败的，所以才有那么多的大学生连求职简历都写不好。造成这一结果，没有别的原因，根源在于我们的中文教学从来都没在学生语言能力的养成方面下过功夫。没有耕耘，何来收获？因此，我们认为，要想有效地养成学生的语言能力，中文教学中加强修辞学教学是关键因素。

参考文献

1. 陈望道. 修辞学发凡 [M]. 上海：上海教育出版社，1997.

2. 辞海：缩印本 [M]. 上海：上海辞书出版社，1990.

3. 段逸山. 据辞格校勘两例 [J]. 修辞学习，1987 (5).

4. 黄永武. 字句锻炼法 [M]. 台北：台湾商务印书馆，2000.

5. 李步嘉. 越绝书研究 [M]. 上海：上海古籍出版社，2003.

6. 强英良. "齐天太圣"解 [J]. 社会科学辑刊，1982 (6).

7. 谭永祥. 修辞与校注、词典释义 [C] //中国修辞学会. 修辞学论文集：第二集. 福州：福建人民出版社，1984.

8. 吴礼权. 中国现代修辞学通论 [M]. 台北：台湾商务印书馆，1998.

9. 吴礼权. 现代汉语修辞学 [M]. 3 版. 上海：复旦大学出版社，2016.

10. 吴礼权. 表达力 [M]. 台北：台湾商务印书馆，2011.

11. 吴礼权. 语言策略秀 [M]. 增订本. 上海：上海文化出版社，2008.

12. 吴礼权. 名词铺排与唐诗创作 [C] //蜕变与开新——古典文学国际学术研讨会论文集. 台北：东吴大学，2010.

13. 吴礼权. 修辞学与汉语史研究 [J]. 福建师范大学学报（哲学社会科学版），2010 (4).

14. 吴礼权，谢元春. 现代散文中的列锦及其审美追求 [J]. 长江学术，2016 (3).

15. 谢元春. 列锦辞格定义的沿革及其再认识 [J]. 湖北师范学院学报（哲学社会科学版），2015 (3).

16. 宗廷虎. 中国现代修辞学史 [M]. 2 版. 杭州：浙江教育出版社，1997.

The Significance and Status of Rhetorics in Chinese Teaching

Wu Liquan

(Institute of Chinese Language and Literature，Fudan University，Shanghai，200433)

Abstract：Rhetorics has a long history in China，but in ancient times，it just acted as a dependency of literary criticism. After 1930s，rhetorics really became an independent modern subject，and during 1950s – 1960s，it even enjoyed popularity for a time due to some political factors. However，the value of rhetorics was gradually ignored because of some human factors，which resulted in a drop of its status. Actually，as a kind of diversified subject，it has close relationship with literature，aesthetics，psychology，syntactics and logics. We have reached the conclusion that literature teaching (especially Chinese classical literature teaching) and linguistic teaching both cannot do without rhetorics，even philology and history teaching also need knowledge of it. As for the cultivation of student's speech ability, it also undoubtedly cannot be replaced by any other subject.

Key Words: Rhetorics; Chinese subject teaching; Status; Significance

修辞心理过程个案考察之六①
——以马建忠《马氏文通》中的"序"等副文本为例

张春泉②

（西南大学文学院　重庆　400715）

摘　要：《马氏文通》中的副文本主要有"序""后序""例言""上册付印题记"等，这些材料自身具有一定的学术史价值；同时，分析这些材料可探究《马氏文通》等学术话语生成或建构的心理过程。学术"创作"的动机和效果是"过程"这只"黑匣子"的"输入端"和"输出端"。考察表明，学术"创作"的动机和效果不是等值的，学术话语生成过程契合消极修辞的原则要求。

关键词：学术话语；修辞心理过程；《马氏文通》；消极修辞

修辞心理过程，主要是指修辞话语生成或建构过程的心理，包括话语生成者或建构者的知、情、意，兼及话语主体的动机、需要等。修辞话语既包括文学话语、日常话语，又包括学术话语等。学术话语的生成或建构过程与"知"的关系尤为密切，这里所说的"知"，主要是指主体对语言文字的"会通"和生成话语的思路等。我们此前个案分析了文学话语、日常话语，也涉及学术话语生成或建构的心理过程。这里拟以《马氏文通》为例，较为集中地探讨学术话语语篇（尤指篇章）作者的修辞心理过程。我们以为，探究学术篇章生成或建构的修辞心理过程的较为典型的材料是相关的副文本。

本文所取《马氏文通》的副文本材料，依马建忠《马氏文通》③，同时主要参吕叔湘、王海棻《〈马氏文通〉读本》④。

一、"副文本"的界定及其学术价值

副文本，是修辞心理过程个案分析的重要材料。"'副文本'是相对于

① 本文是国家社科基金项目"中文科技术语的语域传播研究"（17BYY212）的阶段性成果之一。

② 作者简介：张春泉（1974— ），湖北安陆人。文学博士。现为西南大学文学院教授。主要从事汉语修辞学、术语学研究。

③ 马建忠．马氏文通［M］．北京：商务印书馆，1983．

④ 吕叔湘，王海棻．《马氏文通》读本：上册［M］．上海：上海教育出版社，2005．

'正文本'而言的，是指正文本周边的一些辅助性文本因素，主要包括标题（含副标题）、序跋、扉页或题下题辞（含献辞、自题语、引语等）、图像（含封面画、插图、照片等）、注释、附录文字、书后广告、版权页等。"① 以上关于副文本的界定虽然主要着眼于中国现代文学，但就其功能地位和结构关系而言，一般学术语篇中的副文本仍可作如是界定。

《马氏文通》中的副文本主要有"序""后序""例言""付印题记"等。"《文通》之作，其用意具详前后两序并凡例矣。"② 副文本中也有不少直接的学术思想，具有一定的学术史价值。例如：

此书为古今来特创之书。凡事属创见者，未可徒托空言，必确有凭证而后能见信于人。为文之道，古人远胜今人，则时运升降为之也。古文之运，有三变焉：春秋之世，文运以神；《论语》之神淡，《系辞》之神化，《左传》之神隽，《檀弓》之神疏，《庄周》之神逸。周秦以后，文运以气；《国语》之气朴，《国策》之气劲，《史记》之气郁，《汉书》之气凝，而《孟子》则独得浩然之气。下此则韩愈氏之文，较诸以上之运神运气者，愈为仅知文理而已。今所取为凭证者，至韩愈氏而止；先乎韩文而非以上所数者，如《公羊》《谷梁》《荀子》《管子》，亦间取焉。惟排偶声律者，等之"自郐以下"耳。凡所引书，皆取善本以是正焉。（"例言"③）

以上说法具有一定的文章学价值，将《论语》《系辞》《左传》《檀弓》《国语》《国策》《史记》《汉书》等"古文"的"神"描述得活灵活现，这些描述在某种程度上关注到了以上所列文本的风格特征。再如：

构文之道，不外虚实两字，实字其体骨，虚字其神情也。而经传中实字易训，虚字难释。（"例言"）

以上表述蕴含了现代语法学词类思想。又如：

夫曰群者，岂惟群其形乎哉！亦曰群其意耳。而所以群今人之意者则有话；所以群古今人之意者则惟字。（"后序"）

---

① 金宏宇．中国现代文学的副文本［J］．中国社会科学，2010（6）：172.

② 吕叔湘，王海棻．《马氏文通》读本：上册［M］．上海：上海教育出版社，2005：付印题记.

③ 本文的副文本材料主要来自《马氏文通》，为行文简便，文中所引用的副文本不再标注《马氏文通》，下同。

以上表述蕴含了现代普通语言学关于语言文字功能的某些思想。

《马氏文通》等学术论著的"序"等副文本常常具有一定的学术史价值。这种情形古已有之，比如许慎《说文解字·序》、陆法言《切韵·序》、陈骙《文则·序》、周德清《中原音韵·序》、顾炎武《音学五书·序》、段玉裁《六书音均表·序》、王引之《经传释词·自序》等。副文本的学术史（语言学史）价值往往可以通过其修辞心理过程的描述体现出来。一般而言，副文本是作者较为便利地集中表述自己写作动机的所在。一方面，因为副文本相对独立，行文表述可以较为灵便、灵动，可以独抒性灵；另一方面，学术文本建构、学术话语生成的动机（《马氏文通》所言"用意"）往往也是学术创新的重要动因。

二、学术话语的生成与消极修辞

《马氏文通》的副文本较为细致真切地描述了作者撰写该书的心路历程，其对"思路"的描写揭示了学术话语的生成过程。这一过程与陈望道《修辞学发凡》所提出的"消极修辞"之意义明确、伦次通顺、词句平匀、安排稳密等原则要求相契合。

《马氏文通》首先指出和说明了其对象语言：

上稽经史，旁及诸子百家，下至志书小说，凡措字遣辞，苟可以述吾心中之意以示今而传后者，博引相参，要皆有一成不变之例。愚故罔揣固陋，取《四书》《三传》《史》《汉》、韩文为历代文词升降之宗，兼及诸子、《语》《策》，为之字栉句比，繁称博引，比例而同之，触类而长之，穷古今之简篇，字里行间，涣然冰释，皆有以得其会通，辑为一书，名曰《文通》。（"序"）

或者说，以上是对"文通"的解释，更是对全书语料来源的说述。这里所说的"语料"，可称为对象语言。有了对象语言，即可建构或生成相应的元语言。其中"为之字栉句比，繁称博引，比例而同之，触类而长之，穷古今之简篇，字里行间，涣然冰释"是对语料的处理和安排，这一处理形成元语言，即某种意义上的学术话语。同时，这一元语言（学术话语）的生成，符合《修辞学发凡》所提出的"词句平匀"和"安排稳密"要求。值得特别一提的是，《马氏文通》全书所用的元语言"以地境论，是本境的"，"超出本境的是非读者听者的民族语言及方言"。① 《马氏文通》全书无一个外文单词，尽管作者精通多门外国语言文字。

《马氏文通》元语言的建构思路是这样的：

部分为四：首正名。天下事之可学者各自不同，而其承用之名，亦各有主义而不能相混。佛家之"根""尘""法""相"，法律家之"以""准""皆""各""及其""即若"，与夫军中之令，司官之式，皆各自为条例。以及屈平之"灵修"，庄周之"因是"，鬼谷之"捭阖"，苏张之"纵横"，所立之解均不可移置他书。若非预为诠解，标其立义之所在而为之界说，阅者必洸洋而不知其所谓，故以正名冠焉。（"序"）

以上将"正名"置于首位，实与《修辞学发凡》消极修辞论所要求的第一条"意义明确"契合。"要明确就是要写说者把意思分明地显现在语言文字上，毫不含混，绝无歧解。"② 紧接着：

次论实字。凡字有义理可解者，皆曰实字；即其字所有之义而类之，或主之，或宾之，或先焉，或后焉，皆随其义以定其句中之位，而措之乃各得其当。次论虚字。凡字无义理可解而惟用以助辞气之不足者曰虚字。……字类既判，而联字分疆庶有定准，故以论句读终焉。（《序》）

以上由"实字"而"虚字"至"句读"，有条不紊。如是，契合了《修辞学发凡》关于"伦次通顺"的要求。"所以寻常修辞，都不可不依顺序，不可不相衔接，并且不可没有照应。能够依顺序，相衔接，有照应的，就称为通顺。"③

《马氏文通》副文本关于该书"本旨"的描述无不体现着系统性、过程性。"例言"指出：

是书本旨，专论句读，而句读集字所成者也。惟字之在句读也必有其所，而字字相配必从其类，类别而后进论夫句读焉。夫字类与句读，古书

① 陈望道．修辞学发凡［M］//陈望道．陈望道学术著作五种．上海：复旦大学出版社，2005：261.

② 陈望道．修辞学发凡［M］//陈望道．陈望道学术著作五种．上海：复旦大学出版社，2005：254.

③ 陈望道．修辞学发凡［M］//陈望道．陈望道学术著作五种．上海：复旦大学出版社，2005：259.

中无论及者，故字类与字在句读所居先后之处，古亦未有其名。夫名不正则言不顺，《语》曰："必也正名乎。"是书所论者三：首正名，次字类，次句读。

"例言"还谈道：

此书在泰西名为"葛郎玛"。"葛郎玛"者，音原"希腊"，训曰字式，犹云学文之程式也。各国皆有本国之葛郎玛，大旨相似，所异者音韵与字形耳。童蒙入塾，先学切音而后授以葛郎玛，凡字之分类与所以配用成句之式具在。明于此，无不文从字顺，而后进学格致数度，旁及舆图史乘，绰有余力，未及弱冠，已斐然有成矣。此书系仿葛郎玛而作，后先次序皆有定程。观是书者，稍一凌躐，必至无从领悟。如能自始至终，循序渐进，将逐条详加体味，不惟执笔学中国古文词即有左宜右有之妙，其于学泰西古今之一切文字，以视自来学西文者，盖事半功倍矣。

以上描述所体现的《马氏文通》之系统性，难能可贵。"所以《马氏文通》实在是中国有系统的古话文文法书——虽然只是古话文的——第一部。"①

三、动机与效果：学术话语的非等值接受

由以上所述可以看出，就学术话语而言，修辞心理过程的分析有助于我们探讨修辞话语生成与消极修辞之间的密切关系。此外，修辞心理过程还直接关联修辞动机和效果。如果我们把修辞心理过程看作"黑匣子"，则动机是其输入端，效果是其输出端。黑匣子理论告诉我们，当黑匣子里面的工作机制暂时无法详细探究时，可通过对其输入端和输出端的考察来研究。故我们格外关注《马氏文通》作者修辞心理过程这只黑匣子的输入端（动机）和输出端（效果）。动机，可以通过其副文本的文字描述表征；效果，可以通过他人对该著的接受评价体现出来。

一般而言，文学话语的创作动机与接受效果之间往往呈现某种程度的不等值。就文学话语而言，这种不等值是较为正常的，甚至在某种意义上是不可避免的。而对于学术话语来说，话语建构动机与接受效果之间的

---

① 刘大白．修辞学发凡：序［M］//陈望道．陈望道学术著作五种．上海：复旦大学出版社，2005：210.

"差"越小越理想，但与文学话语同属于修辞话语的学术话语，绝对意义上的等值接受常常是不太可能的，尤其是人文社会科学方面的学术话语。人文学术经典《马氏文通》的写作动机与效果之间也呈非等值接受态势，这从《马氏文通》副文本所记录的该学术话语文本建构动机与代表性接受者的接受实际可以看出。

《马氏文通》学术话语建构动机与过程中一个较为核心的问题是，是否简单模仿西方的"葛郎玛"。我们在此无意于简单肯定或否定这个问题，而是想从修辞心理过程这个视角，分动机（蕴含过程）与效果两个维度来看。考察似乎表明，从建构动机和过程来看，《马氏文通》不是简单模仿泰西语法；从其接受效果看，给人有简单模仿之嫌。我们以为，《马氏文通》是否简单模仿泰西语法的问题，宜全面地看，宜有重点地看，宜结合其相应认知语境来看。我们不妨先看看《马氏文通》的写作动机及某些相应的特色。

首先，《马氏文通》注重中西会通。"上册付印题记"谈道：

一时草创，未暇审定，本不敢出以问世。友人见者，皆谓此书能抉前人作文之奥，开后人琢句之门，非洞悉中西文词者不办。人苟能玩索不有得焉，不独读中书者可以引通西文，即读西书者亦易于引通中文，而中西行文之道，不难豁然贯通矣。怂恿就梓，得六卷，而论实字已全。其论虚字，论句读，且俟续印。建忠自记。

以上表述可表明，《马氏文通》作者有世界眼光，关注"中西行文之道"，而不是仅仅囿于"中"或"西"一隅。在作者看来，语言文字的中西会通有其可能性：

盖所见为不同者，惟此已形已声之字，皆人为之也。而亘古今，塞宇宙，其种之或黄、或白、或紫、或黑之钧是人也，天皆赋之以此心之所以能意，此意之所以能达之理。则常探讨画革旁行诸国语言之源流，若希腊、若辣丁之文词而属比之，见其字别种而句司字，所以声其心而形其意者，皆有一定不易之律；而因以律吾经籍子史诸书，其大纲盖无不同。于是因所同以同夫所不同者，是则此编之所以成也。（"后序"）

"皆有一定不易之律"贯穿于中西语言文字之中，"于是因所同以同夫所不同"。

在中西会通的宏观视野下，《马氏文通》还具有很强的针对性，所针对的是当时的语言文字学习实际、认知语境。作者指出：

> 三者之学，至我朝始称大备。凡诂释之难，点画之细，音韵之微，靡不详稽旁证，求其至当。然其得失异同，匡庸与嗜奇者，又往往互相主奴，聚讼纷纭，莫衷一是。（"序"）

已有的"诂释""点画""音韵"很有局限。又如：

> 凡此之类，曾以叩攻小学者，则皆知其如是而不知其所以如是。是书为之曲证分解，辨析毫厘，务令学者知所区别，而后施之于文，各得其当。若未得其真解，必将穷年累月伊吾不辍，执笔之下，犹且与耳谋，与口谋，方能审其取舍。劳逸难易，迥殊霄壤。（"例言"）

问题的核心是"皆知其如是而不知其所以如是"，即已有的语言文字学缺乏系统的理据探索。

> 顾振本知一之故，刘氏亦未有发明。
> 慨夫蒙子入塾，首授以《四子书》，听其终日伊吾；及少长也，则为之师者，就书衍说。至于逐字之部分类别，与夫字与字相配成句之义，且同一字也，有弁于句首者，有殿于句尾者，以及句读先后参差之所以然，塾师固昧然也。而一二经师自命与攻乎古文词者，语之及此，罔不曰此在神而明之耳，未可以言传也。噫嘻！此岂非循其当然而不求其所以然之蔽也哉！后生学者，将何考艺而问道焉！（"序"）

以上表明，"律"和"理"的探究是必要的，而且是可能的。《马氏文通》副文本对当时的社会语境的认知是全面、深刻的，作者指出：

> 余观泰西，童子入学，循序而进，未及志学之年，而观书为文无不明习；而后视其性之所近，肆力于数度、格致、法律、性理诸学而专精焉，故其国无不学之人，而人各学有用之学。计吾国童年能读书者固少，读书而能文者又加少焉，能及时为文而以其余年讲道明理以备他日之用者，盖万无一焉。夫华文之点画结构，视西学之切音虽难，而华文之字法句法，视西文之部分类别，且可以先后倒置以达其意度波澜者则易。西文本难也而易学如彼，华文本易也而难学如此者，则以西文有一定之规矩，学者可循序渐进而知所止境；华文经籍虽亦有规矩隐寓其中，特无有为之比拟而

揭示之。遂使结绳而后，积四千余载之智慧材力，无不一一消磨于所以载道所以明理之文，而道无由载，理不暇明，以与夫达道明理之西人相角逐焉，其贤愚优劣有不待言矣。（"后序"）

《马氏文通》副文本还憧憬了美好愿景：

斯书也，因西文已有之规矩，于经籍中求其所同所不同者，曲证繁引以确知华文义例之所在，而后童蒙入塾能循是而学文焉，其成就之速必无逊于西人。然后及其年力富强之时，以学道而明理焉，微特中国之书籍其理道可知，将由是而求西文所载之道，所明之理，亦不难精求而会通焉。则是书也，不特可羣吾古今同文之心思，将举夫宇下之凡以口舌点画以达其心中之意者，将大群焉。夫如是，胥吾京陔亿兆之人民而群其材力，群其心思，以求夫实用，而后能自群，不为他群所群。则为此书者，正可谓识当时之务。（"后序"）

以上是《马氏文通》的写作（修辞）动机。然而限于特定的认知语境，《马氏文通》的接受效果与其动机之间并非等值的。《马氏文通》的接受者甚众，这里选取与其问世时间相去不远且影响较大的孙中山《孙文学说》的接受为例。《孙文学说》有言：

自《马氏文通》出后，中国学者乃始知有是学。马氏自称积十余年勤求探讨之功，而后成此书。然审其为用，不过证明中国古人之文章无不暗合于文法，而文法之学为中国学者求速成、图进步不可少者而已；虽足为通文者之参考印证，而不能为初学者之津梁也。[①]

不难理解，《孙文学说》对《马氏文通》的"用"并没有给予太积极的评价，其与《马氏文通》作者自己的动机（期望值）有较大的差距。"序"指出：

虽然，学问之事，可授受者规矩方圆，其不可授受者心营意造。然即其可授受者以深求夫不可授受者，而刘氏所论之文心，苏辙氏所论之文气，要不难一蹴贯通也。余特怪伊古以来，皆以文学有不可授受者在，并其可授受者而不一讲焉，爰积十余年之勤求探讨以成此编。盖将探夫自有

---

① 孙中山.孙文学说［M］//孙中山.建国方略.北京：中华书局，2011：27.

文字以来至今未宣之秘奥，启其缄滕，导后人以先路。挂一漏万，知所不免。所望后起有同志者，悉心领悟，随时补正，以臻美备，则愚十余年力索之功庶不泯也已。

《孙文学说》1919 年问世，比《马氏文通》问世的时间晚 21 年。其后，1932 年《修辞学发凡》初版时刘大白在给《修辞学发凡》所做的"序"中援引了孙中山先生对《马氏文通》的评价（某种意义上的接受效果）。《孙文学说》的评价和《马氏文通·序》里面所表现出来的期望值的差距自不待言。

总体来看，关于《马氏文通》的接受，有赞扬有批评。"近百年来，对《文通》批评最甚者是它简单模仿西方的'葛郎玛'。"[①] 作为一种颇有代表性的看法，王海棻指出，"尽管以上诸方面（即词类问题上的模仿、格位方面的模仿、句子成分方面的模仿、句子分析方面的模仿等——引者注），《文通》表现出明显的模仿西方语法的痕迹，但这些模仿之处只表现在一些具体问题上，在《文通》全书中并不占据主导地位，甚至也不占重要地位。《文通》主导的方面是，它的作者对古汉语进行了长达十数年的全方位考察，从语言材料的实际考察中，全面揭示了古汉语的特点及其语法规律，创立了一个相当完备的、颇为精深的古汉语语法体系"[②]。

此外，还需说明的是，《马氏文通》在建构学术话语时是有读者接受意识的。例如其已经注意到了行文格式与接受感知之间的某些关系。《例言》指出：

书中正文，只叙义例，不参引书句，则大旨易明。正文内各句有须引书为证者，则从《十三经注疏》体，皆低一格写，示与正文有别。
……
凡引书句，易与上下文牵合误读。今于所引书句，俱用小字（居中）印；于所引书名篇名之旁以线志之，以示区别。

似乎与《马氏文通》内容动机上的某种对应，其形式上的行文格式的接受效果并不理想。"这本名著读起来比较困难。编排形式简单，看起来不怎么清爽。内容上使人顿开茅塞之处固然很多，可是迷雾矛盾也不少。这也难怪。创业不易，而且作者不幸于此书出版之后第二年逝世，自己来

---

① 王海棻. 马氏文通与中国语法学［M］. 合肥：安徽教育出版社，1991：199.
② 王海棻. 马氏文通与中国语法学［M］. 合肥：安徽教育出版社，1991：209.

不及修订加工。"①

看来，不仅仅文学创作的动机和效果如人们一般所了解的那样——不是等值的，学术"创作"的动机和效果也不是等值的，然而通过修辞心理过程的分析可获知以《马氏文通》为代表的学术话语生成过程契合消极修辞的原则要求。以上分析还似可表明，学术话语生成的动机是值得研究的，承载和描述修辞动机的"序"等副文本应给予应有的重视。

参考文献

1. 马建忠. 马氏文通 [M]. 北京：商务印书馆，1983.

2. 吕叔湘，王海棻.《马氏文通》读本 [M]. 上海：上海教育出版社，2005.

3. 金宏宇. 中国现代文学的副文本 [J]. 中国社会科学，2012（6）.

4. 吕叔湘，王海棻.《马氏文通》读本：上册 [M]. 上海：上海教育出版社，2005.

5. 陈望道. 修辞学发凡 [M] //陈望道. 陈望道学术著作五种. 上海：复旦大学出版社，2005.

6. 刘大白. 修辞学发凡：序 [M] //陈望道. 陈望道学术著作五种. 上海：复旦大学出版社，2005.

7. 孙中山. 孙文学说 [M] //孙中山. 建国方略. 北京：中华书局，2011.

8. 王海棻. 马氏文通与中国语法学 [M]. 合肥：安徽教育出版社，1991.

9. 张清常.《马氏文通》读本：代序 [M] //吕叔湘，王海棻.《马氏文通》读本. 上海：上海教育出版社，2005.

A Case Study in Rhetorical Psychological Process（the Sixth）
——Take Paratexts like the Preface in
Ma Shi Wen Tong by Ma Jianzhong as an Example

Zhang Chunqnan

（*College of Chinese Languge and Literature，Southwest University，Chongqing*，400715）

Abstract：The paper did a research into the paratexts of *Ma Shi Wen Tong*, analyzing psychological process of the generation and construction of academic discourses. The motivation of academic creation is the input end of the process,

---

① 张清常.《马氏文通》续本：代序 [M] //吕叔湘，王海棻.《马氏文通》续本. 上海：上海教育出版社，2005.

and the effect, the output end. The two are not equivalent. The constructive process of academic discourses accords with the principles and requirements of passive rhetoric.

Key Words: Academic discourse; Process of psychological rhetoric; *Ma Shi Wen Tong*; Passive rhetoric

修辞的地域性研究构想

姜珍婷①

（湖南人文科技学院文学院　娄底　417000）

摘　要：修辞，作为一种积极的言语活动，是社会文化活动之一。无论是其组构要素，还是其运动过程，无不处在一定的空间中，并囿于空间。因此，不同的地域空间，因所处地理环境和人文环境的差异，其民众所持修辞理念、所用修辞方法及因此而形成的修辞现象也会各有不同。修辞的地域性研究构想即拟从空间角度，应用空间场域的批判思路，多角度、多层次地展现修辞的地域特征，探讨在地域及地域文化影响下的修辞现象、修辞规律。

关键词：修辞；地域性；研究构想

在哲学领域，时间和空间作为物质运动的两种基本形式，是两个具有终极意义的话题。时间是物质运动过程的持续性、顺序性，它的特点是一维性；空间是运动着的物质的伸张性、广延性，它的特点是三维性。恩格斯认为："世界万物的存在形式是时间和空间。……因为一切存在的基本形式是时间和空间，时间以外的存在和空间以外的存在同样是非常荒诞的事情。"② 修辞，作为一种言语活动，是一项空间性极强的社会活动。以空间性极强的修辞为研究对象的修辞研究，如果缺乏空间思维，不能从空间的角度去考察修辞与环境的关系，其研究必然流于单薄。因此，在修辞研究中，我们应该引进空间思维，从人地关系的角度，展开修辞的地域性研究，以此对修辞原理、修辞方法、修辞现象作出发生学的解释，让修辞研究呈现出时空合一、内外兼顾的立体多维研究态势。

一、当代人文科学的"空间"转向

19 世纪到 20 世纪上半叶，在西方现代性的发展中，时间性的历史范畴是一种占主导地位的思维方式。这一时段科学研究的历史时间意识要明

---

①　作者简介：姜珍婷（1972—　），湖南娄底人。复旦大学文学博士。现为湖南人文科技学院中文系副教授，兼任中国修辞学会理事。

②　恩格斯. 反杜林论［M］. 北京：人民出版社，1970：49.

显强于空间意识，对研究对象强调历时性、进程、规律、本质的把握，而忽视共时性、在场、关系的探求。法国后现代主义者福柯甚至据此认为，19世纪的特征之一就是对历史的迷恋，对发展、悬置、危机、循环、过去、人的死亡等与时间相关主题的关注。

20世纪下半期，人文社会科学呈现出整体性思维方式的"空间转向"。首先，福柯前瞻性地意识到了空间时代的崛起："当今的时代或许应是空间的纪元。我们身处在同时性的时代中：处在一个并列的年代，近与远、肩比肩以及消逝的年代。我确信，我们处在这么一刻，其中由时间以一生发展出来的世界经验远少于联系着不同点与交叉间之混乱网络所形成的世界经验。"[①]

随之，列斐伏尔在1974年出版了《空间的生产》，提出"空间生产"的著名概念，从时间—空间—社会的三重辩证法中提出一套完整的社会空间理论，认为空间具有社会性，是社会关系、生产关系的脉络，它不仅被社会关系所支持，也被其所生产，在历史发展中产生并随着历史的演变而重新结构和转化。因此，现代社会的复杂关系必须要从空间性—历史性—社会性三者的复杂关联中探讨。随后，爱德华·索亚从后现代地理学的视角，提出了三类空间模式的认识，即所谓第一空间，主要注重客观性和物质性空间，诸如家庭、建筑、邻里、村落、城市、国家乃至世界经济和全球地理政治等；第二空间，偏重于主观性与想象性空间，从构想或者想象的地理学中获取观念，并进而通过反思的、主体的、内省的、哲学的、个性化的活动，把观念投射到经验世界；第三空间则是超越物质空间与精神空间对立的空间思维，是开放的空间模式。在此基础上，索亚进一步强调，人类从根本上就是空间的存在者，人类主体自身就是一种独特的空间性单元，"一方面，我们的行为和思想塑造着我们周遭的空间，但与此同时，我们生活于其中的集体性或社会性生产出了更大的空间与场所，也在我们只能去理解的意义上塑造我们的行为和思想"[②]。由此，20世纪70年代，在福柯、列斐伏尔、索亚及卡斯特、布迪厄等一批社会理论家的共同推动下，空间问题开始成为西方主流社会学的核心问题，空间概念也开始成为社会学理论的核心概念。

哲学社会科学的"空间转向"一方面颠覆了传统空间等同于"容器"的观念，确立了全球化视野中空间的本体性价值；另一方面带来了人文社科研究提问方式、言说方式和解释方式等的空间化转向。从人类认知规律

---

① 夏铸九. 空间的文化形式与社会理论读本 [M]. 台北：明文书局，1988：225.

② 索亚. 后大都市：城市和区域的批判性研究 [M]. 李钧，译. 上海：上海教育出版社，2006：8.

看，在时间感知的背后，渗透着人类如何理解、把握自身的历史，而在空间感知的背后，显示出人类如何把握、建构自我与周围世界的关系。因此，应用空间思维能有效突破传统时间观的遮蔽，寻求空间场域的批判思路，是整个学术思想言说方式的转型，将对当代哲学、社会学、地理学、历史学、文化研究、语言学等学科产生重大影响，使之形成多学科交叉发展的态势。

二、修辞研究与空间思维

（一）语言研究与空间思维

在语言学发展史上，结构主义诞生之前，语言学家对语言的研究较多从纵向的时间轴展开。到了结构主义时代，索绪尔首创了语言的历时性和共时性的观点。根据语言在时间和空间所处的位置，索绪尔用下列图式表示语言的两种关系：

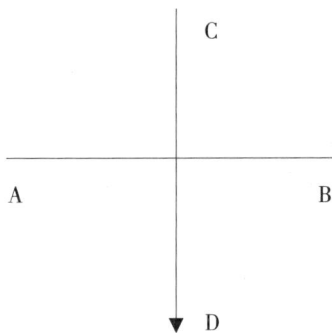

索绪尔说："①同时轴线（AB），它涉及存在的事物之间的关系，一切时间的干预都要从这里排除出去；②连续轴线（CD），在这个轴线上人们一次只能考虑一样东西，但是第一轴线的一切事物及其变化都位于这条轴线上。"[①] 对此，他还有进一步的阐释。他认为，目前已有的术语完全不能表现出这种区分。"历史"和"历史语言学"这样的术语是不适用的，因为它们同不清楚的概念相联系着的。术语"进化"和"进化语言学"更确切些，我们常常使用它，在它的对立面可以谈到语言的"状态"（静态）的科学，或者"静态语言学"。"但是，为了更好地表明有关同一对象的两大秩序的现象的对立和交叉，我们不如叫作共时语言学和历时语言学。有

---

① 索绪尔. 普通语言学教程［M］. 高名凯，译. 北京：商务印书馆，1980：118.

关语言学的静态方面的一切都是共时的，有关演化的一切都是历时的。同样，共时态和历史态分别指语言的状态和演化的阶段。"①

显然，在上述阐述中，索绪尔已经感知到了语言的向度和维度。对于语言的时间性，他用了"进化"一词来阐释语言在时间流中的发展演变。然而，对语言的空间性，他的认识依然混沌而封闭。混沌性在于，他虽然用与语言的历时性构成对立的横坐标来表示语言的共时性，在解说的时候却说"同时性的轴（AB），牵涉存在的东西之间的关系，在那里排除任何时间的干扰"。显然，他对于语言系统的"横向轴"依然是从"时间"的角度认识的，并用表示时间概念的"共时"对其进行指称。而从严格的科学意义上来说，语言的共时性几乎不可能。因为，作为人们交际工具的语言，它总是在时间流中演变着，在空间中与周边事物进行交互作用。无论是形式还是内容，语言都是在永恒地变化着，根本不存在所谓的"静态语言"。索绪尔的封闭性在于，他的共时观不但排除了时间的干扰，只描写语言的静止状态；而且只研究语言系统内各要素之间的关系，不牵涉语言系统之外的任何东西。

显然，索绪尔的共时观虽然发现了语言的另一维度，认识到了语言自身的空间性，但并没有意识到在语言之外还有一个触发和容纳它的空间，没有认识到语言与外部空间的交互关系。因此，还没能建立起科学意义上的语言空间观。

后来，随着功能语言学的兴起，特别是文化语言学的出现，越来越多的学者开始应用空间思维来考察和分析语言现象。语言学研究的空间思维是从对传统封闭型思维进行反思开始的。首先，在功能语言学者看来，既然语言是在一定社会中产生和发展的，那么研究这个系统时就不能不考虑它与社会现实（文化、文学、艺术等等）的联系，不能抛开"此在"去研究语言结构中的纯关系。在文化语言学者看来，语言与社会文化息息相关，语言研究不能游离于社会，游离于它所处的人文空间。显然，随着语言学研究的发展，学者们开始用空间思维来开启思路和寻找方法。但是，即使是极为重视空间思维的文化语言学，也还只是把语言所处的空间局限在社会文化范围，还没能认识到空间的多样化，没能认识到空间的开放性和动态性。

（二）修辞研究与空间思维

在修辞学领域，受语言学研究思路和方法的影响，长期以来，学者们

---

① 索绪尔. 普通语言学教程［M］. 高名凯，译. 北京：商务印书馆，1980：119.

对修辞学的研究，应用的是索绪尔的历时观和共时观。

修辞学研究的历时观主要体现为从线性时间角度研究修辞的演变发展过程，如对某修辞现象发展轨迹的推演以及对修辞史和修辞学史的回溯等。修辞学研究的共时观主要体现为对修辞系统内部各要素之间关系的研究，如对各修辞要素关系的探讨和分析、对修辞手段的剖析和解构等。

以强调变化的历时观来看修辞，修辞是在时间序列中不断向前延伸和发展的，是随着时代、社会、境况的不同而不断变化的东西。据此，在研究中，修辞学者把修辞纳入时间流动的框架中，从每一时间段上考察、描述、阐释修辞现象的兴替变化，然后把各个时间段上的修辞现象和修辞学研究成果进行比较，最终通过阐述其演变发展来确立其历史渊源和发展轨迹。因此，历时观对修辞学的贡献是：把修辞看作一个动态的变化的系统，认为一切修辞现象都处在一个构成因果关系的时间链中。虽则如此，用历时观来研究修辞学，修辞学者对修辞学做的依然只是线性的贯串工作，而不能从根本上对修辞原理、修辞方法、修辞现象作出发生学的解释。

从共时角度研究修辞学，修辞系统呈现为一个稳定的静态结构。如果说，历时性结构在时间的流动中展示了修辞的因果式链状发展进程；那么，共时性的研究模式则是在静态的空间中展示恒定的秩序。共时观对修辞学研究的贡献主要是：把修辞视为一个独立于社会、历史、修辞主体的自足体。用符号学的手段构造一定的关系模式来显现修辞现象、修辞原理的深层结构，并认为深层的关系结构才是研究的真正意义所在。由此可见，共时观显然受传统空间观的影响，在修辞研究中切断了修辞与外界事物的一切联系，从而把修辞本体看作死亡的、固定的、非辩证的、不动的"容器"。

从上述分析可见，不论是从线性时间上展开的历时研究，还是从纵深剖面上展开的共时研究，其研究方向的指向始终是向"内"的，即指向研究本体。而实际上，修辞作为一项有意识的、积极的语言活动，不仅本体是一个具有空间性的结构体，而且其要素与空间中的其他存在构成互动。首先，在修辞活动中，主体，即用修辞的"人"是修辞活动的核心因素，而每一个人都是有空间属性的，即都是有一定地理归属和民族文化特质的个体。先于修辞主体而在的空间环境往往会以认知框架的形式存在于人的头脑中，并在外界信息与认知框架所建立的关联中显示出它的特性。因此，在修辞研究中，修辞主体所处的环境及其认识差异能为不同民族文化的修辞差异提供重要的理据。其次，人是在一定的时间和地点、一定的地理环境、一定的社会文化中使用语言的。修辞主体对言辞的一切调适都是以"适应题旨情境为第一义的",因此,修辞"语境"这一空间因素亦是影响修辞活动、形成修辞现象的重要成因。此外,修辞主体进行的每一项修辞行为都是针对一定的修辞接受者展开的,具有一定地域背景的修辞接受者会以暗隐的形式参与到修辞活动中来,进而影响到修辞主体对修辞原则的确立、对修辞方法的采用以及对修辞材料的择取。由此可见,修辞活动是一项空间性极强的言语活动。以空间性极强的修辞为研究对象的修辞研究,如果缺乏空间思维,不能从空间的角度去考察修辞与环境的关系,其研究必然流于单薄。

对于修辞的空间性,《修辞学发凡》早有提及:"我们知道切实的自然的积极修辞多半是对应情境的:或则对应写说者和读听者的自然环境社会环境,即双方共同的经验,因此生在山东的常见泰山,便常把泰山来比喻事情的重大;生在古代的常见飞矢,便常把飞矢来喻事情的快速。或则对应说写者心境和写说者同读听者的亲疏关系、立场关系、经验关系,以及其他种种关系,因此或相嘲谑,或相反诘,或故意夸张,或有意隐讳,或只以疑问表意,或单以感叹抒情。种种权变,无非随情应境随机措施。"①可见,对于修辞的空间性,早期的修辞学者是有充分认识的。在上述论述中,作为现代修辞学的缔造者,陈望道不但意识到了修辞是受时空限制的,还进一步把修辞空间分作两种形态,即大环境和小情境。可惜的是,后续学者在研究的过程中多把修辞空间局限在范围极窄的"言说情境",而没能扩展到更广的社会空间和自然空间中。在修辞研究中,以小情境为主的空间思维突破了修辞的静止性、封闭性,充分考虑了修辞活动的动态性和开放性,把修辞主体、修辞接受者等环境产物和修辞活动的具体情境等环境因素都纳入修辞研究的范畴,在对修辞现象进行研究时充分考虑到这些因素的影响。但是,因其秉持的空间观始终是小空间,即拘泥于言说者的一时一地之境,如把修辞主体的所处的空间局限在"说写者心境"和"写说者同读听者的亲疏关系、立场关系、经验关系",而没能把修辞主体放在更广阔的时空背景中,如生活的地理环境、所处的人文背景等宏观空间中去展开,因而极易把修辞研究拘囿于语用这一小范围内。而事实上,不依个人意志为转移的生存条件,如自然环境、民族文化、社会阶层、宗教信仰、道德原则等空间背景透过修辞主体对修辞原则的确立、修辞手法的产生、修辞材料的择取、修辞文本的建构起着决定性作用。因此,在修辞研究中,从人地关系的角度,应用空间思维去考察和分析各种修辞思想、修辞方法、修辞现象,不仅能使修辞学焕发出更具科学性的解释力,

① 陈望道. 修辞学发凡 [M]. 上海:上海教育出版社,2001:10.

还能使修辞研究呈现出时空合一、内外兼顾的立体多维研究态势。

现代空间哲学认为，"空间本身既是一种产物，是由不同范围的社会进程与人类干预形成的；又是一种力量，它要反过来影响、指引和限定人类在世界上的行为与方式的各种可能性"①。在此意义上来理解人与空间环境的关系，不仅主体已经在世界上存在，这是它以前意识的不言而喻的方式所熟悉的世界，而且"每一个他人都作为一个不容挑战的共存的类型或背景而为我存在，并且我的生命具有一种社会的基调，就如同它具有一种难免一死的特点一样"②。在修辞活动中，先于修辞主体存在的空间背景是透过修辞主体对修辞产生作用的，特别的空间存在不仅决定着生活在此空间域中人的认知内容，还决定着他们的认知方式。以认知内容而论，生活在沿海的民族，其生活的海洋空间决定了海洋、鱼类和捕鱼工具是其主要认知对象；而生活在内陆的民族，其生活的空间决定了平原、山地、植物、兽类和农耕用具是其主要认知对象。以认知方式而论，据人类文化学者的研究成果，生活在不同文化中的民族可能会产生不同的视错觉经验。住在"木器化"世界方形环境中，具有理解三维图形的二维表象能力的民族如美国人，比住在"非木器化"世界中的民族如住在圆形环境中的布须曼人和祖鲁人，更容易产生"缪勒—莱依尔错觉"；住在广阔平原上的人如塞内加尔人，比住在丛林中的人如达荷美人，更容易产生"横竖错觉"。靠狩猎为主的游牧部落多属场域独立型知觉模式，而以耕种为主的农业社区更倾向于场域依赖型知觉模式。在一定空间背景中获得的认知对象和塑就的认知方式最终会透过修辞主体的心理空间对言语行为产生影响，进而在语言空间中呈现出不同的结构和表征。具有某种特定结构和表征的语言空间一旦形成，又会对认知空间的建构产生重要影响。此三种空间的关系可用下图表示：

在修辞学研究中引进空间思维，并不是要排除时间思维。时间与空间虽则是作为一组对立概念出现，但事实上，它们的统一性才是绝对的。因为，任何具有时间性的实践活动都必然是一种空间性的在场，体现为在空

---

① 阎嘉. 后现代的状况 [M]. 北京：商务印书馆，2003：134.
② 普里莫兹克. 梅洛—庞蒂 [M]. 关群德，译. 北京：中华书局，2003：24 – 25.

间之中展开的程序和表格。同样，任何处在空间中的事物都必须是分成序列的、过程性的、不断积累的、周期性的、富有节奏的、目标定向的甚至是进化的。由此可见，空间的关系性总是一种时间性行动的空间性，即时间的空间性；反之，行动的时间性始终是关系的时间性，即空间的时间性。抛开时间性和空间性的人为划分的分析提法，时间性和空间性实则一体于行动之中，这便是行动的时空性。因此，用空间思维来进行修辞研究，并不是完全摒弃时间思维；相反，任何空间性的存在其实是时间性的积淀，是由时间集聚而成的空间。因此，应用空间思维对修辞的地域性展开研究，其考虑的空间因素并不只限于空间的自然条件，还要考虑到在漫长的时间流中逐渐积淀而成的其他空间要素，如地域发展史、地域风俗礼仪、地域宗教信仰等对修辞的影响。

（三）修辞与地域的关系

地域对人们的修辞活动有着重大影响。在地域空间中，不仅其自然环境各要素，如气候、物产、地形、地貌等对修辞有着制约和影响；社会环境的各要素，如历史背景、风俗习惯、宗教信仰等也在规约着修辞活动的进行。

1. 自然因素对修辞的影响

地域，首先以一个地理概念出现。作为地理概念出现的地域，其所处的地理位置，以及地形、气候、土壤、水文、矿藏、植物、动物等地理资源是先于主体存在的对象化世界，于生活在此域的修辞主体而言，它们是身体各感官能直接感知的对象，是思考和认识赖以建立的逻辑前提。在人类内知觉和外知觉的交感作用下，上述自然物象会以复合、完整、理想的状态进入主体的认知世界，形成表象储备于大脑中。由此可见，地域地理资源是该区域人们重要的认知对象，它以原始物象的形式通过表象形成物理现象和价值现象进入人们的认知世界。在世界范围内，不同的地域，由于所处空间位置的差异，它所具有的地理资源也各不相同，因此提供的自然物象也自有区别。不同的自然物象进入主体的认知视野以形成不同的表象，这些表象通过以下方式对修辞活动产生影响：

其一，以表象的形式进入修辞主体的认知世界成为主体的修辞材料。自然物象通过表象进而成为修辞材料，这正恰如卡西尔所论："一人文对象（或文化对象）显然地于任何情况下都需要一物理的或质料的基础。"①以"竹"为例，因为"竹"是我国常见的一种植物，所以在汉语世界中，

---

① 卡西尔. 人文科学的逻辑［M］. 关子尹，译. 上海：上海译文出版社，2004：92.

常见以竹为修辞材料的修辞文本，如"胸有成竹""势如破竹""功垂竹帛""雨后春笋"。而在英国，因不产竹，其修辞文本中就缺乏"竹"象，甚至其语词世界中的 bamboo 也是借词。同样，英国物产"欧芹""鼠尾草""迷迭香"等也不会进入汉语世界，成为汉语修辞的取象资源。

其二，各地域的地理资源除了以表象的形式进入修辞主体的认知世界外，还会以其存在的特性影响到主体的认知方式。如在多山的地域，地表的起伏崎岖、群山的环绕围抱很容易在人的认知世界里形成容器图式。容器图式的形成，是"里""内""中""外"这一组方位词进行投射的基础。由此，在语言世界里形成了以"里""内""中""外"来进行方位指称的习惯。在修辞活动中，居住在多山地域的民众在给地理实体命名时，多择取"里""内""中""外"等容器类方位词。而在平原地域，因地形起伏不大，地表样貌变化不显著，这样的地貌特征很难在人的认知世界里形成容器图式。因此，居住在平原地域的民众一般喜用以太阳为参照点的"东""南""西""北"来进行定位指向，在地名中多出现"东""南""西""北"等方位词。

其三，各地域地理资源的差异除了对当地居民的认知产生影响外，还会影响到他们的情感、意志、态度等心理要素，最终形成特定的民族心理和性格。对此，早在先秦时代《管子·水地》就云："地者，万物之本原，诸生之根菀也，美恶贤不肖愚俊之所生也。水者，地之血气，如筋脉之通流者也。……故水一则人心正，水清则民心易。"① 地理环境作为人类活动的外部环境，对人的生理和心理素质的影响是毋庸置疑的。孟德斯鸠就认为，地理环境尤其是气候条件，使人的生理和心理产生不同的反应。他认为："寒冷的空气使人们身体外部纤维的末端紧缩起来，这会增加纤维末端的弹力，因而增加它们的力量。反之，炎热的空气使纤维的末端松弛，使它们伸长，因此减少了它们的弹力和力量。所以人们在寒冷气候下，便有较充沛的精力，……有较强的自信，也就是说，有较大勇气。此外土地贫瘠，使人勤奋、俭朴、耐劳、勇敢和适宜于战争；土地所不给予的东西，他们不得不以人力去获得。土地膏腴，使人因生活宽裕而柔弱、怠惰、贪生怕死。"② 虽则孟德斯鸠对地理环境的作用有片面化和夸大性，但地理环境对人的生理和心理影响是毋庸置疑的。地理环境对人的生理和心理的影响最终会形成不同的民族性格，进而影响到该区域文艺作品的语言风格。如南北朝时，同为民歌，南方山水的清幽娟秀间接导致了南方民歌

---

① 管仲. 管子［M］. 沈阳：辽宁教育出版社，1997：122－124.

② 孟德斯鸠. 论法的精神［M］. 张雁深，译. 北京：商务印书馆，1995：279－283.

语言的细腻委婉、优美精致，而北地风物的苍茫粗放造就了北朝民歌语言的简单疏朗、质朴无华。

2. 人文因素对修辞的影响

地域除了是一个地理概念外，还是一个社会文化概念。首先，不同的地理条件会对地域的生产方式和生产力水平产生影响，使各地区生产力的发展水平和速度产生不平衡性，从而使不同地区、不同民族处于不同的社会发展阶段，即处于不同的生产方式和社会制度之下。对此，马克思在《资本论》中这样论述："不同的公社在各自的自然环境中，找到不同生产资料和生活资料。因此，它们的生产方式、生活方式和产品，也就各不相同。"① 正因为如此，在人类社会早期，古巴比伦的两河流域、印度的恒河流域和我国的黄河流域，其空气湿润、温度宜人、土地肥沃等自然条件，为古老的农业文明提供了先天的土壤，这些地区因而长期采用农耕的生产方式。而对亚欧大陆的草原地带及青藏高原等区域而言，其气候干旱、牧草丰茂的自然条件使游牧生活成了当地民众主要的生产生活方式，并由此创造了灿烂的游牧文化。

不同的生产生活方式最终会透过修辞主体映射到语言世界中来，在语言中形成具有地域特色的修辞文本。如以农耕生活为主的民族，在言语修辞中，其取象多来源于农耕用具、农耕作物、农耕方式等，汉语中的"牛饮""牛脾气""肥水不流外人田"等都是农耕生产方式下构筑出的修辞文本。而在以畜牧业为主要生产方式的英国，其言语修辞中多现与畜牧有关的物象，如用"like sheep"来喻指盲从，用"the black sheep"来喻指败家子等。

生产方式的差异会直接影响生活方式，进而在不同地域形成不同的风俗礼仪、宗教信仰。在生产方式导引下产生的地域文化或以物质形态的方式成为修辞材料、修辞意象，或以意识形态的方式影响到主体的修辞理念和修辞建构。物质形态的地域文化对修辞的影响主要表现为以物质形态存在的生活事象、风俗事象、宗教事象极易进入修辞主体的认知世界里，进而成为他们言语修辞的物象储备。如在农耕生产方式下，米、面、豆成了主要的食品；棉布、丝帛成了主要的衣饰面料；草鞋、蓑衣成了常见的穿着；砖、木是常用的建筑材料；家族聚居是主要的居住方式。于是，在语言世界里出现了"别拿豆包不当干粮""糍粑心""豆腐渣工程""布衣""绣花枕头""烂草鞋配臭袜子""穿蓑衣点火""国家栋梁"这样的修辞文本。又如，家族聚居形式下的烦琐礼俗、婚丧礼仪也给修辞主体储备了

---

① 马克思．马克思恩格斯全集：第 23 卷［M］．北京：人民出版社，1958：390.

丰富的生活事象，因此在语言世界里出现了"花花轿子人抬人""请人哭娘不伤心""年三十的砧板——借不得"等修辞文本。

地域文化除了以物质形态的方式成为修辞材料、修辞意象外，更为重要的是，它还以意识形态的方式影响到修辞主体的世界观、人生观、价值观、审美观，最终规约着其言语修辞的态度、原则、方法。例如，日本作为一个岛国，其狭窄的疆域、短缺的资源让日本民众在言语交际时特别小心谨慎，在言语表达时多持谦和、退让的态度，由此在修辞上多用敬谦语、委婉语。又如，中华民族作为一个以农耕为主的内陆民族，特别的地理位置和生产方式形成了家族聚居的居住模式，由此形成了以"和"为贵的处世观念。"两千多年来，这种文化心态已成为汉民族社会普通承认的价值取向。要达到和谐，就要不偏不倚，要均衡、协调。因此，汉人特别重视和谐、均衡，由此而造成了多种修辞的产生，如对偶、排比、镶嵌、回环、顶针等修辞手段特别发达。"①

（四）修辞学研究中的空间域

以列斐伏尔等人为代表的当代空间理论认为，空间是由多个领域共同构建的一个理论的统一体，这些领域包括：物理的，如自然、宇宙；心理的，如逻辑的和形式的抽象等。由此可见，"空间"是混合了物理和观念形态的空间，是物质和观念的混合体。以此为依据，在修辞学研究中大致可以从以下两方面认识空间域：

1. 空间域的划分

在社会生活中，人类对空间区域的划分是以地域的概念为基准的。地域是在对空间进行区划后获得的特定范围，是自然要素与人文因素共同作用形成的综合体。地域区划可以从自然、种族、政治、文化和经济等方面进行。早期的地域划分以自然的、种族的因素为主导，如"江南""中原""塞北"是从自然地理划分出的区域概念；而"东夷""西羌""南蛮""北狄"是把种族与地域结合起来进行的划分。其后则是以政治、军事为主，《周礼·地官司徒》中"惟王建国，辨方正位，体国经野，设官分职，以为民极"②，即带有鲜明的区域政治性划分观念。在此基础上，后来的燕、赵、韩、魏、齐、秦、楚就是按政治、军事的观念进行区划。政治性区域划分作为一种重要的划分方式持续了几千年，在今天，它依然是一种主流的区域划分方式。进入现代社会以后，经济、文化对人类的影响越来

---

① 李军华. 汉语修辞学新著［M］. 北京：中国社会科学出版社，2010：252.

② 周礼译注［M］. 吕友仁，译注. 郑州：中州古籍出版社，2004：112.

越重要，社会学家开始更多地结合经济文化对地理区域进行划分，如长江三角洲、长株潭经济带等则是从经济、文化的角度进行的区域划分。但上述各划分方式都只能是一个大致的取向，并没有一个绝对的标准，因为各种类之间或有交叉和兼用。首先，在地域划分中，自然（尤其是山川）是诸因素中最重要的。《尚书·禹贡》中所划"九州"即以山水为标识，自不必论；而如后世之行政区域或文化区域，其划分仍然要考虑山川的阻隔和绵延。因此，任何一种区划方式中都必然有自然地理的因素。此外，政治区划中难免会加进种族的因素，如现在我国的民族自治区和民族自治洲既是一个行政区划也是一个民族区划。同样，长期一统的政治区域也会逐渐形成相对稳定的文化形态，因而使行政区域兼有鲜明的文化区域色彩，如江浙两省是典型的吴越文化区，两湖是荆楚文化区，四川重庆是川蜀文化区。鉴于区划标准的多样性、动态性，在进行修辞的地域性研究时，取域区的历时性、变化性、多样性是必须注意的。

2. 地域的属性

从空间的维度看，"地域"是个立体的概念。其立体性除了在形态外观上呈现为三维的状态外，更重要的是，在历史发展中，它还裹持了种种社会文化形态，进而内蕴了丰富的观念内涵。因此，其地理外观又与地域文化形成了一个富有层次的立体。作为立体状存在的地域，自然地理或自然经济地理之类是其最外在最表层的东西，再深一层是风俗习惯、礼仪制度等，而处于核心的、深层的是心理、价值观念等，地域的不同层次都能对修辞产生影响。自然地理方面：如在地名命名中，山林茂密、溪水纵横的南方山地区域多以"冲""湾""岭"为地名通名；而在地势平阔的北方平原，其地理景观的单一性和区别特征的不明显使得人文景观类通名如"庄""屯""店""铺"等成为常用通名。经济地理方面：农耕区域的民众在进行比喻时多以"牛""犁""锄"等农耕用具为喻象，而渔猎区域的民众则多以"鱼""船""海运"等为喻象。风俗信仰方面：在信仰佛教的地域，其修辞材料多用"上香""菩萨""打卦"等佛教事象；而在崇巫信鬼的古南楚地域，其修辞材料则多用"鬼""神"等。心理和价值观方面：在农耕区域的民众心理中，"屎""粪"等污秽物因有着肥料的价值而去污秽化，在语言表达时不再成为规避的对象，可以进行直接指称。但在实际中，各个层面并非如此界线分明互不相关，而是相辅相成，互为关联，互相影响并制约，形成一个有机的整体。

从空间的整体性来说，"地域"还是个部分的概念。它应具有相对明确稳定的范围，指向某一特定空间，与其他部分共筑一整体。在进行区域分划时，区域的特性是使之成为独特个体的重要原因，而区域的特性也在与其他区域进行比照的过程中得以确立。由此意义上，地域又是一个相对的、具有比较性、对照性的概念，任何地域都是在一个可资比较、对照的参照物之下得以确定、命名和指称的。如同"上"与"下"的存在一样，内地是与沿海构成对立存在的，内陆文明是对照海洋文明的一个指称，而农耕区域、游牧区域、渔猎区域更是在相互比照之下产生的一组对立概念。因此，在进行修辞的地域性研究中，在比照中彰显特性是研究之必然。

三、修辞的地域性研究内容及方法

（一）研究内容

以空间思维来研究修辞，其研究内容应该有两项：一是分布，即某些修辞现象、修辞手法的播散范围和分布区域，据此可以画出修辞的地域分布图；二是定点，即对某特定地域的修辞情况进行具体描述和研究。

然而，修辞的地域性研究不是仅仅画出地图，或作描述性的资料性的排列，更重要的是要以此为基础提出问题，并作出解释。譬如，对"好吃者"的表述，在不同的地域会有不同的修辞形式，在中原地区用"吃货"，在福建用"吃豹"，在江西用"蛇舌鬼"，在湖南用"好吃鬼"或"好吃婆"，在四川用方言词［suŋ^{24}］，在山西用"日囊"，在山东用"饭囊"。同一所指之下，出现了不同的能指，这些能指构成了一个修辞的聚合簇。何以出现这样的情形，其修辞动因和修辞材料各有什么差异，地域的因素在其中起了什么作用？这都需从空间的角度进行立体交叉的研究才能获得科学的解答。

（二）研究方法

作为以一种言语活动为对象的研究，修辞的地域性研究除了要用到语言研究中常用的田野调查法和文献考证法外，以下几种方法也值得倡导：

1. 综合性研究法

作为一种空间型研究，在修辞的地域性研究过程中，必然要研究修辞与空间环境中"他者"的互动关系，因此，要综合应用地理学、历史学、人类学、社会学、语言学等学科的知识对修辞进行研究。实际上，只有结合其他学科的知识对修辞现象进行全面的、综合性的考察，才能得到准确、客观、透彻的研究成果。

2. 归纳与演绎相结合法

在修辞的地域性研究中，为了做到归纳中有演绎，演绎中有归纳，可用数据统计和个案分析相结合的方法。修辞的地域性研究是一项宏大而系统的工程，任何个人的研究或单篇的论说都只能是其中的一个构件，都只是修辞的地域性研究的个案。我们可以通过对个案的分析、归纳、解释，推演出普遍性的结论。然而，对个案的选取必须是建立在数据分析的基础上的，只有通过数据的统计才能分析出差异，总结出规律。因此，在修辞学研究中，可以把个案分析法与数据统计法结合，让它们在相互结合、相互转化中弥补各自的缺陷。

3. 比较法

在进行修辞的地域性研究中，选准参照，进行一定的比较是研究之必需。只有经过比较，地域的独特性才得以彰显，才能清晰地显示出该地域在地理、经济、文化等方面的特性是如何塑造了修辞的个性。在进行比照时，比照的对象可能是外显的、具体的，如地域的地形地貌、气候物产；也可能是深层的、抽象的，如地域的民俗风情、民族心理、价值观和宗教信仰等。在比照的过程中，除了能发现个性外，也必然存在共性，只要具有相同的条件就有可能出现相同的修辞现象。修辞的地域性始终是一种共性与个性共存的状态。

空间视角作为当代学术研究的一个新视角，给我们进行修辞研究提供了全新的提问、言说和解释方式。据此，本文立足空间思维，提出修辞的地域性研究构想。希望在修辞学研究中，研究者能结合地域地理条件，以发生学的眼光对修辞原理、修辞方法、修辞现象进行根本性的解说和分析，多角度、多层次地展现修辞的地域性特征，探讨在地域及地域文化影响下的修辞发展规律。此外，还希望透过一定地域的修辞现象，发掘出修辞现象掩映下的地域文化内涵，与其他学科构成互动性研究。

Rhetoric of Regional Research Ideas

Jiang Zhenting

(*School of Liberal Arts Hunan University of Humanities , Science and Technology , Loudi ,* 417000)

Abstract: Rhetoric, as a positive speech activity, is a kind of social cultural activities. Both its fabricelements and all of its movements are in a Certainspace. Therefore, different geographical space, because of the difference of geographical environment and humane environment, the people have the concept of rhetorical devices, rhetoric, and thus formed the rhetorical phenomenon will be different. Rhetoric of regional research idea is proposed from the point of view of space, space field application of critical thinking, multi-angle, multi-level display regional characteristics of rhetoric. It explore the rhetorical phenomenon and rules under the influence of regional cultures.

Key Words：Rhetoric；Regionalism；The research idea

国外修辞学

"明""暗"之辩：隐喻和明喻的同一性与差异性研究综述[①]

陈宏俊[②]

（大连理工大学外国语学院　大连　116024）

摘　要：隐喻和明喻的同一性与差异性问题一直是哲学、语言学及心理学界关注的问题。以亚里士多德等为代表的传统修辞学家认为，隐喻即缩略的明喻，二者没有实质性差异；然而，当前的心理语言学研究对"同一性"提出了质疑，认为隐喻和明喻的差异不仅表现在句法形式上，二者在理解和产出机制上也存在差异。本文遵循形而上至形而下的路径，分别尝试从哲学层面、语言学层面和心理认知机制层面对近年来隐喻和明喻的对比研究进行回顾和梳理，以期为相关方面实证研究的开展提供借鉴。

关键词：隐喻；明喻；同一性；差异性

一、引　言

自亚里士多德以来，隐喻（metaphor）和明喻（simile）就被认为是具有相同性质的隐喻性语言（figurative language）。正如亚里士多德所说，明喻也是隐喻的一种，二者的差异甚微（Simile is also a metaphor, the difference is but slight）。隐喻是缩略了的明喻，明喻是扩展了的隐喻（Barnes，1984）。传统修辞学大多遵循亚里士多德的观点，认为二者没有本质的区别（Barnes，1984；Miller，1979；Gentner，1983；Gentner, et al.，2001）。现代隐喻理论认为，尽管二者在句法形式上存在差异，但其认知功能是完全相同的，二者都是用于表达隐喻性语言的修辞手段或思维方式。（Lakoff，1993；Lakoff & Johnson，2000；Steen，2011）

然而，当前的心理语言学研究对隐喻和明喻的"同一性"观点提出了

---

① 本文为国家社科基金项目"二语隐喻性语言加工认知神经机制研究"（16BYY073）的阶段性成果之一。

② 作者简介：陈宏俊（1972—　），辽宁人，大连理工大学文学博士。现为大连理工大学外语学院院长、教授。兼任中国修辞学会副会长，中国认知神经语言学研究会常务理事，中国心理语言学研究会理事，中国国际汉语修辞教学研究会常务副会长、秘书长等。主要研究二语习得、认知语言学、神经语言学等。

不同看法，认为这两种不同的隐喻性语言具有不同的认知加工机制（Glucksberg，2003；Bowdle & Gentner，2005；Gentner & Bowdle，2001，2008；Glucksberg & Haught，2006）。二者虽然都是用于表达隐喻性语言的一种修辞或思维方式，但很可能因为有"像""似"等这样的标记词而导致理解加工机制上的差异。本文基于近年来隐喻和明喻的对比研究，分别尝试从三个方面，即哲学层面、语言学层面和心理认知机制层面，对明喻和隐喻的同一性与差异性进行梳理，以期为相关方面实证研究的开展提供借鉴。

二、哲学层面

隐喻不仅是一种语言现象，更是实现跨概念域认知的一种基本思维方式。因此，对隐喻和明喻异同性的探讨有必要从人类思维发展的历程开始。在隐喻性语言漫长的发展历史中，隐喻性语言的发展经历了从隐喻到明喻的思维转向以及明喻和隐喻的统一与融合，这一语言形式的选择背后折射出的是人类思维方式的微妙变化。

1. 求同与辨异：从隐喻到明喻的思维转向

Buck（1971）曾从人类思维发展历程的角度对隐喻和明喻的产生原因进行了阐释。Buck认为，隐喻的发展大致需要经历三个阶段：第一阶段，倾向于将两个不同概念域的事物等同起来，认为二者是同一的，如"牙齿就是珍珠"（Teeth are pearls）；第二阶段，开始觉察到两个不同事物之间的差异，意识到两个事物并不是完全同一的，于是转为说"珍珠模样的牙齿"（pearly teeth）；第三阶段，在觉察到了两个事物之间的差异后，又发现二者之间存在某种相似性，于是用"像""似"（as/like）这样的词作为衔接将二者联系起来，以表达二者的某种相似关系，这一阶段，可以说"她的牙齿像珍珠一样"（Her teeth are like pearls）（Buck，1971；束定芳，2003）。

Buck的"三阶段"假说似乎可以从"发生学"上找到支持证据，即明喻的产生确实晚于隐喻。束定芳（2003）、赵维森（2006）等一些学者从"发生学"的角度对隐喻和明喻产生的先后顺序进行了探讨，认为明喻的产生晚于隐喻。究其原因，主要受到语言形式和思维方式两个因素的影响，前者为浅层原因，后者为深层原因。就语言形式而言，明喻所需的语言形式与隐喻相比更为复杂，需要借助"像""似""如"这样的虚词才能实现对两个不同事物之间相似性关系的表达；而隐喻产生的语言形式最为简单，仅需要一个"是"就能实现思维对象与客体事物之间的连接。依据语言学史，表示抽象关系的虚词的出现时间大大晚于实词。简言之，明喻的产出需要借助完整的句法结构，因而出现时间晚于隐喻（赵维森，2006）。

隐喻和明喻在时间维度上的先后顺序所反映的是思维方式从求同到辨异的过渡与转向，而实现这一转向的前提是主客体意识的觉醒（赵维森，2006）。隐喻是跨概念域的系统映射，而映射是隐喻的实现机制。映射之所以能够实现，是基于主体对两种不同事物的相似性的认识，并通过"A是B"这种和本义句具有一样外在形式的结构，把本体和喻体等同起来。隐喻的产生说明了主体对事物关系的认识仅觉察到了相同的一面，此时人们的思维方式还处于"求同"的阶段。Buck（1971）在《隐喻：修辞心理学》一书中提出的"思维贫乏假说"也持有相似观点。"思维贫乏假说"认为，人们最初使用隐喻是由于思维能力的贫乏性，因而倾向于把两种不相关的事物等同起来，认为这两种事物具有同一性（identity），隐喻由此产生（束定芳，2000）。徐盛桓先生（2014）在对隐喻的"同一性"进行解释时，借用了莱布尼茨著名的"不可分辨物的同一性"原理作出说明，认为隐喻中的本体和喻体具有莱布尼茨意义上的同一性，即二者具有不可分辨性，在一定情境中可以相互替换。

随着人类思维能力的发展，客体事物在大脑中的概念越来越清晰。此时，人们对事物关系的认识从"求同"逐渐转向"辨异"；主体对客体的认知不仅仅停留在事物的"同一性"上，也开始关注事物之间的差异性。虽然明喻表达的是事物之间的相似关系，但这一相似性的觉察是建立在已知事物间差异性的基础上的。明喻中，本体和喻体的关系不像隐喻中的那样模糊、笼统，此时主体已能够理性地将本体和喻体看作不同的、独立的存在。从隐喻到明喻的过渡，体现了人类认识水平从"求同"到"辨异"的重要转折，反映了人们对事物"同中有异、异中有同"这一普遍而本质存在状态的把握（赵维森，2006）。

隐喻被认为能够表达比明喻更为丰富的语义，且说话者自身能够清楚把握这些隐喻意义，却很难用语言确切地表达出来，正所谓"难言之'隐'"，即默会（tacit understanding）。隐喻之所以具有"难言之'隐'"的特点，源于它产生于人类思维发展的初级阶段。这一阶段人类的思维是混沌、模糊、感性的，这样的思维特点赋予了隐喻丰富而隐含的语义信息。与隐喻相比，明喻所表述的意义较为明确，说话者往往能够清楚地将意欲表达的思想用语言表述出来。明喻所表达的意义之所以更为清晰、明确，源于明喻产生时主体已经能够对客体进行清晰、理性的认识，因此所表达的意义容易被说话者准确理解。简言之，隐喻和明喻分别代表了人类思维认识的两个阶段，即"单一求同"和"求同辨异"，而隐喻向明喻的过渡代表着人类思维方式和认知方式的重要跨越与转向。

2. 统一与融合：体验哲学的回归

20 世纪 70 年代，在认知科学领域兴起了一股"涉身认知"（embodied cognition）的思潮。"涉身认知"这一概念的提出，对经典认知理论有关知识概念形成的观点提出了挑战，认为人类概念知识的形成并非基于抽象的物理符号，而是大脑、身体和环境互动的结果。涉身认知提倡回归身体，强调身体经验是获取知识的本源（Barsalou，1999，2003，2008；Zwaan，2016；Gallese，et al.，2008；Lakoff & Johnson，1980）。在哲学领域，也相应诞生了体验哲学（embodied philosophy）（Lakoff & Johnson，2000）。Lakoff & Johnson 在《体验哲学——体验心智及其对西方思想的挑战》（*Philosophy in the Flesh—The Embodied Mind and Its Challenge to Western Thought*）一书中，提出了体验哲学的三个基本原则，即心智的体验性、认知的无意识性和思维的隐喻性。

体验哲学逐渐兴起，为隐喻性语言的研究提供了新视角。依据体验哲学的观点，隐喻性语言是以个体自身经验为基础，心智、身体和外部环境三者共同作用产生的认知结果（Lakoff & Johnson，1980；徐盛桓，2014；冯艳霞，2015）。隐喻是概念系统中的跨域映射，而这种跨域映射之所以能够实现，是基于对事物之间相似性或相近关系的体验。Lakoff & Johnson（1980）认为，从经验化视角出发，隐喻的实质就是用一类事物来体验和理解另一类事物，对隐喻的理解需要我们以身体经验为基础。徐盛桓先生（2014）在对隐喻的发生机理进行阐释时，开篇就提到"隐喻是心智的产物"，认为隐喻的产生是基于主体对外部世界的体验和感受。冯艳霞（2015）等人也呼吁隐喻性语言的哲学研究需要在涉身—交互认知科学的哲学背景下开展。从体验哲学的视角出发，明喻和隐喻所涉及的源域与目标域概念一致，都根植于相同的人类概念系统，且依赖于相同的认知体验，这两种比喻形式在体验哲学的层面上可以说是同质、统一的。

三、语言学层面

明喻和隐喻作为两种重要的隐喻性语言，自亚里士多德时期就得到哲学家和语言学家的青睐，但二者受到的关注度是截然不同的。当前，隐喻方面的研究成果丰硕，明喻方面的研究却寥寥无几。究其原因，可能是因为明喻被当作一种与隐喻无差别的修辞或思维方式。

明喻和隐喻这两种比喻形式（trope form）几乎存在于所有的语言中，

这种普遍性让我们不能简单地将明喻和隐喻视为两种完全相同、可以互相替代的比喻形式。那么，影响两种比喻形式选择的因素有哪些呢？本文对以往有关隐喻性语言形式选择的研究进行了梳理和分析，将其影响因素大致分为三类，即适宜度、谓词属性类别和解释项。

1. 适宜度

适宜度（aptness），即喻体属性与本体的关联强度。例如，在"…reliably wakes you up in the morning"中，"roosters"所具有的属性和该句子意欲表达的意义更相关、更贴切，而"robins"的相关程度就较低，因此"roosters"在该隐喻句中就具有较高的适宜度（Jones & Estes，2006）。Chiappe & Kennedy（2001）认为，适宜度会影响主体隐喻和明喻句的选择。当本体和喻体之间的适宜度较高时，主体在句型上倾向于选择范畴化句式（即 A 是 B）；当本体和喻体之间的适宜度较低时，倾向于选择对比句式（即 A 像 B）。除了属性的匹配程度外，属性的匹配数量也会影响比喻句式的选择。Glucksberg & Haught（2006）的研究发现，隐喻句通常能表达本体和喻体之间的多个相似属性，而明喻表达的相似属性数量有限。Chiappe 等人对此开展了实验，结果表明，本体和喻体的适宜度会直接影响隐喻及明喻的使用选择与理解加工。当时本体和喻体的属性关联程度较高时，被试倾向于选择隐喻句句式（Chiappe & Kennedy，2000；Chiappe & Kennedy，2001；Chiappe，Kennedy & Smykowski，2003）。

2. 谓词属性类别

谓词属性类别这一概念源自结构映射理论（structure‑mapping theory）。依据结构映射理论，从源域到目标域的映射可划分为物理属性映射和关系属性映射：前者指具体的、字面意义的表层属性映射；而后者指抽象的深层属性映射，不同的谓词属性类别对应着不同的比喻形式（郭爱萍、秦建华，2014）。Glucksberg & Haught（2006）认为，隐喻表达的属性更抽象、更隐晦，而明喻表达的属性更具体、更明了。在 Glucksberg & Haught 的研究中，要求被试分别对隐喻句和与之在意义上对应的明喻句进行释义（例如，隐喻句：那些想法是钻石；明喻句：那些想法像钻石）。研究结果表明，被试对明喻句的释义基本停留在浅层的物理属性层面（如发光的、闪耀的），而对明喻句的释义涉及抽象的关系属性特征（如深刻的、珍贵的）。换句话说，明喻的理解更接近于字面义，而隐喻更接近于抽象义。Glucksberg & Haught（2006）对明喻和隐喻所表达的属性特征数量进行了统计，发现明喻表达的表层字面意义数量显著多于隐喻，而隐喻所表达的深层抽象意义数量显著多于明喻。龚玉苗（2013）采用句法倾向性评定任务，从相似性特征的角度对汉语的隐喻句和明喻句进行了研究，也得出了相同的结论，即具有关系相似性的词对（如月亮—香蕉）倾向于通过隐喻形式表达，具有表面相似性的词对（如老板—鲨鱼）倾向于通过明喻形式表达。

3. 解释项

除了适宜度和谓词属性类别以外，有无"解释项"也是明喻和隐喻的差异之一。当前的研究普遍认为，明喻常伴随着解释项，隐喻却没有。究其原因，明喻是一个比较化的过程，这一过程涉及本体和喻体之间某一方面相似性的比较，因而需要明确指出这一相似性，例如，"像春天般温暖"（束定芳，2003）。隐喻是一个范畴化的过程，因为是范畴归类，直接指出本体隶属于喻体即可，无须有太多解释性说明。郭爱萍（2013）对网络环境下明喻与隐喻的使用情况进行了分析，结果发现，81%的明喻带有解释性说明，67%的隐喻无解释性说明。这一结果表明，明喻的理解涉及相似性比较，即在说明"A 像 B"时往往需要指出 A 与 B 在哪方面存在相似之处。Roncero & Kennedy（2006）的研究也支持了上述结论，即明喻常常伴随着解释说明。

除了上述三个方面外，Kennedy & Chiappe（1999）认为，在矫正情景（correction situation）中，二者也存在差异，具体表现为：隐喻在更正语境下比明喻有更强的表达力。例如，在 "Jack isn't just like a rock, he is a rock!" 这种语境下，隐喻比明喻具有更强的表达力（Kennedy & Chiappe, 1999）。

四、心理认知机制层面

上文对隐喻和明喻在语言形式上的差异进行了梳理，那么看似简单的有无喻词的表层形式差异是否会导致二者在认知方式、理解机制上也存在差异呢？为了探究二者在心理认知机制层面的异同，心理语言学家提出了不同的心理认知模型和假说，并开展了相应的实证研究。

1. 同一性假说

当前，认为隐喻和明喻具有相同认知机制的代表性假说包括比较论、范畴论和结构映射理论。比较论（Gentner, et al., 2001）将隐喻和明喻的理解都视为比较的过程，认为二者都是在表达一种比较关系，二者的差异仅在于隐喻是一种隐性的比较，而明喻是一种显性的比较，因在其句法形式中存在"像""如"等显性标记词。比较论认为，明喻和隐喻都是两个不同概念域之间某种相似关系的映射。因此，在对隐喻和明喻进行理解时，首先需要对本体和喻体之间的相似性特征进行比较分析，直到二者的概念特征匹配成功（郭爱萍，2013）。

　　与比较论不同的是，范畴论（Glucksberg，2001）认为明喻和隐喻的理解均是范畴化的过程。依据范畴论，隐喻的理解始于喻体，喻体通过给本体指定一个与之相关的范畴类别，从而实现其非字面意义的通达。范畴论认为隐喻和明喻的理解都需要经历以下三个阶段：首先，从喻体中提取与本体相关联的属性特征；其次，将喻体的该属性特征投射到本体上；最后，通过把提取到的属性特征与本体特征进行匹配，以实现比喻意义的通达（郭爱萍，2013）。范畴论认为，隐喻就是一种显性的范畴句，而明喻是隐性的范畴句。在理解明喻句时，需要先去掉其比喻词，将其转换成隐喻句后再进行范畴化。总而言之，比较论和范畴论都认为明喻与隐喻没有差异，但前者把理解过程看作比较的过程，后者则将其看作范畴归类的过程。

　　结构映射理论（Clement & Gentner，1991）认为，隐喻和明喻都涉及比较过程。隐喻和明喻的产出过程涉及两个阶段（Forbus，Gentner & Law，1994；Gentner，Rattermann & Forbus，1993）。第一阶段：说话人根据本体的信息从长时记忆中提取与本体具有相似语义信息的词条。语义提取的选择范围很大，包括与本体在表层意义上相关的所有可能的喻体。第二阶段：每一个潜在的喻体都需要与本体进行逐一的属性特征匹配，与本体在关系属性结构上重合度最高的备选词最终作为喻体。Johnson（1996）的研究则为结构映射理论提供了支持证据。Johnson 对隐喻和明喻的理解时间进行考察，结果发现，明喻的理解时间比隐喻长。原因可能是，要完成的明喻的语义通达，需要在喻体的若干个属性中锁定一个与本体匹配的属性，这个过程涉及其他无关属性的逐一排除或抑制，因此会消耗一定的时间；而在隐喻句中，本体和喻体在多个属性都存在互相匹配，因此完成概念映射的过程存在较少的抑制，表现为理解时间较短。结构映射理论中提出的"逐一匹配"观点遭到了 Kintsch 的反对。Kintsch（2000，2001）在隐喻理解预测模型（Predication Model of Comprehension）中提出，相关属性特征应该是自动激活的，而不需要逐一分析所激活的特征与主体是否相关。

　　2. 差异性假说

　　以类别归属理论（Class-inclusion Theory）和隐喻生涯理论（Career of Metaphor Hypothesis）为典型代表的模型认为明喻和隐喻的加工方式存在差异。类别归属理论（Glucksberg & Keysar，1990；Glucksberg，2003；Glucksberg & Haught，2006）认为，在隐喻的产出过程中，说话人首先要找到一个能够充分表达本体属性的喻体，且该喻体应具有"双重指称"（dual-reference）特征。也就是说，喻体可以指称两个范畴的属性，即抽象的高级属性和具体的基本属性，如在"律师是鲨鱼"中，"鲨鱼"的基层属性是"鱼类的一种"，高级属性是"凶猛的、残忍的"。类别归属理论认为，隐喻句中的喻体旨在表达事物的高级属性，而明喻中的喻体通常指代事物的基本属性。Haught（2013）的研究也为类别归属理论的观点提供了支持证据。在 Haught 的实验中，首先给被试随机混合呈现隐喻句和明喻句，接着呈现释义句，即对该隐喻句或明喻句的解释。实验要求被试对"释义句"和"隐喻句/明喻句"之间的贴切/关联/匹配程度进行评分。结果发现，当呈现隐喻句时，被试倾向给包含"抽象属性"的释义句更高的评分，认为二者更匹配，释义更贴切；当呈现明喻句时，被试认为"表层属性"的释义句与该明喻句在意义表达上更匹配、更关联。

隐喻生涯理论由 Bowdle 和 Gentner（2005）提出（Bowdle & Gentner, 2005；Gentner & Bowdle, 2001, 2008）。该理论认为，隐喻性语言的加工是一个动态变化的过程。随着喻体的规约化程度越来越高，"比较"的加工方式逐渐向"范畴化"的加工方式过渡。当喻体是新奇喻体时，隐喻和明喻理解机制相似，都涉及"比较"的加工过程，通过"比较"来寻找本体和喻体之间的相似属性特征，并实现二者之间的关系映射。随着喻体使用频次的增加，新奇喻体逐渐转为常规喻体，此时，隐喻与明喻的理解加工方式就区分开来了——常规隐喻需要对本体和喻体进行范畴化操作，明喻则不涉及范畴化操作。隐喻生涯理论的观点得到了 Glucksberg 等人的支持（Glucksberg, 2003；Glucksberg & Keysar, 1990）。Glucksberg 等人认为，隐喻和明喻的心理加工机制是不同的，明喻的理解可以被看作一个包含显性标记词的对比过程，而隐喻是一个范畴分类的过程。

为了验证上述理论模型，心理语言学家开展了一系列的实证研究以探究明喻和隐喻的认知神经基础。Shibata 等人（2013）运用功能磁共振成像（functional magnetic resonance imaging, fMRI）探究了隐喻与明喻理解的认知神经基础。行为数据（反应时）结果表明，隐喻句理解的时间显著长于明喻句的理解时间。脑成像结果表明，隐喻和明喻理解的脑区激活模式既有相似之处，也存在差异。具体表现为：①隐喻与明喻在左侧额上回的激活模式相似；②明喻在额中区的激活强度显著高于隐喻；③隐喻在右侧前额区的激活强度显著高于明喻。然而，对行为结果和脑成像结果作进一步的分析，结果表明，反应时数据与脑区激活强度之间并无显著相关性，这就对如何给出合理的、信度较高的解释提出了更高的要求。Shibata 等人的研究开创性地采用 fMRI 技术对隐喻与明喻的认知神经机制差异进行了探究，但仍存在某些方面的局限性，有待今后研究进一步完善。

五、结语与展望

本文尝试从哲学层面、语言形式层面和心理认知层面对近二十年隐喻和明喻的对比研究进行了回顾与梳理。然而，当前关于明喻和隐喻的比较研究还存在以下局限性。一方面，当前研究所涉及的隐喻、明喻在句法形式上还仅限于名词隐喻或明喻（nominal metaphors/similes，即 A 是 B），鲜有研究对谓词隐喻或明喻（predicative metaphors/similes）进行讨论。另一方面，当前的研究大多集中在对一语隐喻/明喻理解机制的探讨，就笔者所及，目前仅有 Harris（1999）对双语者（英语—西班牙语）的二语隐喻/明喻加工机制进行了研究。

当前，隐喻和明喻方面的对比研究尚处于初步探索阶段。今后的研究，在理论视角方面，可汲取第二代认知科学中"涉身认知理论"的研究成果，尝试从人类概念表征方式、概念加工方式方面对隐喻和明喻的关系进行多视角、多维度的探究。在研究方法方面，除了现有的行为研究方法，可借鉴认知神经科学的事件相关电位（ERPs）、眼动追踪技术（eye-tracking）和功能磁共振成像（fMRI）等技术手段，进一步探索隐喻和明喻在认知神经机制上的异同。

参考文献

1. 冯艳霞. 隐喻研究的涉身哲学范式［J］. 哲学动态，2016（9）：95-103.

2. 龚玉苗. 隐喻和明喻异质论的认知解读——以相似性特征为研究视角［J］. 外语教学，2013，34（1）：37-41.

3. 郭爱萍. 网络环境下明喻与隐喻的理解机制研究［J］. 东北大学学报（社会科学版），2013，15（5）：541-545.

4. 郭爱萍，郝玫. 论明喻和隐喻的认知取舍倾向性［J］. 外语教学，2009，30（5）：40-42.

5. 郭爱萍，秦建华. 谓词映射类型与明喻隐喻句式结构选择的关系［J］. 外语学刊，2014（2）：82-85.

6. 束定芳. 论隐喻与明喻的结构及认知特点［J］. 外语教学与研究，2003，35（2）：102-107.

7. 束定芳. 论隐喻产生的认知、心理和语言原因［J］. 外语学刊，2006（2）：23-33.

8. 张松松. 关于隐喻理论最新发展的若干问题［J］. 外语与外语教学，2016（1）：90-97.

9. 赵维森. 从隐喻到明喻——人类思维发展进程中的一座里程碑［J］. 延安大学学报（社会科学版），2006，28（5）：16-20.

10. BARNES J. Complete works of aristotle (Volume 1): the revised oxford translation [M]. Princeton: Princeton University Press, 1984.

11. BARSALOU L W. Perceptual symbol systems [J]. Behavioral & brain sciences, 1999, 22 (22): 577.

12. BARSALOU L W. Grounded cognition [J]. Annual review of psychology, 2008, 59 (1): 617 –645.

13. BARSALOU L W, SIMMONS W K, & BARBEY A K. Grounding conceptual knowledge in modality specific systems [J]. Trends in cognitive sciences, 2003, 7 (2): 84 –91.

14. BOWDLE B F, & GENTNER D. The career of metaphor [J]. Psychological review, 2005, 112 (1): 193.

15. BUCK G. The Metaphor: a study in the psychology of rheloric [M]. Cambridge: Cambridge Uiversity Press, 1971.

16. CATRINE H. A tale of two tropes: how metaphor and simile differ [J]. Metaphor and symbol, 2013, 28 (4): 254 –274.

17. CHIAPPE D L, & KENNEDY J M. Are metaphors elliptical similes [J]. Journal of psycholinguistic research, 2000, 29 (4): 371 – 398.

18. CHIAPPE D L, & KENNEDY J M. Literal bases for metaphor and simile [J]. Metaphor and symbol, 2001, 16 (3 –4): 249 –276.

19. CHIAPPE D L, KENNEDY J M, & SMYKOWSKI T. Reversibility, aptness, and the conventionality of metaphors and similes [J]. Metaphor and symbol, 2003, 18 (2): 85 – 105.

20. CLEMENT C & GENTNER D. Systematicity as a selection constraint in analogical mapping [J]. Cognitive science, 1991, 15 (1): 89 – 132.

21. FORBUS K, GENTNER D & LAW K. MAC/FAC: a model of similarity – based retrieval [J]. Cognitive Science, 1994, 19 (2): 141 – 205.

22. GALLESE V. Mirror neurons and the social nature of language: the neural exploitation hypothesis [J]. Social neuroscience, 2008. 3 (3 –4): 317 –333.

23. GENTNER D. Structure – mapping: a theoretical framework for analogy [J]. Cognitive science, 1983, 7 (2): 155 –170.

24. GENTNER D & BOWDLE B. Convention, form, and figurative language processing [J]. Metaphor and symbol, 2001, 16 (3): 223 – 247.

25. GENTNER D & BOWDLE, B. Metaphor as structure – mapping [M]. In GIBBS R W (Ed.). The Cambridge handbook of metaphor and thought. New York: Cambridge University Press, 2008.

26. GENTNER D, RATTERMANN M & FORBUS K. The role of similarity in transfer: separating retrievability from inferential soundness [J]. Cognitive Psychology, 1993, 25 (4): 524 – 575.

27. GIBBS R W & COLSTON H L. Interpreting figurative meaning. Interpreting figurative

meaning [M]. Cambridge: Cambridge University Press, 2012.

28. GLUCKSBERG S. The psycholinguistics of metaphor [J]. Trends in cognitive sciences, 2003, 7 (2): 92 – 96.

29. GLUCKSBERG S & HAUGHT C. On the relation between metaphor and simile: when comparison fails [J]. Mind and language, 2006, 21 (3): 360 – 378.

30. GLUCKSBERG S & KEYSAR B. Understanding metaphorical comparisons: beyond similarity [J]. Psychological review, 1990, 97 (1): 3 – 18.

31. HARRIS R J, LEKA G, GARCIA R C, et al Monolingual and bilingual memory for English and Spanish metaphors and similes [J]. Metaphor and symbol, 1990, 14 (1): 1 – 16.

32. HAUGHT C. A tale of two tropes: how metaphor and simile differ [J]. Metaphor and symbol, 2013, 28 (4): 254 – 274.

33. JOHNSON A T. Comprehension of metaphors and similes: a reaction time study [J]. Metaphor and symbolic activity, 1996, 11 (2): 145 – 159.

34. JOHNSON M. Philosophy's debt to metaphor [M]. In GIBBS R W (Ed.). Metaphor and Thought. Cambridge: Cambridge University Press, 2008.

35. JONES L & ESTES Z. Roosters, robins, and alarm clocks: Aptness and conventionality in metaphor comprehension [J]. Journal of memory and language, 2006, 55 (1): 18 – 32.

36. KENNEDY J M & CHIAPPE D L. What makes a metaphor stronger than a simile [J]. Metaphor and symbol, 1999, 14 (1): 63 – 69.

37. KINTSCH W. Metaphor comprehension: a computational theory [J]. Psychonomic bulletin & review, 2000, 7 (2), 257 – 266.

38. KINTSCH W. Predication [J]. Cognitive science, 2001, 25 (2): 173 – 202.

39. LAKOFF G & JOHNSON M. Metaphors we live by [M]. 2nd. Chicago: Chicago University Press, 1980.

40. LAKOFF G & JOHNSON M. Philosophy in the flesh: the embodied mind and its challenge to western thought [M]. New York: Basic Books, 1999.

41. LAKOFF G & JOHNSON M. Philosophy in the flesh: the embodied mind and its challenge to western thought by George Lakoff and Mark Johnson [J]. Delta documentao de estudos em lingüística teórica e aplicada, 2000, 17 (4): 267 – 274.

42. LAKOFF G. The contemporary theory of metaphor [A] //In GIBBS R (ed.). Metaphor and thought [C]. 2nd edition. New York: Cambridge University Press. 1993.

43. MILLER G A. Images and models: similes and metaphors [A] //In ORTONY A (ed.). Metaphor and thought [C]. 2nd. Cambridge: Cambridge University Press, 1979.

44. ORTONY A. Beyond literal similarity [J]. Psychological review, 1978, 86 (3): 161 – 180.

45. PIERCE R S & CHIAPPE D L. The roles of aptness, conventionality, and working memory in the production of metaphors and similes [J]. Metaphor and symbol, 2008, 24 (1): 1 – 19.

46. RONCERO C, KENNEDY J M & SMYTH R. Similes on the internet have explana-tions [J]. Psychonomic bulletin & review, 2006, 13 (1): 74 – 77.

47. SHIBATA M , TOYOMURA A, MOTOYAMA H, et al. Does simile comprehension differ from metaphor comprehension? A functional MRI study [J]. Brain & language, 2012, 121 (3): 254 – 260.

48. STEEN G. The contemporary theory of metaphor – now new and improved! [J]. Review of cognitive linguistics, 2011, 9 (1): 26 – 64.

49. ZWAAN R A. Situation models, mental simulations, and abstract concepts in discourse comprehension [J]. Psychonomic bulletin & review, 2016, 23 (4): 1 – 7.

A Review of Identities and Differences of Metaphor and Simile

Chen Hongjun

(*School of Foreign Languages, Dalian University of Technology, Dalian*, 116024)

Abstract: The identities and differences of metaphor and simile has long been the focus of debate among philosophers, linguists and psycholo-gists. Traditional rhetoricians represented by Aristotle argued that metaphor is a condensed form of simile and the difference between them is but slight. However, recent psycholinguistic research has proposed challenges to the "identity" by claiming that the differences between metaphor and simile are not only manifested in syntactic forms, but also the mechanism of comprehension and production. By focusing on the research in the past two decades, the current study aims to clarify the identities and differences of metaphor and simile from the perspective of philo-sophical bases, linguistic forms and mental cognition, following the trajectory of metaphysic to physic. Hopefully, this review could provide insights into futher empirical research related to this issue.

Key Words: Metaphor; Simile; Identity; Difference

走近类比推理：一种特殊的认知思维方式①

徐晓燕②

（中国计量大学外国语学院 杭州 310018）

摘 要：进入 21 世纪，认知科学已成为新世纪的前沿学科，而类比推理作为一种异于归纳和演绎推理的认知思维范式，必然受到学者的密切关注。该思维关注两类不同事物之间的相似性映射，其客观理据在于客体之间的普遍关联性，其主观理据在于主体认知水平，可从认知经验、认知发展和大脑神经层面得以佐证。如能科学合理使用，既有利于日常交际，也有利于创新发展。

关键词：类比推理；客体关联；主体认知；理据；功能

一、引 言

人们为了准确把握事物的本质特征，总喜欢"类比"。而"类比"作为人们认知事物的一种常见思维方式，在不同文化中都有一定程度的体现，特别是在中国文化中更有举足轻重的作用，它反映在社会生活的方方面面。如"玉不琢，不成器；人不学，不知义""路遥知马力，日久见人心""十年树木，百年树人"等说法，即人们常见的"类比"。

"类比"是我们日常语言中的常用词，同时也是逻辑学与认知语言学常用的一个学术术语，它指的是一种不同于归纳和演绎推理的逻辑推理，也是一种认知思维方式。正因为如此，"类比"推理必然受到学者的密切关注。类比推理，若从修辞的角度看，它是两类不同事物之间的比较，是一种扩展式比喻，涉及事物之间的众多相似之处。类比推理作为人类重要的认知思维方式之一，早就引起了学者们的重视，却从未像今天这样引起学术界如此广泛的关注，并有大量的研究。特别是自 20 世纪 50 年代西方学术界开始的"认知革命"以来，认知科学更是得到了迅猛发展。到了 21 世纪，认识科学成为大国科技战略的主要研究领域。

类比推理的研究，就目前的情况来看，主要是沿着两条路线前进的：

---

① 本文为浙江省外文学会 2015 年专题研究项目"类比推理的特殊认知思维方式研究"成果。

② 作者简介：徐晓燕（1975— ），山西人。现为中国计量大学外国语学院讲师。研究方向为语言学、语言教学等。

一是研究类比推理的本质，二是研究类比推理与问题解决之关系。（张向葵等，2000）自19世纪70年代开始，西方的认知心理学家们基于不同的观照视角，就类比推理提出了一系列新的理论。"其中，一种研究取向是探讨类比推理的过程，如Holyoak的多重限制理论和Markman的高水平知觉理论。另一种取向则是研究类比推理能力的发展，其代表性理论主要有Piaget的结构理论、Sternberg的成分理论和Gentner的结构映射理论。"（唐慧琳、刘昌，2004）而从20世纪80年代以来，大量认知科学的研究则关注类比思维机制（Gentner，1983；Holyoak，1985；Gentner, et al.，2001），研究兴趣从简单的类比和比喻扩展到较复杂的类比推理。正如唐慧琳、刘昌（2004）所言，类比推理作为人类认知发展的中心能力之一，已逐渐成为当代认知研究的一个重要活跃领域。为此，笔者认为有必要就类比推理的概念、运作机制、理据（特别是主、客体理据）及功能进行考察，以此为在日常交际和创新活动中科学、合理地使用类比推理提供必要的参考。

二、类比推理概念及运作机制

一般而言，学者们多倾向于认为，原始思维形态总是在感性直观的基础之上以意象为基本要素，主体、对象和观念三维混同，通过互渗、联想将意象整合为一种有序的整体思维方式，以自我体验模式释解外部客观世界，带有明显的表象性、具体性、拟人性和神秘性等特征。这种原始的思维方式，有学者认为它是一种"缺乏理性和逻辑观照的强制性类比，这种类比在寻找到了一种思维框架后，可以不计较事物的本质属性，一股脑地填装进所有的事物，无限地扩大它的类比联系。换言之，原始思维的基本特征之一，就是把在一定条件下发生的现象或形成的经验不适当地甚至是无条件地扩大和推广，从而导致完全脱离客观实际的认识"。并以中国古代最为盛行的"阴阳五行"之说为例，指出这种原始思维的学说"在比较、描述事物时，将一些本质属性不同的事物混合在一起比附，抹杀了各类事物在质的规定性上的差异。它机械地将大千世界的万事万物作五行归类、阴阳区分，形成了一个先验的认识和解释图式。一些原先本质上并无关联的事物在阴阳五行的图式中被人为地相互感应了。这使人们对事物的认识趋于表面化、简单化"，"限制了人们从层次的角度深入了解事物物质结构的本质组成和形式，忽视了事物区分或关联的物质性根据，不从物质内部结构上寻求因果性的解释，只注意事物间相互联系的表象，不关心事物相互联系及变化过程的具体环节和通道"（邢玉瑞，2004）。从现代科学的观点来看，原始思维方式虽然局限性很大，但也并非一无是处，其合理性体现为它有一个支撑点，那就是"类"。类范畴研究的学者一致倾向于认为，"无论是以亚里士多德为代表的西方传统逻辑，还是以墨辩为代表的中国古代逻辑，都是首先提出类概念作为其自觉的理论思维和其逻辑学赖以产生和建立的基础"（张晓光，2000）。不过，大陆学者吴建国认为，"类概念并不是一开始就作为逻辑范畴出现的，只是在经历了社会实践若干阶段性的变化所引起的内容多次转化之后，才逐步地以逻辑思维的规定性的形式在人们的意识中固定下来"。台湾学者王赞源则认为，"类是推的依据和出发点，墨家提出'以类取，以类予'的类概念，它是思想的基本形式，也是逻辑推论的依据。墨家要人们能'明类''知类'，即认清客观事物的本质上的同异，然后才能'推类'"（张晓光，2000）。

事实上，正是因为有了"类"概念，人们才能对不同事物进行"类"的比较。这既是一种天性使然，也是一种下意识行为。因此，传统类比推理往往根据两个事物在某些方面的相似性进行推理，或是经由某一事物已知的特性而进行推理，以此说明两者具有相同的特性。过去的教科书似乎都接受了这一观点，并把类比操作定义为：

A 对象有属性 a、b、c 和 d   A 与 B 有属性 a_1、$a_2 \cdots a_n$

B 对象有属性 a、b、c   或   A 有属性 b

因此，B 对象也有属性 d   因此，B 也有属性 b

不过，也有学者认为，"原则上，类比方法并不是逻辑推理方法，而是一种猜测方法。因为真正意义上的逻辑推理，其结论必是通过一定的逻辑程序从它的前提中必然地引申出来。但类比根本不具有这种特性"（林定夷，1984）。

笔者认为，上述定义有一定的道理，但似乎过于宽泛。因为两个不同事物之间的属性类比通常应包括关系类比和性质类比两种。因此，类比推理运作应考虑以下几个方面：

第一，要考虑类比结构。根据事物间关系性质的不同，类别结构从逻辑上说应该包括大于、等于（含约等于）、小于三种情况。如果用公式表达，就是：

∵ A > B　B > C　∴ A > C

∵ A = B　B = C　∴ A = C

∵ A < B　B < C　∴ A < C

第二，要考虑类比过程。根据心理学者的研究，类比过程应该包括

"检索过程""映射过程""归纳过程"三个方面。检索过程，是指"在目标问题与已知的基础范围之间检测共同的语义成分，即一种关系、一个物体或者其中的一部分，导致检索已知的基础范围来解决目标问题，一旦发现了合适的类比物，就开始进行映射过程"；映射过程，是指"一开始在两个类比物初始状态的某些成分之间进行部分映射，这通常是在抽象的图式水平进行的，只注意到两个类比物的'目标''资源'等之间的对应性，然后应用这一映射生成目标问题的类似解答命题"；归纳过程，是指"如果类比产生了一个解答，就要进行两个类比物的概括化形成一个抽象的问题图式"（王亚同、鲁忠义，1998）。

第三，要考虑映射。在类比推理中，映射是关键，必须特别注意。斯坦哈特（2009）认为，类比是两种结构之间的相似。有学者认为，如果以 S 表示始源，以 T 表示目标，那么"S 和 T 之间的类比是结构保持映射 FM，使 S 中的元素与 T 中对应的类比元素建立起联系。因此，类比本质上讲是一个三元组（S，T，FM）"。并据此指出，"映射阶段的任务就是生产一个类比映射函项 FM。类比映射函项是从 S 到 T 的函项，要求尽可能地保持源域 S 中的关系结构。同构是一种理想的类比。在 FM 保持 S 中的关系结构的前提下，S 在 FM 作用下的象，就是 T 中与 S 所相同的结构"（权五赫、贾春华，2014）。

第四，要考虑类比推理视角、建构方式不尽相同。类比推理的共同点是非常强调关系或结构的作用（Gentner，1983；Cheng & Holyoak，1985），关系或结构则通过图式归纳（schema induction）的方法获得（Gick & Holyoak，1983）。

第五，要重视借助"中介"知识。关于这一点，有学者曾明确指出："类比为一种从特殊过渡到特殊的思维方式，它借助于对某一类对象的某种属性、关系的认识，通过比较它与另一类对象的某种相似，而达到对后者的某种未知属性和关系的推测的理解和启发。"（陈合新，1998）事实上，类比推理就是以某种一般性知识或假说作为"中介"，从而彼此牵连而实现推理过程。由于"中介"作用的不同，类比可能出现不同的形式，且常常渗透演绎推理于其中，或是以类比与演绎相结合的形式进行。

第六，要注意比较在类比推理中的基础作用。关于这一点，李玉兰（1995）曾经明确指出："类比推理的关键问题是判定两个对象之间的相似性。相似性本身不是一个精确概念，是一个相对的、灵活的概念，它是以存在差异为前提的。"正是因为类比推理允许存在差异，才导致两个对象相似性有很大的自由度，人们可以从不同角度、不同层次和不同背景知识去寻找两个对象的相似性。事实上，只有通过比较两个对象并进行逻辑分析和特征抽取，才能分清它们的相似性是本质的还是非本质的。

第七，要重视类比推理的可靠性。由于类比推理是"由两个或两类对象在某些属性上相同或相似，推出它们在另一属性上也相同或相似的推理"（周玉平，2013），因此这种推理所断定的内容往往会超出推理的前提知识范围，前提并不蕴含结论。也就是说，推理的前提与结论之间的关系并非必然，而只是具有一定程度的可靠性。这种可靠性的大小，往往取决于前提中两个或两类对象的相同属性与结论中推出的属性之间的相关度。前提中的相同属性尽可能多，且是本质性的，那么前提与结论之间的相关度就越高，其结论的可靠性就越大；反之，其可靠性就越小。

第八，还要注意类比推理与联想、比喻是有所不同的。类比是在双方共同属性或逻辑关联度相同基础之上推出它们在某一属性上的相同，而联想所涉两个事物之间可能没有本质上的直接联系，它由"前提"（联想的出发点）到"结论"（联想的结果）的过程可以是跳跃性的、逻辑上非连续的，大多是在直觉基础上进行的，是以灵感迸发的方式完成的。也就是说，联想是由一个事物引发多个联想，一个联想又可以引发新的联想。因此，从理论上说这种联想没有限制性。比喻作为一种特殊的论证方式，与类比大体相同。在类比论证中，拿来类比的必须是真实的事件；而比喻既可以是夸张的，也可以是虚拟的，只有比喻文本本身所包含的道理是真的。在比喻中，喻体与本体之间的某个相似点往往带有主观性、临时性、想象性和不确定性；类比中的类比者和被类比者之间则必须在一系列属性上相同，且这些相同的属性带有客观性、长期性、科学性和真实性，这样，才能由已知类比者的某种属性论证被类比者也具有某种属性。正是基于上述理由，黄骏（1987）认为，类比推理是逻辑因素与直觉因素（非逻辑因素）互补的一种特殊思维形式，体现了科学发现的逻辑因素与直觉因素的辩证统一。

三、类比推理之理据

类比推理作为一种特殊的认知思维方式，其客观理据在于客体之间的普遍关联性，其主观理据在于主体认知，可从认知经验、认知发展和大脑神经等方面得到佐证。

1. 类比推理之客体关联性

学过唯物辩证法者皆知，"客观事物和现象彼此之间都是相互联系着，相互依赖、相互作用着的，正是这种联系与作用构成了客观世界的运动。孤立的事物和现象是没有的"（杨于高，1992）。反之，"如果事物之间有异无同，则任何两个事物都无法类比；如果事物内部诸属性彼此孤立，也无法类比"（黄朝阳，2009）。因此，有学者认为，类比推理的客观基础就是客观世界普遍存在着的相互联系，"正是这种联系的普遍存在，使得在两个特殊对象之间进行类比推理成为可能"。并且指出，"客观世界的联系是有层次的。正是这一层次性，决定了事物之间的同一性和差异性。因此，建立在此基础之上的类比推理结论就具有或然的性质"；而"正是这种事物之间联系的层次性，才使得大千世界有了种类之分，相属之别。如物质就有粒子、原子、分子、物体、天体的不同层次，生物界有种、族、目、科等不同纲目。层次之间的差别，表现为事物之间的本质差别。鸟与猫这两个具体动物，同处于'动物'这一层次上，就这一层次上的联系而言，它们都具有动物的一般本质属性；而猫与树就不能属于同一类事物。如果事物之间的联系进到更高的层次上，就'生物'这一层次而言，猫与树就又属于同一类事物了，两者都具有生物的一般本质属性。如此等等。由此可见，不同层次的联系，反映了事物的不同特征和不同内容，即反映了事物之间本质属性的差别。因此，我们在两个对象之间进行类比推理时，就要努力找出它们之间的本质联系，找出某一对象的已知属性之间的联系同另一对象已知属性与推出属性之间的联系是否处于同一层次上。如果我们认识了这些联系，并知道它们处于相同的层次上，那么推出属性就是较为可靠的；如果这种联系（R 和 R1）不是处于同一层次上，则推出属性就较为不可靠"。因此，"为了提高类比推理结论的可靠性，就得尽可能地了解两个对象之间的联系（M）以及对象内部各属性之间的联系（R）。如果我们对这些联系了解得越多，这些联系越是确定，则类比推理的结论就越可靠"。（杨于高，1992）

另外，客观事物之间的联系还存在一定程度的相似性。有学者曾指出："人类科学技术的发展过程和社会发展史都如同史学家惊叹的那样，'呈现着惊人的相似'，大多数民族都不约而同地经过了石器时代、陶器时代、铜器时代、铁器时代。社会都经过了原始部落社会、奴隶社会、封建社会，到资本主义社会。"（刘春杰、刘志栋，1988）也就是说，"世界上一切事物之间，不论是相近的事物还是不同发展阶段的事物之间，都存在着某种程度的相似性。比如：气体分子的不规则运动与空气中尘埃微粒的振动和漂移也有一定的相似之处。不仅事物性质之间有着相似性，而且事物运动变化的规律之间也存在着相似性"（李玉兰，1995）。这些普遍存在的相似现象，虽为类比得以进行提供了客观基础，但进行科学类比还必须具备丰富的科学知识。如果忽视了前者，类比就会变成随心所欲的主观思辨；如果忽视了后者，类比的科学性和正确性就得不到保证，一个科学的类比必须建立在二者相统一的基础之上。（刘春杰、刘志栋，1988）总之，任何客观"存在"都有其合理性，这种合理性源于客观世界之间的相生相克、互为依存所构成的"系统"。正是这个系统内部多层面、多角度、多功能中所体现的"相似性"为类比提供了物质条件和载体。

2. 类比推理之主体认知

类比推理作为一种特殊的思维方式，必然离不开其主体的认知处理。首先，类比推理过程必涉及目标定位、发现相似性和类比迁移。虽目标定位会影响类比物体解决的整个过程，但发现相似性必不可少，因为其中涉及概括表征，它是类比形成的重要媒介。类比实质就是通过概括表征事物属性这个中介环节，将相互对应的关系从一个情境映射到另一个情境。然而关键是事物之间的联通，即迁移问题，正如张庆林、王永明（1998）所言："类比迁移是指一种用解决熟悉问题的方法去解决新问题的问题解决策略。这种熟悉问题称为源问题（base problem），要解决的新问题被称为靶问题（target problem）。"类比迁移就是通过对源问题进行分析、概括和综合而获得一个图式规则（schematic principle），并成功地将这一规则运用于靶问题的解决。应该指出的是，在类比加工过程中，图式规则的获得和提取最关键。目前，关于如何获得和提取图式规则的机制主要有三种代表性理论，分别是结构映射理论（structure mapping theory）、语用图式理论（pragmatic schema theory）、样例理论（exemplar theory）。其中，结构映射理论把类比分为三个阶段，"第一阶段，建构源问题和靶问题的一种表征或图式"，"第二阶段，发现类比关系和映射源问题与靶问题的对应关系"，"第三阶段，用已获取的'工具'来解决靶问题"（冯延勇，2002）。曲衍立、张梅玲（2000）进而认为，类比迁移基本上分四个阶段运作："①源问题和靶问题编码（encoding）或称为表征（representation）；②在表征靶问题的基础上对源问题的提取（retrieve），有时也将它分为多个靶问题的激活（activation）和一个靶问题的选择（selection）；③源问题应用到靶问题，应用包括在源问题和靶问题之间建立映射关系以及改造源问题的解决原则以适应靶问题的过程；④在运用源问题解决靶问题的图示归纳，如果在对源问题进行编码时没有产生这样的图式归纳。"以隐喻为例，Lakoff & Johnson（1980）认为隐喻是"跨概念域的映射"（mappings across conceptual domains），人们可借助一个概念域去理解另一个概念域，亦即充分利用两个不同事物之间的相似性（resemblance）、象似性（iconicity）或相关性（relativity）进行操作。"Life is a journey"隐喻就可表征为下图：

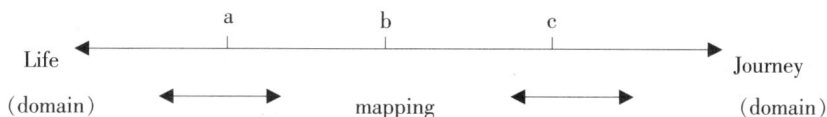

"Life is a journey" 隐喻图

对于该隐喻，我们可作如下解读：

（1）两个概念域（life 与 journey）都有起点和终点，中间经历一个过程（a，b，c）。

（2）两个概念域之间存在一定程度的相互映射关系（mapping）。

（3）两个概念域的起点都不易（需充分准备），到终点更难（需耐力、信心与恒心去克服途中可能遇到的各自不同程度的困难与障碍）。

（4）两个概念域都是苦中有乐，乐中有苦，悲喜同行。

（5）两个概念域的目的性都很强。

（6）两个概念域的整个过程都不可预测。

（7）两个概念域都包含各种风险与考验。

（8）两个概念域只要启动，不可重复。

（9）两个概念域中的目标期待伴随始终。

其次，类比推理能力与认知发展成正比关系。众所周知，儿童从何时开始运用类比推理解决新问题，一直都是心理学家们十分关注的问题。儿童认知心理学鼻祖皮亚杰（Piaget）对儿童的类比推理非常青睐，认为儿童（7 岁以下）无法进行真正的类比推理，因此他们的思维方式是自我中心的、不合逻辑的、情绪化的、未分化的、模糊的，所以他们无法作 if - then 思考、不能类比、不能作可逆性思维，而这些能力却是类比推理所必需的（Alexander, et al, 1987）。李红、冯延勇（2002）通过实验发现："在具备相应知识经验的前提下，4 岁组到 5.5 岁组儿童的单维类比推理能力已接近形成，没有显著的年龄差异；4 岁组到 5.5 岁组儿童的儿童双维类比推理能力均还处于较低的发展水平。"刘建清（1995）通过实验发现："9~12 岁儿童的类比推理能力的发展较为迅速：10 岁左右是发展的快速期，10~11 岁是推理方式转化的过渡期。"还需要提及的是盲童。根据刘旺（2002）的研究："无论是盲童还是正常儿童，其每种类比推理的平均成绩及总和都是随着年级的升高而提高的。"以上这些研究结果说明，年龄并非类比推理能力存在与否的决定因素，而是影响这种能力高低的一个重要因素，因为它与知识经验、教育及认知水平等因素有一定程度的依存关系，特别受认知策略的影响。正是在皮氏思想的影响下，20 世纪七八十年代儿童类比推理研究达到第一个高潮，出现了结构发展和知识发展观：

前者以 Piaget、Stenberg 和 Gentner 为代表，认为类比推理能力的发展受某种因素影响，且是分阶段的；后者以 Brown 和 Kane 等为代表，认为类比推理能力会随着年龄的变化和知识经验的增加而得以提高。

最后，类比推理具有一定的神经基础。关于这一点，"1994 年 Gur 等人提出左脑角回可能是进行类比推理的主要部位，Gur 等的研究观察到进行类比推理时左脑顶叶下部皮质角回区的脑血流有极明显的增加"（唐慧琳、刘昌，2004）。1994 年 Gur 等人的这一推测，得到了 Wharton 等（2002）研究的证实。他们"运用 PET 对 12 名正常的、智力较高的成人进行了实验研究。给被试呈现一张由有色的几何图形组成的源图片，短暂的延迟之后，再呈现一张由有色的几何图形组成的目标图片。被试要判断每个源——目标图对是类似的（类比条件），还是完全相同的（同一条件）。其中，类似的图片并不具有相同的几何图形，但是具有相同的抽象视空间关系系统。相对于同一条件下的判断而言，类比推理不仅激活了背内侧（dorsomedial）额叶皮质，而且激活了左半球中的额叶皮质、顶叶皮质以及枕叶上部皮质，表明大脑左半球的前部和后部皮质区也在类比推理中发挥了重要作用"（唐慧琳、刘昌，2004）。

四、类比推理之功能

类比作为人类一种创造性思维，是获得新知识和解决问题的最重要机制之一，存在于现实生活的各个方面。著名数学家 Polya（1945）就曾指出："类比充满着我们的思维和交流，从简单推论到艺术表达以至最高的科学成就，无不充满类比。"之所以如此，是因为："首先，类比推理适用于纵向层次的认知推进。因为类比可以突破归纳、演绎推理只在同质同类的个别与一般之间运动的局限，而借助同构对应关系，在不同质的两个或两类对象之间建立起特殊的推理关系，构造起由此及彼的桥梁，从而向纵深层次推进。其次，类比推理适用于横向领域的知识转移。因为不同的领域有同构关系，我们的研究在突破一个领域之后，便能直接由这一领域的知识转移到未知的另一领域，这样类比推理就成为现代科学技术研究中常用的模拟法、模型法、移植法的逻辑基础。再次，类比推理还特别适用于学科体系的总体把握，因为相同或相似的结构使我们能够利用类比推理的不等值对应公式，从总体上把握不同质的各种学科系统。"（张晓光，2000）

古往今来，运用类比解决问题而获得巨大成功的事例不胜枚举。根据相关学者的研究成果，我们知道中国先秦时的典籍《周易》就是一个类比性质的符号推理系统，一直影响着中国人的思维活动。它"以阴爻、阳爻为初始符号构成六十四个符号集的对象语言，有着解读这些对象（符号集）并藉以进行推理的一整套语法语言，如卦、爻、经卦、复卦、本卦、之卦、变卦、九、六、位、承、乘、比、应、据、中等，还有对各卦象、爻象进行解说的言辞即自然语言，构成了与西方符号系统大致相似的推理系统。但是《周易》符号推理系统中的这些对象语言，与西方符号系统中的那些对象语言有一个本质的不同，西方符号推理系统的性质是演绎，《周易》符号推理系统的性质是类比"。有学者认为"《周易》的类比属性及其推理过程，不仅要比西方传统逻辑的三段论推理复杂得多，而且推理的结论也只是一种仅供参考的或然判断"（周山，2007）。公元前4世纪古希腊亚里士多德和斯多葛派也涉及语言类比之争，通过类比、仿照原有同类词创造出对应词或近似词很普遍。现在的年轻人喜欢"汉堡包"这种洋快餐，它实际上就是两块面包夹着一块煎牛排，洋名为"hamburger"。我们都知道，"hamburger"源于德国一个叫"Hamburg"（汉堡）的城市名，本来跟肉与面包是无关的。"hamburger"作为一种食品，最初写作"Hamburg steak"，意为"绞碎的肉"，因为它起源于"Hamburg"，19世纪中期被德国移民带到美国，连同它的名称。1889年"Hamburg steak"被"hamburger steak"取代，1908年缩略成"hamburger"。20世纪30年代"hamburger"用来指其中的肉，也指三明治。该词中的"ham"碰巧与"ham"（猪腿）相同，于是"–burger"便被误用作构词成分，表示"（碎肉或鱼等）夹心饼，带……的牛肉馅饼"，后来通过类比形成了系列相关的食品，如"cheeseburger（夹乳酪面包），baconburger（夹腊肉面包），crabburger（夹蟹肉面包），porkburger（猪肉汉堡包），beefburger（碎牛肉饼，汉堡牛排），fishburger（碎鱼馅饼），turkeyburger（夹火鸡面包），mooseburger（麋肉面包），nutburger（碎果仁馅饼），steakburger（牛排汉堡包）和nothingburger（无馅面包）"等。（赵宏宇，2002）正是由于类比推理"能把任意的对象放在一起进行比较和推论，因此它不但可使不同种类事物的知识相互移植和推广，而且具有触类旁通、举一反三的特殊功能，从而成为思维呈现创新的一种契机"；而且"其结论有时会远远超出前提断定的范围，对于科学发现和技术发明来说，无疑具有重要的探索和预测作用"。（刘邦凡、欧阳贵望，2006）比方说，在人工智能系统中，类比推理就有如下几个主要功用：①在相关领域知识不完备时，可以通过类比推理学习新的知识，扩充知识库，使系统可以解决过去不能解决的问题；②通过类比推理机制，可以充分利用过去求解类似问题的经验，以提高系统对新问题的求解率；③在知识库或数据库的表示中使用类比来解释数据，可减少系统的存储

空间，提高系统的知识或数据容量。（王军玲、王希华，1999）

五、结语

类比推理作为一种异于归纳和演绎推理的认知思维范式，关注两类不同事物之间的相似性映射，其客观理据在于客体之间的普遍关联性，其主观理据在于主体认知水平。只要抓住了不同对象的相同或相似的本质属性和特征，并积极参加各类社会实践，预先掌握类比对象及与类比对象有关的其他知识和经验，类比推理就完全能为我们有效利用。

参考文献

1. 陈合新．类比与联想的哲学原理在耳蜗血管纹心钠素研究中的应用［J］．医学与哲学，1998（8）：50－51．

2. 黄骏．论类比思维的两重因素［J］．科学、技术与辩证法，1987（4）：76－80．

3. 黄朝阳．中国古代逻辑的主导推理类型——推类［J］．南开学报（哲学社会科学版），2009（5）：92－99．

4. 李红，冯延勇．4—5岁儿童单双维类比推理能力的发展水平和特点［J］．心理学报，2002（4）：395－399．

5. 李玉兰．类比推理的机制与功能［J］．武汉大学学报（哲学社会科学版），1995（3）：69－72．

6. 林定夷．类比与联想［J］．哲学研究，1984（6）：47－53．

7. 刘邦凡，欧阳贵望．论古典归纳逻辑的科学认知功能［J］．燕山大学学报（哲学社会科学版），2006（4）：35－39．

8. 刘春杰，刘志栋．类比推理的基础、特征和功能［J］．青海师范大学学报（哲学社会科学版），1988（3）：103－107．

9. 刘建清．9—12岁儿童类比推理能力的发展［J］．心理科学，1995（1）：56－58．

10. 刘旺．盲童与正常儿童类比推理的比较研究［J］．中国特殊教育，2002（1）：19－22．

11. 曲衍立，张梅玲．类比迁移研究综述［J］．心理学动态，2000（2）：50－55．

12. 权五赫，贾春华．一个以"金"为始源域的中医概念隐喻认知系统［J］．世界中医药，2014（11）：1 443－1 446．

13. 斯坦哈特．隐喻的逻辑——可能世界中的类比［M］．黄华新，徐慈华，等译．杭州：浙江大学出版社，2009：89，102，153．

14. 唐慧琳，刘昌．类比推理的影响因素及脑生理基础研究［J］．心理科学进展，2004（2）：193－200．

15. 王军玲，王希华．关于类比推理研究的一点哲学思考［J］．北京航空航天大学学报（社会科学版），1999（3）：24 - 27.

16. 王亚同，鲁忠义．类比推理研究的有关理论 ［J］．心理学动态，1998（2）：40 - 45.

17. 邢玉瑞．阴阳五行学说与原始思维 ［J］．南京中医药大学学报（社会科学版），2004（1）：1 - 3.

18. 杨于高．论类比思维的客观基础 ［J］．武汉大学学报（哲学社会科学版），1992（6）：19 - 23.

19. 张庆林，王永明．类比迁移的三种理论 ［J］．心理科学，1998（6）：550 - 551.

20. 张向葵，等．类比推理研究综述 ［J］．心理科学，2000（6）：725 - 728.

21. 张晓光．国内类比推理研究综述 ［J］．哲学动态，2000（5）：8 - 12.

22. 赵宏宇．试论英语类比构词 ［J］．辽宁师范大学学报（社会科学版），2002（4）：78 - 81.

23. 周山．《周易》与类比推理 ［J］．周易研究，2007（6）：57 - 61.

24. 周玉平．类比推理的研究方法 ［J］．社会心理科学，2013（10）：34 - 36,62.

25. ALEXANDER P A, et al. Analogical reasoning in young children ［J］. Journal of educational psychology, 1987（89）：401 - 408.

26. CHENG P W & HOLYOAK K J. Pragmatic reasoning schemas ［J］. Cognitive psychology, 1985（4）：391 - 416.

27. GENTNER D. Structure-mapping：a theoretical framework for analogy ［J］. Cognitive science, 1985（4）：155 - 170.

28. GENTNER D et al. The place of analogy in cognition ［A］//GENTNER D, et al（eds.）. Analogy：perspectives from cognitive science ［C］. Cambridge, MA：MIT Press, 2001：1 - 19.

29. GICK M L & HOLYOAK K J. Schema induction and analogical transfer ［J］. Cognitive psychology, 1983（15）：1 - 38.

30. GUR R C, et al. Lateralized increases in cerebral blood flow during performance of verbal spatial tasks：relationship with performance level ［J］. Brain and cognition, 1994（24）：244 - 258.

31. HOLYOAK K J. The pragmatics of analogical transfer ［J］. The psychology of learning and motivation, 1985（19）：59 - 87.

32. LAKOFF G & JOHNSON M. Metaphors we live by ［M］. Chicago and London：The University of Chicago Press, 1980.

33. POLYA G. How to solve it ［M］. Princeton：Princeton University Press, 1945.

34. WHARTON C M, et al. Toward neuro-anatomical models of analogy：a positron emission tomography study of analogical reasoning ［J］. Cognitive psychology, 2000（40）：173 - 197.

Towards Analogical Inference: A Special Cognitive Thinking Approach

Xu Xiaoyan

(School of Foreign Languages, China Jiliang University, Hangzhou, 310018)

Abstract: When the time comes into 21st century, cognitive science has become the frontier hot discipline of the new era. Analogical inference as a cognitive thinking approach, distinct from induction and deduction, is bound to receive scholars' great attention. This approach chiefly focuses on similarity mapping between two different objects with its objective motivation in universal connection of objects in the world and subjective motivation in cognitive competence of subjects. Cognitive competence can be verified from cognitive experiences, cognitive development and our brain nerves. If analogical inference can be scientifically and reasonably employed, it will benefit not only our daily communication, also our innovating activities.

Key Words: Analogical inference; Object connection; Subject cognition; Motivation; Function

比较修辞学

当代作品中的欧化与言语民族风格的传承

陈毅平①

（暨南大学翻译学院　珠海　519070）

摘　要：21世纪以来，外国翻译作品在我国阅读市场的份额日渐增加，翻译作品的质量形势也日益严峻。伴随着五四新文化运动出现的汉语欧化问题依然存在，翻译作品中，用词造句明显异于地道汉语的"翻译腔"时有所见。通过探讨翻译作品中的言语民族风格问题，可引起语言文字工作者的重视，增强大众言语风格意识，鞭策译者提高译作语言质量。

关键词：欧化；言语民族风格；翻译；传承

一

随着改革开放的深入，尤其是进入21世纪以来，外国翻译作品在我国阅读市场的份额日渐增加，翻译作品的质量形势也日益严峻。伴随着五四新文化运动出现的汉语欧化问题似已尘埃落定，汇入现代汉语健康发展的滚滚洪流。事实上，欧化现象依然是当前创作和翻译作品中一道不和谐的音符。欧化的表达已成为当代文学作品言语使用的常态，在优秀作品中也时有所见。在翻译作品中，用词造句明显异于地道汉语的"翻译腔"依然存在。本文旨在探讨翻译作品中反映的言语民族风格问题，希望引起语言文字工作者的重视，进而增强大众言语风格意识，鞭策译者不断提高译作质量。

二

汉语欧化问题由来已久，到目前依然是汉语研究的重要话题。简言之，欧化是指汉语受到印欧语言，尤其是英语的影响，在遣词造句上出现一些不同于汉语常规的语言现象。中华人民共和国成立前，王力在《中国语法理论》中用专章"欧化的语法"讨论过欧化的词法和句法。目前，仍

---

① 作者简介：陈毅平（1968—　），湖北汉川人。武汉大学文学博士。现为暨南大学（珠海）翻译学院教授、硕士生导师、副院长，兼任中国修辞学会常务理事。

有学者从不同角度进行研究。贺阳（2008）利用语料库从语言学角度宏观探讨了五四以来现代汉语的欧化现象。巩雪先和黄立波（2017）结合类比语料库，从"人称代词＋的"这一欧化结构入手，微观考察了翻译作品中的欧化问题。张卫中（2004；2006；2009）从文学角度系统阐述了欧化现象的演变与发展，对欧化的作用予以高度评价。他指出，"从语言本体论的角度看，欧化汉语是通过直接的、间接的各种渠道将一种新的世界观和价值观、新的思维方式和美学观点赋予了中国新文学，对新文学的发生和发展产生了决定性的作用"（张卫中，2004）。我们不否认欧化对丰富汉语所起的积极作用，但毋庸讳言，某些欧化手段已经成为文学作品中习焉不察的表达方式，连当代优秀作品也难以避免，令人产生白璧微瑕之感。例如：

（1）作为在美国待了二十年的"海归"，这点法律意识还是有的。（徐则臣《王城如海》）

（2）他很吃惊，藏丽花作为一个中学生，竟然能写那么一手漂亮的字。（叶兆言《玫瑰的岁月》）

（3）对书法的迷恋，彻底改变了他的性格，他的整个身心都陷入其中，以至于我每一次去找他，他似乎都在做与写字有关的事情。（叶兆言《玫瑰的岁月》）

（4）因为季匋民是大画家，这些名士就特别爱在他面前评书论画，借以卖弄自己高雅博学。（汪曾祺《鉴赏家》）

（5）陈小手的得名是因为他的手特别小，比女人的手还小，比一般女人的手还更柔软细嫩。（汪曾祺《陈小手》）

例句中的欧化有的涉及词汇，有的涉及句法。一个对汉语民族风格敏感的作者，完全可以避免这种用词造句。前两例中的"作为"不免让人想到对应于英语的介词 as。例（3）的"以至于"显然是英语 so... that 的翻版。这些欧化表达只要稍加思考，是可以回避或改进的。比如，例（1）可改为"他是在美国待了二十年的'海归'，这点法律意识还是有的"，或者再简练点，"他在美国待了二十年，这点法律意识还是有的"。例（2）的"作为"可改为"还是"。例（3）删除"以至于"，简练自然，也不影响语义表达。后两例中"借以"和"更"从汉语表意来看纯属冗余——"借以"的说法从修辞角度看比较生硬，带洋腔洋调；而"更"径直让人联想到英语形容词比较级的标志词 more。

三

汉语的言语风格是汉语修辞学研究的话题，不少汉语修辞学专著和教材都提到言语风格或语言风格问题（参见易蒲、李金苓，1989；郑远汉，1998；程祥徽、邓骏捷、张剑桦，2000；黎运汉、盛永生，2006；吴礼权，2006）。郑远汉（1998）专章讨论了汉语的言语民族风格："同一民族的人，在使用本民族语言上所表现出的同该民族心理、风尚、习俗等文化因素相适应，同该民族语言的构成特点相联系的一系列为该民族的人共同具有的言语特点的综合，便是言语民族风格。使用汉语，即使使用者不是汉族人，不是中国人，也要体现汉语的言语民族风格。否则，虽然采用的是汉语的语言系统（汉语的语音、语汇、语法），也会不像是汉语的格调，不具有汉语的'味儿'。"

接下来，书中归纳出汉语言语民族风格在词汇、句法、话语章法上的表现。尤其值得注意的是，书中提炼出汉语言语民族风格在句法上的三点表现，即句法结构单纯化的倾向、语句排偶化的传统、意合法和重语式的普遍使用。因为汉语习惯采用比较单纯的结构，句子或分句往往比较短小，有别于叠床架屋的欧化句法。现以赵树理的《小二黑结婚》为例稍加说明。

1. 句法结构单纯、多用短句

（6）三仙姑下神，足足有三十年了。那时三仙姑才十五岁，刚刚嫁给于福，是前后庄上第一个俊俏媳妇。于福是个老实后生，不多说一句话，只会在地里死受。于福的娘早死了，只有个爹，父子两个一上了地，家里只留下新媳妇一个人。村里的年青人们感觉着新媳妇太孤单，就慢慢自动的来跟新媳妇做伴，不几天就集合了一大群，每天嘻嘻哈哈，十分哄伙。

2. 语句排偶化

（7）刘家峧有两个神仙，邻近各村无人不晓：一个是前庄上的二诸葛，一个是后庄上的三仙姑。二诸葛原来叫刘修德，当年做过生意，抬脚动手都要论一论阴阳八卦，看一看黄道黑道。三仙姑是后庄于福的老婆，每月初一十五都要顶着红布摇摇摆摆装扮天神。

（8）新媳妇哭了一天一夜，头也不梳，脸也不洗，饭也不吃，躺在炕上，谁也叫不起来，父子两个没了办法。

（9）小芹去洗衣服，马上青年们也都去洗；小芹上树采野菜，马上青年们也都去采。

3. 意合法

（10）小芹那年才九岁，晌午做捞饭，把米下进锅里了，听见她娘哼哼得很中听，站在桌前听了一会，把做饭也忘了。

（11）三仙姑前后共生过六个孩子，就有五个没有成人，只落了一个女儿，名叫小芹。

（12）小二黑，是二诸葛的二小子，有一次反扫荡打死过两个敌人，曾得到特等射手的奖励。

4. 重语式

（13）两个斗争会开过以后，事情包也包不住了。

（14）虽然二诸葛说是千合适万合适，小二黑却不认账。

（15）我不管！谁收了人家的东西谁跟人家去！

以上例句体现了典型的汉语言语民族风格，大多一望而知，无须阐述。这里简单分析第三种情况，意合法。例（10）说小芹听妈妈唱歌听入了迷，"把做饭也忘了"，表现的是一种因果关系。用欧化的说法，很可能变成"小芹听得如此着迷，以至于把做饭也忘了"，明显映射出英语 so...that 结构。这种汉语偏意合、英语偏形合的例子很多，请看著名翻译家戴乃迭（Gladys Yang）翻译孙犁《荷花淀》的三个例子。

（16）这女人编着席。不久在她的身子下面，就编成了一大片。她像坐在一片洁白的雪地上，也像坐在一片洁白的云彩上。

The young woman in the yard was plaiting a mat, seated on the long stretch of it already accomplished where she seemed enthroned on virgin snow or on a fleecy cloud.

（17）她们轻轻划着船，船两边的水哗，哗，哗。

They paddled easily along while water gurgled on each side of the boat.

（18）往荷花淀里摇！那里水浅，大船过不去。

Head for Lotus Creek! It's too shallow for a boat that size.

例（16）汉语有三句话，译文只一句，主谓宾在开头部分，后面采用了过去分词 seated 结构和关系副词 where 引导的状语从句等形合手段。例（17）原文是两个分句并列，译文使用了连接副词 while。例（18）原文第二句有两个小句，无衔接词语，译文用的是 too shallow for 这个副词＋形容词＋名词短语的形合结构。

汉语的言语民族风格与西方语言大相径庭。汉语与西方语言不同，是一种体验性语言。汉语虽然重视理性信息传递功能，但更注重审美信息的传递功能（谭学纯、唐跃、朱玲，2000）。这是一种"弹性"语言（引自申小龙，见谭学纯、唐跃、朱玲，2000），在语句组合上采用"富有弹性的组织方略"，"放弃了西方形态语言视为生命之躯的关系框架"。翻译作品中之所以经常出现欧化现象，除了受到消化不良的翻译作品的影响，缺乏精益求精的精神，译者汉语修养不足、对汉语的言语民族风格不够敏感也是重要原因。请看以下例句的两个译文：

（19）The traditional pattern of classroom experience at the college level brings the professor and a group of 20 to 30 students together for a 45 – to – 50 – minute class sessions two or three times a week.

译文 1：传统的大学课堂模式每周两到三次把教授和一组 20～30 人的学生一同带到同一课堂中来上一堂 45～50 分钟的课。

译文 2：传统的大学教育模式是这样的，一位老师给二三十名学生上课，每堂课 45～50 分钟，每周两到三次。

很明显，就信息传递而言，两个译文都做到了忠实原文。但从表达来看，译文 1 照搬原文结构，全句 50 多个字，中间没有一个标点符号，读下来非常吃力；译文 2 拆分成三个小句，读来从容不迫，自然流畅，符合汉语表达习惯。

四

对翻译中失控的欧化现象，不少学者痛心疾首，大声疾呼。台湾作家余光中可谓几十年如一日与过度欧化作斗争、倡导美好中文的勇士。他在散文《中文的常态与变态》中用大量例证揭示了中文面临的西化危机，提倡中文生命的常态（措辞简练、语法对称、句式灵活、声调铿锵）。他并不一味反对西化。他说："中文西化，不一定就是毛病。缓慢而适度的西化甚至是难以避免的趋势，高妙的西化更可以截长补短。但是太快太强的西化，破坏了中文的自然生态，就成了恶性西化。"（余光中，2014）文末，他再度表明立场："中文发展了好几千年，从清通到高妙，自有千锤百炼的一套常态。谁要是不知常态为何物而贸然自诩为求变，其结果也许只是献拙，而非生巧。"（余光中，2014）在《变通的艺术》一文中，他总结多年的教学生涯后坦陈，"……为欧化分子修改疵译，十之七八实际上是在改中文作文。这是我在大学里教翻译多年的结论"（余光中，2014）。谈到翻译教育，他语重心长地指出，"翻译教师正如国文教师，也正如一切作家与人文学科的教授，对于维护健康美丽的中文，都负有重大责任。对于强势外语不良的入侵，这该是另一种国防"（余光中，2014）。

固然，作家有创作的自由，译者有再度创造的自由，欧化在创作和译作中的出现也无可厚非。问题在于，有些人缺乏汉语言语民族风格的意识，写作或翻译中有意无意使用了过度的欧化表达，不仅无益于汉语的健康发展，而且戕害了汉语的自然生态。此其一。其二，既然是翻译作品，应当考虑到读者的接受程度。把外语包括英语翻译成汉语，应考虑汉语读者的接受心理和语言习惯，遣词造句尽可能符合传统的汉语表达习惯，遵循典型的汉语言语民族风格，恰当处理好言语民族风格传承与发展的关系。只有我们的汉语基础扎实了、我们的言语民族风格意识增强了，我们的翻译作品才能减少不必要的西化，甚至洋为中用，为汉语读者提供高品质译作。

五

表达欧化是目前翻译作品的普遍现象，有泛滥的趋势。我们不反对适当欧化，更不反对借鉴西方语言手段丰富和完善汉语，增强汉语的表现力。然而，过度的欧化损害汉语言语民族风格，破坏美好汉语的常态，给读者带来阅读障碍和不快。当务之急是强化译者的责任意识和服务意识，提高其言语民族风格意识。长远来看，要加强翻译教育和中文教育，提倡多读优秀汉语作品，增强大众语言修养和言语民族风格意识。只有这样，我们的翻译作品才能逐步为汉语读者喜闻乐见，避免恶性欧化，传承和发扬汉语独特的言语民族风格。

参考文献

1. 程祥徽，邓骏捷，张剑桦. 语言风格学［M］. 南宁：广西教育出版社，2000.

2. 巩雪先，黄立波. 汉语译文中"人称代词＋的"结构欧化用法考察——类比语料库视角［J］. 解放军外国语学院学报，2017（2）.

3. 贺阳. 现代汉语欧化语法现象研究［J］. 世界汉语教学，2008（4）.

4. 黎运汉，盛永生. 汉语修辞学［M］. 广州：广东教育出版社，2006.

5. 谭学纯，唐跃，朱玲. 接受修辞学［M］. 修订本. 合肥：安徽大学出版社，2000.

6. 王力. 中国语法理论［M］. 北京：中华书局，2015.

7. 吴礼权. 现代汉语修辞学［M］. 广州：暨南大学出版社，2008.

8. 易蒲，李金苓. 汉语修辞学史纲［M］. 长春：吉林教育出版社，1989.

9. 余光中. 翻译乃大道［M］. 北京：外语教学与研究出版社，2014.

10. 张卫中. 20 世纪初汉语的欧化与文学的变革［J］. 文艺争鸣，2004（3）.

11. 张卫中. 汉语文学语言欧化的可能与限度［J］. 兰州学刊，2006（7）.

12. 张卫中. 20 世纪中国文学语言演变述略［J］. 兰州学刊，2009（2）.

13. 郑远汉. 言语风格学［M］. 修订本. 武汉：湖北教育出版社，1998.

Europeanization and the Continuation of the National Speech Style of Chinese in Contemporary Translated Works

Chen Yiping

(*School of Translation Studies*, *Jinan University*, *Zhuhai*, 519070)

Abstract: Since the beginning of the 21st century, the Chinese book market has witnessed an increasing share of translated works whose language problems are on the rise. Despite the Europeanization of Chinese appearing as early as the May 4th Movement, the present Chinese versions of foreign books are still plagued by translationese, which differs considerably from the common style of modern Chinese. An exploration of the inadequacy of the national speech style in the existing translated books could capture the attention of the language community, increase the awareness of speech style on the part of the general readership, and urge translators to work harder towards a higher translation quality.

Key Words: Europeanization; National speech style; Translation; Continuation

模因论视阈下的英汉修辞构式探新①
——以"be + v. ed"构式为例

康志峰②

（复旦大学外国语言文学学院 上海 200433）

摘 要：本研究以模因论为理论基础，以"be + v. ed"构式为研究对象，探析该修辞构式在英汉翻译中的多模态模因嬗变。本研究通过对该构式的固化常态模因（FNM）透析，析出其（"P + X"）→（"被 + X"）的英汉对应修辞构式，P 预设成立。借以分析型语言手法对"be + v. ed"构式透析，析出该构式的（"C + X"）→（"可以 + X"）；以转换型语言手段对"be + v. ed"构式透析，析出（"TAVP + X"）→（"转主 + X"），（"ABPV + X"）→（"把 + X"），（"OAVP + X"）→（"省主 + X"），（"AVP + X"）→（"迁主 + X"）等；以静态表达手法对"be + v. ed"构式透析，析出（"AV + X"）→（"是 + X"）。这些英汉对应新构式经过模因嬗变，形成了多模态的英汉对应新常态模因（NNM），P 预设不成立。"be + v. ed"构式多模态的英汉对应 NNM 弥补了 FNM 的局限性，丰富了该构式的英汉对应范式，对今后翻译实践中"be + v. ed"构式英汉对应多范式的应用、英汉修辞理论研究以及模因论的发展具有一定意义。

关键词：模因论；英汉翻译；修辞构式；"be + v. ed"；模因嬗变

一、引言

"be + v. ed"构式（construction）是英语话语语篇（discourses）中经常出现的助动词（auxiliary verb/auxil. v.）词形变化形式，由"助动词 be + 过去分词"构建而成，其汉译的固化常态模因（fixed normality meme, FNM）为"被 + X"。然而，我国古汉语中有一种特殊的语言现象，许多动词既可表主动又可表被动，因此就无所谓主动句或被动句。尽管如此，并非古汉语就没有被动句，在少数情况下，"见""被""为"这些被动符号不仅活跃在古汉语中，还被保留在现代汉语中（康志峰，2011），与英文

① 本文是国家社会科学研究基金项目"基于 ERP 的中国高校学生口译增效策略研究"（15BYY011）的部分成果。

② 作者简介：康志峰（1964— ），河北石家庄人，复旦大学博士。现为复旦大学外国语言文学学院教授、博士生导师。兼任中国修辞学会常务理事，中国翻译认知研究会会长。

构式"be + v. ed"中的"be"相对应。纵然如此，英汉被动结构并非一一对应，英语使用"sub. + be + v. ed + by phr."结构，即"NP1（recipient）+ VP + NP2（agent）"来体现"受动者+行动+施动者"的相互关系，汉语则与之相异。首先，英语中谓语的被动语态（passive voice）是用动词的过去分词来构成的，即"be + v. ed"构式，汉语则不然。其次，英语介词 by 带出施事者（以下称 agent）（康志峰，2013）置于谓语动词之后，汉语却不宜如此。最后，被动语态是文字表达客观化的手段之一。这一客观化手段排除了主观因素和感情色彩，且为科技文体的重要特征，在英语科技文体中尤为突显，汉语却不能及。由此观之，英汉被动句对应中，并不具有现成的对应表达式，需要按照汉语的惯用法，从丰富的句式和辅助词语中选择恰当的手法来体现原文的被动含意（passive implications），不仅有被动式（passive forms），还有主动式（active forms）。因此，该构式的（"C + X"）→（"可以 + X"）和（"AV + X"）→（"是 + X"）等从解构（deconstruction）→识解（construal）→揭示（revealment）经历了多模态（multimodality）模因嬗变（meme transmutation），实现了理想的认知模型（idealized cognitive models，ICM）（康志峰，2010），构成新常态模因（new normality meme，NNM）。

二、理论建构

（一）模因的源起与定义

模因一词源起于希腊语词 mimeme，在牛津英语词典中模因被定义为文化基本单位，有"模仿"之意（Blackmore，1999）。Meme 一词最早出现在英国牛津大学著名动物学家和行为生态学家 Richard Dawkins 出版的《自私的基因》（*The Selfish Gene*）（Dawkins，1976）一书中。其定义分为两个阶段：第一阶段的模因被视为文化模仿单位，其表型为曲调旋律、想法思潮、时髦用语等模式；第二阶段的模因被看作大脑里的信息单位，是存在于大脑中的一个因子得到复制和传播。因此，从广义上讲，复制因子（replicator）便可称为模因。

随着国内外学者对 meme 研究的深化，我国学者也逐渐将 meme 一词提上了"译事日程"。何自然和何雪林（2003）以及马萧（2005）等将 meme 译为"模因"；张莹（2003）将之译为"觅母"；王斌（2004）将之译为"密母"；徐盛桓（2005）将之译为"幂姆"等。本研究认为，meme 译作"模因"更为贴切考究，而且广义传统的模因被称为常态模因（NM），保持稳定不变的常态模因被称为固化常态模因（FNM）。

（二）模因论的产生

模因论（memetics）是一种基于达尔文进化论的观点来解释文化基因的进化规律。一个人模仿另一个人的一些信息，或者重复自己的习惯、技能等行为，都是大脑中的模仿病毒（viruses）（Dawkins，2006）在起作用，这个理论被称为模因论。这一理论被 Dawkins 描述为"文化复制基因"（cultural copy genes）。模因论的形成基于模因（Blackmore，1999），其生命周期可分为同化（assimilation）、记忆（retention）、表达（expression）和传播（transmission）四个阶段（Dawkins，2006）。四个阶段周而复始，在选择中失败或成功。成功的模因具有长寿性（longevity）、多产性（fecundity）和复制忠实性（copying‐fidelity）三个特点（Dawkins，2006）。因此，模因本身结构很强的生命力为模因论的形成打下了坚实的理论基础。如今，研究 meme 及其社会文化影响的学科被称为 Memetics。

模因论在国外研究如火如荼之时，何自然于2003年将模因论引入中国（何自然、何雪林，2003），随后出现了语言模因（linguistic meme）和翻译模因（translation meme）的研究论文，如"模因论与社会语用"（何自然、何雪林，2003），"从密母的角度谈异化翻译的趋势"（张莹，2003），"密母与翻译"（王斌，2004），"语言中的模因"（何自然，2005），"翻译模因论与翻译教学"（马萧，2005）等，为我国语言模因、翻译模因以及文化进化等研究开辟了新的路径。

（三）模因论的发展

陈琳霞、何自然（2006）提出了语言模因的产生、变异和发展。信息模因正是思想信息被复制、转述和传播，形成信息和思想的传播模因。传播的表现可分为基因型和表现型。基因型模因指大脑里的信息作自我复制和传播。这种复制与传播内容相同，但形式可以不同：一为直接传递信息，即信息的直接引用，如引文、转述以及话语重复等；二为间接传播相同信息，即信息的移植，在传播复制的过程中形式变异，而内容不变。表现型模因指信息的形式被赋予不同内容加以复制和传播，即形式不变，而内容扩展的模因。表现一为同形联想嫁接：信息模因形式不变，嫁接于不同场合导致产生不同的联想；二为同形异义横向嫁接：信息模因的结构与形式不变，在原有的框架内增加新的内容，形成信息模因的发展增量（康志峰，2013）。信息概念之传播既有异形同信息概念模因之传播，又有同形异义信息概念增量型之传播。语言模因和翻译模因的发展不仅具有基因型，而且具有表现型。这两种模型的语言模因和翻译模因建构了模因发展论。

三、问题提出

根据模因论、模因发展论以及翻译模因观，"be + v. ed"构式在英汉翻译中形成"P + X"对应模因，此为FNM。那么，除此之外，是否还有间接模因传播，凸显基因型和表现型，形成"C + X"和"AV + X"等多模态嬗变模因态势呢？这一态势的模因究竟是FNM，还是多模态NNM？让我们预设这种新增量的多模态对应模因成立，尔后对其进行解构透析。

四、解构透析

（一）FNM透析

汉语作为目的语（target language，TL）的FNM，"P + X"突显"被"字，与英语作为源语（source language，SL）的"be + v. ed"构式相对应，此为语用制约因素（pragmatic constraint factors）所致。这一手段在古汉语中就有，如"信而见疑，忠而被谤"（《屈原列传》），只是用法特殊、用得少而已。在现代汉语中，该手段用得较多，尤其是当今"疯传"的网络用语，如"被黑""被雷""被潜""被愚""被代表""被小康""被平均""被统计""被就业""被增长"等，可以产出无数的"P + X"固化链，用来着重指出其行动被施加到受事者（patient）身上的事实，一般句子构成为"受事者 + 被 + 动词"，即"patient + P + V."的形式。例如：

（PE1）Over the centuries, Libya has been occupied by the Phoenicians, Greeks, Italians, and Egyptians.

（PC1）几个世纪以来，利比亚一直被腓尼基人、希腊人、意大利人以及埃及人占领着。

（PE2）I have been called the mother of the pavilion, which is actually one of the nicer things I've been called during my very long public career. （康志峰，2013）

（PC2）我被称为美国馆之母，在我漫长的公共生涯中，这是我比较喜欢的称呼之一。

在PE1句中，构式形成 {[patient（Libya） +（has been occupied）（〈P + V.〉）] + [by + agent（the Phoenicians, Greeks, Italians, and Egyptians.）]}；在PC1句中，中文对应构式 {[patient（利比亚←explicit） +

被 + V. （占领） + agent（腓尼基人、希腊人、意大利人以及埃及人←explicit）］｝。在 PE2 句中，构式形成 ｛［patient（I） + （have been called）（〈P + V.〉）］ + ［by + agent（the mother of the pavilion）］｝；在 PC2 中文对应构式 ｛［patient（我←explicit） + 被 + V.（称为） + agent（美国馆之母←explicit）］｝。由此可见，这些句式中受到 FNM "被" 的影响，PE1 与 PC1、PE2 与 PC2 的句式相同，突显 P 而形成 "P + X" 的 N 句对应，达到了 P 的预设效果，实现了 P 的 ICM 识解。图式表达见图 1：

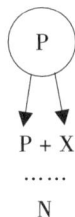

图 1 "P+X" 构式图

（二）NNM 透析

1. 分析型语言手法

对于谓语动词被动含义的表达，英语使用综合型语言手法，由 "助动词 be + 过去分词"，即 "be + v. ed" 来建构被动构式；汉语则采用分析型语言手法，突显词序，及物动词在 "主 + 谓 + 宾"（Sub. + Pre. + Obj.）的句中是主动的（如：中国队打败了古巴队），其构式原型为 agent + verb + patient。在 "主 + 谓"（sub. + pred.）的句中是被动的（如：古巴队被打败了），其构式原型为 patient + verb，产生 "P + X" 的模因嬗变，"被" 由显性（explicit）变为隐性（implicit），形成 "可以 + X"，即 "C + X" 的 NNM。这一用法在古汉语中就已开始使用，在现代汉语中更为普遍。

（CE1）In certain circumstances a decision maker may have some statistical data available that can be used to calculate these probabilities. （康志峰，2011）

（CC1）在某些情况下，决策者可得到一些统计数据来计算这些结果。

（CE2）But there is still a lot of undeveloped land that could be used for both farming and housing. （康志峰，2013）

（CC2）但未开发的土地还不少，可以用来种植农作物和建房。

在 CE1 句中，构式形成 ｛［patient（data→that）］ + ［（can be used）

(〈P + V. 〉)] + [com. (to do) inf.]};在 CC1 句中,中文对应构式 {[agent (决策者←explicit) + V. (可……来……) + patient (数据←explicit)]}。在 CE2 句中,构式形成 {[patient (land→that) + (could be used) (〈P + V. 〉)] + [com. (for sth.) (prep. phrase)]};在 CC2 句中, 中文对应构式 {[agent (土地←explicit) + V. (可以用来) + patient (种 植农作物和建房←explicit)]}。这些句式不受 FNM "被" 的影响,P 由显 性变为隐性,形成 "C + X" 的 N 句对应,P 的预设效果为零,突显 "可" 的 Active 之效。图式表达见图 2:

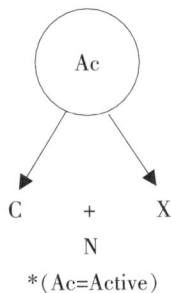

*(Ac=Active)

图 2 "C+X" 构式图

2. 转换型语言手段

转换型语言手段是用汉语主动式表达英语被动含义。在英语中,有时 作者特意让受动者作为句子的主语,以此作为谈论的主题。但在翻译时, 译者就需根据汉语行文酌情确定主语。有些情况下,我们需把施动者放在 主语的位置上,才能使句子修辞得当,通顺流畅。

(1)转换增补型 I:构式由 SL 的 P (assive),向 TL 的 A (ctive) 转 换。在 TL 中,按照 "施动者 + 动词 + 受动者" (agent + V. + patient) 的 顺序翻译,形成 transferred "AVP + X" 对应构式,即 "TAVP + X"。例如:

(CE3) Knowing what he is going to ask in advance should make it easier, I thought, except that the opposite psychology was used. (康志峰,2011)

(CC3) 我想,在他提问以前先知道他要问什么,可能会好办些。可是 没有想到他们却利用了相反的心理作用。

(CE4) It is believed that China's environment will be better and better in the following ten years.

(CC4) 人们认为,中国的环境在未来十年将会越来越好。

在 CE3 句中，英文构式 ｛［patient（the opposite psychology）→（the + Adj. + N.）］+［（was used）（〈P + V.〉）］｝；在 CC3 句中，中文对应构式 ｛［agent（他们←implicit）+ V.（利用）+ patient（相反的心理←explicit）］｝。在 CE4 句中，英文构式 ｛［patient（It）→ Pron.］+［（is believed）〈P + V.〉］+［（that Clause）］｝；在 CC4 句中，中文对应构式 ｛［agent（人们←implicit）+ V.（认为）+ patient（中国的……←explicit）］｝。这些句式同样不受 FNM "被" 的影响，P 由显性变为隐性，形成 "AVP + X" 的 N 句对应，P 的预设效果为零，突显 Active 之效。图式表达见图 3：

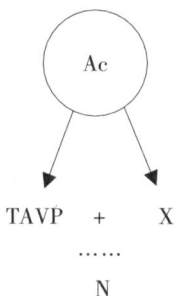

图 3 "TAVP+X"构式图

（2）转换增补型 II：用 "把" 字带出受动者，形成 "施动者 + 把 + 受动者 + 动词"（agent + 把 + patient + V.）或 "施事者 + 把 + 受动者 + 动词 + 补语"（agent + 把 + patient + V. + com.）的排列顺序，形成 "ABPV + X" 的 N 句对应。例如：

（CE5）For now, it is enough that the issue be postponed, with neither side accepting the status quo but with both sides living with it. （康志峰，2011）

（CC5）目前双方都不接受但还能容忍这样的现状，即把问题推迟到以后解决，这就足够了。

（CE6）Difficulties should be left to us and conveniences to others.

（CC6）把困难留给我们，把方便让给别人。

在 CE5 句中，构式形成 ｛［patient（issue）］+［（be postponed）（〈P + V.〉）］+［（prep. phrase）（with...）］｝；在 CC5 句中，中文对应构式 ｛［agent（我们←implicit）+ 把 + patient（问题←explicit）+ V.（推迟）］｝。在 CE6 句中，构式形成 ｛［patient（Difficulties）+（should be left）（〈P + V.〉）] + [com.（to sb.）（prep. phrase）]}；在 CC6 句中，中文对应构式 {[agent（我们←implicit）+ 把 + patient（困难/方便←explicit）+ V.（留给）+ patient（我们/别人←explicit）]}。这些句式同样不受 FNM"被"的影响，P 由显性变为隐性，形成"ABPV + X"的 N 句对应，P 的预设效果为零，突显"把"的 Active 之效。图式表达见图 4：

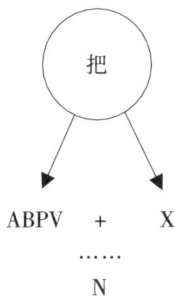

图 4 "ABPV+X"构式图

（3）SL"信"与 TL"达"型：在英语中，由于作者不知道、不想说或不必说出 agent，这样作者使用 patient 来表达。但句子不能没有主语，因而就用 patient 做主语。汉语中不存在此类问题，因为汉语句子可以没有主语。鉴于此，在翻译时我们应用颠倒翻译法把原文的"受动者 + 动词 + （省略施动者）"[patient + V. +（omitted agent）] 变为"（省略施动者）+ 动词 + 受动者"[（omitted agent）+ V. + patient] 的顺序。这样既体现了对 SL 的"信"，又表明了 TL 的"达"。例如：

（CE7）Most important, an updated operation plan being set to satisfy the current market, and the consequences of taking various actions are known ahead of time, minimizing cost and disruptive surprises.（康志峰，2011）

（CC7）最重要的是，必须事先制订运营计划以满足当前的市场需求以及了解各种措施所产生的后果，这样就可以最大限度地减少成本和破坏性的意外事件。

（CE8）Methods of cutting should be employed which are unlikely to generate an undue amount of heat.（康志峰，2013）

（CC8）应采用不易产生过多热量的切割方法。

在 CE7 句中，构式形成 {[patient（plan / consequences）] + [（being set / are known）（⟨P + V.⟩）] + [（prep. phrase）（ahead of...）]}；在 CC7 句中，中文对应构式 {[omitted agent（我们/你们/他们←implicit） + V.（制订/了解） + patient（计划/后果←explicit）]}。在 CE8 句中，构式形成 {[patient（Methods） + （should be employed）（⟨P + V.⟩）] + [At-tr. Clause（which...）]}；在 CC8 句中，中文对应构式 {[omitted agent（我们/你们/他们←implicit） + V.（采用） + patient（方法←explic-it）]}。这些句式同样不受 FNM "被" 的影响，P 由显性变为隐性，形成 "OAVP + X" 的 N 句对应，P 的预设效果为零，突显 V. 的 Active 之效。图式表达见图 5：

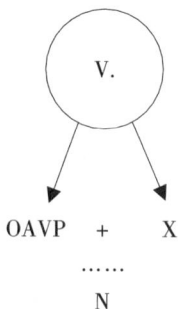

图 5 "OAVP+X"构式图

（4）原句顺译型：按照原句 "施动者 + 动词 + 受动者"（agent + V. + patient）的顺序翻译。

（CE9）Intellectual self-discipline is required to avoid ignoring important alternatives, uncertainties, decisions, or trade-offs.（康志峰，2013）

（CC9）明智的自律用来避免忽略其他重要方案、不确定因素、决策及权衡。

（CE10）In the course of its development, China's future and destiny have been increasingly tied to that of the world.（康志峰，2013）

（CC10）在中国的发展进程中，其前途命运日益紧密地与世界的前途命运联系在一起。

在 CE9 句中，英文构式 {[patient（self – discipline） → （N.）] + [（is

required）（〈P + V.〉）] + [com.（to do）inf.] }；在 CC9 句中，中文对应构式 {[agent（自律←explicit）+ V.（用来）+ patient（避免……←explicit）] }。在 CE10 句中，英文构式 {[patient（future and destiny）→（N.）] + [（have been tied）〈P + V.〉] + [（prep. phrase）（to that...）] }；在 CC10 句中，中文对应构式 {[agent（……Ⅰ前途命运←explicit）+ V.（联系）+ patient（……Ⅱ前途命运←explicit）] }。这些句式同样不受 FNM "被"的影响，P 由显性变为隐性，由 SL 的 patient 变为 TL 的 agent，即 patient→agent（以下称 Pt→At），形成"AVP + X"的 N 句对应，P 的预设效果为零，突显 Pt→At 之效。图式表达见图 6：

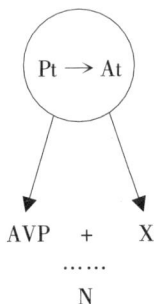

图 6 "AVP+X"构式图

（三）NNM 静态透析

静态表达是对英语句中强调行为静态，说明时间、地点、方式、方法等具体情况，由"助动词 be + 过去分词"，即"be + v. ed"来构成形式上的显性被动；其汉语对应为"是……的"，构式原型为 PATIENT + LINK VERB，产生"P + X"的模因嬗变，"被"由显性变为隐性，形成"是 + X"，即"AV + X"的 NNM。

（BE1）As Simon's principle of bounded rationality makes clear, however, such an ideal rationality can never be attained because of the limits of time, information, and intellectual capacity.（康志峰，2013）

（BC1）然而正如西蒙的有限理性原则所明确阐明的，由于受时间、信息和智力的限制，这种理想的要求是永远达不到的。

（BE2）If an industry is fragmented, price competition is likely to be severe.（康志峰，2013）

（BC2）如果一个产业是四分五裂的，价格竞争很可能是严峻的。

在 BE1 句中，英文构式 ｛［patient（rationality）→（N.）］＋［（can never be attained）（〈P＋V.〉）］＋［（prep. phrase）（because of...）］｝；在 BC1 句中，中文对应构式 ｛［agent（要求←explicit）＋V.（是）＋［（prep. phrase）（由于……）］｝。在 BE2 句中，英文构式 ｛［patient（industry）→（N.）］＋［（is fragmented）〈P＋V.〉］＋［（main sentence）（price...）］｝；在 BC2 句中，中文对应构式 ｛［agent（产业←explicit）＋V.（是）＋［（main sentence）（价格……）］｝。这些句式同样不受 FNM "被" 的影响，P 由显性变为隐性，由 SL 的 Pt 变为 TL 的 At，即 Pt→At，形成 "AV＋X" 的 N 句对应，P 的预设效果为零，突显静态 B（e）之效。图式表达见图 7：

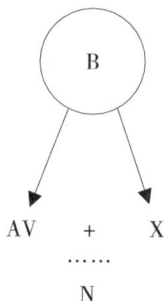

图7　"AV＋X" 构式图

综合上述 FNM 与 NNM（包括分析型、转换型以及静态型）成分的解析，我们可以得出 "be＋v. ed" 构式中 agent、P、V. 和 patient 的各种显性和隐性成分解析，详见表1。

表 1　FNM 与 NNM 显性和隐性成分解析表

FNM/NNM		ECS	Agent	P	V.	Patient
FNM		PE1	+	+	+	+
		PC1	+	+	+	+
		PE2	+	+	+	+
		PC2	+	+	+	+
NNM	分析型 NNM	CE1	−	+	+	+
		CC1	+	−	−	+
		CE2	−	+	+	+
		CC2	+	−	−	+
	转换型 NNM	CE3	−	+	+	+
		CC3	+	−	−	+
		CE4	−	+	+	+
		CC4	+	−	−	+
		CE5	−	+	+	+
		CC5	+	−	−	+
		CE6	−	+	+	+
		CC6	−	−	−	+
		CE7	−	+	+	+
		CC7	−	−	−	+
		CE8	−	+	+	+
		CC8	−	−	−	+
		CE9	−	+	+	+
		CC9	+	−	−	+
		CE10	−	+	+	+
		CC10	+	−	−	+
	静态型 NNM	BE1	−	+	+	+
		BC1	+	−	−	−
		BE2	−	+	+	+
		BC2	+	−	−	−

＊ECS：English & Chinese Sentences；＋：explicit；－：implicit

由表 1 可以看出从 PE1、PC1 到 PE2、PC2 在 FNM 中 Agent、P、V. 以及 Patient 的显性（+），从 CE1、CC1 到 CE10、CC10 在分析型、转换型以及静态型 NNM 中透析出各项的显性（+）与隐性（-）。

五、多模态模因（MM）构式识解和语篇分析

（一）构式识解（construction construal）

由英文构式"be + v. ed"所产生的中文构式"被 + X"，即 FNM "P + X"与"可以 + X"，即"C + X"的 NNM，突显转移主动的"TAVP + X" NNM，突显"把"字的"ABPV + X" NNM，突显动词主动的"OAVP + X" NNM，突显 Pt→At 的"AVP + X" NNM，突显静态"是"，即 B 的"AV + X" NNM 等多模态模因（meme with multimodalities，MM）英文构式见图 8：

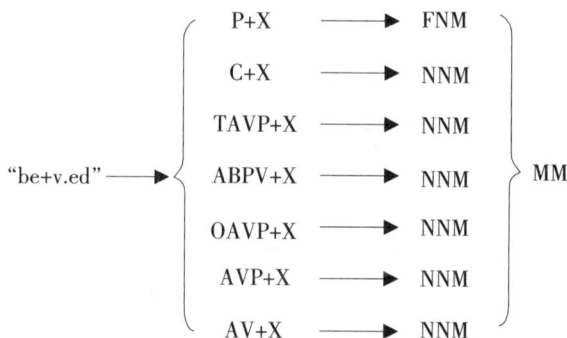

图 8 "be+v.ed"多模态模因构式英文对应图

由图 8 可知，英文构式"be + v. ed"形成（FNM）"P + X"和（NNM）"C + X"等多模态构式。这些由 FNM 和 NNM 合成的多模态模因中文对应构式见图 9：

"助动词 be+过去分词" →

- "被+X" → FNM
- "可以+X" → NNM
- "转主+X" → NNM
- "把+X" → NNM
- "省主+X" → NNM
- "迁主+X" → NNM
- "是+X" → NNM

→ 多模态

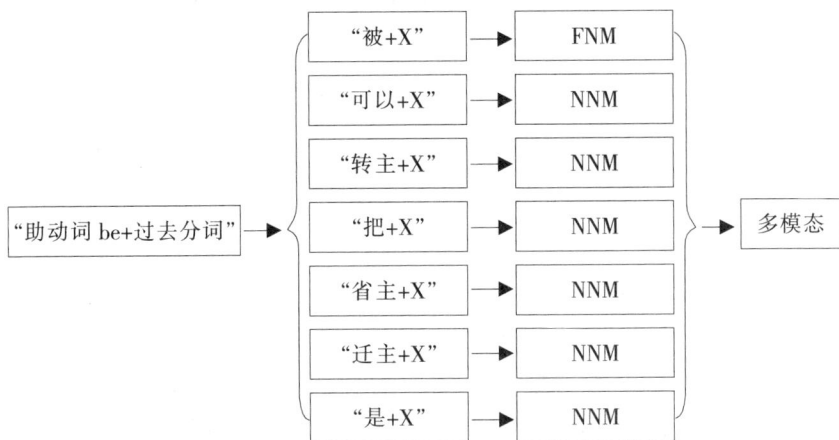

图 9 "be+v.ed"多模态模因构式中文对应图

（二）构式语篇分析（Discourse Analyses）

本研究选取了 10 篇英文科技语篇和 10 篇英文社科语篇，对"be + v. ed"构式在这些语篇中 P 型句所占总体语篇句子比例，"P + X""C + X""TAVP + X""ABPV + X""OAVP + X""AVP + X""AV + X"等构式作了解析研究。结果见表 2 和表 3：

表 2　所选科技语篇中的"be + v. ed"构式解析表

语篇分析（DA）	所选语篇数量	句子总数	P 型句总数	FNM P + X 数量	NNM 分类 C + X 数量	TAVP + X 数量	ABPV + X 数量	OAVP + X 数量	AVP + X 数量	AV + X 数量	NNM 总数 6 项
科技语篇（DST）	10	489	132	27	21	15	11	17	13	28	105
所占总数的比例（%）	100	100	26.994	5.522	4.294	3.067	2.249	3.477	2.659	5.726	21.472
所占 P 型句的比例（%）	—	—	100	20.455	15.909	11.364	8.333	12.879	9.849	21.212	79.545

＊DA：Discourse Analyses；DST：Discourses of Science and Technology

表3　所选社科语篇中的"be + v. ed"构式解析表

语篇分析（DA）	所选语篇数量	句子总数	P型句总数	FNM	NNM 分类						NNM 总数
				P + X 数量	C + X 数量	TAVP + X 数量	ABPV + X 数量	OAVP + X 数量	AVP + X 数量	AV + X 数量	6 项
社科语篇（DSS）	10	516	87	16	13	10	16	9	6	17	71
所占总数的比例（%）	100	100	16.860	3.101	2.519	1.938	3.101	1.744	1.163	3.295	13.760
所占P型句的比例（%）	—	—	100	18.391	14.943	11.494	18.391	10.345	6.897	19.540	81.609

* DA：Discourse Analyses；DSS：Discourses of Social Science

由表2观之，在选取的10篇科技文献中，总共有489个句子，其中P型句132个，占总数的26.994%；FNM "P + X" 句子为27个，占句子总数的5.522%，占P型句总数的20.455%；NNM 包括 "C + X" "TAVP + X" "ABPV + X" "OAVP + X" "AVP + X" "AV + X" 等构式句，总数为105个，占句子总数的21.472%，占P型句总数的79.545%。NNM 各种构式比 FNM "P + X" 占P型句总数超出59.09%。

在选取的10篇社科文献中，总共有516个句子，其中P型句87个，占总数的16.860%；FNM "P + X" 句子为16个，占句子总数的3.101%，占P型句总数的18.391%；NNM 总数为71个，占句子总数的13.760%，占P型句总数的81.609%。NNM 各种构式比 FNM "P + X" 占P型句总数超出63.218%。由此而看出 "be + v. ed" 构式 NNM 的突显性，见图10：

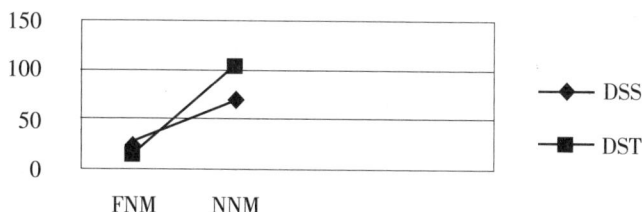

* DST：Discourses of Science and Technology；DSS：Discourses of Social Science

图10　FNM 与 CNM 差异图

由图 10 可以看出：DSS 的 FNM 为 16，NNM 为 71；DST 的 FNM 为 27，NNM 为 105。两者的 NNM 数量均明显大于 FNM 的数量。由此可知，"be + v. ed" 构式的中文对应中除了 "P + X" 的 FNM 之外，还有许多 NNM 的对应。

（三）效度、信度和相关性解析

本研究使用 SPSS 软件，对 "be + v. ed" 构式在所选语篇作解析计算检验，表格自动生成结果见表 4 和表 5：

表 4　描述统计量

	N	极小值	极大值	均值	标准差	均值的标准误差
DST	10	11.00	489.00	85.800 0	147.840 60	46.751 30
DSS	10	6.00	516.00	76.100 0	157.106 09	49.681 31
有效的 N（列表状态）	10					

表 5　单个样本检验

	检验值 = Ot					
	t	df	Sig.（双侧）	均值差值	差分的 95% 置信区间	
					下限	上限
DST	1.835	9	.100	85.800 00	−19.958 8	191.558 8
DSS	1.532	9	.160	76.100 00	−36.286 9	188.486 9

表 4 和表 5 表明，所统计 DST 和 DSS 各 10 项均有效。DST 最大值为 489.00，最小值为 11.00，均值为 85.800 0，标准差为 147.840 60，标准误差为 46.751 30，t 为 1.835，df 为 9，Sig. 为 0.100 > 0.05，由此表明齐方差性满足，两组变量值均一；DSS 最大值为 516.00，最小值为 6.00，均值为 76.100 0，标准差为 157.106 09，标准误差为 49.681 31，t 为 1.532，df 为 9，Sig. 为 0.160 > 0.05，由此表明齐方差性满足，两组变量值均一。

对 DST 和 DSS 各 10 项有效数据进行相关性检验，结果见表 6：

表 6　相关性检验

		DST 变量	DSS 变量
DST	Pearson 相关性	1	.994＊＊
	显著性（双侧）		.000
	N	10	10
DSS	Pearson 相关性	.994＊＊	1
	显著性（双侧）	.000	
	N	10	10

注：＊＊表示在.01 水平（双侧）上显著相关。

由表 6 可知，通过对 DST 和 DSS 各 10 项有效项的 Pearson 相关性检验，所得数据为 1 和 0.994，由此证明两组的 10 项数据在.01 水平（双侧）上显著相关。

对 DST 和 DSS 两组有效数据的可靠性统计计算，结果见表 7：

表 7　可靠性统计量

Cronbach's Alpha	项数
.996	2

由表 6 可见，Cronbach's Alpha 为 0.996，突显其实验检验的可靠性。从而也证明了本研究的效度、信度以及 DST 和 DSS 的相关性。

六、结论

（1）通过对"be + v. ed"构式在英汉翻译中的多模态模因嬗变研究，在 FNM 透析中析出了（"P + X"）→（"被 + X"）的英汉对应，P 预设成立。

（2）通过对该构式的分析型语言手法透析，析出了该构式的（"C + X"）→（"可以 + X"）英汉对应。

（3）通过对该构式的转换型语言手段透析，析出了（"TAVP + X"）→（"转主 + X"），（"ABPV + X"）→（"把 + X"），（"OAVP + X"）→（"省主 + X"），（"AVP + X"）→（"迁主 + X"）等英汉对应构式。

（4）通过对该构式的静态透析，析出了（"AV + X"）→（"是 + X"）

英汉对应构式。

其中，（2）、（3）、（4）英汉构式经过模因嬗变，形成了多模态的新常态英汉对应模因，P 预设不成立。多模态的新常态英汉对应模因弥补了 FNM 的局限性，丰富了"be + v. ed"构式英汉对应范式。本研究对今后翻译实践中"be + v. ed"构式英汉对应多范式的应用、英汉修辞理论研究以及模因论的发展具有一定意义。

参考文献

1. 陈琳霞，何自然. 语言模因现象探析 ［J］. 外语教学与研究，2006（2）.

2. 何自然，何雪林. 模因论与社会语用 ［J］. 现代外语，2003（2）.

3. 何自然. 语言中的模因 ［J］. 语言科学，2005（6）.

4. 康志峰. 双及物构式 ICM 识解的功能、性能及语义增量 ［J］. 外语与外语教学，2010（6）.

5. 康志峰. 英语高级口译实用大全 ［M］. 上海：上海科学普及出版社，2011.

6. 康志峰. 模因论·整体论·级度论——多模态翻译焦虑的模因建构 ［J］. 外语教学理论与实践，2013（3）.

7. 康志峰，白纯. 英汉双向口译实践教程 ［M］. 北京：国防工业出版社，2013.

8. 马萧. 从模因到规范——切斯特曼的翻译模因论述评 ［J］. 广东外语外贸大学学报，2005（3）.

9. 马萧. 翻译模因论与翻译教学 ［J］. 山东外语教学，2005（3）.

10. 王斌. 密母与翻译 ［J］. 外语研究，2004（3）.

11. 徐盛桓. 幂姆与文学作品互文性研究 ［J］. 暨南大学华文学院学报，2005（1）.

12. 张莹. 从觅母的角度谈异化翻译的趋势 ［J］. 深圳大学学报（人文社会科学版），2003（6）.

13. BLACKMORE S. The meme machine ［M］. Oxford：Oxford University Press，1994.

14. DAWKINS R. The selfish gene ［M］. Oxford：Oxford University Press，1976/2006.

An Analysis of Rhetoric Construction in E – C Translation from the Perspective of Memetics：Taking "be + v. ed" Construction as an Example

Kang Zhifeng

（*College of Foreign Languages and Literatures*，*Fudan University*，*Shanghai*，200433）

Abstract：Based upon the theory of memetics，this study analyses the meme transmutation with multimodalities about the rhetoric "be + v. ed" construction as research object in interpreting from English into Chinese. From the analyses of Fixed Normality of Meme (FNM) about this construction, this study educes the E – C rhetoric construction ("P + X") → ("被 + X"), which proves P presupposition is positive. From the analyses of "be + v. ed" construction in the linguistic way of analyses, this study produces ("C + X") → ("可以 + X"); in the linguistic way of transferring style, this study produces ("TAVP + X") → ("转主 + X"), ("ABPV + X") → ("把 + X"), ("OAVP + X") → ("省主 + X"), ("AVP + X") → ("迁主 + X"); then in the static way, this study produces ("AV + X") → ("是 + X"), thereby these new E – C constructions constitute the E – C New Normality Meme (NNM) with multimodalities through meme transmutation, which proves P presupposition is negative. The E – C NNM with multimodalities of "be + v. ed" construction makes up for the limitation of FNM and enriches the equivalent paradigms of the construction, which is significant to the use of the new paradigms in the future interpreting practice, the study of E – C rhetoric theory and the development of memetics.

Key Words: Memetics; E – C interpreting; Rhetoric construction; "Be + v. ed"; Meme transmutation

民族文化对比下的蒙汉语夸张差异

常晓琴①

（赤峰学院蒙古文史学院　赤峰　024000）

摘　要：夸张是蒙汉语中最常见的一种修辞手法。本文通过蒙汉语夸张修辞的对比，探讨了蒙汉民族在夸张修辞中具有思维的共同性，此外，在社会风俗习惯、历史发展和语言文化、概念与思维方式上具有各自夸张表达的特殊性。

关键词：应用语言学；蒙汉夸张修辞；思维共性和表达特殊性

语言和文化有着极其重要的联系，有怎样的民族传统文化就会出现相应的语言表达方式。同样，作为一种修辞方式的夸张也深受文化的影响。在夸张修辞中我们既可体验到蒙汉两种文化思维的共同性，即言过其实或夸大其词地抒发感情，又可欣赏到表达上的特殊性。

夸张是基于心理活动的一种认知性修辞格。由于对客观世界认知关系的改变，人们的认知心理过程就体现出一种超常规的变异过程，语言使用者把在这种心理过程中形成的经验用语言表达出来的结果就是夸张。所以，从认知心理学的角度看，夸张是由于人们对客观世界人之关系的改变而产生的一种超常规的变异心理过程。以蒙古语为母语的蒙古族和以汉语为母语的汉族因历史渊源不同，各有自己本民族的文化，表现在修辞中更是绚丽多彩、各具特色。本文通过蒙汉民族文化对比，简述蒙古语与汉语各自夸张表达的特殊性。

一、蒙汉夸张修辞思维的共性

蒙语和汉语的夸张都是在客观事实的基础上，以丰富和瑰丽的想象，将某一事物的本质或特征表现出来，对事物的某些方面加以扩大或渲染的一种修辞方式。在夸张中，蒙汉民族的思维方式具有相似之处，即尽量把事物向高、大、好、强、重等方面伸展扩大，或尽量向低、小、坏、弱、轻等方面收敛缩小。另外，蒙古族和汉族人民因在思维方式、生活习惯、

---

①　作者简介：常晓琴（1964—　　），蒙古族。现为内蒙古赤峰学院蒙古文史学院教授，复旦大学修辞学访问学者。兼任中国修辞学会理事。

对事物的认识方面互相影响，或多或少有相似之处。例如：蒙古语的"nair tal caasaas nimgen"与汉语中的"人情比纸薄"对应；蒙古语中的"bayan hunai（阴性、小圆唇）booson（阴性、大圆唇）bas dabhar nudtei""gurban hun（阴性、小圆唇）sedgel negdbel sar soroo（阴性、大圆唇）alt bolnoo（阳性、大圆唇）""dalai dotoroos（阳性、大圆唇）zuu（阴性、小圆唇）ereh"等与汉语中的"富人的虱子双眼皮""三人一条心，黄土变成金""大海里捞针"一一对应，同属于夸张手法。

例中蒙汉语把统一一个本体用统一一个夸大体来夸张，得出统一的夸大本质的现象，说明了蒙汉两族人民对事物的认识与解释具有共同性，也就是说两族人民的思维方式具有共性。

但是，蒙语和汉语毕竟属于不同语系，由于文化背景、风俗习惯、思维方式等各种因素的不同，在比较对象、比喻方式、联想内容等诸多问题上存在着两种民族文化的差异。

二、蒙汉夸张修辞表达的特殊性

蒙古族和汉族人民在夸张的思维模式上虽然有相似之处，但由于受历史文化传统的影响，夸张习惯有明显的差异并制约着两个民族的夸张方式，因而形成了语言上迥然不同的表达风格。本文主要从以下几个方面探索蒙汉语夸张表达的特殊性。

（一）由于社会风俗习惯不同而引起的特殊性

每一种民族语言都是其民族文化与思维形式的再现，对它的研究是发掘人类文明与智慧的重要领域。由于每种文化、语言都受自己所特有的民族历史、民族心理背景及人文地理的影响，所以在不同语言，尤其是不同语系的语言之间，其结构、语言背景、思维方式和表达方式等方面往往存在着很大的差异。如蒙古语中把"只知贪吃，工作劳动时不积极不主动的人"用比喻夸张的方式描述为"idhed er bar, hiihed hasang boh（阳性、小圆唇）"。意思是说吃东西时像只猛老虎，但干活时像只懒牤牛。

蒙古族历史上是以游牧为主、打猎为生的民族，他们在生活中见过饿极了的老虎怎么捕猎猎物且狼吞虎咽的情景，放牧时更了解牛的那股肉劲，所以有了这种既形象又生动的夸张表达。而在汉语中对同样的意思则用"草包竖大汉，能吃不能干"来表示，其中却没有夸张手法。蒙古语中还有：

（1）"budunuun（阴性、大圆唇）mahaar suus（阴性、小圆唇）tabih, buusun（阴性、大圆唇）tosoor（阳性、大圆唇）zul（阳性、小圆唇）ba-rim。"意思是用小鸟的肉做祭奠、用虱子的肉做祖鲁油的人。

（2）"hubilzaganiin（阳性、小圆唇）cusii（阳性、小圆唇）huurc（阳性、小圆唇）idmeer hobdog（阳性、大圆唇），horhoigiin（阳性、大圆唇）gedesii arilgaaz idmeer sunhai。"意思是煎炒飞虫的血、清理小虫肚子吃的贪吃的人。

（3）"baasaan hataaz idmeer。"意思是能把自己的大便放干了吃。

（4）就这一眼，满园子里便鸦雀无声，比皇帝出来还要静悄悄得多呢！连一根针跌在地下都能听得见响。[刘鹗：《明湖居听书》（上）]

蒙古语中有一种说法，比喻这个人的懒惰时用"baasaan hataaz id-meer"，意思是能把自己的大便放干了吃。以上几个例子都用夸张的手法形容那些极度懒惰的人。例（1）中，蒙古族在重大节日都用全羊"suus tabih"（对肉食的一种敬称），怎么可能用"budunun mahaar suus tabih"？而且"祖鲁节"时用黄油或专用的油来点"zul barh"（一种神灯），怎能用虱子的油。例（2）"hubilzaganiin"（小飞虫）、"bodon"（一种小鸟）也就是手指或巴掌那么大的小虫和小鸟，可想而知，能煎它们的血、清理它们肠子吃的人该有多么贪吃。以上各例中，蒙古族中特有的民族语言都用故意夸大手法来形容那些极度贪婪、懒惰、好吃的人。在汉语中与它能对应的有"荞麦皮榨油"。例（4）中"静"到何种程度，"连一根针跌在地下都能听得见响"。汉语中这种独特的比较夸张的运用，是对某一事物进行的丰富联想和对强烈情感的深刻表露。蒙汉语这两种夸张中的本体都鲜明地反映了蒙古族游牧文化和汉族农耕文化的特殊性。

（二）由于历史发展和语言文化不同而引起的特殊性

汉族历史悠久，有五千年的文明史，拥有无数的文化瑰宝。汉语的"望梅止渴""沉鱼落雁""画饼充饥""惊弓之鸟""泰山之安""鸡犬升天"等成语都以汉族历史文化为背景，采用了夸张手法。蒙古人没有这样的历史背景，所以也没有这类夸张手法。但蒙古族也是一个历史悠久而富于传奇色彩的少数民族，历史上征战较多。《蒙古秘史》中描写那些勇猛将士力大无比、吃喝之多、形态之威猛时用：

（1）"gurban boohoor（阳性、大圆唇）zutguulbec（阴性、小圆唇）gulziihue（阳性、小圆唇）hucen（阴性、小圆唇）tei, gunzan（阳性、小

圆唇）uherii（阴性、小圆唇）idebec cadahgue hodoodtoi（阳性、大圆唇）。"意思是有三头牦牛拽也拽不动的力量、吃三岁壮牛都吃不饱的胃口。

（2）"hur（阴性、小圆唇）hemegsendur, huru（阴性、小圆唇）hemhelun, hal hemegsendur, had hagalun, cegeen culuunii（阳性、小圆唇）coolon（阴性、大圆唇）, ceel usunii（阳性、小圆唇）nudlen aabai zaa taa。"意思是成吉思汗的三个爱将对他有着一直到海水枯干、石头粉碎，意志坚定、永远不变的忠诚。

在汉语中形容主子显贵，下人地位也高时用"宰相家奴七品官"；而蒙古语表示同样的意思时用"bicigiin geriin bolzmor（阳性、大圆唇）'buyuu（阳性、小圆唇）, anuu' gez nisnee"意思是筑巢在书香门第家的燕子都能说"buyuu, anuu"（古语词）（"之乎者也"的意思）。"宰相""七品官"是古代官职及等级称呼。蒙古语"buyuu, anuu"是古蒙古语词，一种意思是生活在书香门第屋檐下的燕子受主人之影响，飞的时候嘴里还念着"buyuu, anuu"等古蒙古语词；另一种意思是把脱离群众的文人的语言讽刺为燕子的语言。以上例子反映了蒙汉两个民族不同的语言与历史及制度文化的特殊性。

（三）由于概念与思维方式不同而引起的特殊性

蒙汉两个民族在夸张思维模式上虽然有相似之处，但习惯上对某一事物的认识和理解还是有差异的。例如"牛"，蒙语里有"真诚、赶走鬼怪"的象征意义，但汉族自古以来以农耕为主，所以"牛"是他们劳动时必要的牲畜，汉文化里"牛"自然是"吃苦耐劳"的象征。蒙古族以畜牧业为主，蒙古人在长期的生产实践中对"马"的习性有了深刻的认识，并赋予它独特的民族情感，于是"马"在蒙语中是"吃苦耐劳"的象征，是蒙古人真诚的朋友。而"牛"在蒙语中"动作粗笨、游手好闲"的意思较多。例如："helhen henggereg cang, hiihen hasang boh（阴性、大圆唇）"（意思是说话时像敲锣打鼓似的动静大，但工作时像笨牛一样动作缓慢），"idheder bar, hiihed hasang boh（阴性、大圆唇）"（意思是吃的时候像只公老虎，但工作时像笨牛一般动作缓慢或不积极），形容那些对工作不积极、不主动的人。而在蒙语里"马"具有耐劳、勇敢、真诚等象征意义。例如，"teg hiigsen agtiin tuuraigaar（阳性、小圆唇）, delhiin bomborcogii（阴性、大圆唇）hemziz, tengges hiigsen hoh tugaar（阳性、小圆唇）, hagas yortoncii（阴性、大圆唇）hucib（阴性、小圆唇）"。意思是"铁蹄横扫小环宇，青旗漫卷大世界"，夸大"马"的耐劳、勇敢、真诚。

夸张的程度要符合人们的心理要求和习惯。蒙汉语的夸张是以蒙古族和汉族的心理为基础的，他们有一套对夸张的特定看法。如汉语中比喻经历一次挫折以后就变得胆小怕事时用"一朝被蛇咬，十年怕井绳"；但在蒙语用"arslanaas aigsan bar, arban jil baas aldan"，意思是"被狮子吓怕的老虎，拉十年稀"。这两个夸张都与两个民族的农耕文化和游牧文化息息相关。

以上从三个方面分别阐述了蒙汉语夸张的不同之处，体现了民族文化特征对语言文化的影响。语言与文化的关系是双向的：一方面，文化的特点或多或少会在语言中留有印记，透过语言可以考察任何一个民族的文化要素；另一方面，语言的特点可以在文化中找到根据，到文化中寻求解释。因此，了解在民族文化差异下的蒙汉语夸张修辞格的异同，将帮助我们更深刻地了解两个民族的文化、更好地欣赏蒙汉文学作品中夸张的修辞魅力。

参考文献

1. 沙·毕热. 蒙古文化史：上［M］. 北京：民族出版社，2010.

2. 德力格尔. 蒙古语修辞学研究［M］. 辽宁：辽宁民族出版社，2009.

3. 崔·额尔德木图. 汉蒙惯用语词典［M］. 呼和浩特：内蒙古教育出版社，2001.

4. 蒙古语标准音词典［M］. 呼和浩特：内蒙古教育出版社，1984.

Cross-Cultural Contrast of Exaggration in Mongolian and Chinese

Chang Xiaoqin

(*Mogolian Literature and History Institute*, *Chifeng University*, *Chifeng*, 024000)

Abstract：Exaggeration is a figure of speech most commonly used both in Mongolian and Chinese. The paper does a comparative study and finds out that Mongolian people and Chinese people not only share similar way of thinking in exaggeration, but also have their own special characters in social customs, historical development, language and culture, and concept and way of thinking.

Key Words：Applied linguistics；Exaggeration in Mongolian and Chinese；Similarity in thinking；Difference in expression

少数民族语言修辞

隐喻的语言学研究（三）

——蒙古族婚俗中几个隐喻名称的哲学意义考察

德力格尔　佟桂芬[①]

（赤峰学院蒙古文史学院　赤峰　024000）

摘　要：本文以人和动物的身体器官、骨骼名称词隐喻为平台，以其中的"折颈骨""持桡骨，拜太阳""持胫骨，拜太阳"以及"兄弟十个，颈骨六节"等谚语隐喻为例，考释蒙古族"平行互动哲学"的发生学问题。

关键词：婚俗；身体器官名称；隐喻；哲学

人类从其基本需求出发，在认知自身以外有关联的实物的过程中反过来认知其自身。这个过程对人类认知能力、思维能力的发育给予了莫大支撑的"互动"。对于蒙古族来说，我们认为阿尔泰语系时期的语言所指称、认知的实物当中就包含了"身体器官、骨骼名称"[②]，而且它们就是认知更多不认识的新事物的"知源"——隐喻认知的"喻源"[③]。在这方面，拙作《隐喻的语言学研究（一）》和《隐喻的语言学研究（二）》中已经有所论述，在此不再复述。下面我们主要探讨这些"喻源"是怎样成为蒙古族"哲学之源"的。

关于客观世界万物的系统认知思考就是人类最初的哲学。这个哲学不是突然也不是偶然整体产生的，而是在人类对实物的认识、了解、认知的互动过程中，通过一个个认识—认知—概念的系统思考慢慢形成的。远古蒙古族对基本需求物质的初始认识及其物化表现为蒙古语，也是当今能够感知的、唯一的、比较系统的、完整的物化体。本文以蒙古语中最为原始的部分——人与动物身体器官、骨骼的名称词为研究目标。

"独木不成林，一人不成户。"一个个单一的人不能存在，更不能构成

---

① 作者简介：德力格尔（1957—　），内蒙古通辽库伦旗人。中央民族大学文学硕士。现为内蒙古赤峰学院教授、硕士生导师、副校长。兼任中国修辞学会副会长，中国蒙古学学会常务理事，中国蒙古语言学会常务理事。

佟桂芬（1972—　），蒙古族，黑龙江肇源人。内蒙古师范大学文学硕士。现为内蒙古赤峰学院教师。

② 德力格尔．隐喻的语言学研究（一）[J]．蒙古语文，2014.（6）．

③ 德力格尔．隐喻的语言学研究（二）[J]．中国蒙古学（蒙文），2015.（1）．

社会。人必须参与相应的共同体才能构成社会，而这个共同体中最有生命力的、最稳定的基本单元是家庭。家庭是以一个长命的人为轴心，往上曾祖父母、祖父母、父母三代，往下儿子儿媳、孙子孙媳、曾孙曾孙媳三代，共由七代嫡系及其每代的兄弟姐妹等旁系构成的，以一代代的婚姻关系为结盟的、社会最基本的、最有生命力的群体。家庭虽会扩展成为氏族、部落、民族、国家及阶级、流派、党团等传统和现代的种种大的群体，但始终承载着社会关系最基本的性质，而且这个关系中最根本的就是婚姻制度。

对于人类的婚姻形式，摩尔根进行了透彻的研究。他认为，人类的婚姻随着母系社会、父系社会以血婚制、伙婚制、偶婚制和专婚制的循序发展演变而来。① 据文献记载，蒙古人在登上历史舞台之前很早就已经进入父系社会，以专婚家庭形式生活。但是，在他们的语言及生活风俗中处处可以发现母系社会婚姻制的痕迹，从而为我们提供了更进一步研究蒙古族家庭与婚俗的可能性。

重视氏族内部联系与相互作用，什么人可以认定为亲族，什么人不可以认定为亲族，是《蒙古秘史》（以下简写为《秘史》）中大多数蒙古人能够接受并认真甄别且严格遵循的规矩。《秘史》第 11 项记载："都蛙锁豁儿死后，他的四个儿子不把叔父朵本篾儿干当亲族看待，看不起他，与他分离，抛弃了他，迁走了。"② 这是《秘史》里关于亲族认定的第一个记录。《秘史》第 23 项记载："他们的母亲阿阑豁阿死后，兄弟五人把马群、食物等分了。别勒古纳台、不古纳台、不忽哈答吉、不合秃撒勒只四人各自分取了一份，认为孛端察儿蒙黑愚弱，不当作亲族看待，没有分一份给他。"③

在第一个例子中，都蛙锁豁儿的四个儿子"蔑视"叔父朵本篾儿干，"不当亲族看待"。在第二个例子中，阿阑豁阿的四个儿子认为孛端察儿蒙黑"愚弱"，"不当作亲族看待"，没有分家当给他。这证明在部族、氏族、家庭内部成员的优化中，被"蔑视"及是否有"血缘"关系等都成为进行认定亲族的"条件"。《秘史》第 23 项记载了阿阑豁阿的五个儿子知道他们不是一个父亲所生，互相产生怀疑后，阿阑豁阿所解释的一段话："我的五个儿子，你们都从我的一个肚皮里生出来的。"④ 我们从《秘史》的其他记载中可以确定这句话当时没有得到黄金家族的认同，也没有起到作

① 摩尔根. 古代社会［M］. 北京：商务印书馆，1977：381.
② 蒙古秘史［M］. 余大钧，译注. 呼和浩特：内蒙古大学出版社，2014：15.
③ 蒙古秘史［M］. 余大钧，译注. 呼和浩特：内蒙古大学出版社，2014：27.
④ 蒙古秘史［M］. 余大钧，译注. 呼和浩特：内蒙古大学出版社，2014：26.

用。《秘史》第 11 项记载朵本篾儿干的四个儿子变成了朵儿边氏；第 42 项记载，别勒古纳台变成了别勒古纳惕氏、不古纳台变成了不古纳惕氏、不忽哈答吉变成了哈答斤氏、不合秃撒勒只变成了撒勒只兀惕氏、孛端察儿变成了孛儿吉斤氏。阿阑豁阿的"肚皮"实际上是"子宫"的引申概念。"子宫"存在于"肚皮"内，因此"肚皮"可以替代"子宫"。以"指肚皮（子宫）"为基础的亲族、部族认定是母系社会的痕迹。《秘史》中，有一部分蒙古人不会允许这种事情，但是还有一部分人仍然承认以"指肚皮"为基础的亲族、部族认定法则。《秘史》第 121 项记载："我们与札木合是同生于一腹而异胎的'后代'，本不应该与札木合分离。"① 这句话是孛端察儿与他抢来的妇人"札儿赤兀惕阿当罕兀良合真"的儿子巴阿里歹的后代豁儿赤说的。札木合的祖先札答剌歹（札答阑氏）是孛端察儿抢来之后所生，而"札儿赤兀惕阿当罕兀良合真"被抢时已经有身孕。豁儿赤的这种认同体现了在当时母系社会和父系社会的两种认同法则共同存在，只不过后者占据了主要地位。蒙古语中有一句流传至今的古老谚语"同肚、坚亲"②，从另一个方面肯定了蒙古人从母系社会开始重视亲族、家庭的婚姻联结与根系。

一、"折颈骨"婚俗

"折颈骨"婚俗的古代形式是"吃'不兀勒札儿'"。《秘史》第 168 项记载："把察兀儿别乞嫁给你方，请你们来吃'不兀勒札儿'。"③ 王汗之子桑昆为了把察兀儿别乞嫁给铁木真方，邀请了他。这个吃"不兀勒札儿"初始指男方到女方求婚的一种习俗，后来引申专指"结婚"。"不兀勒札儿"，原意为"羊的颈骨"。羊的颈喉的筋肉坚韧，颈骨关节紧凑，意示坚久不离。许婚宴上吃这个部位，表示两家的婚事长久牢固。蒙古国学者浩·桑皮勒登德布认为吃"不兀勒札儿"更早的形式存在于母系社会，在母系社会里男人到女方家做女婿的时候须通过的一道关就是"卸羊脖子"④。父系社会里吃"不兀勒札儿"的活动虽然在女方家进行，但是它已经变成了男方求婚接媳的习俗。可贵的是这个习俗至今仍然保留在蒙古族婚俗当中。在鄂尔多斯婚礼中，给女婿和祝颂人摆全羔羊和整颈骨"术子"，司仪人肢解全羊后把整颈骨送到女婿面前。女婿必须用尽全力折断

---

① 蒙古秘史 [M]. 余大钧，译注. 呼和浩特：内蒙古大学出版社，2014：172.
② 普·浩日劳. 蒙古民间文学的哲学内涵 [M]. 北京：民族出版社，2002：4.
③ 蒙古秘史 [M]. 余大钧，译注. 呼和浩特：内蒙古大学出版社，2014：268.
④ 浩·桑皮勒登德布. 蒙古家庭礼仪 [M]. 北京：民族出版社，2002：6–7.

羊颈骨，并自己拿着寰椎的一半，另一半送给女方嫂子并送祝词：

> 每每看望父亲最亲近
> 回回吃来颈骨最美味
> 重回仗家有慈母
> 再来回味吃颈骨。

之后，夫妻同吃羊颈骨①。
另有两句民间谚语：

> 女婿有力、颈骨美味。
> 女婿无为、颈骨乏味。

这是两个完全反义的隐喻。其不仅反映了母系社会和父系社会的婚俗演变过程，更重要的是体现了蒙古族在家庭的婚姻关系中更加注重长久牢固性的哲学思想。

二、"持桡骨，拜太阳"婚俗

"持桡骨，拜太阳"婚俗是氏族外的也是母系社会遗留的婚俗。蒙古语"桡骨"为"bogtu cimuge"，"持桡骨，拜太阳"婚俗为"bogtulahu urug"。蒙古语词典把这两个词放在了不同词条②。其实这两个词是同根词，词根为"bogtu"。在婚礼祝词中有"持桡骨，拜太阳；持胫骨，拜太阳"的表述。

蒙古族的"bogtulahu urug"在科尔沁的土尔伯特、郭尔罗斯等部族中一直保留到 20 世纪 40 年代③。《秘史》第 66 项记载："德·薛禅……我就把女儿许配给你儿子了，你把你的儿子留下来，做我的女婿吧。"④ 这里"留儿子"是"bogtulahu urug"的一种。在"bogtulahu urug"婚俗里，定亲后女婿要在女方家住最少 1 年、最长 3 年，服务于女方。在这期间女方父母全面考验女婿，如果放心才把女儿送到男方家。这期间夫妻可以同居，并可以生孩子。做"bogtulahu urug"的婚礼时，夫妻共同把持着一个

---

① 策·哈斯毕力格图. 蒙古婚礼风俗 [M]. 呼和浩特：内蒙古人民出版社，1999：153 – 154.
② 斯钦朝克图. 蒙古语词根词典 [M]. 呼和浩特：内蒙古人民出版社，1988：754.
③ 散布拉诺日不. 蒙古风俗 [M]. 沈阳：辽宁民族出版社，1990：307.
④ 蒙古秘史 [M]. 余大钧，译注. 呼和浩特：内蒙古大学出版社，2014：84.

桡骨（bogtu cimuge）的两端，跪拜天地和太阳。仪式中妻子戴的高帽子叫"bogtu malagai"，古代王公福晋的帽子顶戴也叫"bogtu"，都是从桡骨（bogtu cimuge）的形状演化而来。

从以上所述可以看出，"持桡骨，拜太阳"婚俗是由"桡骨"的形状、结构而来的。而"持桡骨，拜太阳"的隐喻义象征着婚姻关系的长久牢固。

三、"持胫骨，拜太阳"婚俗

"持胫骨，拜太阳"和"胫骨"婚俗（sagantu – yin horim – on yosun）也象征着婚姻关系的坚久。在青海蒙古人的婚礼中，当男人娶媳归来时，在门口铺上白色的毡子，上面用五谷画着"yugurang"和"lanca"图案。男人跪在"yugurang"上，女人跪在"lanca"上，两人一起把持着系了哈达的胫骨（男方把持有踝骨一段，女方把持胫骨头一段）拜象征太阳、月亮和上天的蓝色幕布。这时祝词人道：

> 手持无节的胫骨
> 跪拜金黄的太阳
> 拜跪吧，孩子们
> 嗡嘛呢呗咪吽
> ……

随着颂祝词，两位新人三拜于上天、太阳和月亮，掰开手中胫骨的踝骨和胫骨头争抢进屋，男人把踝骨放在被褥朵儿的头枕方底下，妻子把胫骨头段放在尾枕方底下。这块胫骨将跟随俩人一直珍藏到老。[1]

这个婚礼仪式的意义有三：①让新夫妻跪拜上天和太阳、月亮，宣布成为夫妻，同时求上天的恩赐，确保平安幸福；②让新夫妻拿无节的胫骨象征婚姻坚久不离；③男方把持踝骨一段，而且最后是男人拿着踝骨象征着牲畜的主人是男人，即体现了父系时代的"家主"意识。

有学者认为，在喀尔喀婚礼中给接亲的女婿摆胫骨时，女婿赶快把踝骨拧卸下来后藏到靴筒里的习俗也许是与"吃'不兀勒札儿'"一样考验女婿力气的母系社会痕迹[2]。在哲里木盟、昭乌达盟等地区至今普遍存在

---

① 萨仁格日勒. 上蒙古风俗志［M］. 呼和浩特：内蒙古人民出版社，1990：304 – 306.
② 浩·桑皮勒登德布. 蒙古家庭礼仪［M］. 北京：民族出版社，2002：6 – 7.

女方送亲时给接亲的女婿摆胫骨，女婿赶紧把踝骨拧卸下来藏进靴筒的习俗①。在翁牛特婚俗中保留着"踝骨宴"环节。炕桌摆放在炕正中，用红布蒙脸的新人坐在上首，前面坐着四位俗称的"踝骨女"，女婿和伴郎坐在右侧。当摆上桡骨和胫骨"术子"时，女婿赶紧把踝骨拧卸下来藏到靴筒里。如果女方先抢到踝骨，男方必须献哈达、敬酒求回踝骨②。

从这个崇尚踝骨的礼仪中我们可以得知：①蒙古人很早就知道了五畜器官中踝骨的重要作用；②踝骨象征婚姻坚久不离；③踝骨象征五畜；④踝骨必须由男人把握，表示要维护父权等认知的、思维的、哲学的多层含义。

综上所述，从认知的角度讲，"折颈骨""持桡骨，拜太阳""持胫骨，拜太阳"的婚俗蕴含着从母系社会到父系社会、从血婚制到非血婚制、从男儿上门到女儿婚嫁等婚俗演变的全过程，同时体现了蒙古人早已认知到了从伙婚到专婚的必然性和重要性，并且认知到在专婚中存在族外婚的重要性与选择谁不选择谁的区别性的全过程。再进一步升级，则表达出了对这个选之不易的婚姻必须珍惜、稳固，从而一个家庭、氏族、部族、民族的关系甚至是国家内部关系必须要长久牢固的一步步升级的认知过程。

从哲学的角度而言：其一，社会无论处在母系阶段还是父系阶段，家庭是氏族—部族—民族—种族—国家关系的核心关系。蒙古族人很早就认识到了这个重点，并以习俗中祝词、戒律词、赞颂词等形式传承至今。蒙古人则认为社会发展动力是正负力量的互依、互动与互应。其二，在这个核心力量（家庭）的发展中，母系社会的男方、父系社会的女方的选择非常重要，而且他（她）初始处在逆向对立关系中。但是在婚姻过程中通过颈骨、桡骨、胫骨坚韧的连接关系把对立的负力量变成互依的正力量，为这个核心力量的不断革新、发展、强大服务。婚姻双方都寻找对称，只有对称才能夫妻和乐、子孙强壮、家族旺盛。这一点有可能出现不对称与对称的三种现象。如果嫁方的势力超强，核心方的势力低弱，家庭就发展不了，这是逆向力量强势的极端化。在这样的条件下男方必须增强势力，这是唯一的出路。反之，如果嫁方的势力太弱，女方被融入核心力量，家庭也会得不到逆向能量的补充而慢慢退化，这是逆向力量弱势的极端化。因此，在这种哲学认识的基础上，也速该巴特尔等历史人物或者蒙古族史诗中的英雄们均为了寻求家庭发展的对称因素，特别重视并严格选择"精英

---

① 色音. 蒙古民族学［M］. 北京：民族出版社，1996：266.

② 拉布哈敖德斯尔，等. 翁牛特风俗［M］. 呼和浩特：内蒙古文化出版社：45-46.

的后裔，天马的龙驹"做配偶。其三，这个过程是核心力量—新力量—核心力量—新力量或者负能量—正能量—负能量—正能量的反复平行互动、互依、互应的过程，即一种"平行互动的哲学"。他们世代传承着在家庭结构中必须保持婚姻双方与"子女"这个最基本环节的对称，同时教诲子孙永远保持"兄弟十个，胫骨六节"① 牢固的家庭关系。

A Linguistic Research info Metaphor（the Third）
—On the Philosophical Significane of the Metaphorical Terms in Mongolian Marriage Customs

Deligeer，Tong Guifen

（*Mongolian Literature and History Institute*，*Chifeng University*，*Chifeng*，024000）

Abstract：The paper does a research into the metaphor in the names of body organs and bones of human beings and animals. It takes proverbs and metaphor about cervical vertebra, radius and tibia as the example to make textual criticisms and explanations of embryological problems of "Parallel Interactive Philosophy" among Mongolian people.

Key Words：Marriage customs；Names of body organs；Metaphor；Philosophy

---

① 斯琴孟和，等. 卫拉特祝词、颂词 [M]. 呼和浩特：内蒙古教育出版社，1993：144.

学术动态

"修辞创造与汉语发展演进"国际学术研讨会暨中国修辞学会 2016 年年会、首届中国国际汉语修辞教学研究会年会在大连理工大学召开

2016 年 9 月 10 日至 11 日，由中国修辞学会（Rhetoric Society of Chi-na）主办、大连理工大学国际教育学院及人文与社会科学学部中文系共同承办的"修辞创造与汉语发展演进"国际学术研讨会暨中国修辞学会 2016 年年会、首届中国国际汉语修辞教学研究会年会在大连理工大学伯川图书馆多功能厅召开。

9 月 10 日上午 8：30 至 9：30，举行大会开幕式。开幕式由大连外国语大学国际教育学院院长、外国语学院院长陈宏俊教授主持。首先，大连理工大学副校长宁桂玲教授代表学校致辞，对远道而来的 60 多位海内外专家学者表达了热烈诚挚的欢迎；并介绍了大连理工大学近年来在人文学科领域所取得的突破和成就，指出将修辞研究与国际汉语教学相衔接的重要价值，高度评价了本次年会的积极意义，希望促进中国与国外修辞学专家以及中青年学者之间的深入沟通交流，以推动修辞学及国际汉语教育的繁荣与发展。

接着，中国修辞学会会长、复旦大学中国语言文学系博士生导师吴礼权教授代表学会致辞，指出本次年会既是一次国内外修辞学者交流的盛会，也是修辞学专家与青年学者交流的一次盛会；并代表中国修辞学会感谢大连理工大学对本次会议的大力支持，同时也感谢国际教育学院、人文与社会科学学部师生对本次会议的精心组织和安排，希望通过本次学术交流，碰撞出学术研讨的热情与火花。

之后，中国修辞学会常务理事、大连理工大学中文系教授刘乃仲代表会务组介绍了本次会议的筹备情况。人文与社会科学学部党委书记郑保章教授参加了开幕式。

来自日本大阪大学、韩国首尔大学、韩国外国语大学，以及国内的北京大学、复旦大学、南开大学、武汉大学、吉林大学、四川大学、北京师范大学、华中科技大学等 40 余所知名高校的 60 多位修辞学专家出席了会议。大会共收到近 70 篇学术论文，其中不少是青年学者提交的。大会期间，举行了两次大会学术报告，共有 12 位著名专家作了大会报告。

第一次大会报告于 9 月 10 日 9：40 至 12：10 举行，共有五位国内外学者发表了大会主旨报告。第一位报告者是北京大学孙玉文教授，报告的题目是"《论语·里仁篇》'不以其道得之，不去也'的训释问题"，由南开大学马庆株教授主持，武汉大学卢烈红教授评议。第二位报告者是韩国首尔大学中文系朴正九教授，报告的题目是"汉语的句子形式与信息包装"，由复旦大学吴礼权教授主持，武汉大学罗积勇教授评议。第三位报告者是日本大阪大学古川裕教授，报告的题目是"从语法、语义和修辞角度看汉语的对举形式"，由大连理工大学陈宏俊教授主持，北京师范大学刁晏斌教授评议。第四位报告者是吉林大学徐正考教授，报告的题目是"汉民族对立统一思维方式在汉语中的表现"，由大连理工大学刘乃仲教授主持，大连大学李索教授评议。第五位报告者是韩国外国语大学孟柱亿教授，报告的题目是"从修辞的视角探讨汉韩二语教学中的词汇问题"，由华中科技大学肖书文教授主持，四川大学杨光荣教授评议。

第二次大会报告于 9 月 11 日 8：30 至 11：40 举行，共有七位国内学者发表了大会主旨报告。第一位报告者是复旦大学蔡基刚教授，报告的题目是"学术汉语走向世界的修辞问题"，由中国计量大学徐晓燕主持，广西大学温科学教授评议。第二位报告者是武汉大学卢烈红教授，报告的题目是"'在'字句的语体特征"，由复旦大学康志峰教授主持，北京大学孙玉文教授评议。第三位报告者是河北大学郭伏良教授，报告的题目是"关于大跃进时期的语言浮夸及反思"，由大连大学高日晖教授主持，大连理工大学刘乃仲教授评议。第四位报告者是赤峰学院德力格尔教授，报告的题目是"蒙古族婚俗中几个隐喻名称的哲学意义考察"，由大连大学李索教授主持，海南师范大学段曹林教授评议。第五位报告者是四川大学杨光荣教授，报告的题目是"论人类的自然语言行为和修辞行为"，由江苏师范大学王跃平教授主持，武汉大学罗积勇教授评议。第六位报告者是北京师范大学刁晏斌教授，报告的题目是"现代汉民族共同语的多元观"，由复旦大学康志峰教授主持，吉林大学徐正考教授评议。第七位报告者是广西大学温科学教授，报告的题目是"全球化语境下的国际话语流通模式"，由北京师范大学孙银新教授主持，复旦大学蔡基刚教授评议。

大会期间，还举行了六场分组会议。共有 40 多位学者在分组会议上宣读了论文。其中，中年学者的论文有：复旦大学吴礼权的"标题与对联中的'列锦'结构形式考察"，武汉大学罗积勇的"论近体诗的句法移位修辞在对联文体中的运用"，大连大学李索的"试论《周易》的修辞观"，复旦大学康志锋的"汉英口译中的诗化辞格与迁转对应"，华中科技大学肖书文的"修辞哲学与日本修辞学理论"，北京师范大学孙银新的"带比喻义的汉语词语研究"，海南师范大学段曹林的"试论语义修辞学的创建——张弓《现代汉语修辞学》对语义修辞研究的开创与启迪"，江苏师范大学王跃平的"'连'字句的语义语用信息及其分析模式探析"，大连外国语大学肖莉的"新世纪小说修辞批评研究"，安阳师范学院张秋娥的"论南宋文章评点在我国文章学史上的意义"，宜春学院鄢文龙的"《诗经》层递修辞美学传达"，石家庄幼儿师范高等专科学校段继红的"英译汉中代词的困扰"，中国计量大学徐晓燕的"类比推理：一种异化认知思维范式"等。青年学者的论文报告有：大连理工大学赵团员的"汉魏晋南北朝诗句脚字声律研究"，大连理工大学赵丽君的"网络购物广告的语体修辞"，北京师范大学刘伟的"当代汉语亲属义场类推造词现象浅析——以'×＋哥/姐'为例"，广西大学曾薇的"符号互动下的修辞研究"，大连理工大学杜芳的"多元智能理论下现代教育技术在对外汉语教学中的运用研究"，大连理工大学郭晓郁的"汉语隐喻教学与跨文化交际能力培养"，南京林业大学康馨悦的"新媒体演讲的修辞研究——以《一席》为例"，大连理工大学李怡宁的"赵本山小品幽默的语言机制研究"，辽宁师范大学王虎的"唐宋科举及第范畴的认知机制"，湖南科技人文学院姜珍婷的"试论新化方言的'BA巴A'式"，宿州学院张德岁的"谓词性主语与谓词性宾语语用功能的不平衡性研究"，鲁迅美术学院薛婧婧的"中国茶叶广告文案的修辞特色"，宁德师范学院刘艳的"汉语颜色词'绿色'的修辞义及其演变"，福州教育研究院李娟的"论王蒙微型小说的禅宗叙事修辞"，合肥师范学院杨增宏的"意识流小说中的非理性主义哲学"，亳州学院郭辉、褚敏、郭海峰的"皖北方言中的修辞现象"，商丘师范学院侯银梅的"汉语修辞在网络新词语中的运用"等。

会议期间，还召开了中国修辞学会第十届理事会第三次常务理事扩大会议，增补大连理工大学人文与社会科学学部中文系刘乃仲教授为学会副会长，增补赤峰学院副校长德力格尔教授、《辽宁师范大学学报（社会科学版）》主编李宝贵教授、辽宁师范大学国际教育学院王振来教授、大连外国语大学文化传播学院院长周玉琨教授为学会常务理事，增补四川大学文学与新闻学院博士生导师杨光荣教授、上海师范大学人文与传播学院博士生导师徐时仪教授为学会理事，增补复旦大学外国语言文学学院康志峰教授为学会副秘书长。

（中国修辞学会秘书处供稿）

"语言与认知"国际学术研讨会
暨中国修辞学会 2017 年年会在内蒙古赤峰学院召开

　　2017 年 8 月 26 日至 27 日，"语言与认知"国际学术研讨会暨中国修辞学会 2017 年年会、中国蒙古语文学会 2017 年年会、全国第二届蒙古语修辞学研讨会在内蒙古赤峰学院隆重召开。会议由中国修辞学会、中国蒙古语文学会、中国民族语言学会联合主办，赤峰学院、赤峰学院西拉沐沦流域文化研究院、蒙古文史学院承办。出席会议的，既有来自北京大学、复旦大学、南开大学、武汉大学、吉林大学、山东大学、四川大学、北京师范大学、大连理工大学、西南大学、河北大学、广西大学、内蒙古大学、天津师范大学、辽宁师范大学、江苏师范大学、福建师范大学、上海师范大学、云南师范大学、海南师范大学、内蒙古师范大学、内蒙古民族大学、大连大学、大连外国语大学、东北石油大学等五十余所高校的学者，也有中国社会科学院民族学与人类学研究所、内蒙古民委、内蒙古社科院等研究机构的专家，还有来自蒙古国社科院、蒙古国国立大学、蒙古国师范大学、韩国首尔大学、韩国外国语大学等外国专家学者，共计近百人。会议共收到论文 90 余篇。

　　8 月 26 日上午 8：30，会议开幕式在赤峰学院博物院二楼学术报告厅举行。会议由赤峰学院副校长于毅夫主持。首先，赤峰学院校长雷德荣教授致辞，介绍了会议的筹备情况，并对与会各国学者的到来表示热烈欢迎，祝愿会议圆满成功。接着，中国修辞学会会长、复旦大学博士生导师吴礼权教授代表中国修辞学会致辞，中国蒙古语文学会会长、内蒙古大学蒙古学学院院长、博士生导师白音门德教授代表中国蒙古语文学会致辞。9：40 至 12：30，举行了第一场大会学术报告，报告人为北京大学邵永海教授、武汉大学卢烈红教授、河北大学郭伏良教授、中国社科院斯琴朝克图教授、内蒙古大学白音门德教授五位学者。8 月 26 日下午和 8 月 27 日上午，会议进行了六次分组讨论，南开大学博士生导师马庆株教授、复旦大学博士生导师吴礼权教授、复旦大学博士生导师康志峰教授、武汉大学博士生导师罗积勇教授、北京大学宋亚云教授、北京师范大学博士生导师孙银新教授、大连理工大学刘乃仲教授、广西大学温科学教授、上海师范大学博士生导师徐时仪教授、西南大学张春泉教授、海南师范大学段曹林教授、江苏师范大学杜文霞教授、辽宁师范大学王振来教授、大连大学李索教授和张祖立教授、蒙古国社科院格日乐玛教授、内蒙古大学布仁巴图教授和照日格图教授、蒙古国国立大学白音仓教授、蒙古国师范大学乌尼日巴彦教授、内蒙古大学正月教授、内蒙古社科院金书包教授、中国社科院曹都巴特尔教授、内蒙古师范大学哈斯巴根教授、内蒙古民族大学嘎拉仓教授等80余位中外学者在分组讨论会上作了专题报告。8月27日下午14：00至16：00，举行了第二次大会学术报告，报告人为吉林大学文学院院长、博士生导师徐正考教授，大连理工大学外国语学院院长陈宏俊教授，四川大学、西南交通大学、西南大学博士生导师杨文全教授，赤峰学院副校长德力格尔教授四位学者。16：00举行大会闭幕式，由赤峰学院副校长于毅夫教授主持，中国修辞学会会长、复旦大学博士生导师吴礼权教授作大会总结。

会议期间，中国修辞学会于8月26日19：00举行了学会第十届理事会第三次常务理事扩大会议，对学会今后的工作进行了讨论部署。大会增补大连理工大学外国语学院院长陈宏俊教授、赤峰学院副校长德力格尔教授为学会副会长，增补四川大学文学与新闻学院博士生导师杨光荣教授、复旦大学外国语言文学学院博士生导师康志峰教授、大连大学人文学部部长张祖立教授、上海师范大学人文与传播学院博士生导师徐时仪教授为学会常务理事，增补北京大学中文系副系主任宋亚云博士为学会理事。

（中国修辞学会秘书处供稿）